GO REMOTE! für Soziale und Kommunikative –
Ab jetzt ortsunabhängig arbeiten und selbstbestimmt leben.
Mit Interviews und praktischen Anleitungen zu über 30 Berufen.

Bea Uhlenberg und Jan C. Ollig

BEA UHLENBERG &
JAN C. OLLIG

GO REMOTE!
FÜR SOZIALE UND KOMMUNIKATIVE

AB JETZT ORTSUNABHÄNGIG ARBEITEN UND SELBSTBESTIMMT LEBEN.

1. Auflage 2018
erschienen im Wenn Nicht Jetzt-Verlag
Copyright © 2018 by Bea Uhlenberg und Jan C. Ollig GbR, Schwanengraben 13, 14624 Dallgow-Döberitz
Alle Rechte, insbesondere das Recht der Vervielfältigung und Verbreitung sowie der Übersetzung vorbehalten. Kein Teil des Werkes darf in irgendeiner Form (durch Fotokopie, Mikrofilm, oder ein anderes Verfahren) ohne schriftliche Genehmigung der Autoren reproduziert oder unter Verwendung elektronischer Systeme gespeichert, verarbeitet, vervielfältigt oder verbreitet werden.
Lektorat & Korrektorat: Silbentaucher | Ramona Krieger (www.silbentaucher.de)
Cover & Satz: Wolkenart | Marie-Katharina Wölk (www.wolkenart.com)
Druck: Amazon Media EU S.à r.l., 5 Rue Plaetis, L-2338, Luxembourg
ISBN Print: 978-3-947824-22-9
ISBN E-Book: 978-3-947824-23-6

Für Fragen und Anregungen:
info@new-work-life.com
www.new-work-life.com
Informationen zu diesem und zu weiteren Büchern aus dem Wenn Nicht Jetzt-Verlag findest du unter www.wnj-verlag.de

*Dieses Buch ist für unsere Eltern.
Ihr habt uns großgezogen.
Ihr habt uns ernährt.
Ihr habt an uns geglaubt.
Ihr habt uns unterstützt - von allen Welten aus.
Danke!*

INHALTSVERZEICHNIS

DISCLAIMER 11

1. INTRO 13

1.1. Worum geht es in diesem Buch und was bringt es dir? 15
1.2. Wer sollte dieses Buch lesen und wer nicht? 16
1.3. Wer sind die Autoren? 17
1.4. Warum haben wir dieses Buch geschrieben? 18
1.5. Wie liest du dieses Buch? 20

2. ORTSUNABHÄNGIGES ARBEITEN – WAS STECKT DAHINTER? 22

2.1. Ortsunabhängiges Arbeiten – Nur ein Trend? 22
2.2. Welche Vorteile bietet diese Form der Arbeit? 26
2.3. Welche Fähigkeiten benötigst du, um ortsunabhängig zu arbeiten? 32

3. ORTSUNABHÄNGIG GELD VERDIENEN 44

3.1. Verkaufe dein Wissen 44
3.2. Verkaufe deine Arbeitskraft 48
3.3. Verkaufe eigene Produkte ohne zugrundeliegende Beauftragung 49
3.4. Verkaufe Nebenprodukte 50
3.5. Verkaufe eigene Produkte oder die von Dritten 51
3.6. Denk um die Ecke und verkaufe artverwandte Leistungen 53
3.7. Erschaffe ein komplett neues Produkt von Grund auf, das nicht dem Kern deiner eigentlichen Arbeit entspricht 54
3.8. Lass dich supporten 55

4. ORTSUNABHÄNGIGE BERUFE FÜR SOZIALE UND KOMMUNIKATIVE 57

4.1. Amazon Vendor Consultant 57

4.2. Arzt	65
4.3. Baby Planner	70
4.4. Berater für Organisationsdesign	74
4.5. Berater für Selbstversorgung	82
4.6. Blogger	86
4.7. Business Coach	93
4.8. Customer Service Agent	104
4.9. Ernährungsberater	111
4.10. Eventmanager	119
4.11. Finanzberater	132
4.12. Gesundheitsberater	137
4.13. Gesundheits- und Krankenpfleger	143
4.14. Heilpraktiker	149
4.15. Jurist	156
4.16. Karriereberater	164
4.17. Life Coach	174
4.18. Meditationslehrer	183
4.19. Musiklehrer (Privat)	189
4.20. Nachhilfelehrer	207
4.21. Personalberater	221
4.22. Personal Fitnesstrainer	226
4.23. Podcaster	232
4.24. Pricing Consultant	241
4.25. Psychologe	250
4.26. Public Relations Manager	256
4.27. Radiologe	265
4.28. Schuldnerberater	273
4.29. Social-Media Marketing Experte	283
4.30. Sprachlehrer	290
4.31. Steuerberater	300
4.32. Stylist	311
4.33. Trainer für Softwareanwendungen (IT-Trainer)	324
4.34. Versicherungsmakler	328
4.35. Virtuelle Assistenz	335

4.36. Vlogger	342
4.37. Yogalehrer	347

5. PRODUKTIDEEN ENTWICKELN — 354

5.1. Amazon Bestseller-Listen	356
5.2. Amazon-Suche	357
5.3. Udemy	358
5.4. Google Suggest	360
5.5. Google Keyword Planner	360
5.6. Google Trends	361
5.7. Google Correlate	362
5.8. Answer the Public	364

6. ARBEIT FINDEN — 367

6.1. Jobbörsen für Freelancer und Auftragsarbeit	367
6.2. Geld verdienen als Angestellter – So findest du Arbeitgeber	373

DANKE — 384

LITERATUR UND LINKS — 386

ZUM GUTEN SCHLUSS — 391

WEITERE BÜCHER AUS DEM WENN NICHT JETZT-VERLAG — 392

DISCLAIMER

Bevor du das Buch liest, möchten wir dir einige allgemeine Hinweise mit an die Hand geben, die im weiteren Verlauf relevant werden:

1. Die Informationen zum Ausbildungswesen und Verbandssystem beziehen sich ausschließlich auf Deutschland. Stammst du aus einem anderen Land, erkundige dich bitte nach den lokalen Möglichkeiten und Gegebenheiten. Indem wir das sagen, meinen wir nicht, dass dieses Buch für Menschen aus anderen Ländern wie z. B. Österreich oder der Schweiz uninteressant ist. Ganz im Gegenteil. Es finden sich abseits der Punkte Ausbildungswesen und Verbandssystem jede Menge andere nützliche und inspirierende Inhalte im Buch, die universal anwendbar sind und die du nicht verpassen solltest.

2. Bei den Tools und Ressourcen, die wir im Kontext der einzelnen Berufsbilder in unserem Buch und auf unserem Blog https://new-work-life.com nennen, handelt es sich gemeinhin um Lösungen und Anbieter, die wir als Autoren als praktisch und sinnvoll erachten. Sie machen Arbeitsprozesse entweder einfacher und effizienter, oder sie dienen der Vermarktung der eigenen Leistung bzw. der eigenen Produkte. Einige der von uns genannten Tools und Ressourcen werden in bestimmten Ländern rechtlich mitunter kritisch betrachtet. Unter anderem möchten wir hier auf die Datenschutz-Grundverordnung (DSGVO) hinweisen, die am 25.05.2018 in Europa in Kraft getreten ist. Die gesetzlichen Regelungen sind komplex und kompliziert und die Rechtmäßigkeit der eingesetzten Tools und Ressourcen hängt stark davon ab, für welche Zwecke und Anwendungsgebiete sie im konkreten Falle genutzt werden. Da diese Parameter von Person zu Person und von Business zu Business sehr individuell ausfallen können, ist es uns an dieser Stelle nicht möglich, allgemeingültige Empfehlungen auszusprechen. Vielmehr möchten wir dich als Leser dazu auffordern, die von uns im weiteren Verlaufe des Buches und auf unserem Blog genannten Tools und Ressourcen immer im Hinblick auf deine Bedürfnisse und die rechtliche Gesetzeslage in deinem Land zu prüfen.

3. Aus Gründen der besseren Lesbarkeit haben wir in diesem Buch a) auf die gleichzeitige Verwendung männlicher und weiblicher Sprachformen verzichtet (sämtliche Personenbezeichnungen gelten

gleichermaßen für beide Geschlechter), und b) leichte Anpassungen im Sprachstil der Interviews vorgenommen.

4. Abschließend noch ein Hinweis zum Thema Internetquellen: Wir nennen in diesem Buch zahlreiche Tools, Ressourcen, Websites und anderweitige Internetressourcen, die dir helfen sollen, den Einstieg in einen Beruf zu finden und mit ihm ortsunabhängig Geld zu verdienen. Teilweise geben wir dafür die entsprechenden Internetquellen an, damit du einfach und schnell auf die Inhalte zugreifen kannst. Wir als Autoren bemühen uns sehr, die Links so aktuell und korrekt wie möglich zu halten. Allerdings ist das Internet ein lebendiger Ort und kein starres Gebilde. Aus diesem Grund kann es vorkommen, dass Links veralten und ungültig werden. Wir bitten entsprechend um Nachsicht, solltest du diese Erfahrung machen. Gleichzeitig freuen wir uns über einen kurzen Hinweis auf den defekten Link an: info@new-work-life.com. Auf diese Weise hilfst du mit, das Buch fortlaufend aktuell zu halten, so dass nachfolgende Leser davon profitieren. VIELEN DANK! :)

1. INTRO

„Wer zu lesen versteht, besitzt den Schlüssel zu großen Taten, zu unerträumten Möglichkeiten." – Aldous Huxley

„Nach einer Schüssel Müsli und einer Tasse Kaffee zog ich einen dunkelblauen Anzug, ein hellblaues Hemd und eine schicke Krawatte an und machte mich auf den Weg. Nach einem sehr kalten zehnminütigen Marsch stand ich am Zuggleis. Da begegnete ich Thomas. Er nickte mir freundlich zu und fragte mich: „Ist heute ein guter Museumstag?"[1]

In seinem Buch *The Big Five for Life: Was wirklich zählt im Leben* präsentiert John Strelecky das Konzept des „Museumstages". Gemeint ist damit nicht ein Tag, der gut dafür geeignet ist, ein Museum zu besuchen, sondern ein Tag, der es wert ist, in einem Museum über das eigene Leben ausgestellt zu werden. Tage, die einen erfüllen und das Leben lebenswert machen.

Insbesondere im Hinblick auf die eigene Arbeit stellt sich oft die Frage: Handelt es sich um einen „Museumstag"? Oft sind Sinn und Zweck nicht immer erkennbar. Die Arbeit und die Umgebung gleichen einer endlosen Wiederholung. Und dabei verändert sich die Welt gerade rasant. Alles wird digital. Nur, so scheint es, die Arbeit nicht. Tagein tagaus gehen wir immer noch in dieselben Büros wie vor 20 Jahren. Der graue Teppichboden und die immergrünen Büropflanzen sind auch noch die gleichen. Der Unterschied zu damals: Es gibt kostenlose Getränke und gelegentlich einen Tischkicker. Wenn es richtig gut läuft, bekommt man auch gleich noch ein All-inclusive-Angebot und muss sich weder um sein Frühstück noch um sein Abendessen kümmern, weil alles wohl rationiert an den Arbeitsplatz geliefert wird.

Warum kümmert sich unser Arbeitgeber so gut um uns? Aus reiner Nächstenliebe sicherlich nicht. Wir sollen einfach mehr Zeit im Büro verbringen. Länger arbeiten und dadurch hoffentlich mehr bewirken. Wenn die Räume keine Fenster mehr hätten und nur noch mit künstlichem Licht erhellt würden, könnte man sogar den Schlafrhythmus steuern und die Belegschaft alle vier Stunden ein 20-minütiges Nickerchen machen lassen,

---

[1] John Strelecky: The Big Five for Life: Was wirklich zählt im Leben, S. 19.

um so ihre Leistungsfähigkeit zu erhöhen.[2] Man könnte sozusagen menschliche Legebatterien schaffen. Alles im Sinne der Produktivität.

Dabei bietet die moderne Arbeitswelt durch Digitalisierung und Technologie so viel mehr Optionen. Für sehr viele Berufe muss man heute eben nicht mehr zwingend ins Büro. Viele Aufgaben können heute von zu Hause oder einem beliebigen anderen Ort erledigt werden. Technologie hilft uns dabei, Orte irrelevant werden zu lassen. Wir treffen uns gemeinsam in virtuellen Chaträumen, diskutieren Ideen auf digitalen Whiteboards über das Internet und geben Präsentationen per Videokonferenz. Technologie erlaubt es, dass wir vollkommen ortsunabhängig arbeiten können, wenn wir es wollen.

Die Digitalisierung ist folglich keine Gefährdung für den Arbeitsplatz, sondern vielmehr eine Befreiung und Chance. Durch sie wird es möglich, dass wir unserer Arbeit von einem Ort unserer Wahl nachgehen. Einem Ort, der uns gefällt, der uns motiviert und der uns inspiriert.

---

2 Vgl. Definition *Polyphasischer Schlaf* auf Wikipedia: https://de.wikipedia.org/wiki/Polyphasischer_Schlaf, abgerufen am 06.09.2018.

1.1 WORUM GEHT ES IN DIESEM BUCH UND WAS BRINGT ES DIR?

Du hast eine soziale Ader oder liebst einfach die Arbeit mit Menschen und suchst nach einem Beruf, der dich erfüllt und es dir erlaubt, deiner Arbeit ortsunabhängig nachzugehen? Weil du mehr Flexibilität und Freiheit in deinem Leben wünschst? Weil du deinen Wohnort verändern, reisen oder mehr Zeit mit deiner Familie verbringen möchtest? – Dann ist dieses Buch für dich. Hier findest du eine Auswahl von 37 verschiedenen Berufsbildern speziell für Soziale und Kommunikative, die sich perfekt für ortsunabhängiges Arbeiten eignen (auch als „remote" bezeichnet).

Du stehst bereits seit einigen Jahren im Arbeitsleben, sehnst dich aber nach einer Veränderung? – Finde hier neue Impulse, wie du deine Erfahrungen und Fähigkeiten in deinem Beruf online umsetzen oder gar etwas ganz Neues beginnen kannst. Mit und ohne Studium oder formelle Ausbildung, in Selbständigkeit oder im Anstellungsverhältnis.

Du kommst frisch von der Schule und weißt noch nicht, was du machen willst? – Dann findest du hier zahlreiche Anregungen für ortsunabhängige Jobs, die deinen Talenten und Interessen entsprechen.

Wir geben dir nützliche Tools und Ressourcen für den Einstieg in einen Beruf und Ideen an die Hand, wie du damit Geld verdienen kannst. Lass dich von zahlreichen Beispielen und Personen inspirieren, die den Schritt in die Ortsunabhängigkeit bereits gegangen sind und werde Teil dieser wachsenden Gemeinschaft. Remote-Arbeit ist keine Utopie von gestern, sondern gelebte Realität. Zahlreiche Unternehmen, die mehrere Milliarden Euro wert sind, arbeiten mit ortsunabhängigen Teams. Man muss heute nicht mehr in einem Büro sitzen, um erfolgreich zu sein.

Um dir mit diesem Buch den größtmöglichen Nutzen zu liefern, haben wir viel recherchiert. Wir haben alle im Buch genannten Berufsbilder sorgfältig auf ihren Remote-Faktor hin überprüft und nach strengen Kriterien ausgewählt. Zudem stellen wir zu jedem Berufsbild eine Person vor, die diesen Job erfolgreich ortsunabhängig ausübt und davon leben kann. Wir nennen diese Personen *Rolemodels*. Um dir einen noch tieferen und persönlicheren Eindruck zu vermitteln, haben wir mit vielen von ihnen Interviews geführt. Das ausführliche Interview findest du jeweils in einer Berufsbeschreibung. Unsere Interviewpartner haben wir bewusst international ausgewählt; sie kommen sowohl aus Deutschland als auch aus den USA, Polen, Italien,

Australien, Österreich, Israel, Russland, Schweden und einigen anderen Ländern. Unsere Rolemodels zeigen, wie die Welt zum Thema ortsunabhängiges Arbeiten, auch bezeichnet als Remote-Arbeit, Telearbeit, Telecommuting oder Remote Work, steht.

1.2 WER SOLLTE DIESES BUCH LESEN UND WER NICHT?

Für wen ist dieses Buch geeignet?

Das Buch ist für all diejenigen geeignet, die auf der Suche nach einem Job sind, der es ihnen erlaubt, ortsunabhängig Geld zu verdienen. Sei es im Angestelltenverhältnis oder als Selbständiger, in Vollzeit oder Teilzeit, von zuhause aus, von unterwegs auf Reisen oder von einem anderen Land auf dieser Welt aus. Das Buch richtet sich an Schüler, Hochschulabsolventen und Menschen, die nach einer beruflichen Veränderung suchen bzw. ihren erlernten Beruf ortsunabhängig ausüben wollen. Sie alle eint der Wunsch nach mehr Freiheit und Selbstbestimmtheit in ihrem (Arbeits-)Leben.

Für wen ist dieses Buch NICHT geeignet?

Das Buch eignet sich NICHT für diejenigen, die nach einem Job suchen, der sie schnell reich macht. Wir erklären in diesem Buch NICHT, wie du innerhalb von sechs Monaten einen sechsstelligen Betrag verdienst oder es schaffst, nur noch eine oder zwei Stunden am Tag arbeiten zu müssen und dabei so viel Geld zu verdienen, dass du die restliche Zeit Cocktails schlürfend in einer Hängematte am Strand verbringen kannst. Das mag für ein paar wenige Ausnahmen funktionieren, für den Rest der Welt ist dieses glückliche Gefüge allerdings so wahrscheinlich wie der berühmte Sechser im Lotto.

Wir sind grundsätzlich der Auffassung, dass es ein gutes Stück harte Arbeit kostet und eine gewisse Zeit dauert, um sich ein solides ortsunabhängiges Einkommen aufzubauen. Im weiteren Verlauf werden viele unserer Rolemodels Einblick gewähren, wie lange sie gebraucht haben, um Geld in ihrem Remote-Job zu verdienen. Hartnäckigkeit und Durchhaltevermögen sind an der Tagesordnung und sollten nicht unterschätzt werden. Das gilt insbesondere dann, wenn du dich selbständig machen möchtest.
Wenn das nicht dem entspricht, was du dir von diesem Buch erhoffst, dann solltest du es besser beiseitelegen bzw. es gar nicht erst kaufen. War das Buch ein Geschenk, würde sich jemand anderes bestimmt freuen, wenn du es an ihn oder sie weitergibst. In diesem Fall tust du sowohl dir als auch der anderen Person einen Gefallen und das Buch wurde nicht umsonst gefertigt.

Stellst du jedoch fest, dass das Buch mit deinen Vorstellungen übereinstimmt, heißen wir dich herzlich willkommen und wünschen dir viel Spaß bei der Lektüre. Wir hoffen, dass du hier auf die eine oder andere Idee stößt, die du umsetzen möchtest und dadurch den ersten Schritt in Richtung Ortsunabhängigkeit gehst.

1.3 WER SIND DIE AUTOREN?

Hi, wir sind Bea und Jan aus Deutschland. Wir freuen uns sehr, dass du entschieden hast, unser Buch zu lesen und dich für das Konzept des ortsunabhängigen Arbeitens interessierst. Wir selbst sind große Fans davon, dort zu arbeiten, wo es uns gefällt und sind der Überzeugung, dass der Remote-(Zusammen-)Arbeit die Zukunft gehört.

Wer wir sind und warum wir dieser Meinung sind, erfährst du im weiteren Verlauf.

Wer ist BEA und warum findet sie Remote-Arbeit gut?
Bea stammt aus der Nähe von Osnabrück in Niedersachsen. Hier studierte sie BWL. Ihre ersten Erfahrungen im Berufsleben sammelte sie als Finanzlerin in einem Konzern in Süddeutschland. Als „Kind vom Land" liebt sie die Natur und geht leidenschaftlich gern wandern. Mit dem Konzept des ortsunabhängigen Arbeitens ist sie vergleichsweise spät in Berührung gekommen. Während und nach ihrem Studium hatte sie immer klassische vor-Ort-Jobs, für die sie täglich ins Büro ging und in der Regel bis spät abends dort blieb. Im Rahmen eines Karrierewechsels tat sich für sie die Chance auf, im Online-Marketing für ein Unternehmen remote zu arbei-ten. Bea ergriff die Möglichkeit und lernte eine komplett neue Arbeitswelt kennen: Die Arbeitswelt als Remote Worker.

Das war Mitte 2016 und seither sieht Bea Büros nur noch von außen. Stattdessen arbeitet sie dort, wo es ihr gerade gefällt: von zuhause, von einem Coworking Space, von einem Café oder aus einer Bibliothek. Sie hat keinen Anfahrtsweg zur Arbeit mehr und sie gibt auch kein Geld mehr für Kleidung aus, die sie nicht auch in ihrer Freizeit tragen kann. Sie konnte sogar ihr Auto verkaufen und dadurch ihrem Geldbeutel und der Umwelt etwas Gutes tun. Ganz entscheidend für Bea ist jedoch die Freiheit, die mit Remote-Arbeit einhergeht. Alles, was sie für ihre Arbeit braucht, sind Laptop und Internetanschluss.

Wer ist JAN und warum findet er Remote-Arbeit gut?

Das Thema „ortsunabhängiges Arbeiten" hat Jan persönlich schon immer fasziniert und begleitet ihn seit ca. zwölf Jahren, mal mehr, mal weniger intensiv. Als er noch in seiner Wahlheimat Kiel studierte, hatte Jan einen Nebenjob als Datenpfleger für ein Start-up, das ein Börseninformationsportal betreibt und erhielt dort zum ersten Mal die Gelegenheit, ortsunabhängig zu arbeiten. Als er 2006 im Rahmen eines Auslandssemesters ins spanische Valencia zog, durfte er seinen Job mitnehmen und von dort aus weiterführen.

Nach dem Studium arbeitete Jan als Unternehmensberater und im E-Commerce Bereich. 2015 gründete er, zusammen mit einem Partner, eine eigene Beratungsfirma, die sich auf Preissetzung für E-Commerce Unternehmen spezialisiert hatte. Von Anfang an war klar, dass die Firma remote aufgestellt sein würde. Die Mitarbeiter konnten dort wohnen, wo sie gerne sein wollten und mussten wegen der Arbeit nicht umziehen. Ein Konstrukt, das sehr gut aufging und alle zufriedenstellte. Jan und sein Team haben ganze Projekte zu großen Teilen remote ausgeführt. So haben sie beispielsweise das Pricing einer Multichannel Handelskette in Russland von Deutschland aus aufgebaut. Natürlich kamen sie über gelegentliche Vor-Ort-Besuche beim Kunden nicht herum, allerdings wurde der Großteil des Projektes remote bewältigt.

Heute arbeitet Jan noch immer als selbständiger Pricing Berater. Zusammen mit Bea verfolgt er daneben verschiedene andere Projekte, die sie – wie soll es anders sein – ortsunabhängig steuern und vorantreiben.

1.4 WARUM HABEN WIR DIESES BUCH GESCHRIEBEN?

Den zündenden Gedanken für das Buch hatten wir im Herbst 2017 während einer 6-monatigen Weltreise. Wir brachen mit einem One-Way-Ticket gen Thailand auf und besuchten im Verlauf unserer Reise Vietnam, Australien, Neuseeland und Südafrika.

Während wir unterwegs waren, haben wir uns intensiv mit den Themen digitales Nomadentum und ortsunabhängiges Arbeiten beschäftigt. Nicht wenige Menschen, die wir unterwegs kennenlernten, wünschten sich mehr Freiheit in ihrem Leben und hatten den Wunsch, ortsunabhängig Geld zu verdienen. Gleiches fanden wir im Rahmen unserer Internetrecherchen heraus. Wir stießen auf zahlreiche Foren und Gruppen im Netz, die sich mit dem Thema ortsunabhängiges Arbeiten beschäftigen. Eine der am häufigsten gestellten Fragen lautete: „Womit verdienst du Geld?" Wir fanden heraus, dass viele Menschen zwar den Traum haben, remote zu arbeiten, ihnen jedoch oftmals die nötige Vorstellungskraft fehlt, diesen Traum zu realisieren, da sie nicht wissen, wie und womit sie ortsunabhängig Geld verdienen können.

Du magst nun vielleicht denken: „Alter Hut. Zu diesem Thema gibt es doch bereits jede Menge Blogs, Vlogs, Bücher, Coachings, Workshops, etc. Dazu braucht es doch nicht noch ein Buch." Ja, das wissen wir und das sehen wir auch so. Wir sehen allerdings auch, dass die zahlreichen Blogs, Vlogs, Bücher, Coachings und Workshops oft nur die „klassischen" Online-Jobs als Möglichkeit für eine ortsunabhängige Tätigkeit nennen (z. B. Web Developer, Grafikdesigner, Virtual Assistant, etc.). Das empfinden wir als zu kurz gedacht. Was würde passieren, wenn alle Menschen, die remote arbeiten wollen, die gleichen zehn klassischen Online-Berufe hätten? Richtig, irgendwann würde es ein Überangebot auf dem Markt geben, mit der Folge, dass nicht genug Arbeit für alle da wäre.

Abgesehen davon will vielleicht auch nicht jeder in einem „klassischen" Online-Beruf arbeiten, weil er andere Interessen hat. Zudem gibt es vermutlich jede Menge Menschen da draußen, die ihren Beruf an sich gut finden und lediglich nach einer Möglichkeit suchen, diesen zu digitalisieren (z. B. Architekten, Anwälte, Steuerberater etc.).

Auf Basis dieser Überlegungen haben wir uns ans Werk gemacht und angefangen Berufsbilder zu suchen, die keine „klassischen" Online-Jobs sind, sich grundsätzlich aber gut für eine Remote-Tätigkeit eignen. Mehr als zwei Wochen lang brainstormten, recherchierten und diskutierten wir und beförderten so eine Liste mit ca. 250 potenziell remote-fähigen Berufen zu Tage. Von diesen stellen wir dir in diesem Buch 37 Berufsbilder vor, die wir guten Gewissens empfehlen können, da wir Menschen gefunden haben, die damit ihr Geld verdienen – unsere *Rolemodels*.
In Ländern wie den USA ist Remote-Arbeit in vielen Berufen schon lange gängige Praxis.[3] Andere Länder tun sich schwerer mit dieser Form des modernen Arbeitens. Remote-Arbeit scheint hier eher unkonventionell zu sein und befindet sich noch in den Kinderschuhen. Während unserer Recherchen für das Buch haben wir festgestellt, dass viel Fortschritt im

---

3 Vgl. Gallup Studie: State of the American Workplace, aus dem Jahr 2017 unter: https://news.gallup.com/reports/199961/7.aspx, S. 150, abgerufen am 19.08.2018.

Hinblick auf Remote-Arbeit aus dem englischsprachigen Raum kommt. Nicht selten waren wir überrascht über die Vielfalt an Ideen für ortsunabhängige Geschäftsmodelle und Tätigkeitsfelder. Aus diesem Grund ist letztlich die große Mehrheit der aufgeführten Rolemodels englischsprachig.

Da Deutschland vergleichsweise noch in den Startlöchern steht,[4] kannst du dich von den internationalen Vorbildern inspirieren lassen und dir Ideen holen, wie du deine eigene Ortsunabhängigkeit gestaltest. Vieles, was z. B. in den USA funktioniert, wird schließlich früher oder später oft auch in Deutschland populär.

Während wir dir in diesem Buch aufzeigen, welche Möglichkeiten du hast, ortsunabhängig zu arbeiten, ob als Angestellter in einer der immer zahlreicher werdenden Remote-Firmen oder als Selbständiger, haben wir parallel einen Blog und eine Facebook-Gruppe gestartet, wo wir das Thema weiterverfolgen und dich über aktuelle Entwicklungen und Möglichkeiten informieren. Außerdem findest du auf dem Blog einen detaillierten Überblick über die zahlreichen, im Buch genannten, Tools und Ressourcen, inklusive entsprechender Verlinkung. Besuch unseren Blog unter https://www.new-work-life.com.

In der exklusiven Facebook-Gruppe triffst du auf Gleichgesinnte und erhältst Antworten auf deine Fragen rund ums Thema Remote-Work, Berufsfindung und Geld verdienen. Zudem planen wir eine Interviewserie mit weiteren inspirierenden Remote-Arbeitern. Also: Tritt ein und sei gespannt. :-)
Hier der Link zur FB-Gruppe:
https://www.facebook.com/groups/409001326302676.

1.5 WIE LIEST DU DIESES BUCH?

Eigentlich ist es einfach ein Buch zu lesen. Man schlägt es auf und liest los. Wenn es gut läuft, zieht das Buch einen in seinen Bann und man verschlingt es innerhalb kürzester Zeit von der ersten bis zur letzten Seite. Bei diesem Buch verhält es sich aller Wahrscheinlichkeit nach anders. Das liegt nicht nur daran, dass es kein Roman ist, sondern auch daran, dass es sehr viele Informationen aus unterschiedlichen Bereichen enthält. Aus diesem Grund möchten wir dir eine Art „Bedienungsanleitung" an die Hand geben, die dir hilft, das Beste aus dem Buch für dich herauszuholen. Los geht's!

---

[4] Dyfed Loesche: Wenige Deutsche arbeiten im Homeoffice, auf Statista.de am 26.01.2018: https://de.statista.com/infografik/12699/wenige-deutsche-arbeiten-im-homeoffice, abgerufen am 22.08.2018.

In den ersten Kapiteln bereiten wir das Thema ortsunabhängiges Arbeiten auf, in dem wir dir einerseits zeigen, wo die Idee herkommt und welche Vorteile diese Arbeitsform für dich und deinen Arbeitgeber hat (sofern du dich nicht ohnehin selbständig machen möchtest).

Zudem zeigen wir dir eine Reihe von Formaten/Möglichkeiten, wie du ortsunabhängig Geld verdienen kannst. Dieser Abschnitt ist besonders wichtig, weil er einige Grundlagen enthält, auf die wir im Herzstück unseres Buches eingehen. Womit wir nun beim Kern des Buches angekommen wären: Den Berufsbildern. In Kapitel 4 „Ortsunabhängige Berufe für Soziale und Kommunikative" findest du 37 Berufe, die es dir erlauben auf einem Gebiet, das du liebst, ortsunabhängig zu arbeiten und Geld zu verdienen. Damit du eine bessere Vorstellung davon bekommst, was dich im jeweiligen Beruf erwartet, werden mögliche Aufgabenbereiche, benötigte Fähigkeiten und - falls erforderlich - die notwendige Ausbildung genannt. Da diese Informationen naturgemäß recht theoretisch sind, tauchen wir im nächsten Schritt in das Leben einer Person ein, die im jeweiligen Beruf erfolgreich ortsunabhängig arbeitet. Wir nennen diese Person Rolemodel. Viele der Rolemodels haben uns im Rahmen von Interviews tiefe Einblicke in ihren Arbeits- und Lebensalltag gewährt. Sie offenbaren, wie sie ihre Ortsunabhängigkeit begonnen haben und welche Hürden sie genommen haben. Die Interviews berichten aus dem echten Leben von Praktikern und enthüllen zahlreiche Insights, Tipps und Tricks.

Nachdem du gesehen hast, wie andere deinen Traumberuf leben, inspirieren wir dich im folgenden Abschnitt mit konkreten Ideen zum ortsunabhängigen Geldverdienen. Alles, was du zum Loslegen benötigst, findest du zudem in einem Starter Toolkit. Hier haben wir spezielle Softwarelösungen, Tools und Ressourcen für dich zusammengetragen, die du benötigst, um den ersten Schritt in Richtung Ortsunabhängigkeit zu gehen. Nun musst du nur noch anfangen. Viel Spaß bei der Lektüre und viel Erfolg beim Start in dein ortsunabhängiges Arbeitsleben!

2. ORTSUNABHÄNGIGES ARBEITEN – WAS STECKT DAHINTER?

„*Für Wunder muss man beten, für Veränderungen aber arbeiten.*" – Thomas von Aquin

2.1 ORTSUNABHÄNGIGES ARBEITEN – NUR EIN TREND?

Einem breiteren Publikum erschloss sich das Konzept des ortsunabhängigen Arbeitens erst durch das von Timothy Ferriss im Jahr 2007 veröffentlichte Buch „The 4-Hour Workweek". Darin beschreibt Ferriss, wie er seine Arbeitszeit drastisch reduziert und sich sogenannte „Mini Ruhestände" in Form längerer Auslandsreisen gönnt. Er beschreibt sehr anschaulich, wie er tägliche Aufgaben, die ihn unnötig beschäftigen, an indische Dienstleister delegiert und mittels Fokussierung auf die entscheidenden Dinge in seinem Job, Freizeit gewinnt. Zudem automatisiert er die Prozesse seines Unternehmens weitest möglich und kommuniziert mit seinem Team vornehmlich via E-Mail oder gelegentlich per Telefon anstatt in Persona. Er richtet alles darauf aus, dass seine physische Präsenz für den geschäftlichen Erfolg nicht erforderlich ist.[5]

In den vergangenen Jahren wurde das von Ferriss beschriebene Konzept weiterentwickelt und gipfelt derzeit in der Form des digitalen Nomadentums. Diesem Trend widmen sich zahlreiche Blogs, Podcasts und Veranstaltungen. So gibt es mehrere, jährlich stattfindende Konferenzen, wie die DNX (Digital Nomad Expo) oder virtuelle Clubs, wie den Citizen Circle. Digitale Nomaden sind Menschen, die ortsunabhängig, zumeist digital über das Internet arbeiten und währenddessen reisen. Viele von ihnen haben keinen festen Wohnsitz, sondern ziehen mit ihrem Laptop im Gepäck von einem Ort zum nächsten, nicht selten quer über den ganzen Globus.[6]

Das Konzept von Telearbeit an sich reicht in die 1970er Jahre zurück, als sich Jack Nilles, Raketenwissenschaftler bei der US Air Force, mit der

---

[5] Vgl. Timothy Ferriss: Die 4-Stunden Woche: Mehr Zeit, mehr Geld, mehr Leben, 2008.
[6] Vgl. Definition Digitaler Nomade auf Wikipedia: https://de.wikipedia.org/wiki/Digitaler_Nomade, abgerufen am 23.08.2018.

Thematik beschäftigte.[7] Nilles verbrachte damals viel Zeit in Staus auf dem Weg zu und von der Arbeit und das gab ihm den Anstoß zu der Überlegung, wie er von zuhause aus arbeiten könnte.[8] Als Pionier in Sachen Telearbeit ist Nilles heute der Meinung, dass in der Vergangenheit zwar gute Fortschritte in Sachen Remote-Arbeit erzielt wurden, dass die Arbeitswelt jedoch weit hinter ihren Möglichkeiten zurückbleibe.

„It has always been the case from the very beginning that more people have location independent jobs than managers who will let them do it. So we're always well below the point where everyone who can do [telework] does."[9] – Jack Nilles im Interview mit dem BizTech Magazine.

1997 veröffentlichten Tsugio Makimoto und David Manners ihr Buch „Digital Nomad". Sie skizzierten darin bereits den Lifestyle des „mobile professional", der durch Einsatz moderner Telekommunikationsmöglichkeiten und Dank einer vernetzten Welt ein „nomadic business life" leben kann.[10] Sie sahen in der Verbreitung von kleinen und tragbaren technischen Geräten, die sich jedermann leisten kann, den größten Wandel im menschlichen Lebensstil seit 10.000 Jahren. Sie gingen bereits vor mehr als 20 Jahren davon aus, dass bald eine ganz normale Menschheitsfrage sein würde „Am I a Nomad or a Settler?"[11]

In der damaligen Zeit müssen den Lesern die Aussagen der Autoren wie Teile aus „Star Trek" vorgekommen sein, wenn man bedenkt, dass Faxe und Mobiltelefone so groß wie Ziegelsteine als herausragende Innovationen galten. Doch Makimoto und Manners entwickelten den Gedanken weiter und sahen Menschen unabhängig von Büros oder ihrem Zuhause arbeiten. Sie vertraten schon damals die Ansicht, Menschen könnten alle Geräte, die sie zum Arbeiten benötigen, in einer Tasche mit sich tragen und damit beliebig umherziehen.

„Within the next decade, for the first time for 10.000 years, most people will find that the geographic tie is dissolving. It will happen

---

7 Vgl. Biografie von Jack Nilles auf: https://www.jala.com/jnmbio.php, abgerufen am 18.08.2018.
8 Vgl. Ricky Ribeiro: Fathers of Technology: 10 Men Who Invented and Innovated in Tech, 14.06.2012: https://biztechmagazine.com/article/2012/06/fathers-technology-10-men-who-invented-and-innovated-tech, abgerufen am 18.08.2018.
9 Vgl. ebd.
10 Tsugio Makimoto und David Manners in: Digital Nomad, 1997, S. 27.
11 Ebd., S. 3.

gradually and people will be slow to realise that a revolution is occurring, but by the end of those ten years, most people in the developed world will find themselves free to live where they want and travel as much as they want."[12] – Tsugio Makimoto und David Manners.

Ganz so schnell wie die Autoren es vorhergesagt hatten ist diese Entwicklung dann doch nicht eingetreten. Obwohl bereits seit längerer Zeit die notwendige Technologie für Telearbeit zur Verfügung steht und heutzutage fast jeder problemlos virtuell mit anderen in Kontakt treten und theoretisch mit ihnen über das Netz kollaborieren kann, blieben Unternehmen lange Zeit skeptisch. Sie befürchteten, dass Remote-Arbeit zu einem Mangel an Kontrolle und damit einhergehenden Ineffizienzen und Unproduktivität führe.[13]

Nur langsam hat sich die Unternehmenswelt der Telearbeit geöffnet. Nicht zuletzt deswegen, weil die derzeit auf den Arbeitsmarkt drängende Generation der Millenials einen selbstbestimmteren Arbeitsalltag fordert.[14] Eine *Gallup* Studie für den amerikanischen Markt fand 2017 heraus, dass die Anzahl derjenigen, die remote arbeiten, von 39 Prozent im Jahr 2012 um vier Prozentpunkte auf 43 Prozent im Jahr 2016 angestiegen ist.[15] Die Studie stellt die Bedeutung von flexiblen Arbeitsmodellen, sowohl in Bezug auf die Arbeitszeit als auch in Bezug auf den Arbeitsort heraus. So können sich beispielsweise 37 Prozent der Befragten vorstellen, ihren Job zu wechseln, sollten sie eine Alternative angeboten bekommen, bei der sie nicht permanent im Büro sein müssten.[16] Fast jeder zweite Millenial (47 Prozent) möchte sich aussuchen, wann und wo er arbeitet, verglichen mit 31 Prozent der Arbeitnehmer aus der Generation X und den Baby Boomern.[17]

Einige Länder beggnen dem Wunsch nach mehr Flexibilität im Arbeitsleben offensiv und führen Gesetze für Telearbeit ein. Ganz vorne mit dabei sind die Niederlande, in denen es seit dem Jahr 2015 ein gesetzlich verankertes

---

12 Ebd., S. 2 f.
13 Vgl. Juliane Petrich und Bastian Pauly in: Jedes dritte Unternehmen bietet Arbeit im Homeoffice an, vom 02.02.2017 unter: https://www.bitkom.org/Presse/Presseinformation/Jedes-dritte-Untershynehmen-bietet-Arbeit-im-Homeshyoffice-an.html, abgerufen am 20.08.2018.
14 Vgl. Eugen Epp in: Generation Y und Arbeit: Geld und Karriere? Wir wollen Zeit!, vom 02.08.2017 unter: https://www.stern.de/neon/generation-y--wir-wollen-nicht-geld-und-karriere--wir-wollen-zeit--7562658.html, abgerufen am 20.08.2018.
15 Vgl. Gallup Studie: State of the American Workplace, aus dem Jahr 2017 unter: https://news.gallup.com/reports/199961/7.aspx, S. 150, abgerufen am 19.08.2018.
16 Vgl. ebd., S. 27.
17 Vgl. ebd., S. 48.

Recht auf Telearbeit gibt. Seit dem 1. Januar 2016 darf in den Niederlanden jeder, wann immer er möchte, von zu Hause aus arbeiten. Es bedarf zwar der vorherigen Abstimmung mit dem Arbeitgeber, jedoch ist es nicht so, dass ein Arbeitnehmer den Arbeitgeber um Erlaubnis fragen muss. Vielmehr verfügt der Arbeitgeber lediglich über ein Vetorecht, das er nutzen kann, wenn die Nichtanwesenheit eines Angestellten einen negativen Effekt auf das Geschäft hat. Gemeint sind damit schwere Sicherheitsrisiken, unlösbare Probleme in der Dienstplanung oder untragbare finanzielle Schäden. In diesen Fällen kann der Arbeitgeber dem Angestellten die Heimarbeit verwehren. Allerdings muss er die genannten Auswirkungen glaubhaft nachweisen. Vermeintliche Ängste der Arbeitgeber, dass Remote-Arbeit zu Ineffektivität und Prokrastination führe, haben sich in den Niederlanden nicht bestätigt. Ganz im Gegenteil. Man fand heraus, dass Telearbeiter mindestens genauso produktiv wie ihre büro-ansässigen Kollegen sind, in vielen Fällen sogar produktiver.[18]

Anfang Mai 2018 forderte auch eine deutsche Institution, nämlich der Deutsche Gewerkschaftsbund (DGB), ein Recht auf Arbeit von zuhause für Angestellte. Der DGB begründet seine Forderung damit, dass die Arbeitswelt immer flexibler und digitaler werde und sich viele Arbeiten problemlos außerhalb des Büros erledigen ließen.[19]

Zusammenfassend lässt sich sagen, dass Telearbeit weltweit auf dem Vormarsch und nicht bloß eine kurzfristige Trenderscheinung ist. Dies gilt sowohl für Selbständige als auch für Unternehmen und Beschäftigte. Laut eines Artikels der *Wirtschaftswoche* wünschen sich mehr als ein Drittel der Arbeitnehmer die Möglichkeit vom Home-Office aus zu arbeiten. Der Artikel verweist z. B. darauf, dass Japan mit Blick auf die Olympischen Spiele 2020 zunehmend Telearbeit einführt, um das Verkehrssystem zu entlasten. In den skandinavischen Ländern, in Luxemburg und der Schweiz arbeitet aktuell schon jeder Fünfte von zuhause aus. Deutschland liegt im Vergleich noch immer im Rückstand, jedoch mit positiver Tendenz. Im Mai 2017 arbeiteten neun Prozent der Beschäftigten remote.[20]

---

18 Vgl. Benjamin Dürr: Neues Gesetz in den Niederlanden: Ich will Heimarbeit - du darfst, auf Spiegel Online am 14.04.2015: http://www.spiegel.de/karriere/home-office-niederlande-garantieren-heimarbeit-per-gesetz-a-1028521.html, abgerufen am 29.03.2018.
19 Vgl. Tina Groll: DGB fordert Recht auf Arbeit von zu Hause, auf Zeit Online am 30.04.2018: https://www.zeit.de/wirtschaft/2018-04/homeoffice-arbeitnehmer-recht-dgb-annelie-buntenbach, abgerufen am 17.08.2018.
20 Vgl. Louisa Lagé: Telearbeit - Das Home-Office macht nicht nur produktiv, auf Wirtschafts Woche Online am 16.05.2017, unter: https://www.wiwo.de/erfolg/telearbeit-das-home-office-macht-nicht-nur-produktiv/19808462.html, abgerufen am 20.08.2018.

2.2 WELCHE VORTEILE BIETET DIESE FORM DER ARBEIT?

Ortsunabhängiges Arbeiten birgt viele Vorteile – sowohl für dich als Individuum als auch für die Unternehmenswelt. In diesem Abschnitt erfährst du, welche. Fangen wir mit den Vorteilen an, die dir zugutekommen, wenn du als Person ortsunabhängig arbeitest.

DEINE VORTEILE

1. Du kannst arbeiten und leben, wo du dich wohlfühlst
Das kann daheim bei deiner Familie, auf Reisen unterwegs oder im Rahmen verlängerter Aufenthalte an anderen Orten oder in anderen Ländern dieser Welt sein.

Ein Beispiel: Manche Menschen lieben den Winter und laufen gerne Ski, andere bevorzugen einen endlosen Sommer und möchten lieber der Sonne hinterherreisen.

Genau hier setzt der Vorteil ein, wenn du ortsunabhängig bist. Du kannst deinen Aufenthalts- und Arbeitsort frei wählen. Bist du ein Winter-Fan, kannst du in die Berge zum Skilaufen fahren. Liebst du die Sonne, kannst du den Winter überspringen und ihn in einem warmen Land wie Australien, Südafrika, Brasilien oder Thailand verbringen. Gefällt es dir in deiner Heimat gut, du wünschst dir jedoch mehr Zeit mit deiner Familie, bietet sich Home-Office ebenfalls an.

2. Du hast geringere Kosten
Indem du deinen Arbeits- und Aufenthaltsort bei ortsunabhängiger Arbeit selbst bestimmst, kannst du entscheiden, wie viel Geld du für deine Miete und deinen Lebensunterhalt im Monat ausgibst. Viele Menschen wohnen z. B. in der Stadt, weil hier die Büros der Firmen sind, für die sie arbeiten. Mieten in Städten sind jedoch in der Regel höher als auf dem Land. Indem du entscheidest, auf dem Land statt in der Stadt zu wohnen, stehen die Chancen gut, dass du bei der Miete Geld sparst.

Ein weiterer Punkt, bei dem sich leicht Kosten reduzieren lassen, ist das Essen. Weil im Büro nur selten die Möglichkeit besteht zu kochen, greift man häufig auf auswärtiges Essen (z. B. Café, Restaurant, Take-Away, etc.) oder die Kantine zurück, wenn der Hunger kommt. Das geht auf Dauer ins Geld, denn fertiges Essen ist in der Regel teurer, als wenn man selbst etwas zubereitet. Abgesehen davon ist letztere Variante zudem oftmals gesünder.

Entscheidest du dich dafür, deinen Arbeits- und Aufenthaltsort in ein anderes Land zu verlagern, profitierst du unter Umständen von sogenannter Geo-Arbitrage. Geo-Arbitrage bedeutet, Geld in einer „harten" Währung wie beispielsweise Euro oder US-Dollar zu erwirtschaften und es in Ländern mit einer schwächeren Währung auszugeben. Die Miete für ein Zimmer kostet dann z. B. nicht mehr 1.000 Euro pro Monat, sondern nur noch 300 Euro, wenn du die lokale Währung in deine Währung umrechnest. Eine Person kann in Thailand (in der Stadt Chiang Mai) z. B. schon für knapp 1.000 US-Dollar im Monat ein gutes Leben führen. Diese Kosten basieren auf einer Kurzfrist-Unterkunft (bis zu 3 Monate) in einem Hotel mit privatem Zimmer in der Stadtmitte und drei auswärtigen Mahlzeiten am Tag.[21]

Möchtest du wissen, wie sich die Situation in anderen Ländern und Städten verhält, schau auf der Website Nomadlist.com nach. Hier findest du Informationen zu Kosten, (Arbeits-)Infrastruktur, Unterkünften und vieles mehr, was du wissen solltest, wenn du deinen Arbeitsort in ein anderes Land bzw. eine andere Stadt verlegst.

3. Du bist flexibler in deiner Tagesgestaltung

Ortsunabhängig zu arbeiten bedeutet nicht unbedingt auch zeitunabhängig zu arbeiten. Jedoch bedingt sich beides oftmals. Allein der Umstand, ortsunabhängig zu arbeiten, verschafft dir bereits mehr Flexibilität und Freiheit. Arbeitest du z. B. aus dem Home-Office heraus, musst du private Termine nicht zwangsläufig auf Uhrzeiten vor oder nach der Arbeit legen, sondern kannst sie oft auch während deiner Arbeitszeit wahrnehmen. Das gilt insbesondere dann, wenn du selbständig bist.

Auch als Angestellter kannst du verschiedene Arten privater Termine in deinen Arbeitsalltag einbauen. Denk z. B. an Handwerker, die vorbeikommen, um ein defektes Gerät bei dir zuhause auszubessern oder an Paketlieferungen, die für einen bestimmten Zeitpunkt terminiert sind. Termine wie diese kannst du ohne Probleme während deiner Arbeit wahrnehmen, weil sie nicht viel Zeit kosten, aber deine Präsenz vor Ort erfordern. Außerdem kannst du auch viel leichter deine Familie organisieren und bspw. deine Kinder zur Schule bringen und abholen.

---

21 Vgl. Sebastian Kühn: Was Geo-Arbitrage ist und wie du es für dich nutzen kannst, auf Wirelesslife.de am 23.12.2016: https://wirelesslife.de/geo-arbitrage, abgerufen am 28.04.2018.

4. Du bist produktiver

Verschiedene Untersuchungen belegen, dass die Arbeitsweise Auswirkungen auf die Produktivität hat. Das Management Magazin *Harvard Business Review* hat bspw. eine Studie mit Call Center Mitarbeitern eines Internet-Reiseportals in China durchgeführt. Ausgewählte Mitarbeiter des Call Centers haben neun Monate lang aus dem Home-Office gearbeitet. Zur Validierung der Studienergebnisse hat die gleiche Anzahl Mitarbeiter weiterhin aus dem Büro des Call Centers gearbeitet. Ergebnis der Studie ist, dass die Mitarbeiter im Home-Office 13,5 Prozent mehr Anrufe entgegennahmen als die büro-basierte Kontrollgruppe. Das entspricht in etwa einem vollen Arbeitstag mehr pro Woche.[22]

Eine Studie des Markt- und Meinungsforschungsinstituts *Gallup* hatte zum Ergebnis, dass Remote-Arbeiter ein höheres Engagement als ihre office-basierten Kollegen zeigen. Arbeiteten Mitarbeiter drei bis vier Tage in der Woche von zuhause aus, stieg das Engagement, das sie für ihre Arbeit zeigten, um 33 Prozent im Vergleich zur Kontrollgruppe, an.[23] Wichtig zu erwähnen in diesem Kontext ist, dass das Engagement von Mitarbeitern eng mit ihrer Produktivität verknüpft ist. Steigt das Engagement für die eigene Arbeit, so steigt auch das Produktivitätslevel und umgekehrt.

5. Du bist seltener krank

Remote Worker sind erwiesenermaßen seltener krank als Büroarbeiter. Das hat verschiedene Gründe: einer davon findet sich im Verhalten von Büroarbeitern im Krankheitsfall wieder. Viele Büroarbeiter gehen trotz Krankheit ins Büro. Nicht selten aus sozialem Zwang („Was soll nur der Chef denken, wenn ich (schon wieder) krank bin?") oder schlechtem Gewissen („Ohne mich müssen meine Kollegen Überstunden machen!"). Der Gang ins Büro scheint jedoch nur vordergründig das Richtige zu sein, denn er erhöht die Ansteckungsgefahr. Ein Nieser und die Keime werden im ganzen Büro verteilt und stecken weitere Kollegen an. Als Remote-Arbeiter passiert dir das nicht. Du kannst dir dein Arbeitsumfeld aussuchen und dafür Sorge tragen, dich ausschließlich mit gesunden Menschen zu umgeben.[24]

---

22 Vgl. Nicholas Bloom: To Raise Productivity, Let More Employees Work from Home, in Havard Business Review (Januar-Februar Ausgabe 2014): https://stayinthegame.net/wp-content/uploads/2018/04/HBR-To-Raise-Productivity-Let-More-Employees-Work-from-Home.pdf, abgerufen am 16.08.2018.
23 Vgl. Gallup-Studie: State of the American Workplace - Employee Engagement Insights For U.S. Business Leaders: http://www.gallup.com/file/services/176708/State_of_the_American_Workplace_2Report_202013.pdf, abgerufen am 16.08.2018.
24 Vgl. Artikel: Is Remote Working Healthier? auf der Seite Remote: https://remote.com/learn/is-remote-working-healthier, abgerufen am 16.08.2018.

Als jemand, der ortsunabhängig arbeitet, bist du zudem weniger Stressfaktoren ausgesetzt als es Büroarbeiter im Normalfall sind. Ein Beispiel dafür ist der Anfahrtsweg zur Arbeit. Als Remote Worker im Home-Office entfällt dieser. Möchtest du mal nicht von zuhause aus arbeiten, suchst du dir einfach einen anderen Ort in deiner Nähe. Befindet sich dein Arbeitsplatz hingegen an einem festen Ort, kommst du um das Pendeln nicht herum. Je nachdem, wie weit dein Büro entfernt liegt, kann es sein, dass du mehrere Stunden am Tag für Hin- und Rückfahrt einplanen musst. Studien weisen nach, dass Pendeln die Gesundheit beeinträchtigt. Probanden berichten von Nacken- und Rückenproblemen, hohen Cholesterinwerten und Fettleibigkeit.[25] Weitere Stressfaktoren sind wenig Schlaf, mangelnde Bewegung und schlechte Ernährung. Auch diesbezüglich liegen Remote Worker gegenüber Büroarbeitern vorne. Eine Umfrage des *Inititiative Committee of Sponsoring Organizations of the Treadway Commission (CoSo)* unter Mitarbeitern verschiedener Unternehmen zeigt, dass Remote Worker 45 Prozent mehr Schlaf und 35 Prozent mehr Bewegung als ihre büro-basierten Kollegen bekommen, 42 Prozent ernähren sich zudem gesünder.[26]

6. Du trägst aktiv zum Umweltschutz bei

Der Klimawandel ist da und er ist unverkennbar. Höchste Zeit, selbst aktiv zu werden, und sei es nur durch das Verringern deines ökologischen Fußabdrucks. Wie bereits zuvor angesprochen, pendeln jeden Tag Milliarden von Menschen überall auf der Welt zur Arbeit ins Büro. Viele von ihnen mit dem (eigenen) Auto, andere mit öffentlichen Verkehrsmitteln und einige wenige zu Fuß oder mit dem Rad. In der Spitze ergeben sich für manche Pendler Pendelzeiten von mehreren Stunden täglich, was ökologisch gesehen gravierende Folgen nach sich zieht.

Laut dem Bayerischen Rundfunk pendeln allein in die bayrische Landeshauptstadt München jeden Tag ca. 400.000 Autos zur Arbeit. Jedes Auto legt dabei durchschnittlich 34 Kilometer pro Strecke zurück. Multipliziert man diese Zahlen miteinander, ergeben sich daraus mehrere Millionen gefahrene Kilometer, die durch Remote-Arbeit eingespart werden könnten

---

25 Vgl. Steve Crabtree: Well-Being Lower Among Workers With Long Commutes - Back pain, fatigue, worry all increase with time spent commuting, am 30.08.2010 auf Gallup.com: https://news.gallup.com/poll/142142/wellbeing-lower-among-workers-long-commutes.aspx, abgerufen am 16.08.2018.
26 Vgl. Umfrage "CoSo Cloud survey" von Committee of Sponsoring Organizations of the Treadway Commission (CoSo): https://www.cosocloud.com/press-release/connectsolutions-survey-shows-working-remotely-benefits-employers-and-employees, abgerufen am 16.08.2018.

und somit zur Reduktion von CO2, Feinstaub und Stickoxiden beitragen würden.[27]

Auch in den USA gibt es verschiedene Studien zum Thema. So fand die US-amerikanische Non-Profit Organisation *Telework Coalition* heraus, dass 74 Millionen Gallonen Benzin (umgerechnet ca. 280 Millionen Liter) eingespart werden könnten, wenn 32 Millionen Amerikaner von zuhause aus arbeiten würden. Dies entspricht einer Menge, die es erlauben würde, 51.000 Mal den Globus zu umkreisen. Eine weitere Studie kommt von der US-basierten *Consumer Electronics Association*, die aufzeigt, dass eine Umstellung auf Remote Work den Energieverbrauch der USA um 9 bis 14 Milliarden Kilowattstunden pro Jahr senken könnte.[28] Gute Gründe, um noch heute deinen Teil beizutragen.

VORTEILE FÜR UNTERNEHMEN

1. Geringere Infrastrukturkosten

Wenn ein Unternehmen einen Mitarbeiter einstellt, benötigt der einen Arbeitsplatz mit Schreibtisch, Stuhl und Büromaterial. Diese Dinge bereitzustellen, kostet Geld. Außerdem fallen noch ganz allgemein Kosten für die Büromiete, die Mietnebenkosten, Parkplätze etc. sowie für das Beheizen, Kühlen und Reinigen der Büros an. Das alles zusammen sind sogenannte Infrastrukturkosten. Diese fallen 365 Tage im Jahr an, also auch, wenn du nicht im Büro bist. Arbeitest du als Mitarbeiter remote, spart dein Arbeitgeber dementsprechend sehr viel Geld ein.

2. Geringere Mitarbeiterfluktuation und bessere Einstellungsmöglichkeiten

Die Kosten für Mitarbeiterfluktuation sind weitaus höher als man zunächst annehmen mag. Die Suche nach passendem Ersatz ist für Unternehmen äußerst kostspielig und nicht selten mit Kosten in Höhe kompletter Jahresgehälter verbunden. Darin enthalten ist die Recherche nach potenziellen Jobkandidaten, der Rekrutierungs- und Einstellungsprozess sowie die

---

27 Vgl. Tobias Chmura: Schadstoffe vermeiden - Homeoffice statt Pendeln, in Bayerischer Rundfunk am 26.02.2018: https://www.br.de/nachrichten/schadstoffe-vermeiden-homeoffice-statt-pendeln-100.html, abgerufen am 23.03.2018.
28 Vgl. Melanie Pinola: Save the Environment by Working from Home, auf Lifewire.com am 25.05.2018: https://www.lifewire.com/how-telecommuting-is-good-for-the-environment-2378101, abgerufen am 16.08.2018.

Einarbeitung in den Job.[29] Aufgrund der hohen Kosten ist Unternehmen sehr daran gelegen, Mitarbeiter möglichst lange zu halten.

Forschungsergebnisse zeigen, dass Remote-Arbeit der Mitarbeiterfluktuation entgegenwirkt. So fand die bereits oben zitierte Studie des *Harvard Business Review Magazines* mit chinesischen Call Center Mitarbeitern heraus, dass die home-office-basierten Mitarbeiter eine wesentlich höhere Jobzufriedenheit aufwiesen und während der neunmonatigen Studienzeit nur halb so viele von ihnen kündigten als bei der büro-basierten Kontrollgruppe.

Weiterhin gehen Wissenschaftler davon aus, dass Remote-Arbeit den Rekrutierungsprozess für Unternehmen erleichtert und damit die Einstellungsmöglichkeiten neuer Talente verbessert. Die Aussage stützt sich auf eine 2018 durchgeführte Studie der Universität Akron, die nachweist, dass 41 Prozent der befragten Uni-Absolventen, lieber digital über das Internet kommuniziert als klassisch vor Ort in Persona oder über das Telefon.[30]

3. Geringere Personalkosten

Personalkosten gehören zu den größten Kostenblöcken in Unternehmen. Bei kleinen Unternehmen und Start-ups machen sie nicht selten rund 30 Prozent des Umsatzes aus.[31] Unternehmen ist daher sehr daran gelegen, die Personalkosten so gering wie möglich zu halten. Remote Work ist insofern eine günstigere Alternative zu einem konventionellen Arbeitsmodell, da Arbeitnehmer bereit sind, bis zu 8 Prozent weniger zu verdienen, da sie Kosten, die durchs Pendeln anfallen, einsparen.[32] Zudem können sie sich aussuchen, wo sie leben und wohnen möchten, wodurch sie ihre Fixkosten möglicherweise reduzieren können (z. B. bei Aufenthalt in ländlichen Gebieten oder in Ländern mit grundsätzlich niedrigeren Lebenshaltungskosten).

---

29 Vgl. Heather Boushey unnd Sarah Jane Glynn: There Are Significant Business Costs to Replacing Employees, Center for American Progress am 16.11.2012: https://www.americanprogress.org/wp-content/uploads/2012/11/CostofTurnover.pdf, abgerufen am 16.08.2018.
30 Vgl. Mandy Kaur, Kaleb Oney, Joseph Chadbourne, Kayli Bookman und Benjamin Beckman: An Analysis of the Factors which Effectively Attract College Graduates, The University of Akron, Frühjahr 2018: http://ideaexchange.uakron.edu/cgi/viewcontent.cgi?article=1581&context=honors_research_projects, abgerufen am 16.08.2018.
31 Vgl. Amber Keefer: What Percentage of Expenses Should Payroll Be?, auf Chron.com: https://smallbusiness.chron.com/percentage-expenses-should-payroll-be-30772.html, abgerufen am 16.08.2018.
32 Vgl. Alexander Mas und Amanda Pallais: Valuing Alternative Work Arrangements, in American Economic Review 2017, 107(12): https://pubs.aeaweb.org/doi/pdfplus/10.1257/aer.20161500, abgerufen am 16.08.2018.

4. Produktivität, Effizienzsteigerung, Umweltschutz

Viele der Vorteile für dich als Person sind gleichzeitig auch ein Vorteil für dein Unternehmen: Eine höhere Mitarbeiterproduktivität führt zu Effizienzsteigerung und Kostenersparnis im Unternehmen, da in kürzerer Zeit mehr Output erreicht wird. Eine geringere Krankheitsrate sorgt für mehr Ergebnisse und kostet ein Unternehmen keine unnötigen Krankheitstage.

Der dritte Punkt „Umweltschutz" trägt eine ethische Komponente in sich. Umweltschutz appelliert an das „grüne Gewissen" eines Unternehmens. In Zeiten des Klimawandels ist es aus Unternehmenssicht schick und mancherorts sogar gesetzlich vorgeschrieben, etwas für die Umwelt zu tun und sich ökologisch fortschrittlich zu verhalten.

Du siehst, eigentlich handelt es sich bei Remote Work um eine Win-Win-Situation und dein Arbeitgeber sollte sich überlegen, ob er daran nicht teilhaben will.

2.3 WELCHE FÄHIGKEITEN BENÖTIGST DU, UM ORTSUNABHÄNGIG ZU ARBEITEN?

Ortsunabhängig zu arbeiten ist ein Traum für Viele. Wenn morgens der Wecker klingelt (wenn er denn überhaupt klingelt), erstmal entspannt aufstehen und dann mit einer Tasse Kaffee gemütlich zum Schreibtisch schlurfen. Keine Hetze, kein Berufsverkehr und keine mies gelaunten Kollegen. Dafür: selbstbestimmtes, effizientes und produktives Arbeiten. Klingt gut, oder?

Was sich so paradiesisch anhört, bringt in der Realität jedoch einige Herausforderungen mit sich. Irgendwann fehlen die Kollegen für den kurzen Smalltalk zwischendurch oder man schafft es nicht mehr aus dem Schlafanzug heraus, weil es keine Notwendigkeit gibt, sich anzuziehen.

Um langfristig erfolgreich remote arbeiten zu können, braucht es bestimmte Fähigkeiten. Eigenschaften, die dich als Remote-Arbeiter qualifizieren. Wie diese im Detail aussehen, erfährst du in diesem Kapitel.

1. Rausgehen und Leute kennenlernen

Wenn du remote arbeitest, genießt du den Luxus, deinen Arbeitsort selbst auswählen zu können. Viele entscheiden sich fürs Home-Office. Das ist bequem und bietet neben vielen anderen Dingen den Vorteil, dass man das Haus nicht verlassen muss. Hast du Hunger, kochst du dir etwas oder bestellst was beim Lieferdienst. Abends dann ein bisschen lesen oder einen Film auf dem heimischen TV schauen. Wie schön!

Diese zunächst großartig klingende Lebensweise ist auf Dauer nicht ganz so großartig, denn sie birgt das Risiko von Vereinsamung. Menschen sind soziale Wesen und benötigen regelmäßig Interaktion mit anderen Menschen, damit es ihnen gut geht. Wenn du allerdings das Haus nicht verlässt, kommst du nur unter bestimmten Umständen mit anderen Menschen in Kontakt.

Das gilt selbst für Menschen mit Familie. Denn irgendwann kommt der Zeitpunkt, an dem man einen Lagerkoller bekommt und sich nach weiteren sozialen Kontakten sehnt, so gut das Verhältnis zur eigenen Familie oder dem Partner auch sein mag. Um Einsamkeit und sozialer Isolation vorzubeugen, haben wir im Folgenden ein paar Tipps für dich zusammengestellt.

TIPP 1: Verabrede dich regelmäßig mit anderen Menschen zum Mittagessen. Du machst während deiner Arbeit irgendwann sicherlich eine Mittagspause. Solltest du jedenfalls. Wie wäre es, wenn du deine Mittagspause nicht allein, sondern mit einem Freund, Bekannten oder Kollegen verbringst? Essen musst du ohnehin. Warum nicht Essen mit ein wenig sozialer Interaktion verbinden?

TIPP 2: Plane eine soziale Aktivität für die Zeit nach der Arbeit. Du könntest dich z. B. einer Sportgruppe anschließen, einem Lauftreff etc. Auf diesem Wege kommst du leicht mit anderen in Kontakt und tust nebenbei deiner Gesundheit etwas Gutes.
Bist du kein Lauf-Fan, gibt es jede Menge andere Sporttreffs, aus denen du auswählen kannst. Schau dafür am besten mal in den Veranstaltungsrubriken verschiedener Social-Media-Kanäle nach, z. B. auf Facebook Veranstaltungen. Natürlich kannst du dich auch so mit einem Freund oder Bekannten für eine Runde Sport nach der Arbeit verabreden oder dir eine anderweitige soziale Aktivität, wie ein gemeinsames Abendessen vornehmen.

TIPP 3: Geh zum Arbeiten an einen Ort, an dem du andere Remote-Arbeiter triffst. Dies kann ein Coworking Space oder ein Café sein. Während das Internet in Coworking Spaces in der Regel gut ist, gilt das für Cafés nicht immer. Um hier vor Frustration bewahrt zu sein, recherchiere zuvor nach Cafés mit guter Internetverbindung. Für viele Städte gibt es dezidierte Blogposts, die sich mit dem Thema befassen und dir wertvolle Tipps in Bezug auf die Cafewahl geben. Während wir diese Zeilen schreiben, sitzen wir z. B. in einem Coworking Space in Kapstadt, Südafrika.

TIPP 4: Vernetze dich virtuell mit anderen Menschen, um dich mit ihnen austauschen und ggf. gegenseitig unterstützen zu können. Zugegebenermaßen ist virtuelle Vernetzung nicht das Gleiche wie eine Vernetzung in Persona, jedoch ist erstere definitiv ein Schritt in die richtige Richtung und tut dir aus sozialer Sicht gut. Für manche Menschen mag virtuelle Vernetzung gar die präferierte Wahl sozialer Interaktion sein. Um dich virtuell zu vernetzen, hast du zahlreiche Möglichkeiten. Besonders gut eignen sich unserer Ansicht nach spezialisierte Facebook-Gruppen. Schau einfach mal nach Gruppen zu Schlagwörtern wie „Remote Work", „Home-Office", „Telearbeit", „Telecommute", „Digital Nomad", „DNX", etc.

2. Eigenmotivation

Eigenmotivation spielt bei Remote-Arbeit eine zentrale Rolle. Dadurch, dass du für Kollegen, Chefs (sofern du einen hast) und Kunden nicht im direkten Zugriff bist, liegt es an dir, ob und wann du morgens aus dem Bett kommst, um es überspitzt zu formulieren. Du musst dich selbst tagein tagaus für deinen Job motivieren können, denn nur wenn du das schaffst, wirst du letztlich produktiv sein und deine Arbeit als erfüllt ansehen. Fehlt dir hingegen das notwendige Maß an Motivation, läufst du Gefahr zu faulenzen oder Dinge aufzuschieben (im Fachjargon auch „prokrastinieren" genannt). Fensterputzen oder den Speicher entrümpeln werden hier schnell zu „unaufschiebbaren" Tätigkeiten. Damit du nicht in Versuchung kommst, hier ein paar Tipps für den täglichen Motivations-Boost.

TIPP 1: Stell sicher, dass du einem Job nachgehst, der dir Spaß macht. Hast du einen Job, der dir keinen Spaß macht, wirst du es nur unter widrigen Umständen schaffen, die nötige Eigenmotivation an den Tag zu legen, um ihn remote ausüben zu können. Dinge, die wir gern tun und für die wir uns begeistern, fallen uns in der Regel leicht, denn wir haben ein natürliches Interesse an ihnen. Die Motivation kommt bei diesen Dingen von ganz allein und muss nicht forciert oder künstlich beigebracht werden. Um langfristig motiviert zu bleiben, ist daher fundamental wichtig, einen Job zu haben, der dich interessiert und der dir gefällt.

TIPP 2: Belohne dich für geleistete Arbeit, z. B. wenn du gewisse Aufgaben abgeschlossen oder Ziele erreicht hast. Schreibe am Morgen auf, was du im Laufe eines Tages alles erledigen möchtest. Wichtig ist, dass du realistisch planst: Setz dir erreichbare Ziele und schätze die Zeit zur Erreichung der Ziele realistisch ein. Arbeite lieber mit einem Puffer von 50 Prozent als zu ambitioniert ans Werk zu gehen. So verhinderst du Frustrationen.

Wir Menschen neigen dazu, uns zu überschätzen und uns auf kurze Sicht zu viel vorzunehmen. Wir verkennen, dass ein Tag nur 24 Stunden hat und die meisten von uns nicht länger als 8 oder 9 Stunden pro Tag arbeiten können. Behalte dies im Hinterkopf und berücksichtige es bei deiner Planung. Wenn du festgelegt hast, was du erledigen möchtest, kannst du dir überlegen, in welcher Form du dich für das Erreichte belohnen möchtest. Was bereitet dir Freude? Abends eine Runde laufen? Mit Freunden ein leckeres Abendessen genießen? Oder ins Kino gehen? Was immer es ist, nimm es wahr, wenn du deine Aufgaben erledigt hast. Zusätzlich kannst du kleine „Mini-Belohnungen" in deinen Arbeitsalltag einbauen und dich dadurch kurzfristig motivieren. Wie wäre es z. B. mit einer kurzen Pause, einem frisch aufgebrühten Kaffee, einem leckeren Stück Obst oder einem (virtuellen) Schwatz mit einem Coworker, wenn du erfolgreich eine Aufgabe abgeschlossen hast?[33]

TIPP 3: Gliedere deine tägliche Arbeit in zeitliche Pakete. Schnüre deine Aufgaben für den Tag z. B. so, dass sich mehrere 90-Minuten-Arbeitspakete ergeben. Nach jedem Arbeitspaket legst du eine fünfzehnminütige Pause ein. Indem du so vorgehst, stellst du sicher, dass du dich nicht zu lange mit einzelnen Aufgaben aufhältst und nicht den Überblick verlierst. Alle Aufgaben haben eine konkrete Deadline, die es einzuhalten gilt. Erledigst du die Pakete innerhalb der vorgegebenen Frist, generierst du so über den Arbeitstag verteilt kleine Erfolgsmomente für dich.[34]

3. Disziplin und Selbstverantwortung
Im Büroalltag hat man einen festen Arbeitsrhythmus und -rahmen, innerhalb dessen man sich bewegt. Man hat geregelte Anfangs- und Feierabendzeiten, man hat Termine mit Kollegen und Mitarbeitern, die man wahrnimmt und der Chef guckt einem zwischendurch auf die Finger. In diesem Rahmen fällt ein Mangel an Disziplin schnell auf, was dazu führt, dass es hier tendenziell leichter fällt, diszipliniert die anfallenden Dinge zu erledigen.

---

[33] Vgl. Bettina Levecke: Sieben Tricks für mehr Elan bei der Arbeit, auf Welt.de am 18.05.2015: https://www.welt.de/gesundheit/psychologie/article141062193/Sieben-Tricks-fuer-mehr-Elan-bei-der-Arbeit.html, abgerufen am 06.04.2018.
[34] Vgl. ebd.

Bei Remote-Arbeit hast du weniger geregelte Arbeitszeiten und Kontrollmechanismen sind durch deine physische Abwesenheit nur begrenzt möglich. Du stehst weniger stark im Fokus und verfällst schnell dem Glauben, dass du für deine Arbeit ein „unendliches" Zeitkontingent zur Verfügung hast. Warum also die Eile? Warum diszipliniertes Abarbeiten von Aufgaben? Ganz einfach: Weil du sonst dein Tagessoll nicht erfüllst oder alternativ kein Ende bei der Arbeit findest.

Während erstgenanntes einen Mangel an Output und Produktivität nach sich zieht, führt das andere auf Dauer zu Unzufriedenheit, Erschöpfung und Burn-Out. Beides gilt es zu vermeiden, willst du ein erfülltes Leben führen.

Hier ein paar Tipps, die dir helfen, dein Tagessoll zu erfüllen und Überstunden zu vermeiden.

TIPP 1: Wende das Parkinsonsche Gesetz auf deine Arbeit an. Das Parkinsonsche Gesetz hat nichts mit der Nervenzellenkrankheit, dem Parkinson-Syndrom, gemein. Es führt zurück auf den britischen Soziologen und Historiker Cyril Northcote Parkinson, der in den 1950er Jahren seine Beobachtungen zur Arbeit und zur Verwaltungslehre äußerst zugespitzt formulierte. Seine vermutlich bekannteste Aussage bezieht sich auf die Zeit, die einer Person zur Erledigung einer Aufgabe zur Verfügung steht:

„Work expands so as to fill the time available for its completion."[35]

Demnach verwendet man so viel Zeit für eine Aufgabe, wie einem zur Verfügung steht. Soll heißen: Hast du viel Zeit, brauchst du viel Zeit; hast du wenig Zeit, geht's auch schneller.

Zeitverknappung ist daher ein probates Mittel, um am Ende des Tages nicht ohne Output dazustehen, sondern all die Dinge abgearbeitet zu haben, die für den Tag vorgesehen waren.

Setz dir für die zu erledigenden Aufgaben eines Tages ein klares Zeitbudget und weiche nicht davon ab. Halte es bewusst knapp, so dass dir keine Möglichkeit bleibt, unnötig Zeit zu vergeuden. Hast du Schwierigkeiten, die von dir vorgegebenen Zeiten einzuhalten, weil du dich durch andere Dinge ablenken lässt, kannst du von verschiedenen internetbasierten Diensten Gebrauch machen. Diese üben zusätzlichen Druck von außen

---

[35] Wikipedia: https://de.wikipedia.org/wiki/Parkinsonsche_Gesetze, abgerufen am 04.04.2018.

auf dich aus. Es handelt sich hierbei um Websites, auf denen du dein Vorhaben inklusive anvisiertem Zeithorizont einträgst. Weichst du von deinem Zeitbudget ab oder erfüllst deine Aufgaben nicht, wirst du sanktioniert. Beispiele für derartige Websites sind *Go fucking do it* (gofuckingdoit.com) und *Boss as a service* (bossasaservice.life).

TIPP 2: Folge deinem Biorhythmus und arbeite, sofern möglich, wenn du produktive Phasen hast, um deine Energie sinnvoll einzusetzen und keine Zeit zu vergeuden.[36] Die meisten von uns sind über die Jahre an einen bestimmten Tagesrhythmus gewöhnt worden: Aufstehen, zur Schule/Uni/Arbeit fahren, bis abends lernen oder arbeiten, dann nach Hause fahren, Haushalt, ein bisschen Fernsehen, Sport oder mit Freunden treffen, schlafen. Nur weil dieser Rhythmus sich weitläufig etabliert hat, heißt das nicht, dass er für jeden von uns optimal ist. Ganz im Gegenteil, einige Aspekte sind sogar eher kontraproduktiv. Im normalen Büroalltag wird nach einer einstündigen Mittagspause nahtlos mit der Arbeit weitergemacht. Dabei ist es erwiesen, dass Konzentration und Produktivität nach dem Mittagessen rapide abfallen und viele erst wieder am späten Nachmittag zur vollen Leistungsfähigkeit auflaufen.[37] Die Stunden zwischen 13 Uhr und 16 Uhr sind oftmals „verlorene" Stunden, in denen unser Körper eher mit der Verdauung des Mittagessens beschäftigt ist, als Denkarbeit bewältigen kann. Warum also nicht in diesem Zeitraum einer anderen Form von Beschäftigung nachgehen? Wie wäre es mit einem Mittagsschläfchen oder einem Spaziergang in der Natur? Alternativ könntest du dich in dieser Zeit auch ein paar Arbeiten im Haushalt widmen oder einkaufen gehen, damit du nach getaner Arbeit mehr Freizeit hast. Finde heraus, wann deine produktiven Phasen sind und schneidere dir darauf basierend deinen Arbeitsalltag zurecht. Hilfestellung zum Thema produktive Zeiten entdecken findest du auf der Seite der Universität Duisburg-Essen unter https://www.uni-due.de/edit/selbstmanagement/uebungen/ue3_6.html oder über das Gesundheitsportal *Onmeda* unter https://www.onmeda.de/selbsttests/eule_oder_lerche.html. Musst du als Remote-Arbeiter dieselben Zeiten wie deine Bürokollegen einhalten, kannst du deinem Biorhythmus nicht hundertprozentig folgen. Was du jedoch tun kannst, um deinen Arbeitsalltag zu optimieren und weniger Zeit zu verschwenden, ist, ein paar kleinere private Tätigkeiten

---

36 Vgl. Isabell Prophet: Homeoffice: 8 Tipps für mehr Produktivität, auf t3n am 26.05.2017: https://t3n.de/news/homeoffice-8-tipps-produktivitaet-824442, abgerufen am 07.04.2018.
37 Vgl. Artikel: Von wegen Schlafmangel - Warum Sie in ein Mittagstief fallen und was Sie dagegen tun können, auf Focus Online am 04.08.2017: https://www.focus.de/gesundheit/videos/von-wegen-schlafmangel-warum-sie-in-ein-mittagstief-fallen-und-was-sie-dagegen-tun-koennen_id_7436385.html, abgerufen am 23.08.2018.

während der Arbeit zu erledigen, wenn du z. B. eine Pause brauchst oder gerade ein Produktivitätstief hast. Das kann z. B. Wäschewaschen, Staubsaugen, Einkaufen oder Kochen sein. Indem du Tätigkeiten wie diese in deinen Arbeitsalltag integrierst, verschwendest du nicht nur keine Zeit, du fühlst dich im Nachgang durch die Bewegung, die du erhältst, aller Wahrscheinlichkeit nach revitalisierter und leistungsstärker. Plus, dir steht nach Feierabend mehr Zeit zur Verfügung.

TIPP 3: Vermeide Ablenkung bzw. versuche sie auf ein Minimum zu reduzieren. Grundsätzlich solltest du bei jedweder Arbeit darauf achten, dich so wenig wie möglich ablenken zu lassen, um fokussiert deiner Beschäftigung nachgehen zu können. Das ist in der Regel leichter gesagt als getan. Im Büro warten jede Menge Meetings und Kollegen auf dich, die auf einen kurzen Schwatz vorbeikommen oder Fragen stellen. Aber auch wenn du remote arbeitest, bist du vor Ablenkung nicht gefeit. Gerade im Home-Office kann es vorkommen, dass Familienmitglieder dich während der Arbeit ansprechen und dich ablenken. Um die Anzahl solcher Unterbrechungen so gering wie möglich zu halten, ist klare Kommunikation notwendig. Teile deiner Familie und allen weiteren Personen, mit denen du dich während der Arbeit umgibst, mit, wann du arbeitest und wann du Pausen bzw. Feierabend machst. Im Büro sind diese Sachverhalte meist offensichtlich, bei Telearbeit verlaufen die Grenzen jedoch fließend. Durch klare Kommunikation vermeidest du Missverständnisse und sorgst dafür, dass dich niemand ablenkt oder stört und du so keine Probleme hast, dein Tagespensum zu erfüllen.

Neben Familienmitgliedern und Freunden sind virtuelle (Push-)Benachrichtigungen durch E-Mail-Programme und Social Media ein echter Ablenkungsfaktor. Sie reißen dich aus deiner Arbeit und fordern durch audiovisuelle Signale deine Aufmerksamkeit ein. Dies ist besonders ärgerlich, wenn du gerade in eine Aufgabe vertieft bist, die viel Konzentration verlangt. Meist ist es nicht erforderlich, sofort auf eingehende E-Mails oder Benachrichtigungen zu reagieren. Um dich nicht unnötig ablenken zu lassen, solltest du dir angewöhnen, die Benachrichtigungsfunktion auf dem Smartphone, PC und sonstigen Endgeräten, die du nutzt, zu deaktivieren.[38] Dies gilt sowohl für den Eingang von E-Mails als auch für Social-Media-Benachrichtigungen und anderweitige Apps. Wenn du nicht gerade im Kundenservice arbeitest, wo eine sofortige Antwort oft vorausgesetzt wird, solltest du zur Bearbeitung deiner E-Mails und Benachrichtigungen bestimmte Zeiträume am Tag definieren und alles in einem Schwung erledigen.

---

[38] Barry Kim: Top 27 Productivity Hacks of 2018, auf Inc.com am 30.11.2017: https://www.inc.com/larry-kim/these-24-productivity-tips-will-help-you-start-off-2018-right.html, abgerufen am 07.04.2018.

4. Organisation und Strukturiertheit

Organisation und Strukturiertheit sind wichtig, um am Ende eines Arbeitstages alle Aufgaben erledigt zu haben und pünktlich Feierabend machen zu können und Überstunden in Grenzen zu halten. Das Gegenteil von Organisation und Strukturiertheit ist Unordnung. Anders ausgedrückt: Chaos. Ohne ein bisschen Organisationstalent und Struktur, wirst du es als Remote-Arbeiter schwer haben. Du musst deinen Tag weitestgehend selbst einteilen und planen. Du musst dafür Sorge tragen, dass du weißt, was wann zu tun ist und welche Fristen du einhalten musst. Bist du unterwegs auf Reisen und hast ein wechselndes Arbeitsumfeld, musst du sicherstellen, dass du zu den gewünschten Zeiten online bist (Stichwort Zeitzonen-Unterschiede) und ein ruhiges Plätzchen mit guter Internetverbindung zum Arbeiten findest. All das erfordert Organisation und Strukturiertheit. Während du im Büro „mal eben" informell den Chef (sofern du einen hast) nach der Agenda für den Tag fragen, oder dich schnell vom benachbarten Kollegen auf den aktuellen Stand der Dinge bringen lassen kannst, ist das remote nicht so einfach möglich, denn du bist nicht vor Ort. Um organisiert und strukturiert in deinem Arbeitsalltag handeln zu können, hier ein paar Tipps für dich.

TIPP 1: Mach Gebrauch von Organisationssoftware und führe tägliche To-Do-Listen. Als Organisationssoftware haben sich die Anbieter Wunderlist.com und Trello.com für uns bewährt. Beide Tools bieten die Erstellung und Nachhaltung von Checklisten und To-Do-Listen an. Aufgaben können auf Termin gelegt, bei Erledigung abgehakt und im Anschluss zur besseren Nachvollziehbarkeit archiviert werden. Zudem bieten beide Tools eine Kollaborationsfunktion an, über die du Informationen mit anderen teilen und Aufgaben Dritten zuweisen kannst.

TIPP 2: Erstelle am Vorabend eine Planung für den nächsten Arbeitstag. Welche Aufgaben musst du erledigen? Wem musst du was zuarbeiten? In welcher Reihenfolge möchtest du die anfallenden Tätigkeiten abarbeiten? Wie viel Zeit möchtest du jeweils pro Aufgabe einplanen bzw. wie viel Zeit kannst du maximal einplanen, um dein Tagessoll nicht zu gefährden? Erfasse die Parameter deiner Planung in einer Organisationssoftware. Starte den nächsten Arbeitstag, indem du, vor allen anderen Dingen, deine Planung aufrufst und sie systematisch abarbeitest. Wenn du es am Vortag nicht schaffen solltest, eine Planung für den Folgetag zu erstellen, solltest du dies zur ersten Aufgabe eines Tages machen.

TIPP 3: Baue eine Routine für deinen Arbeitsalltag auf und lebe danach. Setze einen harten Start- und End-Zeitpunkt für deine Arbeit und definiere Pausen, die du über den Tag verteilt in Anspruch nimmst. Versuche, so wenig wie möglich, von den definierten Zeiten abzuweichen, sondern sie ernst zu nehmen. Baue die Routine so auf, dass sie einfach für dich einzuhalten ist und dir und deinem Körper Balance verschafft. Starte den Tag z. B. mit ein bisschen Sport oder einem Spaziergang durch die Natur, bevor du dich hinter den Computer setzt. Arbeite anschließend ein paar Stunden konzentriert und verlasse dann deinen Arbeitsplatz, um zu Mittag zu essen, z. B. zusammen mit Freunden im Café um die Ecke, oder in deinen eigenen vier Wänden, mit deinem Partner bzw. deiner Familie. Tätige im Anschluss ans Mittagessen (während des Mittagstiefs) z. B. Einkäufe und Erledigungen und setze dich am Nachmittag für ein paar weitere Stunden hin, um zu arbeiten. Wenn du abends Feierabend machst, unternimm etwas Schönes. Versuche deine tägliche Routine so aufzubauen, dass sowohl dein Geist, als auch dein Körper und dein Herz davon profitieren und du dich, auch nach einem anstrengenden Arbeitstag, zufrieden und ausgeglichen fühlst. Nur wenn du das schaffst, wird es dir leichtfallen, auf Dauer deine tägliche Routine einzuhalten.

TIPP 4: Erledige dringende Aufgaben zuerst und gib ihnen oberste Priorität. Differenziere zwischen Aufgaben, die dringend taggleich erledigt werden müssen und Aufgaben, die weniger dringlich sind. Hast du alle Aufgaben eines Tages sortiert, beginne den Tag damit, zuerst die dringlichen Aufgaben abzuarbeiten. Das sind deine Must-Dos für den Tag. Dieses Konzept folgt übrigens dem sogenannten Eisenhower-Prinzip.[39]
Wenngleich diese Vorgehensweise auf der Hand zu liegen scheint, neigen viele Menschen bei ihrer Arbeit dazu, mit Aufgaben zu beginnen, die weder dringlich noch wichtig, dafür aber einfach sind. Die meisten Menschen wollen den schnellen Erfolg und der wird durch das Gefühl, eine Aufgabe erledigt zu haben, vermittelt. Wenn du zu Beginn eines Tages mehrere Stunden damit verbringst, Aufgaben zu erledigen, die weder dringlich noch wichtig sind und erst am Nachmittag anfängst, die harten Nüsse zu knacken, wirst du mit hoher Wahrscheinlichkeit länger arbeiten als du wolltest, weil du geistig nicht mehr so frisch bist und mehr Zeit für die Aufgaben brauchen wirst. Gewöhne dir daher an, die dringlichen Aufgaben an den Anfang eines Tages zu legen.

---

39 Vgl. Wikipedia: https://de.wikipedia.org/wiki/Eisenhower-Prinzip, abgerufen am 21.08.2018.

5. Kommunikationsstärke

Die Fähigkeit, aktiv zu kommunizieren, ist bei Remote-Arbeit fundamental. Da du ortsunabhängig arbeitest, siehst du Kollegen, Kunden und den Chef (wenn du einen hast) nicht von Angesicht zu Angesicht. Du kannst nicht sehen, mit was sie beschäftigt sind, woran sie arbeiten und wie die Stimmung ist. Im Gegenzug bist auch du physisch unsichtbar für deine Kollegen. Augen nehmen mehr wahr, als man denkt, und der spontane „Schnack" zwischendurch – sei es mit Kollegen, Kunden oder dem Chef – ist wichtiger, als du annimmst. Situationsbedingt offenbaren sich Informationen, die dir als Remote-Arbeiter aufgrund deiner physischen Abwesenheit nicht zuteilwerden. Dieses Defizit musst du durch aktive Kommunikation wieder ausgleichen. Tritt mit deinen Kollegen, Kunden und deinem Chef regelmäßig aktiv in Kontakt. Frage nach dem aktuellen Stand der Dinge, nach Entwicklungen und der Stimmung im Büro und erzähle ihnen im Gegenzug von deiner Arbeit, so dass sie sich ebenfalls „abgeholt" fühlen. Gerade in Firmen, in denen der Großteil der Mitarbeiter in einem Büro sitzt und nur die Minderheit remote arbeitet, läufst du Gefahr, als Mitarbeiter „vergessen" zu werden. Kommuniziere aktiv und berichte regelmäßig von deiner Arbeit und den Fortschritten, die du erzielst. Versuche, alle Involvierten permanent auf dem Laufenden zu halten. Nachfolgend ein paar Tipps für die Kommunikation:

TIPP 1: Definiere zusammen mit deinem Chef messbare Ziele für deine Arbeit und vereinbare mit ihm, diese zur Beurteilung deiner Leistung heranzuziehen. Ihr könnt Ziele auf Wochen-, Monats-, Quartals- und/oder Jahresebene festsetzen. Deine Performance wird anhand der Zielerreichung gemessen. Erreichst du Ziele innerhalb der vereinbarten Frist, sieht dein Chef, dass du gute Arbeit leistest und kann sich guten Gewissens „zurücklehnen". Ziele sind vor allen Dingen deshalb ein gutes Steuerungsinstrument, weil sie losgelöst von Arbeitszeiten funktionieren. Remote-Arbeit lässt sich nur schwer zeitlich messen. Daher besteht auch die Gefahr von Misstrauen. Indem du über Ziele gesteuert wirst, ist die investierte Arbeitszeit egal, denn im Fokus steht die Erreichung deiner Ziele innerhalb der vorgegebenen Frist.

Bist du als Freiberufler selbständig und hast keinen Chef, sondern nur Kunden, kannst du analog vorgehen. Definiere zusammen mit deinen Kunden Ziele für deine Arbeit, die innerhalb einer gewissen Frist erreicht werden müssen und setze alles daran, die definierte Zielvorgabe zu erfüllen.

TIPP 2: Schlage deinen Kollegen und deinem Chef vor, ein wöchentliches Team-Meeting als Videokonferenz einzuführen. In diesem berichtet jedes

Teammitglied kurz über den Fortschritt seiner Arbeit, so dass nach dem Call alle Beteiligten auf dem aktuellen Stand sind. Als Videokonferenz-Tools eignen sich z. B. Zoom, Appear oder Skype. Das Schöne an Videokonferenzen ist, dass du nicht nur die Stimme der anderen hörst, sondern die Personen, mit denen du sprichst, auch siehst. Du siehst ihren Gesichtsausdruck, ihre Mimik und nimmst ihre Körpersprache wahr.

TIPP 3: Schick deinem Chef und beteiligten Kollegen einmal pro Woche ein etwas detaillierteres schriftliches Status-Update deiner Arbeit zu. Informiere sie über Fortschritte, erreichte Ziele, Herausforderungen, Risiken, Chancen und Ähnliches. Baue dir dafür eine Vorlage (z. B. ein E-Mail Template, eine Präsentation, etc.), die du mehrfach verwenden kannst und nur um aktuelle Informationen ergänzen musst und versende deinen Bericht als E-Mail oder über anderweitige Kollaborationssoftware.

6. Technikaffinität und Problemlösungskompetenz

Technikaffinität und Problemlösungskompetenz gehen im Kontext von Telearbeit miteinander einher und sind ungemein wichtige Eigenschaften, wenn du eine Remote-Karriere anstrebst. Denn: Technik ist die Basis, auf der Telearbeit fußt. Ohne Technik keine Telearbeit. Um remote arbeiten zu können, benötigst du einen Computer, eine Internetverbindung, verschiedene Softwareprogramme, ein Smartphone und ggf. weiteres technisches Equipment wie Kopfhörer, Mikrofon, Kamera, etc. Nur wenn du die zugrundeliegende Technik eigenständig bedienen kannst, bist du remotefähig. Das setzt voraus, dass du eine gewisse Technikaffinität besitzt. Was ist, wenn technische Probleme auftreten? Was ist, wenn du Updates auf deinem PC durchführen musst? Was ist, wenn du ein neues Programm herunterladen und installieren und dann den Umgang mit dem Programm erlernen musst? Während du im Büro spontan einen Kollegen, der sich auskennt, fragen kannst, oder der IT-Support mit Rat und Tat zur Seite steht, ist das außerhalb des Büros nicht der Fall. Als Remote-Arbeiter, gerade wenn du selbständig bist, musst du mit diesen Dingen oftmals allein fertig werden. Neben einer allgemeinen Technikaffinität spielt daher auch Problemlösungskompetenz eine bedeutende Rolle. Du hast nicht ewig Zeit, um technische Probleme zu lösen. Schließlich ist die Technik nicht der Kern deiner Arbeit, nicht das, womit du Geld verdienst, sondern lediglich Mittel zum Zweck (außer du bist ITler). Steht z. B. eine Videokonferenz mit deinem Team an und dir ist es aufgrund von technischen Problemen nicht möglich, dich einzuwählen, musst du schnell eine Lösung finden, um pünktlich an der Konferenz teilnehmen zu können. Brauchst du zu lange, findet die Konferenz ohne dich statt und du hast vermeintlich wichtige Informationen verpasst. Im Folgenden findest du zwei Tipps, die dir in dieser Hinsicht weiterhelfen können.

TIPP 1: Tritt ein Problem auf, distanziere dich von ihm und nimm die Vogelperspektive ein. So kannst du das Problem aus größerer Entfernung betrachten. Vermutlich stellst du schnell fest, dass das Problem gar nicht so groß ist, wie es auf den ersten Blick aussieht. Stell dir vor, das Problem betrifft nicht dich, sondern jemand anderen. Einen Kollegen. Einen Freund. Oder einen Bekannten. Dieser bittet dich um Hilfe, weil er glaubt, dass du das Problem für ihn lösen kannst. Denk positiv und mach dich ans Werk. Du bist in diesem Stadium nicht mehr emotional involviert und lässt dich nicht von deinen Gefühlen leiten. Vielmehr gehst du sachlich und „mit kühlem Kopf" an die Sache heran und suchst rational nach einer Lösung des Problems.

TIPP 2: Google! Über die Google-Suche lässt sich vieles herausfinden. Streikt dein PC, hast du Probleme mit einer Software, App oder Internetseite, gib den Sachverhalt in die Google-Suchmaske ein und suche im Internet nach Lösungen. Versuche dabei den Sachverhalt klar und verständlich mithilfe passender Suchbegriffe zu formulieren. In der Regel erscheint auf dem Bildschirm deines PCs oder Smartphones eine Fehlermeldung, wenn Probleme auftreten. Kopiere diese und füge sie in die Suchmaske ein. Häufig haben sich bereits vor dir Menschen mit der Problematik beschäftigt und Lösungswege aufgezeigt, die du im Internet einsehen kannst. Gleiches gilt für neue Software, die du erlernen musst oder willst. Es gibt für alle möglichen Softwareprogramme Schritt-für-Schritt-Anleitungen und Tutorials im Internet. Viele sind kostenlos verfügbar, aber auch kostenpflichtiges Material ist oftmals für wenig Geld erhältlich. Schaue z. B. auf dem Social-Media-Kanal YouTube oder auf Lernplattformen wie Udemy oder Lynda nach.

3. ORTSUNABHÄNGIG GELD VERDIENEN

„Was man sucht – es lässt sich finden, was man unbeachtet lässt – entflieht." – Sophokles

Geld verdient man für gewöhnlich mit Produkten und Dienstleistungen. Dies gilt gleichermaßen für die Offline- wie für die Online-Welt. Produkte und Dienstleistungen können dabei sehr vielfältig ausfallen und unterschiedliche Formate haben.

3.1 VERKAUFE DEIN WISSEN

Jeder Mensch verfügt über gewisse Interessen, seien sie beruflicher oder privater Natur. Manche interessieren sich für Sport, andere fürs Heimwerken und wieder andere für Unternehmertum. Frage dich, wo deine Interessen liegen. Denn wenn du dich für etwas interessierst, baust du in diesem Bereich schnell Wissen auf. Du beschäftigst dich gerne mit der Thematik und informierst dich. Aller Wahrscheinlichkeit nach verfügst du auf einem bestimmten Gebiet bereits über einen reichen Wissensschatz. Denk nach und finde es heraus! Denn mit deinem Wissen kannst du auf unterschiedliche Weise ortsunabhängig Geld verdienen.

Eine Möglichkeit mit deinem Expertenwissen Geld zu verdienen, ist, ein eigenes **Buch** zu schreiben und es online zu verkaufen. Du könntest wahlweise ein eBook oder ein Print on Demand-Buch (d. h. ein Buch, das erst bei Bestellung gedruckt wird) verfassen und es über eine eigene Website sowie einen Online-Marktplatz wie Amazon vermarkten.

Eine weitere Option sind **Online-Kurse**. Erstelle einen Online-Kurs zu einem Thema, das dich interessiert und über das du Bescheid weißt. Wie bei allem, solltest du auch hier im Vorfeld prüfen, ob an dem von dir angedachten Thema Interesse bei anderen Menschen besteht (Stichwort Marktforschung). Gleichzeitig kannst du auch schauen, welche Aspekte deines Themas möglicherweise noch nicht betrachtet wurden bzw. wo du einen Mehrwert liefern kannst. Wenn dein Kurs fertig ist, kannst du ihn über eine eigene Website oder über Online-Plattformen wie Udemy.com, Lynda.com oder Skillshare.com vermarkten.
Auch Seminare, Vorträge und Konferenzen lassen sich über das Internet ab-halten. **Online-Seminare** sind Seminare, die virtuell stattfinden und nicht

an einen Ort gebunden sind. Sie haben ein fixes Start- und Enddatum und sind in der Regel für mehrere Teilnehmer buchbar. Die Kommunikation zwischen den Teilnehmern untereinander und der Seminarleitung findet über internetbasierte Software statt. Diese weist zumeist eine Instant Messaging Funktion, eine Videostreaming- und Videotelefonie-Funktion sowie eine Desktop-Sharing-Funktion auf. Vermarkte Online-Seminare über eine eigene Website und/oder über eine Plattform für Online-Seminare wie z. B. Edudip.com.

Online-Vorträge kannst du mithilfe bestimmter Software über das Internet durchführen. Zuschauer sehen dich und deinen Vortrag über einen Monitor oder über eine Projektion auf Leinwand. Nutze für die technische Umsetzung deines Online-Vortrages z. B. Skype (Business) oder die Live-Webinar Software von Edudip.com.

Führe eine **virtuelle Konferenz** zu einem Thema deiner Wahl durch oder biete externen Auftraggebern an (z. B. Remote-Unternehmen), eine virtuelle Konferenz für sie zu organisieren. Eine virtuelle Konferenz findet nicht physisch statt. Während die Teilnehmer einer physischen Konferenz alle am selben Ort sind, können die Teilnehmer einer virtuellen Konferenz auf dem ganzen Erdball verstreut sein. Virtuelle Konferenzen sind dann sinnvoll, wenn Teilnehmer keine Möglichkeit (z. B. kein Geld und/oder keine Zeit) für eine „vor-Ort-Konferenz" haben.

Nutze internetbasierte Technik zur Durchführung der Konferenz. Vermarkte sie über eine eigene Website und über Online-Plattformen wie z. B. Edudip.com. Achte bei der Auswahl der Konferenz-Speaker darauf, dass sie ein großes Netzwerk bzw. eine große Reichweite haben und mach dir diese für die Vermarktung der Konferenz zunutze. Ermutige die Speaker z. B. dazu, ihren Auftritt auf deiner Konferenz in ihrem Netzwerk zu promoten. Weitergehende Informationen zur Veranstaltung einer virtuellen Konferenz findest du in diesem Artikel: https://wirelesslife.de/virtuelle-konferenz.

Möchtest du Menschen in deinem Fachgebiet ausbilden, kannst du eine **Online Academy** gründen und Lerninhalte über das Web vermitteln. In deiner Online Academy gibst du den Teilnehmern das nötige Rüstzeug an die Hand, damit sie nach ihrer Ausbildung erfolgreich im jeweiligen Fachgebiet durchstarten können. Zur Wissensvermittlung kannst du z. B. Video-Tutorials, Live-Webinare und Download-Material verwenden. Richte für deine Schüler einen virtuellen Chatraum für die Dauer der Academy ein, in dem sie sich über ihre Fortschritte, Herausforderungen, Erfolge, etc.

austauschen können. Nach erfolgreichem Abschluss der Academy kannst du deinen Schülern ein Zertifikat ausstellen. Das ergibt insbesondere für Berufe ohne offiziellen Ausbildungsweg Sinn.

Für die technische Umsetzung eignen sich virtuelle Lernplattformen und Klassenräume wie z. B.:

- Moodle
- ProProfs
- LearnWorlds
- Coggno
- Google Classroom.

Darüber hinaus kannst du ein **Online-Programm** anbieten. Das ist ein Programm zu einem bestimmten Thema, das über einen gewissen Zeitraum läuft und ausschließlich online angeboten wird. Dafür zahlen die Teilnehmer eine Programm-Gebühr an dich. Die Programmteilnehmer können sich während des Programmes untereinander in Online-Gruppen austauschen sowie Fragen stellen (an dich und untereinander). Zur Umsetzung des Online-Programmes kannst du z. B. folgende Tools verwenden: Geheime Facebook-Gruppen für die Kommunikation der Programmteilnehmer untereinander, E-Mail Newsletter Dienste (z. B. MailChimp), um den Programmteilnehmern regelmäßig frische Inhalte zukommen zu lassen, (Instant) Chatdienste (z. B. Skype), über die du mit Programmteilnehmern in Kontakt treten und live Fragen beantworten kannst. Optional kannst du auch einen Mitgliederbereich auf deiner Website einrichten, über den Programmteilnehmer Informationen, Dokumente, Videos, Blog-Artikel, etc. ansehen und herunterladen können.

Eine weitere Möglichkeit, dein Wissen online zu verkaufen, besteht darin **Trainingsmaterial und Templates** zu entwickeln und diese Produkte anderen Professionals in deiner Sparte und/oder Unternehmen zur Verfügung zu stellen. Vermarkte deine Materialien und Templates über eine eigene Website und/oder über Online-Marktplätze wie z. B. Digistore24.com und biete sie hier zum Download gegen Gebühr an. Du könntest z. B. E-Mail Vorlagen, Fragebögen, Checklisten, Lernmaterialien, etc. anbieten. Gestalte deine Materialien und Vorlagen so, dass sie vom Nutzer bei Bedarf flexibel angepasst werden können.

Neben der Möglichkeit, dein Wissen rein virtuell zu vermitteln, gibt es einige interessante Offline-Formate, die du nutzen kannst, um dein Wissen an andere weiterzugeben. Diese finden zwar vor Ort und in Persona statt, ermöglichen dir jedoch ein hohes Maß an Freiheit bzgl. der Wahl des Veranstaltungsortes. Eines dieser Formate sind sog. **Retreats**. Retreat bedeutet ins Deutsche übersetzt Rückzug und wird heutzutage oft mit einer Auszeit in Verbindung gebracht. Gemeint ist eine Auszeit vom (Berufs-)Alltag und von klassischen Tagesroutinen. Ein Retreat bietet ein Umfeld der Ruhe und Besinnung, das Reflexion und Erkenntnisgewinn bei den Teilnehmern herbeiführt. Typische Merkmale sind z. B.: Konzentration auf ein festes Thema, Erarbeitung des Themas mithilfe bestimmter Übungen, Kombination aus geistiger, körperlicher (z. B. Sport) und spiritueller Arbeit (z. B. Meditation), eine feste Tagesstruktur sowie Führung und Begleitung durch dich als Lehrer. Wähle für dein Retreat einen Ort aus, der Ruhe und Besinnlichkeit vermittelt und Teilnehmer aus ihrem Alltag aussteigen lässt. Wie wäre z. B. eine Destination in einem anderen Land, das du gern bereist oder eine Location im Inland, die etwas abgelegen ist und dir gefällt? Lade Teilnehmer für ein paar Tage dorthin ein, sorge für Übernachtungsmöglichkeiten und Verpflegung und entwirf ein Programm mit passenden Inhalten. Biete das Retreat als Paketpreis an und vermarkte es über eine eigene Website und Social-Media-Kanäle.

Ein weiteres Offline-Format, das dir sehr viel Freiheit und Flexibilität ermöglicht, sind **Entdeckungen**. Zielgruppe sind Menschen, die sich an deinem aktuellen Aufenthaltsort (auf Reisen oder Zuhause) befinden. Vermarkte dein Angebot über Airbnb, einer der führenden Plattformen für Kurzzeit-Unterkünfte. Airbnb führt neben der Rubrik „Unterkünfte" auch eine Rubrik „Entdeckungen". Dort bieten Experten besondere Erlebnisse bzw. Entdeckungen an. Das kann z. B. ein „Schnupper"-Malkurs im Grünen sein, eine Stunde Yoga im Park, eine Wanderung in einem nahegelegenen Naturschutzgebiet, ein Privatkonzert in den eigenen vier Wänden oder einem kleinen Club um die Ecke, eine Fotoentdeckungstour, die Menschen die besten Foto-Spots einer Stadt zeigt, etc. Neben einer Vermarktung über Airbnb kannst du dein Angebot auch über Facebook publik machen. Suche dafür nach Facebook-Gruppen zu Events deines aktuellen Aufenthaltsortes und poste dort dein Angebot als Veranstaltung, für die sich Interessierte eintragen können.

3.2 VERKAUFE DEINE ARBEITSKRAFT

Falls du dich derzeit in einem Vor-Ort-**Anstellungsverhältnis** befindest und du dir keinen neuen Arbeitgeber suchen möchtest, für den du remote arbeiten kannst, suche das Gespräch mit deinem aktuellen Chef. Oft lassen sich bestimmte **Kerntätigkeiten** deiner Arbeit virtuell abbilden und erfordern keine Präsenz vor Ort. Erkläre deinem Vorgesetzten, welche deiner Aufgaben du ortsunabhängig erledigen kannst. Vielleicht kannst du dich auf diese Aufgaben in deiner Tätigkeit spezialisieren und deinen Job dadurch vollständig ortsunabhängig ausüben? Falls dies nicht möglich sein sollte, frage deinen Vorgesetzten, ob du z. B. an drei von fünf Tagen der Woche ortsunabhängig arbeiten darfst. Erkläre ihm deine Beweggründe und schlage ihm eine Testphase vor (z. B. vier Wochen lang an drei von fünf Tagen in der Woche ortsunabhängiges Arbeiten). Nach Ende der Testphase soll dein Vorgesetzter entscheiden, ob du das ortsunabhängige Arbeiten fortführen darfst oder nicht.

Versuche während der Testphase deine erbrachten Leistungen zu messen (erzielte Ergebnisse, erreichte Meilensteine, etc.) und nutze die Ergebnisse deiner Messung als Argumentationsgrundlage für eine Verlängerung deiner ortsunabhängigen Tätigkeit nach Ablauf der Testphase.

Empfehlenswert ist, während der Testphase eine deutlich höhere Produktivität zu erzielen als im normalen Büroalltag und das entsprechend zu dokumentieren und zu belegen. Ist die Testphase zu Ende, legst du deinem Vorgesetzten die Ergebnisse vor und bittest ihn um Verlängerung. Aus dieser Situation heraus dürfte es ihm schwerfallen Argumente gegen eine Verlängerung zu finden.

Du kannst auch auf **Freelancer**-Basis ortsunabhängig für ein Unternehmen tätig werden und es mit deinem Wissen im operativen Tagesgeschäft unterstützen. Du übernimmst konkrete Aufgaben und führst sie für das Unternehmen aus. Das können je nach Expertise z. B. Aufgaben wie

- Korrespondenz, Terminorganisation und Dokumentation,
- Marketing und Design,
- Buchhaltung,
- Dateneingabe,
- Datenanalyse,
- Controlling, etc. sein.

Virtuelle Kommunikation und virtuell erbrachte Leistungen sind für viele Menschen noch immer etwas Ungewöhnliches. Aus diesem Grund besteht eine gewisse Scheu ihnen gegenüber. Indem du (potenziellen) Auftraggebern (z. B. auf einer Website) die zahlreichen Vorteile von virtueller Kommunikation und virtuellen Leistungen deutlich machst, wirkst du der bestehenden Scheu entgegen und sorgst für höhere Akzeptanz. Du könntest z. B. folgende Argumente für virtuelle Kommunikation und virtuelle Leistungen anführen: Zeitersparnis aufgrund wegfallender Anfahrtswege, Kostenersparnis aufgrund wegfallender Fahrt- und Parkkosten, mehr Komfort, da Leistungen bequem von zuhause aus wahrgenommen werden können, etc.

Auch Tätigkeiten als **virtueller Berater, virtueller Coach** und **virtueller Trainer** sind mögliche Formate, mit denen sich online Geld verdienen lässt. Dabei bietest du wahlweise deine Expertise in Form von Beratung, Coaching oder Training an, z. B. im 1:1-Format über Videotelefonie, Chat und/oder E-Mail.

Wenn du etwas sehr gut kannst und zudem pädagogisches Talent hast, kannst du auch **(Nachhilfe-)Unterricht** anbieten. Vermarkte deinen (Nachhilfe-)Unterricht über eine eigene Website und/oder finde Schüler über Online-Vermittlungsportale/-Marktplätze. Sofern die von dir ausgewählten Online-Vermittlungsportale keine Infrastruktur für virtuellen Nachhilfeunterricht bereitstellen oder du deinen Unterricht über eine eigene Website anbietest, nutze virtuelle Klassenräume und Online-Lernplattformen wie z. B. Moodle.org, ProProfs.com, LearnWorlds.com, Coggno.com und/oder Google Classroom für deinen Unterricht.

3.3 VERKAUFE EIGENE PRODUKTE OHNE ZUGRUNDELIEGENDE BEAUFTRAGUNG

Mit eigenen Produkten sind **digitale und physische Produkte** gemeint, die entstehen, wenn ein Beruf in klassischer Weise ausgeübt wird. Nicht gemeint sind Wissensprodukte, die entstehen, wenn du dein Wissen als Produkt verpackst und verkaufst. Als Fotograf machst du bspw. Fotos und als Programmierer entwickelst du Software. Meistens machst du das basierend auf einem Auftrag, du kannst es aber auch „einfach so" machen und die Ergebnisse deiner Arbeit verkaufen. Im Internet gibt es zahlreiche Marktplätze, Plattformen und Börsen, über die du Produkte, die du im

Rahmen deiner klassischen Tätigkeit erstellt hast, vermarkten und verkaufen kannst:

- Amazon, Ebay und Etsy für physische Produkte,
- Adobe Stock, iStock und Shutterstock für Fotos, Grafikdesigns und Videos,
- Digistore24 für digitale Produkte aller Art,
- Codester für Software,
- TurboSquid für 3D-Modelle und KVR Audio für Audio- und Musikprodukte.

Ein Fotograf, der auf diese Weise schon seit längerem Geld verdient, ist beispielsweise Alan. Alan kommt eigentlich aus Kapstadt, ist dort jedoch nur noch selten anzutreffen, da er um die ganze Welt reist. Immer auf der Suche nach dem perfekten Fotomotiv. Alan hat durch seine Arbeit als Fotograf vor einigen Jahren erkannt, dass Automobilhersteller bestimmte Motiv-Hintergründe für die visuelle Inszenierung ihrer Fahrzeuge benötigen. Da er bereits seit langem im Automobilbereich unterwegs ist, hat er damit begonnen, verschiedene Landschaften zu fotografieren, die sich für ein Auto-Shooting anbieten. Seine bearbeiteten Bilder lädt Alan auf Online-Marktplätzen für Bilder hoch, wo sie von Marketingmitarbeitern der Autofirmen gekauft und heruntergeladen werden können. Das funktioniert für ihn so gut, dass er nun nicht mehr darauf angewiesen ist, jeden Tag in seinem Studio sein zu müssen.

Frage dich mal, welchen Output du im Rahmen deiner normalen Arbeit generierst und recherchiere dann Möglichkeiten, diesen online zu verkaufen.

3.4 VERKAUFE NEBENPRODUKTE

Dieser Punkt bezieht sich auf den Vorangegangenen: Wenn du dabei bist, ein neues Produkt anzufertigen, fallen oftmals Nebenprodukte an. Nebenprodukte sind „Abfälle", die bei der Herstellung des eigentlichen Produkts anfallen. Wenn du beispielsweise Computerspiele entwickelst, fertigst du u. a. Illustrationen (z. B. von Spielewelten), Animationen (z. B. von Spielfiguren) und Codes an, die letztlich nicht alle für das fertige Spiel zum Tragen kommen. Du erstellst im Normalfall eine Reihe von Entwürfen, die in sich zwar eine gute Qualität haben, jedoch für das fertige Spiel, aus welchen Gründen auch immer, nicht genutzt werden. Diese Nebenprodukte solltest du nicht achtlos im Nirvana verschwinden lassen, sondern zu Geld machen.

Recherchiere im Internet nach Möglichkeiten, wo du sie verkaufen kannst. Oftmals sind auch hier Online-Marktplätze eine gute Adresse. In diesem konkreten Fall könntest du deine Illustrationen, Animationen und Codes auf Plattformen wie Adobe Stock, Fantero und Codester hochladen und zum Verkauf anbieten. Wenn du also das nächste Mal an einem Projekt arbeitest, verwahre die Teile, die du für das Endresultat nicht benötigst und biete sie anderen zum Kauf an. Exemplarische Nebenprodukte sind z. B. Bilder, Grafiken, kleine PC- oder Handyspiele, Zeichnungen, Illustrationen, Templates/Vorlagen, Codes, Vorlagen und Arbeitsmaterialien, Dokumentation etc.

3.5 VERKAUFE EIGENE PRODUKTE ODER DIE VON DRITTEN

Neben selbst erstellten Produkten und Nebenprodukten kannst du auch Produkte von Dritten über deine Vertriebskanäle verkaufen. Das betrifft sowohl physische als auch digitale Produkte. Bist du z. B. Ernährungsberater, hast du neben deiner Beratungstätigkeit die Möglichkeit, Nahrungsergänzungsmittel, Diätkuren, Fasten-Retreats, Ernährungsratgeber, etc. von Dritten zu verkaufen. Das kannst du z. B. über einen eigenen Webshop wie Shopify oder über Online-Marktplätze wie Amazon oder Ebay tun. Wichtig dabei ist, wähle zum Verkauf ausschließlich Produkte aus, von denen du zu hundert Prozent überzeugt bist und die du ohne Vorbehalte empfehlen kannst.

Wenn du **eigene Produkte** verkaufst und ortsunabhängig sein möchtest, solltest du den Lagerhaltungs- und Versandprozess an einen externen Dienstleister auslagern oder deine Produkte als Download anbieten (z. B. MP3).

Wenn du eigene physische Produkte verkaufen möchtest, solltest du den Lagerhaltungs- und Versandprozess an einen externen Dienstleister auslagern. Das funktioniert z. B. mit **Amazon FBA**. Amazon FBA funktioniert, wenn es einmal aufgesetzt ist, zu hundert Prozent ortsunabhängig. Du kümmerst dich als Händler ausschließlich um den Vertrieb und den Einkauf deiner Produkte. Um die Lagerhaltung, den Versand und den Retourenprozess kümmert sich Amazon autonom. Für das Set-up von Amazon FBA bietet sich übergangsweise eine feste Adresse an, denn bevor du Produkte in großen Mengen von einem Produzenten oder

Großhändler einkaufst, solltest du dir zunächst Muster zur Begutachtung schicken lassen und sicherstellen, dass das Produkt absolut deinen Vorstellungen entspricht. Für mehr Informationen zum Thema Amazon FBA und zur Funktionsweise dieser Monetarisierungsidee schau dir das Berufsbild „Amazon FBA Händler" an, das du in Band 3 der Go Remote! Bücherserie findest (Go Remote! für Technik, Zahlen und Organisationstalente).

Eine Alternative zu Amazon ist **Ebay**. Hierbei handelt es sich ebenfalls um ein hundertprozentig ortsunabhängiges Modell, denn Amazon übernimmt für Ebay das Fulfillment, d. h. die Lagerhaltung, den Versand und den Retourenprozess deiner Produkte. Indem du einen Ebay-Shop eröffnest, schaffst du dir einen zusätzlichen Vertriebskanal und sorgst für noch mehr Sichtbarkeit deiner Produkte. Ferner kannst du einen eigenen **Shopify** Webshop erstellen, auf dem du deine Amazon Produkte einbinden und das Fulfillment von Amazon erledigen lassen kannst.

Abseits des relativ klassischen Verkaufs von Produkten, gibt es noch die Möglichkeit des **Dropshippings**. Das funktioniert, wenn es einmal aufgesetzt ist, ebenfalls ortsunabhängig. Sobald ein Kunde ein Produkt in deinem Webshop (z. B. mit Shopify.com) bestellt, gibst du die Bestellung an deinen Lieferanten (Produzent der Ware oder Großhändler) weiter. Dein Lieferant kümmert sich um den Versand der Ware und stellt dir eine Rechnung. Du zahlst die Rechnung und gibst die dir entstandenen Kosten inklusive eines Gewinnaufschlages an deinen Kunden weiter. Für das Set-up eines Dropshipping Webshops bietet sich übergangsweise eine feste Adresse an, denn du solltest dir zunächst Muster der infrage kommenden Produkte zur Begutachtung zuschicken lassen und sicherstellen, dass ein Produkt zu hundert Prozent deinen Vorstellungen entspricht.

Amazon bietet dir als Dropshipper übrigens die Möglichkeit, Amazon als Vertriebsplattform für deine Produkte zu nutzen. So erreichst du mit deinen Produkten Millionen von Amazon Nutzern. Bestellt ein Kunde über Amazon dein Produkt, benachrichtigst du deinen Lieferanten und lässt die Ware direkt an den Kunden liefern, ohne dass du sie physisch anfassen musst.

Ein ähnliches Modell bietet dir auch Ebay. Theoretisch ist es sogar möglich, einen anderen Ebay Händler als Lieferanten zu nutzen. Dieses Konstrukt solltest du jedoch nur in Erwägung ziehen, wenn der Verkaufspreis deines Ebay Lieferanten unterhalb von deinem Verkaufspreis liegt. Beim **Ebay-to-Ebay-Modell** leitest du deine Kundenbestellungen an einen anderen Ebay Händler, der als dein Lieferant fungiert, weiter und lässt diesen deinen Kunden beliefern. Gleichermaßen kannst du einen Amazon Händler als Lieferanten heranziehen und diesen die Ware an deinen Kunden schicken lassen.

Hier könnte allerdings problematisch sein, dass die bestellte Ware in Amazon Verpackung (und nicht in Ebay Verpackung) zum Kunden kommt. Für mehr Informationen zum Thema Dropshipping schau dir das entsprechende Berufsbild „Dropshipper" an, das du in Band 3 der Go Remote! Bücherserie findest (Go Remote! für Technik, Zahlen und Organisationstalente).

Eine Variante, bei der du weniger mit dem Produkt zu tun hast, ist das **Affiliate Marketing**. Hierbei wirst du Affiliate eines Werbepartners (z. B. von Amazon), dessen Produkte du über deine Website oder deinen Blog vermarktest. Kaufen Interessenten die Affiliate-Produkte über deine Seite, werden sie zur Website deines Werbepartners weitergeleitet und du erhältst eine Vermittlungsprovision. Für mehr Informationen zum Thema Affiliate Marketing schau dir das Berufsprofil „Affiliate Marketer" an, das du in Band 1 der Go Remote! Bücherserie findest (Go Remote! für Kreative und Texter).

Falls der Verkauf von Fremdprodukten für dich infrage kommt, überlege dir, in welcher Nische dein Kerngeschäft liegt und welche nischen-bezogenen Produkte Dritter du häufig und gerne nutzt.

3.6 DENK UM DIE ECKE UND VERKAUFE ARTVERWANDTE LEISTUNGEN

Jeder Mensch besitzt ein bestimmtes Set an Fähigkeiten. Sie ermöglichen es ihm, bestimmte Berufe auszuüben. Hast du z. B. ein gutes Auge für Texte und bist wortgewandt, arbeitest du womöglich als Lektor. Als Lektor überprüfst du typischerweise Texte von Dritten auf Grammatik, Zeichensetzung, Kohärenz, Stil, Logik, etc. Was aber wäre, wenn du deine Fähigkeit für gute Texte in einen anderen logischen Kontext bringen würdest? Welche Möglichkeiten hättest du, damit Geld zu verdienen? – Du könntest z. B. selbst Texte schreiben. Dabei kannst du als Ghostwriter im Auftrag für Dritte handeln oder eigene Texte als Schriftsteller verfassen. Du kannst dich auf Bücher, Werbetexte, Blog-Artikel, SEO-Texte und vieles mehr spezialisieren. Vielleicht beherrschst du neben deiner Muttersprache eine weitere Sprache auf Muttersprachler-Niveau? In diesem Fall könntest du zusätzlich eine Übersetzung der lektorierten Texte anbieten.

Alle genannten Leistungen sind auf bestimmte Weise artverwandt, denn sie basieren auf deiner Fähigkeit zu schreiben. Mach dir Gedanken zu deinen Skills und filtere die heraus, die am wichtigsten für dich sind. Versuche dann auf Basis dieser primären Fähigkeiten, artverwandte Tätigkeitsfelder zu identifizieren, mit denen du ortsunabhängig Geld verdienen kannst. Manchmal musst du dazu ein wenig um die Ecke denken.

3.7 ERSCHAFFE EIN KOMPLETT NEUES PRODUKT VON GRUND AUF, DAS NICHT DEM KERN DEINER EIGENTLICHEN ARBEIT ENTSPRICHT

Hier geht es darum, ein Produkt von der Pike auf neu zu entwickeln. Das Produkt ist nicht das Ergebnis deines eigentlichen Berufs, sondern das Resultat außergewöhnlicher Maßnahmen. Dennoch liegt es thematisch in einem ähnlichen Bereich wie dein Kerngeschäft, so dass du deine Expertise in die Entwicklung einfließen lassen kannst. Je nach Produkt müssen ggf. externe Leistungen für die Entwicklung hinzugekauft werden. Da die Entwicklung eines neuen Produktes in der Regel mit Arbeit und Kosten verbunden ist, sollte das Produkt gut überlegt sein und eine solide Basis haben. Konkret bedeutet das, es muss eine ausreichende Nachfrage für das Produkt bestehen und der Wettbewerb muss sich in Grenzen halten. Bevor du ein Produkt entwickelst, solltest du dir folgende Fragen stellen:

- Welchen Mehrwert liefert mein Produkt? Löst mein Produkt ein bestehendes Problem?
- Wie groß wird die Nachfrage nach meinem Produkt sein? Mit wie vielen Kunden kann ich rechnen?
- Welche Alleinstellungsmerkmale hat mein Produkt und wie grenzt es sich vom Wettbewerb ab? Wie viele direkte Wettbewerber gibt es?
- Wie hoch sind die Entwicklungskosten für mein Produkt und wie schnell können diese wieder hereingeholt werden?
- Welche Kostenstruktur hat mein Produkt und mit welchen Umsätzen kann ich rechnen?

Einige Produkttypen eignen sich besonders gut, um mit ihnen online Geld zu verdienen und stellen eine gute Basis für die Entwicklung eines neuen Produktes dar. Wie wäre es z. B. mit der Entwicklung einer eigenen Softwarelösung (die z. B. bestimmte Prozesse automatisiert)? Oder mit der Programmierung eines Online-Marktplatzes, der Anbieter mit Kaufinteressenten auf einem gewissen Gebiet zusammenbringt? Oder vielleicht mit einer (mobilen) **App** (die über das Smartphone z. B. das Lernen neuer Inhalte ermöglicht)? Eine App kannst du z. B. über Google Play für Android

Apps oder Apple App Store für Apple Apps zum Verkauf anbieten. Schau zuvor im App Store nach, welche Apps es am Markt schon gibt, welche davon erfolgreich sind (hohe Download-Zahlen und gute Bewertungen) und wie viel Konkurrenz diese haben. Hol dir zur Entwicklung deiner App entweder einen Programmierer oder nutze spezielle App Baukästen, wie z. B. GoodBarber, Siberian CMS oder Swiftic. App Baukästen sind speziell für Laien entworfen und ermöglichen es dir, ohne Programmierkenntnisse oder besonderes technisches Know-how, deine eigene App zu entwickeln und zu vermarkten.

Nutze die genannten Produkttypen als „Hülle" für dein Produkt und überlege dir auf Basis der oben genannten Fragen, wie du die Hülle mit Leben, sprich Inhalt, füllen kannst.

Werde **Designer** und entwerfe Designs für T-Shirts, Hoodies, Tassen, Babystrampler, Handyhüllen etc. Die kannst du mithilfe von Print on Demand-Anbietern wie z. B. Spreadshirt, Shirtee und Merch by Amazon auf Kleidungsstücke und Accessoires drucken. Print on Demand-Anbieter stellen dir eine Plattform zur Verfügung, über die du Kleidung und Accessoires mit deinen Designs ausstatten, deine fertigen Produkte vermarkten und bei Bestellung produzieren lassen kannst. Die Produkte werden von den Druck on Demand-Anbietern hergestellt und nur auf Bestellung produziert. Du trägst daher keinerlei Risiko, auf deinem Lagerbestand „sitzen zu bleiben", wenn du deine Produkte nicht verkaufen solltest.

3.8 LASS DICH SUPPORTEN

Über Plattformen wie Patreon.com hast du die Möglichkeit finanzielle Anerkennung von deinen Fans / Followern zu erhalten. Patreon.com ist eine **Crowdfunding-Plattform** für (digitalen) künstlerischen Content wie z. B. Texte, Videos, Podcasts, Kunst, Tanz, Musik, Games, Designs, Fotos, etc. Gelistete Künstler können mit Patreon.com ihren Followern bzw. Fans die Möglichkeit geben, ihnen einfach und direkt regelmäßig einen selbstbestimmten Geldbetrag zu zahlen – entweder in Form eines Trinkgeldes, als Zeichen der Wertschätzung oder für exklusiven Zugang zu bis dato unveröffentlichtem Material.

Alternativ kannst du dir auch mittels **Livestream** bei deiner Arbeit über die Schulter schauen lassen. Du zeigst deinen Followern, was du so machst, bspw. wie ein Videospiel Schritt für Schritt entsteht, du Bilder bearbeitest oder Grafiken anfertigst. Gleichzeitig kannst du über eine Chat Funktion mit deinen Zuschauern interagieren und ggf. Fragen beantworten. Dafür zahlen diese einen Betrag an dich. Du kannst den Livestream entweder über eine eigene Website anbieten oder über spezialisierte Livestream Plattformen wie z. B. Twitch oder YouTube Gaming.

4. ORTSUNABHÄNGIGE BERUFE FÜR SOZIALE UND KOMMUNIKATIVE

„Ein verfehlter Beruf verfolgt uns durch das ganze Leben." – Honoré de Balzac

Jetzt haben wir sie oft angesprochen und dich hoffentlich neugierig gemacht. Im Folgenden stellen wir dir nun unsere ausgewählten Berufsbilder im Einzelnen vor.

4.1 AMAZON VENDOR CONSULTANT

Als Amazon Vendor Consultant besteht deine Aufgabe darin, Hersteller und Marken, die auf Amazon als Vendor gelistet sind, dabei zu unterstützen ihre Aktivitäten auf Amazon dahingehend zu optimieren, dass sie mehr verkaufen.

WAS SIND MÖGLICHE AUFGABEN?
- Amazon Vertriebsstrategie entwickeln und Optimierungsbedarf identifizieren
- Produktdaten, Content und Fotos von Amazon Listings optimieren
- Marketingaktivitäten für Amazon Listings planen und steuern
- Eine einheitliche Qualität des Markenauftritts sichern
- Berichte zur Performance der Optimierungsmaßnahmen erstellen

WELCHE AUSBILDUNG BENÖTIGST DU?
Um als Amazon Vendor Consultant tätig zu werden, benötigst du keine dezidierte Ausbildung. Diese gibt es auch gar nicht. Grundsätzlich gilt „learning by doing". Betriebswirtschaftliche Grundkenntnisse schaden sicherlich nicht. Was dich aber auf jeden Fall weiterbringt, ist Erfahrung im E-Commerce, sei es als eigener Shop-Betreiber oder mit Amazon FBA.

WELCHE FÄHIGKEITEN SOLLTEST DU MITBRINGEN?
- Kommunikation

- Analytisches Verständnis
- Methodik und Strukturiertheit
- Stressresistenz
- Kreativität

UNSER ROLEMODEL FÜR DEN BERUF DES AMAZON VENDOR CONSULTANTS

Name: William (Will) Tjernlund
Unternehmen: Goat Consulting
Homepage: goatconsulting.com

Will ist selbständig mit einem eigenen Amazon-Beratungsunternehmen, *Goat Consulting*, das er vor einiger Zeit, zusammen mit einem Partner, gegründet hat. Vor der Gründung seines Unternehmens hat Will einen Bachelor in Wirtschaftswissenschaften gemacht, war laut eigenen Angaben aber nie ein guter Student. Er sagt, er sei während seines Studiums kaum zur Uni gegangen und hätte generell nicht viel aus seinem Studium mitnehmen können. Schon früh hat Will Amazon für sich entdeckt. Während seines Studiums fing er an, Produkte über das E-Commerce Portal zu verkaufen und damit Geld zu verdienen. Als er sein Studium beendet hatte, ist er dann Vollzeit ins Amazon-Geschäft eingestiegen und gründete bald darauf seine eigene Beratungsfirma.

Auf die Frage, wie Familie und Freunde Will als Person beschreiben würden, antwortet er wie folgt: „Meine Familie und Freunde würden mich als exzentrische, verrückte Person beschreiben, der es schwerfällt, sich an Regeln zu halten. Sie würden sagen, dass ich generell unorganisiert bin, dass jedoch ab und an ein intelligenter Gedanke aus mir herauskommt." Will stand uns in seiner Heimat Minneapolis Rede und Antwort.

INTERVIEW MIT WILL TJERNLUND VON GOAT CONSULTING

Wie verdienst du dein Geld als Remote Worker?
Den Großteil meines Einkommens verdiene ich mit Beratung. Ich betreibe zusammen mit ein paar Kollegen eine Amazon-Beratungsfirma, die

Marken und Herstellern hilft, ihre Verkäufe auf Amazon zu steigern. Für unsere Beratungsleistung erhalten wir einen monatlichen Fixbetrag und einen prozentualen Anteil an den Amazon-Verkäufen unserer Kunden. Im Moment betreut unsere Firma ca. 16 Kunden. Hauptsächlich sind dies Unternehmen aus den USA, die Umsätze im Millionen-Bereich machen.

Wie hast du deine ersten Kunden gefunden, mit denen du remote zusammengearbeitet hast?

Ich habe nicht die Kunden, sondern die Kunden haben mich gefunden. Ursprünglich hatte ich gar keine Absicht, eine Beratungsfirma zu gründen. Ich hatte andere Dinge im Kopf. Dann, eines Tages, kamen drei große Firmen innerhalb von 48 Stunden auf mich zu und fragten, ob ich ihren Amazon-Account für sie managen könne. Jedes der Unternehmen bot mir eine Summe, die sich im Bereich von 150.000 US-Dollar pro Jahr bewegte. Dies gab mir zu denken. Ich stellte mir die Frage: Was wäre, wenn ich die drei Jobs annehme und Leute anstelle, die diese stellvertretend für mich erledigen? Das klang gut. Ich setzte meine Überlegungen fort: Wenn ich es schaffen könnte, weitere Kunden wie diese zu akquirieren, könnte ich mit dieser Art von Tätigkeit gutes Geld verdienen und ein solides Beratungsunternehmen aufbauen. Dieser Gedankengang hat mich letztlich dazu bewogen, eine Beratungsfirma zu gründen und mein Kundenportfolio weiter auszubauen. Ich habe folglich nicht meine Kunden, sondern meine Kunden haben zuallererst mich gefunden.

Wie findest du neue Kunden?

Neukunden kommen in der Regel durch unsere organische Platzierung in den Suchergebnissen der großen Suchmaschinen zu uns. Wir geben kein Geld für Suchmaschinenwerbung oder ähnliches aus. Interessenten suchen z. B. nach „Amazon Consultant" auf Google und unsere Firma taucht in den Suchergebnissen auf. Abgesehen von unserer guten Platzierung in den Ergebnissen von Suchmaschinen, trete ich öfter als Speaker auf Konferenzen auf und beziehe darüber neue Kunden, oder unser Service wird per Mund-zu-Mund-Propaganda Dritten weiterempfohlen. Dies ist auch ein gutes Akquise Medium.

Was war deine Motivation, ortsunabhängig zu arbeiten?

Ich wusste schon immer, dass ich anders war, als die Anderen und dass mein Gehirn anders tickt. Dies spiegelt sich z. B. darin wider, dass mir schon recht früh bewusst war, keinen 40-Stunden-Job in einem Büro machen zu können. Als ich studiert habe, habe ich einige Zeit in Florenz, Italien verbracht. Während dieser Zeit bin ich quer durch Europa gereist und fand es großartig. Damals war ich zwanzig. Schon von klein auf bin ich immer gern auf Reisen gegangen. Meine Leidenschaft fürs Reisen ist über die Jahre immer stärker gewachsen. Irgendwann im Studium kam mir der Gedanke, dass ich einen Weg finden musste, dauerhaft im Ausland studieren zu können und nebenbei Dinge über Amazon zu verkaufen. Durch Zufall hörte ich von der 4-Hour Work Week von Tim Ferriss - zu diesem Zeitpunkt genau das, was ich brauchte. Tim Ferriss beschrieb in seinem Buch das, was ich mir zum Ziel gesetzt hatte. Er legte dar, wie man ein Online-Business aufbaut und bewies anhand seiner eigenen Entwicklung, dass ein online-only Business tatsächlich ein praktikables Geschäftsmodell sein kann. Das Buch von Tim Ferriss war für mich der Grundstein für alles, was folgte. Ich fing an, sämtliche Podcasts zum Thema Internetmarketing zu hören und mir so viele Infos wie möglich zum Thema Online-Business zu besorgen. Ich hatte ein Ziel vor Augen: Ich wollte Reisen und nebenbei ein Online-Business betreiben. Die vielen Podcasts, das Buch von Tim Ferriss und all die Informationen, die ich zum Thema Online-Marketing aufgesogen habe, haben mich letztlich dahin geführt, wo ich heute stehe. Zusammengefasst lässt sich also sagen, dass meine Leidenschaft fürs Reisen und die Erkenntnis, nie einen „richtigen" Bürojob zu bekommen, meine Motivation ausmachten, ein ortsunabhängiges Geschäft aufzubauen.

Wie hast du deine Remote-Karriere begonnen? Gab es irgendwelche Tools, die dir dabei geholfen haben, ortsunabhängig zu arbeiten?

Ich hatte ziemlich großes Glück, was meine bisherige berufliche Karriere anbelangt. Vieles ist gut gelaufen und hat mir in die Karten gespielt. Wenn ich einen Rat geben sollte für Leute, die mit dem Gedanken spielen, ein eigenes Online-Business aufzubauen, dann wäre das dieser: Überleg dir, welchen Lifestyle du verfolgen möchtest, bevor du ein Business aufbaust. Damit meine ich: Stell Überlegungen dahingehend an, wie du in Zukunft leben möchtest und überleg dir dann, welche Eigenschaften dein Unternehmen besitzen muss, damit du so leben kannst, wie du es dir vorstellst. Ist es z. B. dein Ziel, den ganzen Tag am Strand zu sitzen und nebenbei dein Business zu führen, benötigst du dafür nicht viel Geld. Um in Thailand am Strand zu sitzen, brauchst du vermutlich nicht mehr als 600 US-Dollar pro Monat. Wenn das dein Lebensziel ist, ist es sinnvoll ein Geschäftsmodell zu entwickeln, das es dir erlaubt, den ganzen Tag am Strand in Thailand zu sitzen. Wenn du im Gegensatz dazu zum Ziel hast, viel Geld zu verdienen, bietet es sich an, ein Geschäftsmodell zu entwickeln, das Cashflow-getrieben ist und auf leichte Art und Weise skaliert werden kann. Viele Menschen gründen ein eigenes Unternehmen, weil sie in den

Gedanken verliebt sind, ein eigenes Unternehmen zu besitzen. Sie denken weniger darüber nach, welchem Lifestyle das Unternehmen dienen soll. Wenn sie dann ein Unternehmen gegründet haben, merken sie schnell, dass es nicht zu ihrem Lebensstil passt. Das ist eine bittere Erkenntnis. Daher meine Empfehlung: Erst über den Zweck der Unternehmung im Hinblick auf den eigenen Lebensstil nachdenken und dann ein kompatibles Unternehmen gründen.

Ein weiterer Tipp in diese Richtung bezieht sich auf das Thema Skalierung. Man sollte frühzeitig sicherstellen, dass das eigene Geschäft, auch ohne einen selbst, skaliert und wächst. Sollte es in deinem Unternehmen z. B. viele Dinge geben, zu denen nur du allein befähigt bist, besteht eine starke Abhängigkeit zu deiner Person. Aufgaben können nicht auf mehrere Köpfe verteilt werden und das Wachstum deines Unternehmens wird geschwächt. Dein Geschäft wird folglich nicht so wachsen, wie es ohne die Abhängigkeit von deiner Person vielleicht könnte. Daher sollte man immer auf die Skalierungsmöglichkeiten eines Geschäftsmodells achten, wenn man anfängt.

Mein letztes Learning ist, dass es nie gut ist, das Geschäft von anderen 1:1 zu kopieren. Nur weil jemand anderes sein Geschäft auf eine bestimmte Art und Weise führt und damit erfolgreich ist, bedeutet das nicht, dass dies auch auf dich zutreffen wird. Ich habe Leute Dinge sagen gehört wie „Hey, lass uns einen Podcast machen wie XY", nur weil XY damit erfolgreich geworden ist. Diese Leute replizieren die Vorgehensweise eines Vorbildes und versuchen dessen Erfolg nachzubilden. Dies führt allerdings nur in den seltensten Fällen zum Erfolg. Natürlich kann man erfahrenen Leuten zuhören und sich anschauen, wie sie erfolgreich geworden sind, jedoch ist es wichtig zu begreifen, dass man am Ende immer seinen eigenen Weg gehen muss.

Was waren deine größten Herausforderungen, um ein Remote-Einkommen zu generieren und wie hast du diese bewältigt?

Meine größte Herausforderung war und ist es, hungrig zu bleiben. Wenn man ein Geschäft aufbaut, das gut funktioniert, ist es sehr einfach, faul zu werden. Du lehnst dich zurück und sagst dir: „Wow, das Geschäft läuft von selbst. Das ist fantastisch!" Wenn man sich in einer solchen Situation befindet, glaubt man in der Regel nicht, dass das eigene Unternehmen morgen theoretisch keine Rolle mehr spielen könnte. Dies kann jedoch schneller passieren, als einem lieb ist. Daher ist es wichtig, alternative Optionen zu entwickeln und ausreichend Geld zur Seite zu legen. Auch wenn das eigene Unternehmen nie bankrott geht, solltest du ein paar alternative

Geschäftsideen parat haben, aus denen du im Ernstfall ein Business aufbauen kannst. Was mein Amazon-Consulting Business anbelangt, denke ich nicht, dass ich dies noch mit 50 betreiben werde. Ein Beispiel: Als ich jung war, war Myspace der Platzhirsch unter den Social Media Netzwerken. Im Vergleich dazu, schau dir Myspace heute an. Wo steht Myspace heute? Welche Rolle spielt es? Stell dir vor, du hast deine gesamte Zeit und all dein Geld dahingehend investiert, ein Myspace Marketing-Genie zu werden und dann stellt sich heraus, dass Myspace keine Rolle mehr spielt. Wie fühlt sich das an? Ohne alternative Optionen in der Hand wäre dies ein Desaster, eine Vollkatastrophe. Dieses Risiko versuche ich zu umgehen, indem ich versuche hungrig und wach zu bleiben und auf ein Worst Case Szenario vorbereitet zu sein, denn ich habe keine Ahnung, wie sich Amazon in der Zukunft entwickeln wird und ob mein Job dann noch gebraucht wird.

Wie sieht ein normaler Arbeitstag in deinem Leben als Remote Worker aus? Hast du eine tägliche Routine?
Ich bin kein wirklich produktivitäts-getriebener Mensch. Wenn ich wollte, könnte ich vermutlich mehr arbeiten. Meine Routine ist, dass ich morgens in der Regel ziemlich früh aufwache. Heute Morgen war ich z. B. um 5:45 Uhr wach. Mein Arbeitstag beginnt gegen 7 Uhr und fängt damit an, dass ich für ein bis zwei Stunden meine E-Mails checke. Bin ich damit fertig, nehme ich Meetings wahr und beantworte gegen Mittag für weitere 45 Minuten E-Mails. Ich versuche gegen 14 Uhr mit der Arbeit fertig zu sein, um den verbleibenden Tag genießen zu können. Manchmal habe ich Phasen, in denen arbeite ich auch nachts. Ich weiß nicht warum, aber aus irgendeinem Grund genieße ich es, genau dann zu arbeiten, wenn niemand sonst arbeitet. Meine Lieblingszeiten sind entweder spät in der Nacht oder früh am Morgen.

Last but not least: Hast du noch weitere hilfreiche Tipps für unsere Leser?
Ja, ich habe noch einen Tipp: Lass dich von nichts abschrecken und warte nicht zu lange damit, ein Online-Business aufzubauen. Ich habe in der Vergangenheit viele Menschen getroffen, die toll fanden, was ich mache und in meine Fußstapfen als Online-Unternehmer treten wollten. Viele von ihnen haben es letzlich nicht getan, weil sie zu viele Verbindlichkeiten angesammelt haben. Einige von ihnen hatten Kinder, andere ein Eigenheim mit Hypothek etc. Je älter du wirst, desto mehr Verbindlichkeiten häufst du in deinem Leben an. Das ist schade, denn die vielen Verbindlichkeiten halten dich davon ab, die Risiken einzugehen, die notwendig sind, um ein Online-Unternehmen aufzubauen. Hast du z. B. Kinder, riskierst du nicht das Essen deiner Kinder, nur weil du ein ortsunabhängiges Business

aufbauen möchtest, das du vom Strand in Thailand aus betreiben kannst. Kinder prägen dein Leben auf eine Weise, die sich nicht umkehren lässt. Ich habe weder eine Freundin noch ein Eigenheim, das ich abbezahlen muss. Das Schlimmste, was mir passieren kann, ist, dass meine Firma bankrott geht und ich in den Keller meiner Eltern ziehen muss. Das war's. Wenn du jedoch Kinder hast, kannst du nicht einfach in den Keller deiner Eltern mit deinen Kindern ziehen. Deshalb lautet mein Ratschlag an dich: Mach dir Gedanken darüber, wie dein Leben aussehen soll, plan dein Business im Einklang mit deinen Lebenszielen und warte nicht zu lange, bevor du loslegst.

WOMIT KANNST DU ORTSUNABHÄNGIG GELD VERDIENEN? – EINIGE IDEEN

Beschäftigungsformen: Du kannst entweder als Freelancer für verschiedene Auftraggeber arbeiten, Angestellter einer Firma sein, die es dir ermöglicht ortsunabhängig zu arbeiten, oder du wirst unternehmerisch tätig. In Kapitel 6 findest du verschiedene Jobportale, die sich auf ortsunabhängiges Arbeiten spezialisiert haben.

Die folgenden Zeilen geben dir ein paar Ideen an die Hand, wie du ortsunabhängig mit diesem Beruf Geld verdienst. Der Abschnitt ist bewusst kurzgehalten, da viele der Ideen bereits in Kapitel 3 angesprochen wurden. Solltest du an der ein oder anderen Stelle den Wunsch nach mehr Inhalt verspüren, blättere einfach nochmal zum Anfang zurück. Nähere Informationen, wie du Themen für Bücher und Online-Kurse findest, erhältst du in Kapitel 5. Schau außerdem gerne auf unserem Blog vorbei, für alle genannten Tools und Ressourcen im Überblick: https://new-work-life.com/portfolio/amazon-vendor-consultant.

Biete deine Leistungen als Amazon Vendor Consultant externen Auftraggebern an
Akquiriere Auftraggeber wie z. B. Produktherstellern, Marken, (Groß-) Händlern, etc. und hilf ihnen dabei, ihre Verkäufe auf Amazon zu steigern. Du kannst im Rahmen deiner Consulting-Tätigkeit die entwickelten Optimierungsmaßnahmen entweder selbst durchführen oder du konzentrierst dich auf die reine Beratungsleistung. Natürlich ist auch eine Mischform denkbar. Alle anfallenden Aufgaben sind in der Regel ortsunabhängig durchführbar. Vermarkte dich entweder über eine eigene Website oder beziehe Aufträge über spezialisierte Jobvermittlungsportale.

Biete Online-Seminare an
Mögliche Themen für Online-Seminare sind z. B.: eine Amazon Vertriebsstrategie entwickeln, Preissetzung und Positionierung auf Amazon, Amazon Listings optimieren, Amazon SEO, Amazon Werbung schalten, etc.

Entwickle und verkaufe Online-Kurse
Entwickle z. B. einen Kurs mit dem Titel: „Amazon SEO – So platzierst du dich in der Amazon-Suche auf Seite 1", oder „Amazon Listing Optimierung für Hersteller und Marken".

Betreibe Amazon FBA
Verkaufe über den Marktplatz auf Amazon Produkte, für die eine große Nachfrage besteht und von denen du überzeugt bist. Für mehr Infos schau dir den Beruf „Amazon FBA Händler" an, den du in Band 3 der Go Remote! Bücherserie findest (Go Remote! für Technik, Zahlen und Organisationstalente).

Betreibe Dropshipping
Verkaufe Produkte als Dropshipper. Als Vertriebsplattformen kannst du einen eigenen Webshop (z. B. mit Shopify) nutzen oder die Online-Marktplätze Amazon und/oder Ebay verwenden. Für mehr Infos schau dir den Beruf „Dropshipper" an, den du in Band 3 der Go Remote! Bücherserie findest (Go Remote! für Technik, Zahlen und Organisationstalente).

STARTER TOOLKIT – DAS BRAUCHST DU, UM LOSZULEGEN

Notebook, Smartphone

SOFTWARE:
- Office: z. B. Microsoft Office oder Google Docs
- Kommunikation: z. B. Skype, WhatsApp, Slack, Gmail
- Amazon Analyse-Tool: z. B. Sellics
- Amazon Verkäufer Verwaltung: Amazon Seller Central

BÜCHER UND TUTORIALS:
- Buch: „Amazon SEO Code: Das Handbuch für mehr Erfolg auf Amazon | für FBA, FBM, Vendoren & Agenturen", von Ronny Marx
- Buch: „Amazon Marketplace: Das Handbuch für Hersteller und Händler - inkl. FBA (Fulfillment by Amazon)", von Trutz Fries
- Tutorial: „Amazon SEO Optimierung mit dem Produkt-Ranking Algorithmus", von Markus Knopp und Damir Serbecic, auf Udemy

Detaillierte Informationen zu Tools und Ressourcen, die dir helfen können, ein ortsunabhängiges Einkommen aufzubauen, findest du auf unserem Blog unter: https://new-work-life.com/portfolio/amazon-vendor-consultant.

4.2 ARZT

Als Arzt untersuchst, diagnostizierst und behandelst du Menschen, die medizinische Hilfe benötigen. Weiterhin beschäftigst du dich mit der Prävention von Krankheiten und kümmerst dich um die Nachsorge deiner Patienten. Du kannst als Allgemeinmediziner tätig werden oder du spezialisierst dich auf eine Fachrichtung, wie z. B. Radiologie, Dermatologie, Frauenheilkunde, Arbeitsmedizin, Humangenetik, innere Medizin, etc.

WAS SIND MÖGLICHE AUFGABEN?
- Patienten untersuchen und Diagnosen stellen
- Fachbezogene Behandlungen durchführen, wie z. B. medikamentöse Behandlungen oder Operationen
- Patientenakten führen und Krankheitsverläufe, Behandlungsmethoden, etc. dokumentieren
- Kontinuierliche medizinische Weiterbildung im eigenen Fachgebiet und fachübergreifend
- Weitere spezifische Aufgaben, die maßgeblich von der gewählten Fachrichtung abhängen

WELCHE AUSBILDUNG BENÖTIGST DU?
Die Berufsbezeichnung Arzt ist gesetzlich geschützt. Um Arzt zu werden, musst du ein Medizinstudium absolvieren. Dieses dauert in der Regel 12 Semester und schließt mit dem zweiten Staatsexamen ab. Nach dem Studium spezialisierst du dich auf ein Fachgebiet und machst deinen Facharzt, indem du eine vier- bis sechsjähre praktische Ausbildung bei praktizierenden Medizinern des Fachgebietes durchläufst.

WELCHE FÄHIGKEITEN SOLLTEST DU MITBRINGEN?
- Engagement, Einfallsreichtum und Ausdauer
- Bereitschaft, Verantwortung zu übernehmen
- Priorisierungsvermögen bei hohem Arbeitsaufkommen
- Fähigkeit unter Druck zu arbeiten
- Teamplayer-Charakter mit hervorragendem Kommunikationsvermögen

UNSER ROLEMODEL FÜR DEN BERUF DES ARZTES

Name: Amy Cottrell
Unternehmen: Doctor on Demand (DoD)
Homepage: https://www.doctorondemand.com

Amy arbeitet als Fachärztin für Allgemeinmedizin für das US-amerikanische Unternehmen Doctor on Demand (DoD). DoD ist eine Ärzteplattform im Internet, die Patienten mit Ärzten zusammenbringt. Patienten können über die Plattform eine medizinische Beratung bzw. Untersuchung erbitten. Das Unternehmen bietet Services in den Bereichen Notfallversorgung, chronische Erkrankungen, präventive Medizin, Laboruntersuchungen, allgemeine Beratung und psychische Gesundheit an. Alle Leistungen sind rein virtueller Natur, d. h. sie erfolgen zu hundert Prozent über das Internet (keine vor Ort Konsultationen). Amy ist seit 2016 für DoD tätig. Zuvor leitete sie ihre eigene Arztpraxis im US-Bundesstaat Tennessee. Zu DoD kam sie eher zufällig. Als sie die Entscheidung fällte, bei DoD anzufangen, hatte ihre Mutter gerade die Diagnose Krebs erhalten. Amy war zu dieser Zeit sehr eingebunden in ihrer Praxis und hatte neben ihrer Mutter zudem zwei Töchter im Teenagealter, um die sie sich kümmern musste. Nach der Diagnose ihrer Mutter war klar, dass sie keine Zeit haben würde, weiterhin ihre Praxis führen zu können. Ihre Familie und die Pflege ihrer kranken Mutter würden zu viel Zeit in Anspruch nehmen. Irgendwann, als sie mit ihrer Mutter gerade bei der Chemotherapie saß, bekam Amy einen Anruf. Der Anrufer fragte sie, ob sie Interesse hätte, bei DoD anzufangen. Amy berichtet, dass ihre erste Reaktion Zweifel gewesen wären. Sie fühlte sich nicht qualifiziert für den Job, da sie keinerlei Vorerfahrung mit virtuellen Arztdienstleistungen hatte und die Arbeit so anders erschien als das, was sie bis dato gemacht hatte. Nachdem sie jedoch ein wenig über das Angebot und die Tätigkeit nachgedacht hatte, wurde ihr klar, dass viele ihrer bisherigen Tätigkeiten ohne Probleme über Videotelefonie durchgeführt werden könnten. Amy's Mutter fand die Idee toll und ermutigte ihre Tochter, das Angebot anzunehmen. Und so kam Amy zu DoD. Vor ihrer Tätigkeit als Allgemeinmedizinerin studierte Amy zunächst Biologie an der University of Memphis und später Medizin an der University of Tennessee Health Science Center. Ihren Facharzt machte sie an der University of Arkansas for Medical Sciences in Little Rock.[40]

---

40 Quellen: https://blog.doctorondemand.com/provider-spotlight-dr-amy-cottrell-165927f8cd90 und https://www.doctorondemand.com/about-us, abgerufen am 29.08.2018.

WOMIT KANNST DU ORTSUNABHÄNGIG GELD VERDIENEN? – EINIGE IDEEN

Beschäftigungsformen: Du kannst entweder deine eigene (virtuelle) Praxis leiten oder als angestellter Arzt für Krankenhäuser oder Arztpraxen arbeiten, die es dir ermöglichen, ortsunabhängig zu arbeiten. In Kapitel 6 findest du verschiedene Jobportale, die sich auf ortsunabhängiges Arbeiten spezialisiert haben.

Die folgenden Zeilen geben dir ein paar Ideen an die Hand, wie du ortsunabhängig mit diesem Beruf Geld verdienst. Der Abschnitt ist bewusst kurzgehalten, da viele der Ideen bereits in Kapitel 3 angesprochen wurden. Solltest du an der ein oder anderen Stelle den Wunsch nach mehr Inhalt verspüren, blättere einfach nochmal zum Anfang zurück. Nähere Informationen, wie du Themen für Bücher und Online-Kurse findest, erhältst du in Kapitel 5. Schau außerdem gerne auf unserem Blog vorbei, für alle genannten Tools und Ressourcen im Überblick: https://new-work-life.com/portfolio/arzt.

Führe bestimmte Kernaufgaben ortsunabhängig aus

Sieh dir die typischen Aufgaben eines Arztes an und überlege dir, welche davon du ortsunabhängig ausüben kannst. Kannst du mit Patienten, Kollegen, etc. virtuell kommunizieren und sie beraten, indem du von Kommunikations- und Kollaborationsmedien wie Videotelefonie (z. B. Skype), Web-Konferenz (z. B. FreeConferenceCall), Desktop Sharing (z. B. Skype), Chat (Slack), E-Mail (z. B. Gmail) Gebrauch machst? Kannst du ortsunabhängig medizinische Daten, Befunde und Röntgenbilder auswerten wie es z. B. ein Teleradiologe tut? Gib die Begriffe „Telehealth" und „Telemedizin" in die Google-Suche ein, um mehr Informationen zu Tätigkeitsfeldern zu bekommen, in denen du als Arzt ortsunabhängig arbeiten kannst. Falls du dich derzeit in einem Vor-Ort-Anstellungsverhältnis befindest, erklär deinem Vorgesetzten, welche deiner Tätigkeiten als Arzt du ortsunabhängig erledigen kannst. Vielleicht kannst du dich auf diese Tätigkeiten spezialisieren und deinen Job dadurch vollständig ortsunabhängig ausüben? Vermarkte deine Leistungen über eine eigene Website und Social Media-Kanäle.

Werde Mitglied einer webbasierten Ärzteplattform

Tritt bspw. *Doctor on demand* (https://www.doctorondemand.com) und/oder *Medgate* (https://medgate.ch/de-CH/home) bei. Diese Plattformen sind auf Telemedizin, d. h. die Erbringung von medizinischen Leistungen über Internet und Telefon spezialisiert und bieten dir die Möglichkeit, deine Leistungen als Arzt ortsunabhängig anbieten zu können. Die oben genannten Ärzteplattformen bringen Patienten mit Medizinern zusammen und stellen die benötigte Infrastruktur zur Verfügung, damit Ärzte virtuell Medizinleistungen erbringen können.

Werde virtueller Berater
Berate Unternehmen der Medizinbranche wie Krankenhäuser, Krankenkassen und/oder Pharmaunternehmen zu unterschiedlichen Themen. Potenzielle Beratungsfelder könnten Fragestellungen wie diese beinhalten: Wie lässt sich die Notfallversorgung in einem Krankenhaus optimieren? Wie kann das Management einer Klinik die Patientenversorgung verbessern? Was ist bei der Produktion von neuen Arzneimitteln zu beachten? Wie kann die Kooperation zwischen Arztpraxen und Krankenkassen verbessert werden?
Alternativ kannst du dich auch auf Patienten anstelle von Unternehmen als Zielkundschaft spezialisieren. Du könntest Patienten beispielsweise helfen, den richtigen Arzt für ihre Beschwerden und/oder ihr verfügbares Budget zu finden, und/oder Kostenpläne für sie zusammenstellen. Greife dabei auf dein medizinisches Know-how und dein breites Netzwerk als Arzt zu. Monetarisiere deine Leistung über eine Vermittlungsprovision.

Schreibe ein eBook
Finde ein Thema, das dich interessiert und für das Nachfrage besteht. Wie wäre es z. B. mit dem Thema „Telemedizin und telemedizinische Versorgung in Deutschland"? Du könntest einen Blick in die Vergangenheit werfen und dann einen Ausblick in die Zukunft geben, oder auch verschiedene Verfahren näher beleuchten. Wie genau du Themen findest, kannst du im Kapitel 5 nachlesen.

Bau eine webbasierte Plattform
Auf deiner Plattform bringst du Patienten mit Ärzten zusammen und unterstützt strukturschwache Gegenden in Deutschland bei der medizinischen Versorgung. Patienten geben auf der Plattform ihre Beschwerden ein bzw. teilen mit, welche Arztfachrichtung sie benötigen und werden darauf basierend einem passenden, auf der Plattform gelisteten Mediziner zugeordnet. Die medizinische Beratung erfolgt internet- und/oder telefonbasiert, d. h. sie findet ausschließlich remote statt (Stichwort Telemedizin). Monetarisieren könntest du die Plattform, indem du z. B. eine Registrierungsgebühr oder fortlaufende Mitgliedsbeiträge von den gelisteten Ärzten

verlangst. Für mehr Inspiration schau dir die Plattformen der Firmen Doctor on Demand (https://www.doctorondemand.com) und Medgate (https://medgate.ch/de-CH/home) an. Durch solch eine Plattform ermöglichst du nicht nur dir, sondern auch anderen Ärzten ortsunabhängig arbeiten zu können. Entwickler zur technischen Umsetzung der Plattform findest du z. B. auf Upwork.com, Freelancer.com oder Twago.de.

Werde medizinischer Gutachter

Biete deinen Service über eine eigene Website an oder schließe dich einem Netzwerk für medizinische Gutachten an. Medizinische Gutachten werden z. B. von Gerichten, Versicherungen, Krankenhäusern, Rechtsanwälten oder Privatpersonen in Auftrag gegeben und dienen dazu, medizinische Vorfälle und Zusammenhänge objektiv zu bewerten. Medizinische Gutachter werden z. B. häufig von Patienten beauftragt, die mit einer ärztlichen Behandlung unzufrieden sind und Schadensersatz geltend machen wollen. Oder sie werden zur Prüfung von ärztlichen Abrechnungen bestellt.

STARTER TOOLKIT – DAS BRAUCHST DU, UM LOSZULEGEN

Notebook, Smartphone, medizinische Ausstattung je nach Fachrichtung

SOFTWARE:
- Office: z. B. Microsoft Office
- Kommunikation: z. B. Protonmail, Wire
- Website / Webshop: z. B. WordPress oder Shopify
- Ggf. Patientenmanagementsystem

BÜCHER UND TUTORIALS:
- Buch: „Studienführer Medizin", von Saskia Christ
- Buch: „App vom Arzt: Bessere Gesundheit durch digitale Medizin", von Jens Spahn, Markus Müschenich und Jörg F. Debatin
- Buch: „Telemedicine and Telehealth 2.0: A Practical Guide for Medical Providers and Patients", von Victor Lyuboslavsky
- Buch: „The Guide to the Future of Medicine: Technology and The Human Touch", von Bertalan Mesko

Detaillierte Informationen zu Tools und Ressourcen, die dir helfen können, ein ortsunabhängiges Einkommen aufzubauen, findest du auf unserem Blog unter: https://new-work-life.com/portfolio/arzt.

HIER FINDEST DU WEITERE INFORMATIONEN

NAV-Virchow-Bund: https://www.nav-virchowbund.de
Hartmannbund: https://www.hartmannbund.de/home
Verein Demokratischer Ärztinnen und Ärzte: https://vdaeae.de

4.3 BABY PLANNER

Als Baby Planner hilfst du angehenden Eltern während und nach der Schwangerschaft. Du beantwortest Fragen zur Schwangerschaft, Geburt, Säuglingszeit etc., erledigst Formalitäten für die werdenden Eltern, berätst sie in Sachen Schwangerschafts- und Babyprodukten und stehst ihnen als erster Ansprechpartner in allen nicht-medizinischen Aspekten der Schwangerschaft zu Verfügung.

WAS SIND MÖGLICHE AUFGABEN?
- Nicht-medizinische Fragen rund um die Themen Schwangerschaft, Geburt, Nachsorge, Säuglingsphase, etc. beantworten
- Schwangerschafts- und Babyprodukte für die werdenden Eltern recherchieren, testen und kaufen
- Behördliche Angelegenheiten der werdenden Eltern regeln
- Anträge für die angehenden Eltern ausfüllen, wie z. B. den Antrag für Elterngeld
- Hilfestellung bei der Auswahl der richtigen Krankenkasse, der richtigen Hebamme sowie eines passenden Ortes für die Geburt
- Schwangerschafts- und Geburtskurse recherchieren und buchen

WELCHE AUSBILDUNG BENÖTIGST DU?
Die Berufsbezeichnung Baby Planner ist nicht geschützt. Um Baby Planner zu werden, benötigst du keine spezielle Ausbildung. Sicherlich ist es von Vorteil, selbst Mutter eines Kindes zu sein und/oder eine Ausbildung zur Hebamme absolviert zu haben. Wer auf eine fachspezifische Weiterbildung zum Baby Planner nicht verzichten möchte, findet hier entsprechende Angebote: http://www.maternita.de/maternita-academy oder bei der http://babyplanneracademy.com

WELCHE FÄHIGKEITEN SOLLTEST DU MITBRINGEN?
- Flexibilität und Einsatzbereitschaft

- Einfühlungsvermögen und sympathisches Auftreten
- Organisationstalent und Strukturiertheit
- Sehr gutes Kommunikationsvermögen
- Selbstvermarktungskompetenz

UNSER ROLEMODEL FÜR DEN BERUF DES BABY PLANNERS

Name: Julie McCaffrey
Unternehmen: BabyNav Baby Planners
Homepage: https://babynavbabyplanners.com

Julie ist selbständig als Baby Planner. Sie ist stolze Mutter dreier Kinder und begeistert sich für alles, was mit dem Thema Schwangerschaft und Kind zu tun hat. Nach der Highschool hat Julie Englisch auf Bachelor studiert und war dann mehrere Jahre für die Hotelkette Starwood Hotels & Resorts Worldwide als Managerin im Gästebereich zuständig. Im Jahr 2011 gründete sie ihre eigene Firma *BabyNav*, die sie seitdem führt. Julie verdient als Baby Planner online Geld, indem sie über ihre Website https://babynavbabyplanners.com virtuelle Beratung und Services rund um die Themen Schwangerschaft und Kind anbietet.[41]

WOMIT KANNST DU ORTSUNABHÄNGIG GELD VERDIENEN? – EINIGE IDEEN

Beschäftigungsformen: Du kannst entweder als Freelancer für verschiedene Auftraggeber arbeiten, Angestellter einer Firma sein, die es dir ermöglicht ortsunabhängig zu arbeiten, oder du wirst unternehmerisch tätig. In Kapitel 6 findest du verschiedene Jobportale, die sich auf ortsunabhängiges Arbeiten spezialisiert haben.

Die folgenden Zeilen geben dir ein paar Ideen an die Hand, wie du ortsunabhängig mit diesem Beruf Geld verdienst. Der Abschnitt ist bewusst kurzgehalten, da viele der Ideen bereits in Kapitel 3 angesprochen wurden. Solltest du an der ein oder anderen Stelle den Wunsch nach mehr Inhalt verspüren, blättere einfach nochmal zum Anfang zurück. Nähere

---

[41] Quellen: https://babynavbabyplanners.com/about und https://www.linkedin.com/in/juliemccaffrey1, abgerufen am 02.08.2018.

Informationen, wie du Themen für Bücher und Online-Kurse findest, erhältst du in Kapitel 5. Schau außerdem gerne auf unserem Blog vorbei, für alle genannten Tools und Ressourcen im Überblick: https://new-work-life.com/portfolio/baby-planner.

Führe bestimmte Kernaufgaben ortsunabhängig aus
Sieh dir die typischen Aufgaben eines Baby Planners an und überlege dir, welche davon du ortsunabhängig ausüben kannst. Kannst du mit Kunden, Geschäftspartnern, Kollegen, etc. virtuell kommunizieren und sie beraten, indem du von Kommunikations- und Kollaborationsmedien, wie Videotelefonie (z. B. Skype), Web-Konferenz (z. B. FreeConferenceCall), Desktop Sharing (z. B. Skype), Chat (z. B. Slack), E-Mail (z. B. Gmail) Gebrauch machst? Kannst du ortsunabhängig für werdende Eltern Babyprodukte recherchieren, diese online bestellen und an die Adresse der Eltern schicken lassen? Kannst du Formulare und Anträge für die werdenden Eltern online ausfüllen und versenden? Vermarkte deine Leistungen über eine eigene Website und über Social Media.

Gründe eine Online Academy
Bilde angehende Baby Planner aus, ggf. mit Zertifizierung nach erfolgreichem Abschluss der Academy. Die Zertifizierung könnte als eine Art Gütesiegel dienen, denn für den Beruf als Baby Planner gibt es keine offizielle Ausbildung. In der Academy gibst du deinen Schülern das nötige Rüstzeug an die Hand, damit sie nach ihrer Ausbildung erfolgreich als Baby Planner durchstarten und mit ihren neu erworbenen Kenntnissen Geld verdienen können. Für mehr Inspiration zum Thema schau dir die Website der Baby Planner Academy an: http://babyplanneracademy.com. Das Angebot der Baby Planner Academy ist zwar stationär, ließe sich aber ebenso gut virtuell abbilden.

Entwickle und verkaufe Online-Kurse
Wie wäre es z. B. mit einem Kurs, der Frauen gezielt darauf vorbereitet, ein Kind zu bekommen und ihnen durch die Schwangerschaft hilft (Für mehr Infos und Inspiration siehe hier: https://www.udemy.com/childbirth-preparation-a-complete-guide-for-pregnant-women). Oder du entwickelst einen Kurs, der angehenden Eltern zeigt, wie sie sichere und preisgünstige Babyprodukte finden, ohne dabei an der Vielfalt an Produkten und Information zu ersticken.

Biete ein Online-Programm an
Unterstütze werdende Eltern in der Schwangerschaftszeit und in den

Wochen nach der Geburt. Du könntest z. B. ein Programm zum Thema „Sorglos und gut informiert durch die Schwangerschaft" entwerfen, indem du werdende Eltern durch den Dschungel der Informationsfülle rund um das Thema Schwangerschaft und die Geburt führst, ihnen zeigst, wie sie Anträge und Formulare wie z. B. für das Elterngeld ausfüllen und ihnen Testberichte und Tipps für Babyprodukte zukommen lässt (Stichwort Affiliate!). Die am Programm teilnehmenden Eltern können sich während des Programmes untereinander in Online-Gruppen austauschen sowie Fragen stellen (an dich und untereinander). Das Programm läuft für die Dauer der Schwangerschaft und ggf. für die Wochen danach.

STARTER TOOLKIT – DAS BRAUCHST DU, UM LOSZULEGEN

Notebook, Smartphone

SOFTWARE:
- Office: z. B. Microsoft Office oder Google Docs
- Kommunikation: z. B. Skype, WhatsApp, Slack, Gmail
- Website / Webshop: z. B. WordPress oder Shopify
- Organisation: z. B. Evernote

BÜCHER UND TUTORIALS:
- Buch: „300 Fragen zur Schwangerschaft (GU Großer Kompass Partnerschaft & Familie)", von Brigitte Holzgreve
- Buch: „Babypedia: Elternzeit, Anträge, Finanzen, Rechtsfragen, Ausstattung, - Checklisten, Links, Apps, Literatur", von Anne Nina Simoens und Anja Pallasch
- Buch: „Das große Buch zur Schwangerschaft: Umfassender Rat für jede Woche (GU Einzeltitel Partnerschaft & Familie)", von Prof. Dr. med. Franz Kainer und Annette Nolden

Detaillierte Informationen zu Tools und Ressourcen, die dir helfen können, ein ortsunabhängiges Einkommen aufzubauen, findest du auf unserem Blog unter: https://new-work-life.com/portfolio/baby-planner.

4.4 BERATER FÜR ORGANISATIONSDESIGN

Als Berater für Organisationsdesign definierst und organisierst du die Personalstruktur von Unternehmen. Du überarbeitest Hierarchiegebilde, verteilst Mitarbeiter um und sorgst dafür, dass die Personalinfrastruktur eines Unternehmens optimiert wird. Übergeordnetes Ziel deiner Arbeit ist es, die Unternehmensperformance zu steigern und Konfliktsituationen zu lösen.

WAS SIND MÖGLICHE AUFGABEN?
- IST-Zustand eines Unternehmens ermitteln (Prozesse, Aufgaben, Mitarbeiter, etc.)
- Interviews mit Mitarbeitern führen
- Unternehmensdaten und -infos auswerten
- Neue Jobtitel für Organisation definieren
- Mitarbeitereinsparpotentiale ermitteln
- Neue HR-Prozesse definieren
- Zielbild der Organisationsstruktur entwickeln, mit Vorschlägen für Verbesserungen
- Maßnahmenpakete aus Zielbild ableiten und Projektplan entwerfen
- Projektmanagement während der Umsetzungsphase von Maßnahmen
- Richtlinien für das Recruiting neuer Mitarbeiter entwickeln
- Mitarbeiterentwicklungs- und Incentivierungsprogramme entwerfen
- Enge Abstimmung mit Management des Unternehmens während eines Beratungsmandates

WELCHE AUSBILDUNG BENÖTIGST DU?
Die Berufsbezeichnung Berater für Organisationsdesign ist gesetzlich nicht geschützt. Du benötigst folglich nicht zwingend eine bestimmte Ausbildung für den Job. Dennoch ist es ratsam, zuvor ein paar Jahre als Personaler im HR-Bereich eines Unternehmens gearbeitet zu haben, da der Job einen diesbezüglichen Erfahrungsschatz voraussetzt. Um Personaler zu werden, wird zumeist ein Studium, z. B. in den Bereichen Personalwesen, BWL, Psychologie oder Sozialwissenschaften oder zumindest eine kaufmännische Ausbildung vorausgesetzt.

WELCHE FÄHIGKEITEN SOLLTEST DU MITBRINGEN?
- Ausgezeichnete Kommunikationsfähigkeiten
- Präsentationsgeschick und Glaubwürdigkeit
- Überzeugungsvermögen

- Analytisches Denkvermögen und Strukturiertheit
- Problemlösungskompetenz und Stressresistenz

UNSER ROLEMODEL FÜR DEN BERUF DES BERATERS FÜR ORGANISATIONSDESIGN

Name: Angelique Slob
Unternehmen: Hello Monday
Homepage: https://hellomondayclub.com
Kontakt: welcome@hellomondayclub.com

Angelique ist als Organisationsberaterin selbständig. Ihre Fima *Hello Monday* ist eine Netzwerkorganisation, die sich aus ihr und weiteren Professionals zusammensetzt. Vor Beginn ihrer beruflichen Karriere hat Angelique einen Bachelor-Abschluss in Personalmanagement und einen Master in Organisationssoziologie absolviert und danach für verschiedene Unternehmen gearbeitet. Den Großteil ihres Arbeitslebens hat Angelique im Personalbereich verbracht und ist nun seit rund 10 Jahren selbständige Interimsmanagerin auf Senior- und Führungsebene. Familie und Freunde bezeichnen Angelique als Freigeist, der gerne reist und unkonventionell denkt. Gleichzeitig sei sie jemand, der hohe professionelle Ansprüche an sich selbst, an ihr Team und an ihre Kunden stellt.
Während unseres Interviews befindet sich Angelique in Amsterdam, in den Niederlanden.

INTERVIEW MIT ANGELIQUE SLOB VON HELLO MONDAY

Wie verdienst du dein Geld als Remote Worker?
Meine Haupteinnahmequelle ist meine Beratungstätigkeit. Normalerweise führe ich Projekte über einen längeren Zeitraum durch. Aber von Zeit zu Zeit mache ich auch Online-Coaching. Ich halte zudem viele Vorträge auf Events.

Wie bist du auf die Ideen für deinen Service gekommen? Hast du eine bestimmte Methodik verfolgt?

Es ist im Grunde eine Kombination aus dem, was einem Business-Coaches sagen, meiner persönlichen Erfahrung in der Branche und meinen eigenen Gedanken darüber, wie ich Menschen helfen kann. Wenn du ortsunabhängig tätig werden willst, solltest du immer prüfen, wie du etwas mittels eines Online-Services oder Online-Produkts abbilden kannst. Frage dich, wie du etwas skalierbar machen kannst, damit du nicht auf Stundenbasis arbeiten musst.

Wie lange hat es gedauert, bis du deine ersten 1.000 Euro an monatlichem Einkommen durch deine ortsunabhängige Arbeit generiert hast?

Es hat ziemlich lange gedauert, aber am Anfang habe ich viele Fehler gemacht, die nichts mit der Ortsunabhängigkeit zu tun hatten, sondern damit, ein eigenes Geschäft aufzubauen. Nach Überwindung meiner Startschwierigkeiten dauerte es drei bis vier Monate.

Wie hast du deine ersten Kunden gefunden, mit denen du remote zusammengearbeitet hast?

Über mein Netzwerk. Ich bin Netzwerkerin und arbeite schon seit 20 Jahren in der Branche. Also hatte ich zuvor schon ein gutes Business-Netzwerk.

Wie findest du neue Kunden?

Aus Online-Perspektive habe ich eine Website mit wertvollen Inhalten und ein Online-Magazin, aus dem ich regelmäßig Inhalte an meine E-Mail Liste verschicke.
Die andere Sache, die ich tue, um Kunden zu akquirieren, ist, an Netzwerkveranstaltungen teilzunehmen. Ich gehe zu Startup- und Networking-Events und spreche auf diesen. So habe ich mein Netzwerk aufgebaut. Das mache ich hauptsächlich in Amsterdam und in Lissabon.

Was war deine Motivation, ortsunabhängig zu arbeiten?

Für mich persönlich ging es um zwei Dinge: Ich wollte meine persönliche Freiheit und ich reise schon seit vielen Jahren. Wenn ich in der Vergangenheit als Interimsmanagerin tätig war, nutzte ich in der Regel die Zeit zwischen zwei Projekten, um zu reisen. Das war mir jedoch nicht genug, weil ich manchmal ein Jahr und acht Monate oder anderthalb Jahre an einem Projekt gearbeitet habe und entsprechend lange gebunden war. Ich wollte häufiger reisen und diesen Lebensstil intensiver leben. Es war mein

Ziel, ein eigenes Beratungsunternehmen aufzubauen, und das sollte ortsunabhängig sein.

Wie hast du deine Remote-Karriere begonnen? Gab es irgendwelche Tools, die dir dabei geholfen haben, ortsunabhängig zu arbeiten?
Als ich anfing remote zu arbeiten, habe ich gerade meine Masterarbeit geschrieben und darauf basierend einen Blog zum Thema *Future of Work* gestartet. Der Blog war eine Art Spin-off, der in der weiteren Folge als Basis für mein Beratungsunternehmen diente.

Welche drei Dinge würdest du vermeiden, wenn du die Zeit zurückspulen könntest?
Ein Unternehmen auf einem Blog zu gründen, war nicht der richtige strategische Ansatz. Heute denke ich, dass es wichtig ist, gute Leute um sich herum zu haben, die einem bei der Unternehmens- und Markenstrategie helfen und diese in eine Marketing- und Verkaufsstrategie überführen können. Mein Rat ist: Investiere in Experten, anstatt Bücher zu lesen und viele allgemeine Informationen zu sammeln. Ich kam aus einer leitenden Position in großen Unternehmen und habe dort viel Projektmanagement gemacht. In diesem Bereich besitze ich ziemlich gute Fähigkeiten. Der Aufbau eines Unternehmens war allerdings neu für mich und etwas komplett anderes. Ich denke, es ist sehr wichtig, zu erkennen und zu verstehen, dass das Lesen von Büchern oder die Teilnahme an Webinaren nicht zwingend zielführend sind.

Was waren deine größten Herausforderungen, um ein Remote-Einkommen zu generieren und wie hast du diese bewältigt?
Es ist schwer, online die gleiche Art von Beziehung mit Menschen aufzubauen wie es offline der Fall ist. Gerade in der Beratungsbranche ist es schwer, ausschließlich virtuell mit Kunden zusammenzuarbeiten. Viele Kunden wollen dich zunächst vor Ort sehen und kennenlernen, bevor sie mit dir zusammenarbeiten.

Wie sieht ein normaler Arbeitstag in deinem Leben als Remote Worker aus? Hast du eine tägliche Routine?
Ein normaler Arbeitstag startet damit, dass ich aufstehe und meine E-Mails lese, während ich meinen Morgenkaffee trinke und entspannt in den Tag starte. Nach dem Frühstück und zwei Tassen Kaffee fange ich an zu arbeiten. Normalerweise arbeite ich von zu Hause aus. Wenn ich irgendwann

Hunger bekomme oder mein Körper sich bewegen will, gehe ich an die frische Luft. Für nachmittags terminiere ich Meetings und Skype-Calls und mache ein paar kreative Sachen. Ich versuche, den Abend so frei wie möglich zu halten, d. h. nicht zu viele Aktivitäten, Veranstaltungen oder Treffen einzuplanen, sondern stattdessen für Bewegung und Entspannung zu sorgen. Ich mag es, am nächsten Tag wieder produktiv und frisch zu sein.

Was sind die Vor- und Nachteile ortsunabhängiger Arbeit aus deiner Sicht?
Ich denke, der größte Vorteil von Remote-Arbeit ist, dass man dort sein kann, wo man sein will. Das bedeutet, man kann seiner Energie und seinem eigenen Tagesrhythmus folgen. Diese beiden Dinge sind für mich sehr wichtig. Ebenfalls wichtig ist, dass man sich auf das konzentrieren kann, was für einen wichtig ist. Man kann sein, wie man ist und man kann anziehen, was man will. Will man im Schlafanzug arbeiten, arbeitet man im Schlafanzug, ohne dass es irgendwelche Leute kümmert.

Neben den Vorteilen gibt es einige Nachteile, mit denen ich zu kämpfen habe. Zum Beispiel Produktivität versus Freiheit. Besonders bei hoher Arbeitsbelastung ist es schwierig, abends abzuschalten und zu entspannen. Wenn ich nichts zu tun habe, fühle ich mich, als müsste ich arbeiten. Ich fühle mich schuldig, auch wenn ich den ganzen Tag gearbeitet habe. Ich denke, dass man als Unternehmer ohnehin immer mit diesem inneren Kampf konfrontiert ist. Es wird allerdings noch schwieriger, wenn man ortsunabhängig arbeitet.

Eine andere Sache, mit der ich manchmal zu kämpfen habe, ist, viel Zeit auf Reisen zu verlieren. Wenn du an einen neuen Ort kommst, musst du immer deine Arbeitsumgebung einrichten und Orte mit gutem WLAN finden. Das kann sehr zeitaufwendig sein.

Eine weitere Sache, die mir in den Sinn kommt, die ich allerdings nicht als Nachteil empfinde, ist die Tatsache, kein Teil eines Teams zu sein. Ich kann mir vorstellen, dass es manchen Menschen schwerfällt und sie sich isoliert und vielleicht sogar verloren fühlen, wenn sie kein Team um sich herum haben. Ich selbst habe kein Problem damit.

Last but not least: Hast du noch weitere hilfreiche Tipps für unsere Leser?
Erzähl deinen Kunden, was du tust, warum du es tust und wie du arbeitest. Wähle ein Geschäftsmodell, das zu deinem Leben passt, aber vergiss dabei nicht deine Kunden. Biete deinen Kunden einen Mehrwert, denn es geht in erster Linie um sie, wenn du Erfolg haben möchtest.

Eine andere Sache betrifft Outsourcing. Ich vertrete die Meinung, dass man nicht zwangsläufig alles selbst lernen und machen muss. Engagiere stattdessen einen externen Dienstleister für Dinge, die du noch nicht beherrschst oder die nicht dein Ding sind. Sonst läufst du Gefahr den Fokus zu verlieren.

WOMIT KANNST DU ORTSUNABHÄNGIG GELD VERDIENEN? – EINIGE IDEEN

Beschäftigungsformen: Du kannst entweder als Freelancer für verschiedene Auftraggeber arbeiten, Angestellter einer Firma sein, die es dir ermöglicht ortsunabhängig zu arbeiten, oder du wirst unternehmerisch tätig. In Kapitel 6 findest du verschiedene Jobportale, die sich auf ortsunabhängiges Arbeiten spezialisiert haben.

Die folgenden Zeilen geben dir ein paar Ideen an die Hand, wie du ortsunabhängig mit diesem Beruf Geld verdienst. Der Abschnitt ist bewusst kurzgehalten, da viele der Ideen bereits in Kapitel 3 angesprochen wurden. Solltest du an der ein oder anderen Stelle den Wunsch nach mehr Inhalt verspüren, blättere einfach nochmal zum Anfang zurück. Nähere Informationen, wie du Themen für Bücher und Online-Kurse findest, erhältst du in Kapitel 5. Schau außerdem gerne auf unserem Blog vorbei, für alle genannten Tools und Ressourcen im Überblick: https://new-work-life.com/portfolio/berater-fuer-organisationsdesign.

Führe bestimmte Kernaufgaben ortsunabhängig aus

Sieh dir die typischen Aufgaben eines Beraters für Organisationsdesign an und überlege dir, welche davon du ortsunabhängig ausüben kannst. Kannst du mit Kunden, Geschäftspartnern, Kollegen, etc. virtuell kommunizieren, indem du von Kommunikations- und Kollaborationsmedien wie Videotelefonie (z. B. Skype), Web-Konferenz (z. B. FreeConferenceCall), Desktop Sharing (z. B. Skype), Chat (z. B. Slack), E-Mail (z. B. Gmail) Gebrauch machst? Kannst du Mitarbeiterinterviews zur Aufnahme des IST-Zustandes einer Organisation mithilfe von Videotelefonie virtuell führen? Kannst du dir für deine Arbeit benötigte Unternehmensdaten und Infomaterialien digital zuschicken lassen anstatt sie vor Ort selbst abholen zu müssen? Kannst du Konzepte, Maßnahmenpakete und Projektpläne ortsunabhängig ausarbeiten und sie deinem Kunden per E-Mail oder per cloudbasierter Lösung wie z. B. über Dropbox.com zukommen lassen?

Kannst du das Ergebnis deiner Arbeit dem Management virtuell z. B. über eine Webkonferenz vorstellen? Vermarkte deine Leistungen über eine eigene Website und/oder über Online-Marktplätze wie z. B. Upwork.com, Freelance.de und Twago.de.

Entwickle Arbeitsvorlagen bzw. Templates für Organisationsberater

Du könntest z. B. Templates zu folgenden Themen entwickeln und verkaufen: E-Mail Vorlagen, Fragebögen für Mitarbeiter-Interviews, Checklisten zur Ermittlung von Unternehmensanforderungen, Vorlagen für Projektplanung, Chancen-Risiken-Charts, Prozessmodellierungstemplates, etc.

Entwickle und verkaufe Online-Kurse

Wie wäre es z. B. mit einem Kurs zum Thema Organisationsdesign? Du könntest einen Kurs für Anfänger konzipieren, in dem du die Basics zum Thema erklärst. Alternativ könntest du einen Kurs erstellen, der sich mit Themen wie Agile Organisation, Remote Teams und neue Arbeitswelt oder Change Management befasst. Du könntest den Kurs für unterschiedliche Zielgruppen aufbereiten, z. B. für Berater, für die Unternehmensleitung oder für HR-Manager.

Biete Online-Seminare an

Mögliche Themen für Online-Seminare sind z. B.: Organisationsstrukturen im Zeitalter der Digitalisierung; Remote Teams aufbauen und erfolgreich steuern; Change-Management – wie du Veränderungen gewinnbringend kommunizierst; Business Culture Design, etc.

Gründe eine Online Academy

Bilde angehende Berater für Organisationsdesign aus, ggf. mit Zertifizierung nach erfolgreichem Abschluss der Academy. Die Zertifizierung könnte als eine Art Gütesiegel dienen, denn für den Beruf als Berater für Organisationsdesign gibt es keine offizielle Ausbildung. In der Academy gibst du deinen Schülern das nötige Rüstzeug an die Hand, damit sie nach ihrer Ausbildung erfolgreich als Berater für Organisationsdesign durchstarten und mit ihren neu erworbenen Kenntnissen Geld verdienen können. Dein Angebot kann sich an selbständige Berater und/oder an HR Abteilungen in Unternehmen richten.

STARTER TOOLKIT – DAS BRAUCHST DU, UM LOSZULEGEN

Notebook, Smartphone

SOFTWARE:
- Office: z. B. Microsoft Office oder Google Docs
- Kommunikation: z. B. Skype, WhatsApp, Slack, Gmail
- Website / Webshop: z. B. WordPress oder Shopify
- Projektmanagement: z. B. Trello
- Visualisierung von Prozessen, Netzwerkdiagrammen und Organisationsstrukturen: z. B. Gliffy oder Creately
- Organisation: z. B. Evernote

BÜCHER UND TUTORIALS:
- Buch: „Reinventing Organizations: Ein Leitfaden zur Gestaltung sinnstiftender Formen der Zusammenarbeit", von Frederic Laloux
- Buch: „Organisationsdesign: Modelle und Methoden für Berater und Entscheider (Systemisches Management)", von Reinhart Nagel
- Buch: „Designing Dynamic Organizations: A Hands-on Guide for Leaders at All Levels", von Jay Galbraith
- Tutorial: „Introduction to Organizations - University course as being teached at Swedish universities that will introduce you to the Theory of Organisations", von Robert Barcik, auf Udemy
- Tutorial: „Organizational Design - University course as being teached at Swedish universities that will cover the scope of Organizational Design", von Robert Barcik, auf Udemy

Detaillierte Informationen zu Tools und Ressourcen, die dir helfen können, ein ortsunabhängiges Einkommen aufzubauen, findest du auf unserem Blog unter: https://new-work-life.com/portfolio/berater-fuer-organisationsdesign.

HIER FINDEST DU WEITERE INFORMATIONEN

Bundesverband Deutscher Unternehmensberater BDU e.V.: https://www.bdu.de
Die KMU-Berater - Bundesverband freier Berater e. V.: https://www.kmu-berater.de

4.5 BERATER FÜR SELBSTVERSORGUNG

Als Berater für Selbstversorgung zeigst du Menschen, wie sie sich in bestimmten Bereichen autonom versorgen können, ohne dabei auf Dritte zurückgreifen zu müssen. Darunter fällt z. B. die Aufklärung über essbare Wildpflanzen oder das Anlegen eines Selbstversorgergartens.

WAS SIND MÖGLICHE AUFGABEN?
- Beratung von Menschen in folgenden Bereichen der Selbstversorgung:
- Anlage und Pflege eines Selbstversorgergartens
- Erkennen von essbaren Wildpflanzen
- Kochen mit Wildpflanzen
- Erstellung von Rezepten mit Wildpflanzen
- Ökologische Bienenhaltung
- Selbstgemachte Hausmittel und Körperpflege
- Bewährte Vorratshaltungsmethoden und Gerätekunde
- Haltbarmachung mit Wildpflanzen

WELCHE AUSBILDUNG BENÖTIGST DU?
Die Berufsbezeichnung Berater für Selbstversorgung ist nicht geschützt. Um Berater für Selbstversorgung zu werden, benötigst du keine spezielle Ausbildung. Erfahrung im Gartenbau und/oder der Landwirtschaft sind von Vorteil. Weiterbildungsangebote zum Berater für Selbstversorgung findest du z. B. beim Verein Allgäuer Kräuterland e.V. oder bei der Hochschule für Wirtschaft und Umwelt Nürtingen-Geislingen (HfWU).

WELCHE FÄHIGKEITEN SOLLTEST DU MITBRINGEN?
- Interesse an der Natur und der Pflanzenwelt
- Freude am Umgang mit Menschen
- Kommunikationsstärke
- Interesse für Lebensmitteln und deren Zubereitung
- Spaß an handwerklichen Tätigkeiten

UNSER ROLEMODEL FÜR DEN BERUF DES BERATERS FÜR SELBSTVERSORGUNG

Name: Matt Powers
Unternehmen: The Permaculture Student
Homepage: http://www.thepermaculturestudent.com

Matt ist selbständig als Berater für Selbstversorgung und hat sich auf Permakultur und nachhaltiges Gärtnern spezialisiert. Er unterrichtet Familien, Schulen, Jugendliche und Erwachsene aus aller Welt mithilfe von Online-Kursen, Videos und selbstgeschriebenen Büchern. Auf Twitter folgen ihm über 30.000 Anhänger, in seinen Facebook-Gruppen mehrere zehntausend. Nach der Highschool hat Matt britische und amerikanische Literatur auf Bachelor studiert und einige Zeit später einen Master in Pädagogik nachgelegt. Vor der Gründung seines Unternehmens *The Permaculture Student* arbeitete er ein paar Jahre als professioneller Bassist in einer Musikband sowie als Lehrer für Englisch. Matt verdient als Berater für Selbstversorgung online Geld, indem er über seine Website http://www.thepermaculturestudent.com Online-Kurse und Bücher rund um die Themen Permakultur und nachhaltiges Gärtnern anbietet.[42]

WOMIT KANNST DU ORTSUNABHÄNGIG GELD VERDIENEN? – EINIGE IDEEN

Beschäftigungsformen: Du kannst entweder als Freelancer für verschiedene Auftraggeber arbeiten, Angestellter einer Firma sein, die es dir ermöglicht ortsunabhängig zu arbeiten, oder du wirst unternehmerisch tätig. Mögliche Arbeit- / Auftraggeber sind z. B. Schulen, Bildungseinrichtungen, NGOs. In Kapitel 6 findest du verschiedene Jobportale, die sich auf ortsunabhängiges Arbeiten spezialisiert haben.

Die folgenden Zeilen geben dir ein paar Ideen an die Hand, wie du ortsunabhängig mit diesem Beruf Geld verdienst. Der Abschnitt ist bewusst kurzgehalten, da viele der Ideen bereits in Kapitel 3 angesprochen wurden. Solltest du an der ein oder anderen Stelle den Wunsch nach

---

[42] Quellen: http://www.thepermaculturestudent.com/about und https://www.linkedin.com/in/mattpowers, abgerufen am 02.08.2018.

mehr Inhalt verspüren, blättere einfach nochmal zum Anfang zurück. Nähere Informationen, wie du Themen für Bücher und Online-Kurse findest, erhältst du in Kapitel 5. Schau außerdem gerne auf unserem Blog vorbei, für alle genannten Tools und Ressourcen im Überblick: https://new-work-life.com/portfolio/berater-fuer-selbstversorgung.

Führe bestimmte Kernaufgaben ortsunabhängig aus
Sieh dir die typischen Aufgaben eines Beraters für Selbstversorgung an und überlege dir, welche davon du ortsunabhängig ausüben kannst. Kannst du mit Kunden, Geschäftspartnern, Kollegen, etc. virtuell kommunizieren und sie beraten, indem du von Kommunikations- und Kollaborationsmedien wie Videotelefonie (z. B. Skype), Web-Konferenz (z. B. FreeConferenceCall), Desktop Sharing (z. B. Skype), Chat (z. B. Slack), E-Mail (z. B. Gmail) Gebrauch machst? Kannst du deinen Kunden über das Internet (z. B. mithilfe von E-Mails, Videos, etc.) Tipps und Infos zur Anlage eines Selbstversorgergartens, zum Erkennen von Wildpflanzen, zum Kochen mit Wildpflanzen, etc. zukommen lassen? Vermarkte deine Leistungen über eine eigene Website und über Social Media.

Entwickle eine (Mobile) App für Selbstversorger
Du könntest z. B. eine App entwickeln, die Menschen das Kochen mit Wildpflanzen beibringt und/oder Menschen hilft, essbare Wildpflanzen zu finden und zu erkennen. Oder du bringst eine App heraus, die Menschen bei der Anlage und Pflege eines Selbstversorgergartens unterstützt.

Biete Online-Seminare an
Mögliche Themen für Online-Seminare sind z. B.: „Lerne das Kochen mit Wildpflanzen - 10 einfache und leckere Rezepte zum Nachkochen" oder „Alles zur ökologischen Bienenhaltung."

Schreibe ein eBook
Finde ein Thema, das dich interessiert und für das Nachfrage besteht. Wie wäre es z. B. mit einem Koch- und Rezeptbuch für Selbstversorger, das verschiedene Rezepte mit Wildpflanzen und selbst anbaubarem Gemüse zum Inhalt hat, oder einem Buch zum Thema Heilungskräfte von Wildpflanzen, das über die vielseitigen Einsatzmöglichkeiten von wilden Pflanzen in der Medizin aufklärt („Heilungskräfte von Wildpflanzen – wie du mit Wildpflanzen deine Gesundheit stärkst"). Wie genau du Themen findest, kannst du im Kapitel 5 nachlesen.

Eigener Webshop
Verkaufe Produkte aus Wildpflanzen, von denen du zu hundert Prozent überzeugt bist und die du ohne Vorbehalte empfehlen kannst. Exemplarische Produkte könnten sein: Nahrungsmittel, Heilmittel, Hausmittel, etc.

Biete an deinem aktuellen Aufenthaltsort „Erlebnisse" an
Du könntest z. B. eine Wildpflanzenentdeckungstour anbieten, bei der du Teilnehmern zeigst, wo sie Wildpflanzen finden und wie sie sie erkennen können. Oder du bietest Kochkurse mit Wildpflanzen an, in denen du Teilnehmern das Kochen mit Wildpflanzen näherbringst.

STARTER TOOLKIT – DAS BRAUCHST DU, UM LOSZULEGEN

Notebook, Smartphone

SOFTWARE:
- Office: z. B. Microsoft Office oder Google Docs
- Kommunikation: z. B. Skype, WhatsApp, Slack, Gmail
- Website / Webshop: z. B. WordPress oder Shopify

BÜCHER UND TUTORIALS:
- Buch: „Der Selbstversorger: Mein Gartenjahr: Säen, pflanzen, ernten", von Wolf-Dieter Storl
- Buch: „Anders gärtnern: Permakultur-Elemente im Hausgarten", von Margit Rusch
- Buch: „Die „Unkräuter" in meinem Garten: 21 Pflanzenpersönlichkeiten erkennen & nutzen", von Wolf-Dieter Storl

Detaillierte Informationen zu Tools und Ressourcen, die dir helfen können, ein ortsunabhängiges Einkommen aufzubauen, findest du auf unserem Blog unter: https://new-work-life.com/portfolio/berater-fuer-selbstversorgung.

4.6 BLOGGER

Als Blogger bist du Herausgeber und Schreiberling eines Blogs. Ein Blog ist eine Website mit regelmäßig neu erscheinenden Artikeln, die zumeist in einem persönlichen und informellen Stil verfasst sind. Blogger werden auch als Webautoren gesehen und können neben dem eigenen Blog auch Blog-Artikel für Seiten von Dritten erstellen. Blogkategorien können z. B. sein: Food, Reise, Fashion, Musik, Fotografie, etc.

WAS SIND MÖGLICHE AUFGABEN?
- Ideen für neue Blog-Artikel generieren
- Inhalte von Blog-Artikeln recherchieren
- Inhalte planen und Redaktionspläne erstellen
- Keyword-Analyse für Blogbeiträge durchführen und passende Keywords herausfiltern für Google SEO
- Blog-Artikel schreiben
- Bildmaterial bzw. Illustrationen für Blog-Artikel recherchieren
- Blog-Artikel auf der Blog-Website einstellen und veröffentlichen
- Blog publik machen und z. B. über Social Media Plattformen, Werbung, E-Mail-Marketing, etc. promoten und vermarkten
- Netzwerken mit anderen Bloggern, Interviewpartnern, Presse etc.
- Blogleser zu Interaktion mit dem Blog motivieren und auf Kommentare der Leser antworten

WELCHE AUSBILDUNG BENÖTIGST DU?
Die Berufsbezeichnung Blogger ist nicht geschützt. Um Blogger zu werden, benötigst du keine spezielle Ausbildung. Hilfreich ist u. U. eine Weiterbildung zum Blogger. Angebote für Weiterbildungen findest du z. B. hier: https://schreibclan.de, https://www.happyvisions.de und https://www.blog-camp.de.

WELCHE FÄHIGKEITEN SOLLTEST DU MITBRINGEN?
- Strukturierte Denkweise und Organisation
- Freude an Recherche und am Schreiben von Texten
- Kommunikatives Wesen
- Selbstdisziplin und Durchhaltevermögen
- Guter Netzwerker

UNSER ROLEMODEL FÜR DEN BERUF DES BLOGGERS

Name: Walter Epp
Unternehmen: Schreibsuchti UG
Homepage: https://www.schreibsuchti.de
Kontakt: walterepp@schreibsuchti.de

Walter ist selbständiger Blogger mit eigenem Unternehmen, der *Schreibsuchti UG*. Zum Zeitpunkt des Interviews befindet er sich im deutschen Duisburg, wo er mit seiner Familie lebt. Auf dem Papier ist Walter eigentlich Diplomjurist. Er hat 2013 seinen Uni-Abschluss gemacht und dann zunächst als freier Journalist und später als freier Berater und Autor gearbeitet. 2012 hat er seinen Blog https://www.schreibsuchti.de ins Leben gerufen, von dem er mittlerweile gut leben kann. Auf die Frage, wie Freunde und Familie ihn als Person beschreiben, entgegnet Walter, dass er sich diesbezüglich nicht sicher sei. Er denke jedoch, dass er als zielstrebig und diszipliniert wahrgenommen werde.

INTERVIEW MIT WALTER EPP VON SCHREIBSUCHTI.DE

Wie verdienst du dein Geld als Remote Worker?
Meine Haupteinnahmequelle ist der Schreibclan.de. Das ist eine Mitgliederseite, die ich für (angehende) Blogger, die es ernst meinen, aufgebaut habe. Blogger lernen hier, wie sie besser schreiben, sich ein Publikum aufbauen und mit diesem Publikum Geld verdienen.

Wie bist du auf die Ideen für deine Produkte gekommen? Hast du eine bestimmte Methodik verfolgt?
Ich löse mit meinen Produkten die Probleme von Bloggern und Content Marketern. Da ich selbst einer bin, weiß ich, was sie brauchen und wollen. Deshalb ist die Produktentwicklung relativ einfach.

Wie lange hat es gedauert, bis du deine ersten 1.000 Euro an monatlichem Einkommen durch deine ortsunabhängige Arbeit generiert hast?
Man kann praktisch von Tag 1 locker remote 1.000 Euro pro Monat verdienen – durch Dienstleistung. Sei es Werbetexten, Coachings, Webdesign, Programmieren, etc.

Der schwierige Teil ist, von der Dienstleistung wegzukommen und ein lukratives Produkt zu entwickeln. Dann arbeitet man nicht nur ortsunabhängig, sondern auch noch zeitunabhängig.

Mein Rat ist, zu Beginn Zeit gegen Geld zu tauschen. Sprich: Dienstleistung. So kann man schnell ein Grundeinkommen verdienen. Einen Tag in der Woche sollte man sich frei nehmen und in die Entwicklung eines Produktes stecken. So verschiebt man das Gleichgewicht langsam aber sicher von Dienstleistung zu Produkt. Dadurch verdient man nicht nur mehr, sondern ist auch deutlich freier.

Heute lebe ich komplett von meinen Produkten und biete dementsprechend auch keine Dienstleistung mehr an. Doch bis hierhin war es ein weiter Weg. Meinen Blog habe ich 2012 gestartet. Seit Ende 2016 kann ich von meinen Produkten leben. Es hat somit gut 4 Jahre gedauert. Das liegt unter anderem daran, dass ich meinen Blog die ersten 2 Jahre nur aufgebaut und überhaupt nicht ans Monetarisieren gedacht habe. Erst 2015 kam mein erstes Produkt auf den Markt.

Wie hast du deine ersten Kunden gefunden, mit denen du remote zusammengearbeitet hast?
Relativ unspektakulär: Über Freunde und Bekannte.

Wie findest du neue Kunden?
Neue Kunden finde ich nicht – sie finden mich. Sie finden nämlich meinen Blog schreibsuchti.de und kommen über diesen auf meine Produkte und Kurse.

Was war deine Motivation, ortsunabhängig zu arbeiten?
Ich habe ein extrem großes Problem mit Zwang. Ich kann nur schwer Arbeit ausführen, die mir persönlich nicht gefällt. Der Gedanke „Hauptsache die Arbeit bezahlt die Brötchen" kam bei mir also nicht in Frage. Da ich merkte, dass die Juristerei genau das ist, habe ich mich von ihr entfernt. Freiheit ist für mich einer der wichtigsten Werte. Damit meine ich nicht unbedingt die Freiheit reisen zu können, denn eigentlich bin ich kein Reise-Freak. Vielmehr liebe ich die Freiheit, das tun zu können, was mich erfüllt. Einen Job zu haben, der mir Spaß macht UND Geld bringt. Die Freiheit, montags nicht arbeiten zu müssen. Die Freiheit, der Herr über sein eigenes Schicksal zu sein, ist unbezahlbar.

Wie hast du deine Remote-Karriere begonnen? Gab es irgendwelche Tools, die dir geholfen haben, ortsunabhängig zu arbeiten?

Es war sehr viel „Learning by Doing". Ich denke, dass viele heutzutage viel zu viel planen und viel zu viele Ratgeber konsumieren. Egal, wie viele Schreibratgeber du liest, am Ende musst du den Text trotzdem selbst schreiben. Deshalb habe ich 2012 den Blog schreibsuchti.de gestartet. Es ging zunächst ums kreative Schreiben, dann auch ums Bloggen. Es war eine Evolution. Zu glauben, dass man alle Puzzleteile sofort zusammen hat, ist eine Illusion. Die Puzzle-Teile kommen mit der Zeit, wenn die Teile zusammengesetzt sind, die man schon hat. Wie Steve Jobs sagte: Du kannst die Punkte nur im Nachhinein verbinden.

Welche drei Dinge würdest du vermeiden, wenn du die Zeit zurückspulen könntest?
Ich kann im Rückblick gar nicht sagen, was ich anders machen würde. Habe ich Fehler gemacht? – Klar, aber das gehört zum Prozess. Vermeiden würde ich nichts. Denn es hat mich zu dem gemacht, der ich heute bin.

Was waren deine größten Herausforderungen, um ein Remote-Einkommen zu generieren und wie hast du diese bewältigt?
Ich denke, was mich sehr belastet hat, waren die Berichte von anderen im Stile: „Wie ich in 3 Monaten 15.000 Euro Umsatz gemacht habe". Man vergleicht sich automatisch mit solchen Menschen und versucht es nachzumachen. Das stresst sehr und man trifft falsche Entscheidungen, weil Geld niemals die Richtung vorgeben sollte.

Irgendwann habe ich mich entschieden, meinen eigenen Weg zu gehen und vor allem mein eigenes Tempo zu leben. Das war ein großer Schritt, der mich ziemlich befreit hat. Mittlerweile lese ich diese ganzen Berichte einfach nicht mehr und sage mir immer: Langsam, aber sicher. Ich will keine Online-Marketing-Eintagsfliege sein. Ich will ein Erbe hinterlassen. Ich gehe meinen Weg.

Wie sieht ein normaler Arbeitstag in deinem Leben als Remote Worker aus? Hast du eine tägliche Routine?
Ich folge meiner CCC-Formel. Sie hat sich als beste Formel erwiesen, um einen produktiven Tag als Remote Worker zu haben.
1. C = Create. Man sollte immer zuerst etwas erschaffen. Schreiben, filmen, produzieren, kreieren. Niemals den Tag mit E-Mails oder Input beginnen, sondern mit Output.
2. C = Connect. Neue Leute kennenlernen. E-Mails an Influencer schicken, Kontakte knüpfen.
3. C = Consume. Erst zum Ende des Arbeitstages kommt das Konsumieren von Mails, YouTube etc.

Meine Routine sieht so aus, dass ich um 5 Uhr aufstehe. Dann schreibe ich (oder schneide Videos). Ab 8 Uhr stehen meine Kinder auf, die ich dann bis 9 Uhr in den Kindergarten bringe. Um 9 bin ich an meinem Arbeitsplatz und arbeite meist bis mittags. Am Nachmittag habe ich in der Regel bereits den Feierabend eingeläutet.

Was sind die Vor- und Nachteile ortsunabhängiger Arbeit aus deiner Sicht?
Wie der Name schon sagt: Man ist unabhängig. Man muss nicht pendeln, man muss nicht im Stau stehen, man braucht kein Monatsticket bei der Bahn. Man kann morgens arbeiten und tagsüber in der Sonne liegen. Man kann am Wochenende arbeiten und montags ins Kino gehen, um den Saal für sich alleine zu haben.
Nachteile schafft man sich meist selbst: Mangelnde Disziplin und ein fehlender Prozess führen dazu, dass man sehr unproduktiv werden kann.

WOMIT KANNST DU ORTSUNABHÄNGIG GELD VERDIENEN? – EINIGE IDEEN

Beschäftigungsformen: Du kannst entweder deinen eigenen Blog führen oder als Angestellter bei einer Firma arbeiten, für die du einen Unternehmensblog führst, und die es dir ermöglicht, ortsunabhängig zu arbeiten. In Kapitel 6 findest du verschiedene Jobportale, die sich auf ortsunabhängiges Arbeiten spezialisiert haben.

Die folgenden Zeilen geben dir ein paar Ideen an die Hand, wie du ortsunabhängig mit diesem Beruf Geld verdienst. Der Abschnitt ist bewusst kurzgehalten, da viele der Ideen bereits in Kapitel 3 angesprochen wurden. Solltest du an der ein oder anderen Stelle den Wunsch nach mehr Inhalt verspüren, blättere einfach nochmal zum Anfang zurück. Nähere Informationen, wie du Themen für Bücher und Online-Kurse findest, erhältst du in Kapitel 5. Schau außerdem gerne auf unserem Blog vorbei, für alle genannten Tools und Ressourcen im Überblick: https://new-work-life.com/portfolio/blogger.

Suche Sponsoren und schreibe gesponserte Blogbeiträge
Gesponserte Blogbeiträge zeichnen sich dadurch aus, dass sie Werbung deines Sponsors bzw. deiner Sponsoren enthalten. Du solltest darauf achten, dass die Produkte und Services deines Sponsors zum Profil deines Blogs

passen. Sponsoren können z. B. Hersteller von Produkten wie Kleidung, Elektronik, Restaurants, etc. sein. Du kannst entweder selbst nach Sponsoren suchen oder du beauftragst eine Sponsorship Agentur. Wenn du selbst nach einem geeigneten Sponsoren schaust, kannst du folgendermaßen vorgehen: 1. Schau nach, welche Produkte du für deinen Blog verwendest und sprich die Hersteller dieser Produkte bzgl. einer Sponsorentätigkeit an. 2. Forsche nach werbenden Unternehmen in deiner Nische. 3. Kauf dir Print-Magazine in deiner Nische und schau nach, welche Unternehmen in den Magazinen werben. Sprich diese Unternehmen bzgl. einer Sponsorentätigkeit an.

Schreibe für Andere
Biete anderen Blog- /Website-Betreibern an, für sie Blogbeiträge als Ghostwriter zu schreiben. Dies können einzelne Gastbeiträge sein, regelmäßige Posts oder auch das komplette Management eines Fremd-Blogs.

Binde Werbung in deinen Blog ein
Nutze z. B. Banner von Anbietern bestimmter Produkte oder Affiliate Werbung und verdiene damit Geld. Mögliche Werbesysteme sind z. B. Google Adsense für Displaywerbung (z. B. Banner) und AWIN (Zanox), Digistore24, etc. für Affiliate Werbung.

Richte einen Mitgliederbereich auf deinem Blog ein
Stell Mitgliedern (regelmäßig) exklusiven Content in deinem Fachgebiet zur Verfügung. Das können Tutorials, Erklär-Videos, Arbeitsmaterialien, Vorlagen, Checklisten, eBooks, Trendprognosen, Tricks, Tipps, etc. sein. Mitglieder zahlen im Gegenzug für die Nutzung der exklusiven Inhalte eine (regelmäßige) Gebühr an dich.

Schreibe ein eBook
Finde ein Thema, das dich interessiert und für das Nachfrage besteht. Du könntest beispielsweise eine Auswahl bestimmter Blogbeiträge von dir in einem eBook zusammenfassen und es verkaufen. Wie genau du Themen findest, kannst du im Kapitel 5 nachlesen.

Werde Online-Coach und biete virtuelle Coachingstunden an
Coache weniger erfahrene Blogger zu Themen wie z. B. Blogkonzept, Followerschaft und Reichweite aufbauen, Vermarktung und Werbung, Sponsoren, Affiliate, etc.

Leg ein Profil bei einer Crowdfunding-Plattform an
Lass dich von deinen Fans z. B. auf der Crowdfunding-Plattform Patreon.com finanziell unterstützen.

STARTER TOOLKIT – DAS BRAUCHST DU, UM LOSZULEGEN

Notebook, Smartphone

SOFTWARE:
- Office: z. B. Microsoft Office oder Google Docs
- Kommunikation: z. B. Skype, WhatsApp, Slack, Gmail
- Blog: z. B. WordPress
- Content planen und managen: z. B. Hootsuite oder Buffer
- Illustrationen und Grafiken erstellen: z. B. Canva.com
- Bildbearbeitung: z. B. Adobe Photoshop oder Gimp
- Newsletter Dienst: z. B. MailChimp

BÜCHER UND TUTORIALS:
- Buch: „Bloggen für Anfänger: Wie Sie einen erfolgreichen Blog erstellen, Reichweite bekommen und Online Geld verdienen", von Paul Kings
- Buch: „Bloggen leicht gemacht! Blogging für Anfänger Schritt-für-Schritt-Anleitung zum eigenen Blog Online Geld verdienen mit dem eigenen Blog So bloggst du richtig und effizient", von Jim Carter
- Tutorial: „Wie du einen erfolgreichen Blog aufbaust - Mehr Leser, mehr Fans, mehr Umsatz", von Walter Epp, auf: https://schreib-clan.de
- Tutorial: „2018 Blog Blueprint: How To Turn Blogging Into A Career. The A-Z Guide That Will Hold Your Hand To Making A Career Through Blogging And Building A Successful Online-Business", von Daniel Boehm, auf Udemy
- Tutorial: „Blog for a Living: Complete Blogging Training Level 1, 2 & 3. Make a full-time living or much more. In depth step-by-step blogging blueprint. Start on a very small budget", von Theo McArthur, auf Udemy

Detaillierte Informationen zu Tools und Ressourcen, die dir helfen können, ein ortsunabhängiges Einkommen aufzubauen, findest du auf unserem Blog unter: https://new-work-life.com/portfolio/blogger.

HIER FINDEST DU WEITERE INFORMATIONEN

Der Bloggerclub e.V.: https://www.bloggerclub.de

4.7 BUSINESS COACH

Als Business Coach unterstützt du Unternehmer und Angestellte (vorrangig Führungskräfte) dabei, sich beruflich (weiter) zu entwickeln, Ziele zu erreichen und Herausforderungen zu bewältigen. Durch aktives Zuhören und spezielle Fragetechniken führst du deine Klienten zu Reflektion und Selbsterkenntnis und hilfst ihnen, verborgene Potenziale und Motivatoren zu erkennen, die ihnen beruflich weiterhelfen. Anders als dies Berater oder Trainer tun, gibst du deinen Kunden keine vorgefertigten Lösungsvorschläge an die Hand oder lehrst sie bestimmtes Wissen. Vielmehr sorgst du dafür, dass Kunden selbst auf die Lösung eines Problems, einer Frage oder eines Sachverhaltes kommen.

WAS SIND MÖGLICHE AUFGABEN?
- IST-Situation eines Klienten erörtern, durch aktives Zuhören und gezielte Fragetechniken
- Selbstreflektion und Erkenntnisgewinn beim Klienten herbeiführen, z. B. in Bezug auf eigene Stärken und Fähigkeiten
- Hilfestellung geben, um berufliche Ziele zu definieren und/oder zu erreichen
- Hilfestellung geben, um berufliche Herausforderungen zu meistern und Veränderungen im eigenen Business bzw. Geschäftsfeld zuzulassen
- Motivation in Bezug auf anstehende Veränderungsprozesse geben
- Klienten bei Veränderungsprozessen begleiten und unterstützen

WELCHE AUSBILDUNG BENÖTIGST DU?
Die Berufsbezeichnung Business Coach ist gesetzlich nicht geschützt. Du benötigst folglich nicht zwingend eine bestimmte Ausbildung für den Job. Dennoch ist es ratsam, zuvor ein paar Jahre als Unternehmer oder als Führungskraft in einem Unternehmen gearbeitet zu haben, da der Job einen diesbezüglichen Erfahrungsschatz voraussetzt. Von Vorteil ist ebenfalls eine Ausbildung zum zertifizierten Coach.

WELCHE FÄHIGKEITEN SOLLTEST DU MITBRINGEN?
- Sehr gute Zuhörerqualitäten und Empathie
- Analysekompetenz
- Gutes Kommunikationsvermögen
- Kontaktfreude und Spaß am Umgang mit Menschen
- Fähigkeit, andere zu motivieren

UNSERE ROLEMODELS FÜR DEN BERUF DES BUSINESS COACHES

Name: Johanna Fritz
Unternehmen: Johanna Fritz - Kreative Rockstars
Homepage: https://byjohannafritz.de
Podcast: Kreative Rockstars
Kontakt: hallo@byjohannafritz.de | Instagram: byjohannafritz

Johanna ist selbständig. Eigentlich ist sie Illustratorin, hat sich aber mehr und mehr zu einem Business Coach für kreative Frauen entwickelt. Als solche bietet sie Coaching Sessions und einen Online-Kurs an. Im Jahr 2006 hat Johanna einen Abschluss als Kommunikationsdesignerin gemacht. In die Selbständigkeit als Illustratorin hat sie sich bereits während des Studiums im Jahr 2005 gewagt.

Freunde und Familie sagen über Johanna, sie sei immer gut gelaunt, denke positiv und sprudele nur so vor Ideen. Dabei wisse sie genau, was sie will und setze es um. Man könne auch sagen, sie sei ein kleiner Sturkopf.

Unsere Interview-Fragen beantwortet Johanna am äußersten Rande Stuttgarts, wo sie zuhause ist.

INTERVIEW MIT JOHANNA FRITZ VON JOHANNA FRITZ – KREATIVE ROCKSTARS

Wie verdienst du dein Geld als Remote Worker?
Ich verdiene mein Geld als Business Beraterin für kreative Frauen. Hier habe ich Onlinekurse, eBooks und ab Ende September 2018 eine

Membership-Seite. Hinzu kommen Einnahmequellen aus Coaching, Affiliate Marketing, meinem Podcast, Influencer-Kampagnen und Illustration. Letzteres mache ich mittlerweile jedoch kaum noch. Aus dem einfachen Grund, dass die Nachfrage nach meinem jetzigen Angebot so hoch ist, und weil ich nach dreizehn Jahren Illustrieren einfach mal etwas Neues brauchte.

Wie bist du auf die Ideen für deine Produkte gekommen? Hast du dabei eine bestimmte Methodik verfolgt?
Meine Online-Kurse, die bisher sehr auf Illustratoren zugeschnitten waren, ergaben sich einfach aus der Nachfrage heraus. Das berühmte „gut zuhören" kam hier wohl zum Einsatz. Mir wurden so viele Fragen über die Livestreams zu meinem Beruf gestellt, dass mir schnell klar wurde, dass hier scheinbar Bedarf für mehr Informationen besteht. Daher war es auch sehr einfach, diesen Kurs zu vermarkten und erste Käufer dafür zu gewinnen.

Mit der Membership-Seite ist es so, dass sie allgemein für starke Frauen ist, die ihr eigenes Business rocken wollen. Durch den Podcast habe ich gemerkt, wie sehr die Zielgruppe sich ausgeweitet hat und dass meine Inhalte längst nicht mehr nur für Illustratoren gelten.

Von daher: Es ist gar nicht so schwierig Produktideen zu generieren. Eigentlich muss ich nur gut hinhören, worüber meine Community sich unterhält, um zu wissen, wie ich ihnen helfen kann.

Wie lange hat es gedauert, bis du deine ersten 1.000 Euro an monatlichem Einkommen durch deine ortsunabhängige Arbeit generiert hast?
Das war damals meine erste Illustration, noch während des Studiums. Von daher könnte man sagen, ich hatte den ersten Auftrag ehe ich mich überhaupt offiziell angemeldet hatte. Zuerst habe ich mein Portfolio verschickt, dann kam der Auftrag und schwupps habe ich die Anmeldung fürs Finanzamt ausgefüllt. Ich glaube es ist ein toller Vorteil, wenn man sich bereits während des Studiums selbständig macht. So hat man nicht das berühmte schwarze Loch nach dem Abschluss, in das man fallen kann, wenn die Kunden nicht gleich Schlange stehen. Damals habe ich vom Wohnzimmertisch aus gearbeitet.

Wie hast du deine ersten Kunden gefunden, mit denen du remote zusammengearbeitet hast?
Ich habe damals einfach meine Illustrationen zu Verlagen geschickt und hatte dann das Glück, dass ich so einen Fuß in die Tür bekam.

Wie findest du neue Kunden?
Meine Kunden sind meist Teil meiner Community, die ich mir über die

Jahre via Instagram, Facebook und Livestreams (angefangen noch mit Periscope) aufgebaut habe. Hinzu kommt seit 2017 mein Podcast „Kreative Rockstars" und das dadurch immer größer werdende Netzwerk. Ohne Netzwerk geht alles halb so langsam und macht nur halb so viel Spaß.

Was war deine Motivation, ortsunabhängig zu arbeiten?
Für mich war zuallererst wichtig, selbständig zu sein, weil ich keinen Chef im klassischen Sinne haben wollte. Dass ich durch meine damalige Berufswahl als Illustratorin und heute als Business Beraterin ortsunabhängig arbeiten kann, ist natürlich wunderbar.
Ich wusste schon während des Studiums, dass ich mal Kinder haben möchte. Durch das remote arbeiten, kann ich diese beiden Teile meines Lebens wunderbar miteinander kombinieren. Heute ist es so, dass ich es toll finde, zu wissen, dass ich auch aus dem Urlaub heraus mal eine Stunde coachen kann, wenn es nicht anders passt, oder dass der Onlinekurs auch läuft, obwohl ich nicht selbst gerade darin involviert bin.

Was waren deine größten Herausforderungen, um ein Remote-Einkommen zu generieren und wie hast du diese bewältigt?
Zu Beginn war es bestimmt der ganze Prozess, einen Online-Kurs zu erstellen. Das Launchen mit allem, was dazugehört. Ich habe mir damals einen Coach aus den USA geholt, weil ich wusste, dass es auf diese Weise viel schneller und besser funktionieren würde. Ich hätte mir natürlich auch alles allein zusammensuchen können. Aber auf diese Weise hatte ich jemanden mit einer Anleitung an meiner Seite und wusste, dass ich ihr alle zwei Wochen bei unseren Calls etwas liefern wollte. Für mich war das eine perfekte Lösung und das Geld hat sich mit dem Launch des dadurch entstandenen Kurses mehrfach wieder eingespielt. Worüber sie sich mindestens genauso gefreut hat wie ich.

Wie sieht ein normaler Arbeitstag in deinem Leben als Remote Worker aus? Hast du eine tägliche Routine?
Ich habe tatsächlich zum Teil ganz klassische Arbeitszeiten von 9 Uhr bis 15.30 Uhr, weil da meine Kinder in Kindergarten und Schule sind. Manchmal arbeite ich noch abends ein wenig, mittlerweile aber seltener. Je nachdem wie das Wetter ist, arbeite ich an unterschiedlichen Orten. Wenn die Sonne lacht, arbeite ich sehr gerne einfach auf der Terrasse. Wenn es zu heiß wird, verkrieche ich mich in mein externes Büro, dass ich neben vielen anderen Kreativen in einem Gebäude habe. Wenn mir da die Decke auf den Kopf fällt, schnappe ich mir auch gerne den Laptop, hole mir einen Iced Latte und ziehe mich in den Schatten der Weinberge zurück.

Name: Michelle Ohana
Unternehmen: Michelle Ohana
Homepage: http://www.michelleohana.com
Kontakt: http://www.michelleohana.com/contact

Michelle ist seit 2017 selbständiger Intuitive Success Coach. In dieser Rolle hilft sie Frauen dabei, ihr volles Potenzial auszuschöpfen. Bevor Michelle ihre eigene Berufung fand, hat sie einen Abschluss in Bildender Kunst gemacht, als Barkeeper gearbeitet und bis 2009 die Welt bereist. Dann wurde sie Animatorin und hat für Pixar und andere Studios gearbeitet.

Freunde und Familie sagen, dass sie ein empathischer, kreativer, freier Geist sei, der sich um alle Lebewesen kümmere und nach der tieferen Wahrheit dürste. Ihr Mann bezeichnet sie als unbeschwert und verrückt (im positiven Sinne). Sie sagt von sich selbst, dass sie einen ultra-sensiblen Geist habe.

Unsere Fragen beantwortet Michelle in einem Van, während eines Roadtrips durch Kalifornien, USA.

INTERVIEW MIT MICHELLE OHANA IN IHRER ROLLE ALS BUSINESS COACH

Wie verdienst du dein Geld als Remote Worker?

Ich bin Intuitive Success Coach und helfe Unternehmerinnen dabei, alles zu überwinden, was sie davon abhält, ein erfolgreiches Geschäft und ein erfolgreiches Leben zu führen. Ich sehe in der Regel, was sie von ihrem Erfolg abhält und gemeinsam gehen wir auf ihre Probleme ein und versuchen, sie zu lösen. Ich arbeite mit Frauen auf 1:1 Basis und wir kommunizieren via Zoom oder Skype, daher habe ich Kunden auf der ganzen Welt. Mein Haupteinkommen beziehe ich aus meiner 1:1 Coaching-Arbeit.

Wie lange hat es gedauert, bis du deine ersten 1.000 Euro an monatlichem Einkommen durch deine ortsunabhängige Arbeit generiert hast?

Im ersten Monat meiner Selbständigkeit habe ich gleich 4.500 Euro verdient, was für einen ersten Monat wirklich erstaunlich war. Ich habe etwa fünf Monate gebraucht, um mein Geschäft aufzubauen. Dann hatte ich meine Pakete gut durchdacht und alles online eingerichtet. Nun, nicht alles, aber genug, um loszulegen. Es hat so lange gedauert, weil ich anfänglich nicht einmal wusste, welche Art Coach ich sein wollte.

Wie hast du deine ersten Kunden gefunden, mit denen du remote zusammengearbeitet hast?
Über meine Facebook-Gruppe. In meiner Facebook-Gruppe hatte ich zu einer Challenge aufgerufen, die ein großer Erfolg war. Es ging darum, eine Brand Story zu schreiben. Durch diese Aktion habe ich gleich im ersten Monat erste Kunden gewonnen. Es war eine riesige Überraschung und eine sehr schöne noch dazu!

Wie findest du neue Kunden?
Bis dato vermarkte ich mich nur auf Facebook und Instagram. Der Großteil meiner Kunden kommt über Facebook und über Empfehlungen. Ich habe eine Facebook-Community, die ich liebe, und ich poste Inhalte auf meiner Facebook-Business-Seite.

Auf Instagram poste ich Dinge, über die ich zum jeweiligen Zeitpunkt nachdenke. Das zieht auch die richtigen Leute an. Ich habe zudem eine kleine E-Mail-Liste, ich schicke allerdings eher selten E-Mails. Ich glaube fest daran, dass es egal ist, wie viele Menschen man auf seiner Liste hat. Wenn man weiß, was einen von anderen unterscheidet und wovon man spricht, kommen die richtigen Kunden von alleine, ohne, dass man sich eine große Followerschaft aufbauen muss. Außerdem liebe ich, was ich tue, und ich weiß, wie mächtig das ist. Das Vertrauen in das, was man tut, ist der Schlüssel zum Marketing und Verkauf.

Was war deine Motivation, ortsunabhängig zu arbeiten?
Ich passe nicht wirklich in die normale Arbeitswelt, dafür bin ich einfach nicht gemacht. Ich habe es gehasst, von neun bis fünf zu arbeiten. Ich wollte mir ein Leben schaffen, in dem ich z. B. Mittwochnachmittage mit meinem Mann verbringen kann und dann stattdessen bis 2 Uhr nachts arbeite, wenn ich mich inspiriert fühle.

Ich liebe es, zu reisen und ich möchte in der Lage sein, wann immer ich möchte, lange Urlaub zu machen. Außerdem langweile ich mich schnell, wenn ich über einen zu langen Zeitraum das Gleiche mache. Was ich an meiner Selbständigkeit toll finde, ist die Tatsache, dass sich mein Geschäft mit mir zusammen entwickelt, dass ich so kreativ sein kann, wie ich es will und dass ich die Dinge so ändern kann, wie ich es für richtig halte.

Wie hast du deine Remote-Karriere begonnen? Gab es irgendwelche Tools, die dir dabei geholfen haben, ortsunabhängig zu arbeiten?

Am Anfang stand der innige Wunsch, das Leben anderer Menschen hin zum Besseren zu verändern. Daraufhin habe ich in ein 6-monatiges Business-Coaching-Programm investiert. Im Anschluss an das Programm habe ich mit zwei Mentoren auf 1:1 Basis zusammengearbeitet, mir eine Mastermind Gruppe gesucht und haufenweise Bücher gelesen und Kurse gemacht, um zu lernen, wie ich ein erfolgreiches Online-Geschäft führen kann. Es gibt so viele Bücher, die ich gut finde, dass es mir schwerfällt, eine Auswahl zu treffen und diese zu empfehlen. Meines Erachtens ist es am wichtigsten, an seinem Mindset zu arbeiten. Von daher kann ich nur jedem raten, Bücher zu lesen, die dabei helfen, das eigene Mindset und Leben zu verbessern. Meine persönlichen Favoriten dafür sind „The Big Leap" von Gay Hendricks, „Denke nach und werde reich" von Napoleon Hill und „Du bist der Hammer!" von Jen Sincero. Neben den Büchern würde ich definitiv jedem empfehlen, sich einen Mentor zu suchen. Es spart viel Zeit, Stress und Geld, wenn jemand einem zeigt, wie man erfolgreich seinen Weg geht. Es ist nicht einfach, ein Geschäft zu gründen, ansonsten würde es jeder tun. Ich sehe viele Leute, die versuchen, alles alleine zu machen und einfach kopieren, was andere tun. Das kann funktionieren, aber meistens sind das genau die Leute, die am Ende vor Überforderung scheitern und ausbrennen. Es ist sehr wichtig, sich mit gleichgesinnten Unternehmern zu verbinden, die einen auf dem Weg zum Unternehmertum unterstützen. Ich weiß nicht, ob ich es ohne sie hätte schaffen können. Für jeden, der Kontakte in dieser Richtung sucht, gibt es eine Menge Facebook-Gruppen und Masterminds für die unterschiedlichsten Gebiete.

Welche drei Dinge würdest du vermeiden, wenn du die Zeit zurückspulen könntest?

Wenn ich noch einmal von vorne beginnen würde, würde ich nicht so viel Geld für die Website und all die externen Dinge ausgeben. Du brauchst keine Website, du brauchst keine riesige E-Mail Liste, du kannst anfangen, indem du einfach ein paar Videos auf YouTube oder Facebook postest. Ich sehe eine Menge Leute, die sich hinter all den technischen Dingen verstecken, die sie tun müssen, bevor sie denken starten zu können. Aber die meiste Zeit ist das nur die Angst davor, anzufangen. Außerdem wird dein Geschäft sich im ersten Jahr vermutlich so oft und so sehr ändern, dass es keinen Sinn ergibt, viel Geld für eine Website auszugeben, weil du sie immer und immer wieder anpassen musst.

Was waren deine größten Herausforderungen, um ein Remote-Einkommen zu generieren und wie hast du diese bewältigt?

Meine größte Herausforderung war Überforderung. Ich habe die ganze Zeit immer nur vor dem Computer gesessen und mir keine Pause gegönnt. Das kommt ziemlich häufig vor, wenn man am Anfang einer Selbständigkeit steht. Deshalb helfe ich heute vielen Menschen, dieses Problem zu vermeiden. Der Umstand, dass alle immer davon redeten, dass man sich über diese Zeit freuen müsse und stolz darauf sein könne, machte es nicht besser. In dieser Zeit verbrannte ich mich selbst und es begann, alles darunter zu leiden: Meine Gesundheit, mein Verstand und mein Business.

Nachdem ich mein Geschäft für einige Monate lang stabil am Laufen gehalten hatte, habe ich mir schließlich eine Pause gegönnt und meine Akkus aufgeladen. Ich hatte zu dieser Zeit keine Energie mehr, mich zu vermarkten und war völlig uninspiriert. Das merkten auch meine Kunden. Ich habe daraufhin alles verändert. Ich habe weniger gearbeitet und mir Zeit für Inspiration gelassen. Ich habe mir Freiraum für Dinge gegönnt, an denen ich Freude hatte. Und dann, irgendwann, begann meine Kreativität wieder zu sprudeln. Im weiteren Verlauf erhöhte ich meine Preise und nahm weniger Kunden an als zuvor. Ich stellte fest, dass Kunden, die meine neuen Preise akzeptierten, engagierter und loyaler waren als die bisherigen. Sie profitierten davon, dass ich mehr Zeit für sie hatte und für sie mein Bestes geben konnte. In dieser Zeit habe ich auch begonnen, stärker auf die Kraft meiner Intuition zu setzen. Das hat mir eine Menge Zeit gespart und meinen Kunden bessere Ergebnisse geliefert. Heute bringe ich meinen Kunden bei, dasselbe zu tun. Ich bin der Meinung, dass Menschen wissen müssen, dass sie kein Sklave ihres eigenen Unternehmens sein müssen, um erfolgreich zu sein, und sie sich nicht bis zum Burnout stressen müssen.

Was sind die Vor- und Nachteile ortsunabhängiger Arbeit aus deiner Sicht?

Der wohl größte Vorteil ist die Freiheit. Die Freiheit, deinen eigenen Zeitplan zu erstellen. Die Freiheit, alles machen zu können, was du willst. Die Freiheit, so viel Geld zu verdienen, wie du möchtest.

Nachteile sind, dass deine Einnahmen und deine Geschäftsentwicklung schwanken können. Außerdem stellt ein eigenes Unternehmen viele deiner bisherigen Überzeugungen in Frage. Dafür musst du bereit sein. Diese Überzeugungen beschränken dich in deinem Handeln und du musst viel innere Arbeit leisten, um erfolgreich sein. Meines Erachtens ist das zwar kein Nachteil, aber viele Menschen sind am Anfang darauf nicht vorbereitet.

Last but not least: Hast du noch weitere hilfreiche Tipps für unsere Leser?
Ja! Du kannst absolut alles tun oder haben, was dein Herz begehrt. Verschwende also keine Zeit mehr mit dem, was du nicht gerne machst. Zieh los und verfolge deine Träume, denn schlimmer als Versagen ist, nicht zu wissen, ob du Erfolg hättest haben können.

WOMIT KANNST DU ORTSUNABHÄNGIG GELD VERDIENEN? – EINIGE IDEEN

Beschäftigungsformen: Du kannst entweder als Freelancer für verschiedene Auftraggeber arbeiten, Angestellter einer Firma sein, die es dir ermöglicht ortsunabhängig zu arbeiten, oder du wirst unternehmerisch tätig. In Kapitel 6 findest du verschiedene Jobportale, die sich auf ortsunabhängiges Arbeiten spezialisiert haben.

Die folgenden Zeilen geben dir ein paar Ideen an die Hand, wie du ortsunabhängig mit diesem Beruf Geld verdienst. Der Abschnitt ist bewusst kurzgehalten, da viele der Ideen bereits in Kapitel 3 angesprochen wurden. Solltest du an der ein oder anderen Stelle den Wunsch nach mehr Inhalt verspüren, blättere einfach nochmal zum Anfang zurück. Nähere Informationen, wie du Themen für Bücher und Online-Kurse findest, erhältst du in Kapitel 5. Schau außerdem gerne auf unserem Blog vorbei, für alle genannten Tools und Ressourcen im Überblick: https://new-work-life.com/portfolio/business-coach.

Führe bestimmte Kernaufgaben ortsunabhängig aus
Sieh dir die typischen Aufgaben eines Business Coaches an und überlege dir, welche davon du ortsunabhängig ausüben kannst. Kannst du mit deinen Klienten virtuell kommunizieren und sie beraten, indem du von Kommunikations- und Kollaborationsmedien wie Videotelefonie (z. B. Skype), Web-Konferenz (z. B. FreeConferenceCall), Desktop Sharing (z. B. Skype), Chat (z. B. Slack), E-Mail (z. B. Gmail) Gebrauch machst? Kannst du ortsunabhängig Coachingmaterialien entwickeln und diese deinen Klienten digital (z. B. per E-Mail) zur Verfügung stellen? Falls du dich derzeit in einem Vor-Ort-Anstellungsverhältnis befindest, erklär deinem Vorgesetzten, welche deiner Aufgaben du ortsunabhängig erledigen kannst. Vielleicht kannst du dich auf diese Aufgaben in deiner Tätigkeit spezialisieren und deinen Job dadurch vollständig ortsunabhängig

ausüben? Vermarkte deine Leistungen über eine eigene Website und über Online Markplätze wie z. B. Coachimo.de und Coachfox.com sowie über LinkedIn und Xing.

Veranstalte virtuelle Gruppen-Coachingsessions
In Gruppen-Coachingsessions coachst du mehrere Teilnehmer gleichzeitig in der Gruppe. Die Coachingteilnehmer können miteinander interagieren, sich gegenseitig zuhören, Fragen stellen und Hilfestellung leisten. Gruppencoaching hat gegenüber Einzelcoaching den Vorteil, dass durch unterschiedliche Sichtweisen und Erfahrungen der Gruppenteilnehmer Synergieeffekte, im Hinblick auf die Entwicklung von Problemlösungen erzielt werden können. Zudem sind Gruppencoachings für dich als Coach lukrativer, da du bei gleichem Zeitaufwand mehr Geld verdienst (indem du pro Teilnehmer abrechnest). Um Gruppencoaching virtuell durchführen zu können, nutze internetbasierte Medien, wie z. B. Videotelefonie (Skype) und Web Conferencing (FreeConferenceCall). Vermarkte deine Coachingsessions über eine eigene Website.

Biete an deinem aktuellen Aufenthaltsort Business Coaching-Sessions an
Deine Zielgruppe können z. B. Digital Nomads, Solopreneure, Startups, etc. sein, die sich an deinem aktuellen Aufenthaltsort (auf Reisen oder Zuhause) befinden. Vermarkte dein Angebot über die Plattform Meetup.com und/oder entsprechende Facebook-Gruppen für deinen Ort. Poste dein Angebot als Veranstaltung, für die sich Interessenten eintragen können, unter Benennung von Thema, Ort, Zeit und Teilnahmegebühr. Je nach Wetter, Laune und örtlichen Gegebenheiten, kannst du deine Sessions z. B. draußen in der Natur (z. B. in einem Park) oder in einer angemieteten Location abhalten. Lokalitäten wie Cafés und Restaurants besitzen oftmals einen separaten Raum, den man für wenig Geld oder sogar umsonst gegen Verzehr von Getränken und Speisen anmieten kann.

Organisiere Retreats
Business Retreats haben gegenüber (Gruppen-)Coachings den Vorteil, dass sie aufgrund der mehrtätigen räumlichen Nähe wesentlich intensiver sind. Sie eignen sich hervorragend, um Entwicklungspotenziale für das eigene Unternehmen zu erkennen, um den Teamzusammenhalt unter Führungskräften zu stärken und um neue Talente und Stärken von Personen zu entdecken. Mögliche Themen für ein Business Retreat könnten z. B. sein: Visions- und Strategieentwicklung, Entdeckung neuer Aufgaben, Produkte und Märkte für ein Unternehmen, Gestaltung von Veränderungsprozessen, Unternehmenskultur, Werte, Führung, etc.

Entwickle Arbeitsvorlagen bzw. Templates für Business Coaches
Du könntest z. B. Templates zu folgenden Themen entwickeln und verkaufen: Planung von Geschäftszielen, Vorlagen für Übungen, z. B. zu Themen wie Priorisierung, Effizienz im Business-Alltag, (Mitarbeiter-)Führung, Ziel- und Geschäftsplanung, Visionsfindung, etc. Für mehr Inspiration zum Thema schau auf der Website *The Coaching Tools Company* vorbei (https://www.thecoachingtoolscompany.com). Hier findest du eine Reihe unterschiedlicher Coaching Tools und Übungen, die du als Inspiration für deine eigenen Templates und Vorlagen verwenden kannst.

STARTER TOOLKIT – DAS BRAUCHST DU, UM LOSZULEGEN

Notebook, Smartphone

SOFTWARE:
- Office: z. B. Microsoft Office oder Google Docs
- Kommunikation: z. B. Skype, WhatsApp, Slack, Gmail
- Website / Webshop: z. B. WordPress oder Shopify

BÜCHER UND TUTORIALS:
- Buch: „Business Coaching: Wie man Menschen wirksam unterstützt und sich als Coach erfolgreich am Markt etabliert", von Silvia Richter-Kaupp, Gerold Braun und Volker Kalmbacher
- Buch: „Die 500 besten Coaching-Fragen: Das große Workbook für Einsteiger und Profis zur Entwicklung der eigenen Coaching-Fähigkeiten", von Martin Wehrle
- Buch: „Die 100 besten Coaching-Übungen: Das große Workbook für Einsteiger und Profis zur Entwicklung der eigenen Coaching-Fähigkeiten", von Martin Wehrle
- Buch: „Who The F*ck Am I To Be A Coach?!: A Warrior's Guide to Building a Wildly Successful Coaching Business From the Inside Out", von Megan Jo Wilson
- Buch: „Taking the Leap: How to Build a World-Class Coaching Business", von Kasia Wezowski
- Tutorial: „Business Coach Certificate", von Fearless Entrepreneur Academy, auf Udemy
- Tutorial: „Marketing: How to Market Yourself as a Coach or Consultant - Learn How To Package, Brand, Market, & Sell Your Services to Create an Enjoyable, Profitable, Successful Business", von Debbie LaChusa, auf Udemy

Detaillierte Informationen zu Tools und Ressourcen, die dir helfen können, ein ortsunabhängiges Einkommen aufzubauen, findest du auf unserem Blog unter: https://new-work-life.com/portfolio/business-coach.

HIER FINDEST DU WEITERE INFORMATIONEN

Deutscher Bundesverband Coaching e.V.: http://www.dbvc.de/home.html
Deutscher Verband für Coaching und Training (dvct) e.V.: https://www.dvct.de
BDVT e.V. - Der Berufsverband für Training, Beratung und Coaching: https://www.bdvt.de

4.8 CUSTOMER SERVICE AGENT

Als Customer Service Agent berätst du Interessenten und Kunden zu bestimmten Produkten oder Dienstleistungen. Du unterstützt Kunden während des Kaufes von Produkten und Dienstleistungen, hilfst ihnen bei der Einrichtung und Bedienung, erfüllst Kundenwünsche und nimmst Reklamationen entgegen.

WAS SIND MÖGLICHE AUFGABEN?

- Kundenanfragen entgegennehmen, typischerweise über Telefon, Chat oder E-Mail
- Beschwerden von Kunden entgegennehmen und Maßnahmen zur Linderung einleiten
- Bestellungen aufnehmen und bearbeiten
- Interessenten mit Informationen zu Produkten und Services versorgen
- Reklamationen aufnehmen und bearbeiten
- Umtausch und Rückgaben von Produkten und Services einleiten und verwalten
- Anfragen und Aufträge an Fachabteilungen weiterleiten
- Dokumentation aller Vorgänge in einem CRM-System

WELCHE AUSBILDUNG BENÖTIGST DU?

Die Berufsbezeichnung Customer Service Agent ist nicht geschützt. Um Customer Service Agent zu werden, benötigst du keine spezielle Ausbildung. Von Vorteil sind eine kaufmännische Ausbildung und grundlegende IT Kenntnisse.

WELCHE FÄHIGKEITEN SOLLTEST DU MITBRINGEN?

- Gutes Kommunikationsvermögen
- Problemlösungskompetenz
- Gute Zuhörereigenschaften
- Höfliches, zuvorkommendes Verhalten und Freude am Umgang mit Menschen
- Geduld und Belastbarkeit

UNSER ROLEMODEL FÜR DEN BERUF DES CUSTOMER SERVICE AGENTS

Name: Jack Jenkins
Unternehmen: Intercom
Homepage: https://www.intercom.com
Kontakt: LinkedIn: jackgjenkins

Jack kommt aus Neuseeland und arbeitet als technischer Kundenbetreuer remote für die Firma Intercom. Intercom bietet seinen Kunden eine Plattform für die digitale Kundenkommunikation. Jack arbeitet dort als Freelancer, hat aber einen festen Vertrag. Im Grunde wird er, hinsichtlich seiner Arbeit wie ein Festangestellter betrachtet, bekommt aber kein Gehalt, sondern arbeitet auf Rechnung. Bevor Jack mit diesem Job begann, war er selbständig im Bereich Web Development. Jack hat bereits mit 16 Jahren die Highschool erfolgreich abgeschlossen und seitdem keine formelle Ausbildung mehr genossen. Er ist Autodidakt und eignet sich Wissen selbst an, indem er Online-Ressourcen wie CodeSchool und YouTube Tutorials nutzt.

Während seiner Zeit in der Highschool hat er im Gastgewerbe gearbeitet und seitdem war er in der Eventproduktion, als Schwimmlehrer und Camp Counselor tätig, bevor er mit Web Development begann und schließlich in der technischen Kundenbetreuung ankam.

Jacks Freunde und Familie beschreiben ihn – so glaubt er zumindest – als einen irren Reisenden. Sie alle haben traditionelle Bürojobs. Er wäre auch nicht überrascht, wenn sie ihn als Hippie bezeichnen würden, denn außerhalb der Arbeit ist er gerne im Garten beziehungsweise draußen in der Natur. Jack liebt Tiere, weshalb er sie auch nicht isst. Zudem macht er in seiner Freizeit nicht viel „Tech-Zeug".

Er glaubt, dass die meisten ihn in erster Linie als Vater bezeichnen würden, da seine zwei kleinen Kinder sein Ein und Alles sind. Während Jack die Fragen unseres Interviews beantwortet, ist er mit seiner Frau und seinen Kindern in Las Vegas, USA, und bereitet sich auf einen Ausflug zum Grand Canyon vor, den sie an diesem Wochenende unternehmen wollen. Normalerweise lebt er außerhalb von Dunedin in Neuseeland.

INTERVIEW MIT JACK JENKINS VON INTERCOM

Wie verdienst du dein Geld als Remote Worker?
Ich arbeite Vollzeit für die Firma Intercom und ernähre damit meine Familie und mich. In Zukunft möchte ich auch gerne passive Einkünfte aus anderen Quellen beziehen und weniger unter der Woche arbeiten müssen.

Wie hast du deinen Remote-Job gefunden?
Meine Remote-Jobs habe ich alle auf weworkremotely.com gefunden. Bei meinem ersten Job hat es mehr als einen Monat gedauert, bis ich eine Antwort erhalten hatte. Bei meinem letzten Job (meinem aktuellen) hat es wiederum nur zwei Wochen gedauert zwischen Bewerbung und Jobangebot. Grundsätzlich würde ich sagen, dass die Abläufe und Zeiten bei einer Bewerbung für einen Remote-Job ähnlich sind wie für einen klassischen Bürojob.

Was war deine Motivation, ortsunabhängig zu arbeiten?
Anfangs musste ich remote arbeiten, weil wir ein Haus am anderen Ende des Landes gekauft hatten und es in einer Stadt nicht so viele Jobmöglichkeiten für jemanden mit meinen Fähigkeiten gab. Allerdings bereue ich es überhaupt nicht, diesen Schritt gegangen zu sein und möchte es auch gar nicht mehr anders haben, da ich so viel mehr Zeit mit meiner Familie verbringen kann. Außerdem liebe ich es zu reisen und mein Job gibt mir die Freiheit zu reisen, wann immer ich möchte und wohin ich möchte.

Wie hast du deine Remote-Karriere begonnen? Gab es irgendwelche Tools, die dir dabei geholfen haben, ortsunabhängig zu arbeiten?
Das hat sich für mich von selbst ergeben. Ich bin da quasi hineingewachsen. Mein Vorteil ist, dass ich nie Probleme hatte, mich selbst zu motivieren und alleine zu arbeiten. Aber die beste Ressource, die ich abonniert habe, ist der Trello Blog. Trello verfolgt als Firma einen remote-first-Ansatz

und teilt auf seinem Blog sehr viele Tipps und Ratschläge zu den Themen Remote-Produktivität und -Zusammenarbeit.

Welche drei Dinge würdest du vermeiden, wenn du die Zeit zurückspulen könntest?

Der größte Stolperstein für mich war in meinem ersten Remote-Job, als ich den ganzen Tag Code geschrieben und mit niemandem gesprochen habe (das war bevor wir Kinder hatten und meine Frau noch Vollzeit gearbeitet hat). Ich habe damals einen Lagerkoller bekommen. Aber seitdem ich im Support arbeite, wo ich viel mit anderen Menschen interagiere und Teil eines Teams bin, ist das kein Problem mehr. Ich unterhalte mich ja quasi den ganzen Tag mit anderen Menschen.

Was waren deine größten Herausforderungen, um ein Remote-Einkommen zu generieren und wie hast du diese bewältigt?

Wie bereits erwähnt, war es eine Herausforderung, den Lagerkoller, den ich beim Code-schreiben hatte, zu bewältigen. Der Job hat einfach nicht mein Bedürfnis nach Kommunikation und Interaktion befriedigt. Allerdings war das zu einer Zeit, als ich alleine zu Hause war. Um das Problem zu beheben, habe ich meinen Job gewechselt.

Wenn ich jetzt nochmal in der gleichen Situation wäre, wäre es nicht so schlimm, da ich viel Spaß und Interaktion mit meiner Familie habe.

Meiner Meinung nach musst du bei der Jobwahl darauf achten, welcher Job zu deinem Leben und Lebensstil passt. Du solltest keinen Job annehmen, nur weil er Geld einbringt. Ein Remote-Job ist wahrscheinlich viel intensiver in dein Leben eingebunden als jeder andere Job. Von daher wird er einen großen positiven Einfluss auf dein Leben haben, wenn du den für dich richtigen Job wählst. Der falsche Job kann meines Erachtens definitiv schädlich sein. Es gibt auch nicht den einen perfekten Job, egal ob remote oder klassisch - jeder nimmt seinen Job anders wahr und das ist total in Ordnung.

Eine weitere Herausforderung kann das „Remote-FOMO (d.h. Fear Of Missing Out)" von nicht remote arbeitenden Teamkollegen sein. Dem kannst du am besten begegnen, wenn du deine Reisegeschichten nicht ganz so publik machst ...

Wie sieht ein normaler Arbeitstag in deinem Leben als Remote Worker aus? Hast du eine tägliche Routine?

Egal, wo ich auf der Welt bin, ich habe immer die gleichen Arbeitszeiten wie in Neuseeland. Das heißt, dass ich von Nachmittag bis Mitternacht arbeite, wenn ich in den USA bin, oder gegen Mitternacht anfange zu arbeiten, wenn ich in Frankreich bin (wo ich dieses und letztes Jahr einige Monate verbracht habe).

Zu Hause arbeite ich am Esstisch, im Wohnzimmer oder draußen, habe aber auch einen eigenen Schreibtisch in einem Ersatzraum zu Hause, den ich für Besprechungen nutze. Wenn ich auf Reisen bin, arbeite ich von fast überall: Airbnb, Hotellobby, im Auto, in einem Zelt, in einer Hütte. Solange ich WLAN oder eine anständige mobile Internetverbindung habe, brauche ich nur meinen Laptop und bin startklar. Ich bin kein Fan davon, an belebten Orten wie Cafés oder Coworking Spaces zu arbeiten, aber ich könnte es tun, wenn ich es wollte.

Was sind die Vor- und Nachteile ortsunabhängiger Arbeit aus deiner Sicht?

Es gibt zu viele Vorteile, um sie hier alle aufzulisten! Du kannst zum Beispiel selbst darüber entscheiden, wie du arbeiten möchtest und deine Arbeitsweise genau auf deine Bedürfnisse abstimmen. Es gibt keine Streitereien darüber, wie die Heizung oder Klimaanlage eingestellt werden soll, es wird keine Musik gespielt, die man nicht leiden kann, niemand steckt einen mit Erkältungen oder anderen Krankheiten an und es gibt keine „Büro-Politik".

Du kannst arbeiten, von wo du willst, immer deinen Lieblingstee oder -kaffee trinken, deine eigene Musik hören und die Kleidung tragen, die du magst (keine Anzüge!). Ein weiterer, großer Vorteil ist, dass du nicht pendeln musst. Das erspart dir viel Zeit, die du sonst auf der Straße verbringst. Stattdessen kannst du mit deiner Familie zu Mittag essen und so weiter. Ich könnte endlos weitermachen.

Der erste Nachteil, der mir in den Sinn kommt, ist, dass du häufig als Freelancer remote beschäftigt wirst und damit Auftragnehmer und kein Angestellter bist. Damit einher geht, dass du nicht die gleiche Sicherheit hast, die du als klassischer Angestellter hast (längere Kündigungsfristen, Krankenversicherung, Altersvorsorge, etc.). Wenn du in deinem Job jedoch gut bist und du deinem Auftraggeber vertraust, ist es wiederum, meiner Meinung nach, kein Problem.

Etwas, was schwierig sein kann, ist, wenn du als einer von wenigen in deiner Firma remote arbeitest, weil alle anderen im Büro arbeiten. Da, wo ich jetzt arbeite, arbeiten circa ein Prozent der Mitarbeiter remote und der Rest in Büros. Das führt dazu, dass die remote arbeitenden Kollegen nicht immer so gut mit einbezogen werden und es kann zu einem gewissen Neid oder FOMO (Fear Of Missing Out) der Bürokollegen kommen, da sie an ihre Standorte gebunden sind. Wenn du dich aber bemühst, den Kontakt zu den Teams in den Büros zu halten, ist das keine große Sache.

Last but not least: Hast du noch weitere hilfreiche Tipps für unsere Leser?
Wenn du dich dafür interessierst, remote zu arbeiten, fang am besten damit an, mit deinem derzeitigen Chef zu sprechen (sofern du einen hast), um deine Rolle entsprechend anzupassen und es auszuprobieren. Ich selbst war damit zwar nie erfolgreich, aber immer mehr Arbeitgeber sind offen für die Idee, Teammitglieder zu haben, die remote arbeiten.

Wenn dein Arbeitgeber sich nicht darauf einlassen möchte, kannst du dich immer noch nach einer Alternative umschauen, hast aber gleichzeitig bereits die Tür einen Spalt weit für andere geöffnet, die in Zukunft das gleiche Anliegen vertreten werden.

WOMIT KANNST DU ORTSUNABHÄNGIG GELD VERDIENEN? – EINIGE IDEEN

Beschäftigungsformen: Du kannst entweder als Freelancer für verschiedene Auftraggeber arbeiten, Angestellter einer Firma sein, die es dir ermöglicht ortsunabhängig zu arbeiten, oder du wirst unternehmerisch tätig. Mögliche Arbeit- bzw. Auftraggeber sind: Handels- und Dienstleistungsunternehmen, Call Center, IT Service Anbieter, Essens-Lieferdienste, Autovermietungsunternehmen sowie Produktions- und Fertigungsbetriebe. In Kapitel 6 findest du verschiedene Jobportale, die sich auf ortsunabhängiges Arbeiten spezialisiert haben.

Die folgenden Zeilen geben dir ein paar Ideen an die Hand, wie du ortsunabhängig mit diesem Beruf Geld verdienst. Der Abschnitt ist bewusst kurzgehalten, da viele der Ideen bereits in Kapitel 3 angesprochen wurden. Solltest du an der ein oder anderen Stelle den Wunsch nach mehr Inhalt verspüren, blättere einfach nochmal zum Anfang zurück. Nähere Informationen, wie du Themen für Bücher und Online-Kurse findest, erhältst du in Kapitel 5. Schau außerdem gerne auf unserem Blog vorbei, für alle genannten Tools und Ressourcen im Überblick: https://new-work-life.com/portfolio/customer-service-agent.

Übe deine Kerntätigkeit aus
Du kannst deine Kerntätigkeit als Customer Service Agent ohne Probleme ortsunabhängig ausüben, denn dein Berufsbild ist virtueller Natur. Vermarkte deine Leistungen über eine eigene Website und über Social-Media-Kanäle bzw. über entsprechende Online-Marktplätze.

Entwickle Trainingsmaterial zur Ausbildung von Customer Care Agenten
Mögliche Materialien könnten z. B. digitale Arbeitsbücher, Übungsformate, Konzepte für Lernspiele, Präsentationen, Handouts, etc. zu Themen wie z. B. „Wie spreche ich Kunden an?", „Wie gehe ich mit schwierigen Kunden um?" oder „Wie überzeuge ich Kunden von meinem Produkt?" sein.

Biete Online-Seminare an
Mögliche Themen für Online-Seminare sind z. B.: „Customer Basics für Unternehmer – lernen Sie, ihre Kunden zu verstehen" oder „Customer Excellence für Unternehmer – so geht exzellenter Kundenservice im 21. Jahrhundert."

Schreibe ein eBook
Finde ein Thema, das dich interessiert und für das Nachfrage besteht. Du könntest z. B. ein Buch über dein Leben als Customer Service Agent schreiben. Du könntest über amüsante, skurrile und/oder interessante Situationen mit ehemaligen Kunden von dir berichten. Oder du gibst etwas aus deinem Arbeitsalltag preis wie etwa Informationen zu Abläufen und Prozessen in einem Customer Service Center, zu täglichen Herausforderungen, deinem Verhältnis zu Kollegen und Vorgesetzten, zur Vergütung, zur Work-Life-Balance, etc. Wie genau du Themen findest, kannst du im Kapitel 5 nachlesen.

STARTER TOOLKIT – DAS BRAUCHST DU, UM LOSZULEGEN

Notebook, Smartphone, ggf. Headset

SOFTWARE:
- Office: z. B. Microsoft Office oder Google Docs
- Kommunikation: z. B. Skype, WhatsApp, Slack, Gmail
- Website / Webshop: z. B. WordPress oder Shopify

BÜCHER UND TUTORIALS:
- Buch: „Umwerfender Service: Die Bibel für den direkten Kundenkontakt", von Ron Zemke, Kristin Anderson, Performance Research Associates
- Buch: „Customer Service Tip of the Week: Over 52 ideas and reminders to sharpen your skills", von Jeff Toister

- Buch: „Selling 101: What Every Successful Sales Professional Needs to Know", von Zig Ziglar

Detaillierte Informationen zu Tools und Ressourcen, die dir helfen können, ein ortsunabhängiges Einkommen aufzubauen, findest du auf unserem Blog unter: https://new-work-life.com/portfolio/customer-service-agent.

HIER FINDEST DU WEITERE INFORMATIONEN

Call Center Verband Deutschland e.V. (CCV): https://callcenter-verband.de

4.9 ERNÄHRUNGSBERATER

Als Ernährungsberater hilfst du Menschen dabei, ihre Gesundheit und ihr Wohlbefinden zu verbessern, indem du ihnen auf Basis wissenschaftlich fundierter Erkenntnisse zeigst, wie sie sich gesund ernähren und einen gesunden Lebensstil pflegen können.

WAS SIND MÖGLICHE AUFGABEN?
- Kunden zu ihren Ess- und Lebensgewohnheiten befragen
- Ernährungspläne erstellen
- Kunden dabei unterstützen, ihre Ess- und Lebensgewohnheiten zugunsten einer gesünderen Lebensweise umzustellen
- Sportlern auf Basis von Ernährungsberatung helfen ihre Leistung zu verbessern und Verletzungen vorzubeugen bzw. diese schneller und effektiver auszukurieren
- Menschen beim Abnehmen helfen
- Menüvorschläge für Schulen, Sportler, Seniorenheime, etc. erstellen
- Spezielle Gruppen wie z. B. Schwangere, Kinder, Senioren und sozial Schwache zum Thema gesunde Ernährung beraten
- Lebensmittel testen und Produktreviews durchführen, Testberichte schreiben
- Ernährungsumfragen durchführen
- Lebensmittelforschung betreiben
- Aufklärungsarbeit zum Thema gesunde Ernährung in der Öffentlichkeit leisten

WELCHE AUSBILDUNG BENÖTIGST DU?

Die Berufsbezeichnung Ernährungsberater ist nicht geschützt. Um Ernährungsberater zu werden, benötigst du keine spezielle Ausbildung. Von Vorteil ist ein Studium der Ökotrophologie. Du findest zahlreiche Weiterbildungen zum Ernährungsberater im Internet, z. B. bei der IHK, bei ILS oder bei Paracelsus.

WELCHE FÄHIGKEITEN SOLLTEST DU MITBRINGEN?

- Gutes Kommunikationsvermögen, sowohl schriftlich als auch mündlich
- Empathie
- Fähigkeit andere zu motivieren
- Interesse an Lebensmitteln und Ernährung
- Interesse an wissenschaftlicher Recherche

UNSER ROLEMODEL FÜR DEN BERUF DES ERNÄHRUNGSBERATERS

Name: Sanne Leenman
Unternehmen: Sanne Leenman
Homepage: https://www.sanneleenman.com
Kontakt: managemymealplan@gmail.com |
Instagram: sanneleenmanpt | Facebook: sanne.leenman

Sanne ist selbständiger Online Ernährungs- und Fitness-Coach. Vor ihrer Selbständigkeit hat sie einen Bachelor in Management Science erworben und hat dann für einige Zeit als Personalberaterin im Bereich Headhunting für Managementpositionen gearbeitet. Auf die Frage, wie ihre Familie und ihre Freunde sie als Person beschreiben würden, antwortet sie wie folgt: „Meine Familie und Freunde würden mich als enthusiastische, empathische und abenteuerlustige Person bezeichnen, die unter normalen Umständen „easygoing" ist, jedoch, wenn sie etwas wirklich will, ohne Wenn und Aber ihren Weg verfolgt."

INTERVIEW MIT SANNE LEENMAN IN IHRER ROLLE ALS ERNÄHRUNGSBERATER

Was war deine Motivation, ortsunabhängig zu arbeiten?
Bevor ich und mein Freund angefangen haben, remote zu arbeiten, hatten wir beide ziemlich anspruchsvolle Jobs in der Beratungsbranche. Wir waren ziemlich erfolgreich, mit dem, was wir taten, hatten jedoch zunehmend das Gefühl, dass etwas fehlte. Irgendwann wurde uns bewusst, dass wir nicht tagein tagaus in ein Büro gehen und wie der Rest der Welt unser Leben verbringen wollten. Wir glaubten fest daran, dass es neben klassischen Office-Jobs mehr geben musste, das wir verfolgen könnten. Kurzentschlossen gingen wir den ersten Schritt in unser neues Leben und kündigten unsere Jobs. Während der letzten Jahre in unseren Beratungsjobs hatten wir eine intensive Leidenschaft für Fitness und gesunde Ernährung entwickelt. Wir wachten früh morgens vor der Arbeit auf und gingen ins Fitnessstudio, um zu trainieren. Unser Mittagessen brachten wir selbst mit ins Büro und bereiteten es entsprechend am Wochenende zuvor für die kommende Woche zu. Aufgrund unserer Leidenschaft für Fitness und gesunde Ernährung war schnell klar, dass hier unsere berufliche Zukunft liegen würde. Das Ganze als Online-Geschäftsmodell zu konzipieren, um darüber unser Wissen und unsere Leidenschaft zu teilen, schien genau das richtige zu sein. Mit einem solchen Geschäftsmodell konnten wir buchstäblich von überall auf der Welt aus arbeiten, solange es Internet gab. Wir entschieden uns, nach Belize in Zentralamerika zu reisen und dort unser neues Leben auf die Probe zu stellen und unser Geschäftsmodell zu testen. Unser Vorhaben ging auf. Jeden Tag sahen wir, wie unser Einkommen anstieg und unser Erfolg größer wurde. Gleichzeitig wuchs unser Wunsch, die Welt zu bereisen. Nach einiger Zeit in Belize beschlossen wir weiterzuziehen und andere Teile der Erde zu erkunden. Während unserer Reisen bauten wir weiter unser Business aus und wurden zu verschiedenen Fitness-Seminaren als Speaker eingeladen. Stand heute haben wir in mehr als 45 Ländern gelebt und arbeiten zu hundert Prozent online.

Wie hast du deine Remote-Karriere begonnen? Gab es irgendwelche Tools, die dir dabei geholfen haben, ortsunabhängig zu arbeiten?
Ich habe mein Unternehmen nach dem Lean-Startup-Ansatz gegründet, d. h. ich habe versucht, meine Startkosten so gering wie möglich zu halten. Als ich anfing, war alles, was ich getan habe, eine Website zu erstellen, eine Business E-Mail-Adresse einzurichten und die Networking-Fertigkeiten

aus meinem Beratungsjob zu nutzen, um mich mit anderen zu vernetzen. Was die Kundenakquise anbelangte, verfolgte ich einen Top-Down Ansatz. Dieser bestand darin, auf etablierte Trainer in der Branche zuzugehen und ihnen zu zeigen, dass ich stellvertretend für sie Ernährungspläne für ihre Kunden erstellen konnte. Anstatt direkt Kunden anzuwerben, ging ich den indirekten Weg über Trainer, mit denen meine künftigen Kunden bereits zusammenarbeiteten. Das Modell ging auf, denn nur wenig später habe ich durch diese Vorgehensweise meine ersten Kunden akquirieren können.

Um mein Wissen und meine Referenzen zu erweitern, habe ich relativ zu Beginn meiner Tätigkeit als Online-Fitness- und Ernährungscoach einen Online-Kurs zum zertifizierten Personal Trainer absolviert. Ich bin bei meiner Arbeit generell sehr darauf bedacht, qualitativ hochwertige Ergebnisse zu liefern und eine gute zwischenmenschliche Beziehung zu meinen Kunden aufzubauen. Ich denke, dass beide Eigenschaften in meinem Job sehr wichtig sind, um einen Ruf aufzubauen und Kunden an sich zu binden. Nach einer Weile im Geschäft fingen Kunden an, mich weiterzuempfehlen und Mund-zu-Mund-Propaganda für mich und meinen Service zu betreiben. Dies führte dazu, dass mein Kundenstamm weiter anstieg und ich mich als Online-Fitness- und Ernährungscoach festigen konnte. Eine witzige Anekdote in diesem Kontext ist, dass ich zu Beginn meiner Tätigkeit als Online-Fitness- und Ernährungscoach nachts nebenher in einem lokalen Imbiss gejobbt habe. Tagsüber half ich Menschen, fit zu werden und Fett zu verbrennen und nachts tat ich das komplette Gegenteil, indem ich ihnen fettige Pommes servierte. Was für ein Widerspruch!

Wie sieht ein normaler Arbeitstag in deinem Leben als Remote Worker aus? Hast du eine tägliche Routine?

Wir arbeiten fast immer von unserer Unterkunft aus. Wenn wir eine Unterkunft anfragen, geht unsere erste Frage in Richtung Internetgeschwindigkeit. Für unsere Arbeit benötigen wir mindestens 20 MB/s. Liegt die Internetgeschwindigkeit der Unterkunft unterhalb dessen, ist sie für uns ungeeignet.

Meine Arbeitstage starten mit einem guten Cappuccino, bei dem ich meine drei Fokuspunkte für den Tag festlege. Ich stelle keinen Alarm in der Früh, da ich ohnehin dazu tendiere, jeden Tag zur gleichen Zeit aufzuwachen. Den produktiven Teil meiner Arbeit lege ich in der Regel auf den Vormittag. Dies ist die Zeit, in der ich noch frisch und munter bin. Hier befasse ich mich mit neuen Projekten, verfasse Artikel und erstelle Rezepte. Wenn sich meine Produktivität dem Ende neigt, fange ich an, meine E-Mail-Postfächer durchzugehen. Die Beantwortung von (Kunden-)E-Mails nimmt die meiste Zeit meines Tages in Anspruch und ist ein fixer Bestandteil meiner täglichen Arbeit. Egal, ob ich auf Reisen bin oder ein Seminar abhalte, die Beantwortung von Kunden-E-Mails hat oberste Priorität, da es das ist, was mein Geschäft am Laufen hält. „Langweilige" Dinge wie administrative Tätigkeiten oder Aufgaben, die nicht viel Gehirnschmalz erfordern, erledige ich gegen Ende eines Tages. Meine produktivsten Stunden sind im Grunde der Morgen und ein Teil des Abends. Zwischendurch koche ich Mittagessen, gehe ins Fitnessstudio, studiere Ernährungs- und Fitnessmaterial, mache ein Nickerchen oder suche im Internet nach neuen Ideen für mein Business. Ich finde, dass Pausen und der Wechsel zwischen verschiedenen Tätigkeiten ein guter Weg sind, um die eigene Produktivität zu steigern. Da ich jemand bin, der sich leicht ablenken lässt und nicht vier Stunden am Stück Kunden-E-Mails beantworten kann, weil sonst die Produktivität flöten geht, erledige ich E-Mails in 20-Minuten-Sprints. Konkret heißt das, ich beantworte für 20 Minuten Kunden-E-Mails und lege dann eine Pause ein, in der ich anderen Tätigkeiten nachgehe. Danach befasse ich mich erneut mit meinen E-Mails und lege dann nach 20 Minuten erneut eine Pause ein, usw.

Was sind die Vor- und Nachteile ortsunabhängiger Arbeit aus deiner Sicht?

Es ist unglaublich cool, sein eigenes Unternehmen aus der Ferne betreiben zu können. Um nur einige Vorteile zu nennen: Du musst morgens keinen Alarm stellen um aufzustehen, du kannst deine Zeit frei einteilen, du bist nicht den ganzen Tag mit Routineaufgaben beschäftigt, du kannst an Orte reisen, an denen du noch nie warst, du kannst eigene Projekte vorantreiben und realisieren, du hast keinen Chef, der dich ständig kontrolliert, etc.

Mein Job als Online-Ernährungs- und Fitness-Coach ist um ein Vielfaches befriedigender als mein alter Job im Recruiting. Headhunting macht zwar Spaß, aber es gibt mir nicht dieselbe Energie wie mein jetziger Job. Dankbarkeit von Menschen zu erfahren, deren Leben und Gesundheit ich durch meine Arbeit zum Positiven verändert habe, erfüllt mich mit einer ganz neuen Energie.

Nachteile gibt es aus meiner Sicht nicht viele. Der einzige Nachteil, der mir in den Sinn kommt, ist der Umstand, keine Kollegen zu haben. Ich bin von Natur aus ein Teamplayer. Gerade zu Anfang meiner Karriere als Solopreneur habe ich es vermisst, Kollegen zu haben. Indem ich dies sage, meine ich nicht, dass diesem Nachteil nicht entgegengewirkt werden kann. Es mag vielleicht schwierig sein, echte Kollegen zu haben, jedoch besteht immer die Möglichkeit ein Netzwerk an Leuten aufzubauen, mit denen du zusammenarbeitest. Du musst nur kreativ genug sein. Ich arbeite z. B. phasenweise mit einem Team aus Online-Coaches zusammen. Wir veranstalten zusammen Coaching-Sessions und verfassen gemeinsam neuen Content. Physisch treffen wir uns ein- bis zweimal im Jahr. Den Rest der Zeit verbringen wir online miteinander.

Falls du ein Typ bist, der regelmäßig physischen Kontakt zu Menschen und eine eher klassische Arbeitsumgebung braucht, ist ggf. ein Coworking Space das Richtige für dich. Es ist vermutlich zwar so, dass nicht alle Leute in einem Coworking Space die gleiche Art von Tätigkeit ausüben wie du, jedoch ist die Wahrscheinlichkeit hoch, dass sie einen ähnlichen Lebensstil führen und den Wunsch besitzen, Dinge anders zu machen. Generell stehen die Chancen gut, in einem Coworking Space interessantere Leute anzutreffen als in einem konventionellen Büro mit beliebigen Mitarbeitern.

Last but not least: Hast du noch weitere hilfreiche Tipps für unsere Leser?

Du kannst nie wissen, ob dir etwas gefällt, wenn du es nicht versuchst. Das heißt nicht, dass du unvorbereitet einfach so losziehen sollst, frei nach dem Motto „Folge deinem Traum!". Es mag sein, dass dein Traum darin besteht, von einer Hängematte an einem tropischen Strand aus, Kokosnüsse zu verkaufen und dabei nichts, außer einer Shorts und einem Bandana zu tragen. Unterziehst du dieses Vorhaben allerdings einem Realitätscheck, wirst du schnell feststellen, dass man davon aller Wahrscheinlichkeit nach nicht leben kann. Denk daher nicht nur darüber nach, WAS du gern tun möchtest, sondern auch WIE du damit Geld verdienen kannst und das von überall auf der Welt aus. Viele Menschen denken, dass digitale Nomaden besondere Fähigkeiten besitzen, um das tun zu können, was sie machen. Dies ist jedoch nicht der Fall. Digitale Nomaden sind auch keine Übermenschen. Sie plagen sich genauso mit Zweifeln, Problemen und Ängsten wie jeder andere auch. Zu diesem Thema ein Einblick in mein Leben: Für mich ist es beruhigend zu wissen, stets dahin zurückkehren zu können, wo ich herstamme, sollte ich dies wünschen. Alles was ich dafür tun muss, ist, ein Flugticket zu kaufen.

Der große Unterschied zwischen Menschen, die nach dem streben, was sie wollen, und denen, die dies nicht tun, ist, dass erstere Umsetzertypen sind. Sie lassen sich nicht von konventionellen Regelwerken ausbremsen, die sie unglücklich machen. Sie sind davon überzeugt, dass es möglich ist, sein eigenes ganz persönliches Glück zu schaffen und die Dinge ins Rollen zu bringen. Erstere wissen, dass der wichtigste Schritt darin besteht anzufangen, auch wenn das Produkt oder die Leistung noch nicht perfekt sind. Eine Website zu besitzen, auch wenn sie noch nicht perfekt ist, ist z. B. in jedem Fall besser, als keine Website zu besitzen. Es schaudert mich, wenn ich an mein erstes Logo zurückdenke, dass ich in Paint entworfen habe.

Aber auch da: Ein Logo zu haben, ist besser als keines zu haben. Was ich sagen will ist: Du musst nicht perfekt sein, um loslegen zu können. Deine Fähigkeiten und dein Wissen werden sich mit der Zeit entwickeln und du wirst sukzessive besser in dem, was du tust. Jedoch musst du zunächst einmal anfangen, um dorthin zu gelangen.

WOMIT KANNST DU ORTSUNABHÄNGIG GELD VERDIENEN? – EINIGE IDEEN

Beschäftigungsformen: Du kannst entweder als Freelancer für verschiedene Auftraggeber arbeiten, Angestellter einer Firma sein, die es dir ermöglicht ortsunabhängig zu arbeiten, oder du wirst unternehmerisch tätig. Mögliche Arbeit- / Auftraggeber sind z. B. Forschungsinstitute, Lebensmittelhersteller, Gesundheitsbehörden, Privatpersonen oder Sportverbände. In Kapitel 6 findest du verschiedene Jobportale, die sich auf ortsunabhängiges Arbeiten spezialisiert haben.

Die folgenden Zeilen geben dir ein paar Ideen an die Hand, wie du ortsunabhängig mit diesem Beruf Geld verdienst. Der Abschnitt ist bewusst kurzgehalten, da viele der Ideen bereits in Kapitel 3 angesprochen wurden. Solltest du an der ein oder anderen Stelle den Wunsch nach mehr Inhalt verspüren, blättere einfach nochmal zum Anfang zurück. Nähere Informationen, wie du Themen für Bücher und Online-Kurse findest, erhältst du in Kapitel 5. Schau außerdem gerne auf unserem Blog vorbei, für alle genannten Tools und Ressourcen im Überblick: https://new-work-life.com/portfolio/ernaehrungsberater.

Führe bestimmte Kernaufgaben ortsunabhängig aus
Sieh dir die typischen Aufgaben eines Ernährungsberaters an und überlege dir, welche davon du ortsunabhängig ausüben kannst. Kannst du mit Kunden, Geschäftspartnern, Kollegen, etc. virtuell kommunizieren und sie beraten, indem du von Kommunikations- und Kollaborationsmedien wie Videotelefonie (z. B. Skype), Web-Konferenz (z. B. FreeConference-Call), Desktop Sharing (z. B. Skype), Chat (z. B. Slack), E-Mail (z. B. Gmail) Gebrauch machst? Kannst du ortsunabhängig Ernährungs- und Menüpläne erstellen und sie deinen Kunden digital zuschicken? Kannst du ortsungebunden ernährungswissenschaftlichen Input zu neuen Lebensmittelprodukten, etc. geben? Vermarkte deine Leistungen über eine eigene Website und über Social Media.

Biete ein Online-Programm an
Unterstütze Menschen mit Übergewicht z. B. beim Abnehmen. Versorge Programmteilnehmer über die Dauer des Programms regelmäßig mit motivierenden Inhalten, stell für sie Ernährungs- und Fitnesspläne zusammen und sei ihr Ansprechpartner in allen Belangen rund um den Abnahmeprozess. Die Programmteilnehmer können sich während des Programms untereinander in Online-Gruppen austauschen sowie Fragen stellen (an dich und untereinander). Das Programm läuft für eine von dir bestimmte Dauer (z. B. bis ein gewisses Abnahmeziel erreicht wurde).

Schreibe ein eBook
Finde ein Thema, das dich interessiert und für das Nachfrage besteht. Schreibe z. B. ein ernährungswissenschaftlich fundiertes Rezeptbuch, das Menschen über 50 Jahren mit chronischen Leiden adressiert und in dem du dein Expertenwissen als Ernährungsberater teilst. Wie genau du Themen findest, kannst du im Kapitel 5 nachlesen.

Biete Online-Seminare an
Mögliche Themen für Online-Seminare sind z. B.: „Schluss mit Heißhungerattacken im Arbeitsalltag", „Zyklusschmerzen überwinden mit der richtigen Ernährung" oder „Mit Ernährung zum Wunschgewicht". Inspiration und weitere Infos zu Online-Seminaren findest du auf der Website von Alexandra Rampitsch unter https://www.apfelbaum.cc.

Biete an deinem aktuellen Aufenthaltsort „Erlebnisse" an
Du könntest z. B. einen Kochkurs für ernährungsbewusste Menschen anbieten, der ihnen zeigt, wie sie sich gesund und ausgewogen ernähren können. Oder du bietest einen Kochkurs explizit für Fitness-Freaks an, der Teilnehmern zeigt, wie sie Gerichte zum Aufbau von mehr Muskelmaske, zum Abnehmen, etc. zubereiten.

STARTER TOOLKIT – DAS BRAUCHST DU, UM LOSZULEGEN

Notebook, Smartphone

SOFTWARE:
- Office: z. B. Microsoft Office oder Google Docs
- Kommunikation: z. B. Skype, WhatsApp, Slack, Gmail
- Website / Webshop: z. B. WordPress oder Shopify

BÜCHER UND TUTORIALS:
- Buch: „Wellpreneur: The Ultimate Guide for Wellness Entrepreneurs to Nail Your Niche and Find Clients Online", von Amanda Cook
- Buch: „Taschenatlas Ernährung", von Hans Konrad Biesalski, Peter Grimm und Susanne Nowitzki-Grimm

Detaillierte Informationen zu Tools und Ressourcen, die dir helfen können, ein ortsunabhängiges Einkommen aufzubauen, findest du auf unserem Blog unter: https://new-work-life.com/portfolio/ernaehrungsberater.

HIER FINDEST DU WEITERE INFORMATIONEN

Verband für Ernährung und Diätetik e.V. (VFED): http://www.vfed.de/de

4.10 EVENTMANAGER

Als Eventmanager konzipierst und organisierst du Veranstaltungen. Du übernimmst alle Aufgaben im Zusammenhang mit Planung, Durchführung und Nachbereitung eines Events und hast stets dessen Kosten im Blick. Die Bandbreite möglicher Veranstaltungen ist groß. Sie reicht von Konzerten, Partys, Hochzeiten, Festivals, Konferenzen, Retreats, Workshops, Messen, Seminaren und Sportveranstaltungen bis hin zu Lesebühnen, Firmenevents, Promotionen und Produkt-Launches. Du fungierst als zentraler Ansprechpartner für das Event und trägst die Verantwortung für einen reibungslosen Ablauf.

WAS SIND MÖGLICHE AUFGABEN?
- Kundenanforderungen für ein Event aufnehmen
- Veranstaltungsorte, Dienstleister (z. B. für Personal Veranstaltungslogistik, Catering, etc.) und Hauptattraktionen wie Künstler, Gastredner, Sportler, etc. recherchieren und kontaktieren
- Ein Veranstaltungskonzept erstellen, in dem u. a. Kriterien wie Budget, zeitlicher Ablaufplan, mögliche Veranstaltungsorte, mögliche Hauptattraktionen, Lieferantenoptionen, Personaloptionen und rechtliche Rahmenbedingungen beschrieben werden
- Preisverhandlungen mit Veranstaltungsorten, Dienstleistern, etc. führen und Aufträge vergeben

- Alle am Event beteiligten Firmen und Personen koordinieren und anfallende Aufgaben delegieren
- Promotion und Werbung für ein Event betreiben - über eigene Kanäle und Fremdkanäle
- Troubleshooting betreiben, wenn vor, während oder nach dem Event Probleme auftreten
- Rechtliche und versicherungstechnische Voraussetzungen klären und dafür sorgen, dass diese eingehalten werden, z. B. ausreichende Sicherheitsvorkehrungen (Erste Hilfe, Verkehrskontrollen, etc.), gesundheitsrechtliche Vorschriften, Versicherungsvorschriften, etc.
- Budgeteinhaltung überwachen und gewährleisten, dass das Budget nicht überschritten wird
- Nach dem Event: Abbau, Aufräumen, kaufmännische Abwicklung (z. B. Rechnungskontrolle, Rechnungsbegleichung, Erfolgskontrolle, etc.), Nachbesprechung des Events mit Kunden und andere Nachbereitungstätigkeiten erledigen

WELCHE AUSBILDUNG BENÖTIGST DU?

Die Berufsbezeichnung Eventmanager ist gesetzlich nicht geschützt. Um Eventmanager zu werden, musst du daher nicht zwingend eine Ausbildung durchlaufen. Ist dir jedoch an einer formellen Ausbildung gelegen, kannst du eine Ausbildung zum/r Veranstaltungskaufmann/-frau absolvieren. Alternativ kannst du auch Eventmanagement studieren.

WELCHE FÄHIGKEITEN SOLLTEST DU MITBRINGEN?

- Verhandlungs- und Durchsetzungsstärke
- Organisationstalent und Stressresistenz
- Kommunikationsstärke
- Zahlenverständnis und Problemlösungskompetenz

UNSER ROLEMODEL FÜR DEN BERUF DES EVENTMANAGERS

Name: Laura Bieschke
Unternehmen: Laura Bieschke – Events & Travels UG | Travel Festival – Das Event für Weltenbummler | Strandflohmarkt – Trödeln mit Beachflair
Homepage: http://laurabieschke.de | http://travel-festival.de | http://www.strandflohmarkt.com
Kontakt: info@laurabieschke.de |
Instagram: laurabieschke.de, travel_festival, strandflohmarkt |
Facebook: travelfestivalruhr, strandflohmarkt

Laura ist seit Februar 2017 selbständig als Eventmanagerin. Sie arbeitet in diesem Bereich sowohl als Freelancerin für Events von Dritten, als auch für sich selbst, indem sie eigene Events und Projekte plant und umsetzt.
Eine von Lauras größten Leidenschaften ist das Reisen. Die große weite Welt hat sie das erste Mal mit 20 Jahren während eines Praktikums in Australien kennengelernt. Das Praktikum fand in Sydney statt und sollte drei Monate dauern. Nach kurzer Zeit stellte Laura fest, dass es nicht das war, was sie sich vorgestellt hatte. Sie „schmiss" das Praktikum, packte ihren Rucksack und machte sich kurzerhand auf, Australien zu bereisen. Wieder zurück in der Heimat, war für Laura nichts mehr wie vorher. Sie wollte unbedingt wieder reisen. Dafür brauchte sie jedoch Geld. Sie war damals Studentin und verdiente nicht viel. Um ausreichend Geld ansparen zu können, brach sie ihr Studium ab und begann eine Ausbildung zur Eventmanagerin. Das, was von ihrem Verdienst jeden Monat übrigblieb, legte sie auf ein Sparbuch und nutzte ihre Urlaubstage, um die Welt kennenzulernen. Nach Abschluss ihrer Ausbildung war für Laura klar, dass ihre Arbeit auf jeden Fall etwas mit Reisen zu tun haben sollte. In der Folgezeit sammelte sie Berufserfahrung in unterschiedlichen Bereichen – allesamt in Verbindung stehend mit dem Thema Reisen. Sie arbeitete als Projektleiterin für weltweite Incentive-Reisen, war Mitarbeiterin der Landausflugsabteilung auf einem Kreuzfahrtschiff und sie plante Veranstaltungen auf einem Weingut auf Mallorca.
Auf die Frage, wie Familie und Freunde Laura als Person sehen, antwortet Laura, dass ihre Freunde sie als aufrichtige, ehrliche, positive und energiegeladene Person mit einem Lachen, das man lieben muss, charakterisierten. Ihre Mutter sei zudem der Meinung, sie sei eine herzliche, hilfsbereite,

liebevolle und verrückte Chaotin, die immer für eine Überraschung gut sei, wie z. B. für einen „Kurztrip" nach Panama. Unsere Interview-Fragen beantwortet Laura von ihrer Heimatstadt Hattingen im Ruhrgebiet aus.

INTERVIEW MIT LAURA BIESCHKE VON EVENTS & TRAVELS UG

Wie verdienst du dein Geld als Remote Worker?
Das ist bei mir sehr unterschiedlich. Ich habe an vielen Dingen Spaß und baue mir immer weitere Einnahmequellen auf. Aktuell beziehe ich Einnahmen aus eigenen Eventprojekten wie dem Travel Festival oder dem Strandflohmarkt und aus Projektassistenz für andere Selbständige. Daneben plane ich Reisen für Privatpersonen und Unternehmen und habe in diesem Bereich vor Kurzem mit einem Freund ein eigenes Reiseveranstaltungsunternehmen gegründet.

Wie bist du auf die Ideen für deine Produkte und Services gekommen? Hast du eine bestimmte Methodik verfolgt?
Meine Dienstleistungen, Events und Projekte sind alle aus Leidenschaft entstanden. Ich liebe es zu reisen und verbringe gerne Zeit mit tollen Menschen. Auf meinen Reisen bin ich so vielen tollen Menschen begegnet, dass ich zu Hause ebenfalls die Möglichkeit haben wollte, diese Art Menschen kennenzulernen. Ich besuchte einige Reise-Events, in der Hoffnung, dort auf interessante Leute zu treffen, jedoch waren diese nicht auf Austausch ausgelegt. Irgendwann war ich bei einem tollen Reisevortrag über Kuba mit mehr als 200 Besuchern. Ich hatte gehofft, nach dem Vortrag mit einigen von ihnen ins Gespräch zu kommen. Nach dem Vortrag sind alle jedoch aufgestanden und gegangen. Dabei war ich so neugierig: Wo die wohl schon überall waren und was sie dort alles erlebt haben? Ich konnte es leider nicht erfahren. Das war der Moment, in dem ich beschloss, mein eigenes Reise-Event ins Leben zu rufen. Ich hatte diese Idee schon länger und jetzt war der Zeitpunkt gekommen, sie umzusetzen. Das Travel Festival wurde geboren. Von der Idee bis zur Umsetzung dauerte es nur kurze Zeit. Mittlerweile fand das Travel Festival in der dritten Auflage statt und es wächst und gedeiht. Das letzte Mal fand es an einem langen Wochenende statt und mehr als hundert Gleichgesinnte campten vor Ort. Die Besucher und ich sind wie eine Familie zusammengewachsen und freuen uns jedes Mal, wenn wir uns zum Festival wiedersehen. Mit vielen stehe

ich auch außerhalb des Events in Kontakt und wir treffen uns. So entstand übrigens auch mein neues Unternehmen *Backpack Circle*, das ich zusammen mit einem guten Freund (Daniel Tischer – Southtraveler Blog) gegründet habe. Mit *Backpack Circle* bieten wir weltweit authentische und individuelle Reisen für Gleichgesinnte an.

Dieses Jahr habe ich zudem meine zweite Veranstaltungsreihe ins Leben gerufen: Den Strandflohmarkt – Trödeln mit Beachflair! Ich liebe den Strand, Flohmärkte, gute Musik und ich liebe es, Zeit mit netten Menschen zu verbringen. Das alles habe ich in meiner Veranstaltungsreihe Strandflohmarkt vereint. Der Strandflohmarkt ist mehr als nur ein Trödelmarkt. Sand, Palmen, kühle Getränke, leckeres Essen und Live-Musik. Hier kann man mit seinen Freunden einen tollen Sonntag mit schönem Beach-Ambiente verbringen.

Wie hast du deine ersten Kunden gefunden, mit denen du remote zusammengearbeitet hast?
Ich habe nie Kaltakquise betrieben und niemanden aktiv angeschrieben. Vielmehr habe ich von Anfang an meine eigenen Projekte umgesetzt. Durch meine Projekte habe ich im Laufe der Zeit mehr und mehr Aufmerksamkeit bekommen und konnte so meinen Bekanntheitsgrad steigern. Ich war in Zeitungen, Magazinen, im Fernsehen, im Radio und im Social-Media-Bereich ist auch einiges passiert. Dadurch sind Menschen auf mich und meine Dienstleistung aufmerksam geworden.

Einige kamen auch durch Internetrecherche auf meine Seite und es entstanden darüber Beauftragungen. Zum Beispiel die Planung einer Incentive Reise nach Lissabon für ein Unternehmen aus Stuttgart. Mit dem Kunden habe ich per E-Mail und per Telefon alle Absprachen getroffen und ihm und seinen Mitarbeitern eine schöne Reise nach Lissabon konzipiert und organisiert. Die Macher dieses Buches sind z. B. ebenfalls durch Internetrecherche auf meine Homepage gestoßen und haben mich zu diesem tollen Interview hier eingeladen.

Generell muss man aber auch sagen, dass gerade in der Eventbranche nichts über Kontakte und Weiterempfehlungen geht, wie bei vielen anderen Berufen auch. Auf Menschen zuzugehen und neue Kontakte zu knüpfen, fiel mir nie wirklich schwer, weil ich eine sehr offene und kommunikative Persönlichkeit bin. Das ist meiner Meinung nach in meinem Beruf sehr wichtig.

Wie findest du neue Kunden?
Durch meine eigenen Veranstaltungen lerne ich viele neue Menschen kennen und erlange dadurch eine immer größere Reichweite. Dadurch

entstehen neue Kontakte und es kommen neue Kundenanfragen zustande. Des Weiteren bin ich sehr präsent auf Social-Media und lasse die Menschen an meinem privaten und beruflichen Leben teilhaben. Hierdurch sind auch schon tolle Zusammenarbeiten oder Kooperationen entstanden.

Was war deine Motivation, ortsunabhängig zu arbeiten?

Ich hatte schon immer den starken Drang nach persönlicher Freiheit und habe schon immer das gemacht, was ich wollte, ohne mir in mein Leben reinreden zu lassen. Frei zu sein, ist für mich sehr wichtig, um glücklich zu sein. Ich bin ein Freigeist, der das Abenteuer liebt. Mir ist es in Festanstellungen schon immer schwergefallen, mich zurechtzufinden. Dass jemand, der mir nicht nahesteht, so viel Einfluss auf mich hat, bestimmt wann ich wo zu sein habe, was ich zu tun und zu lassen habe und wann ich Urlaub nehmen darf, hat mir schon immer Bauchschmerzen bereitet. Für mich hieß die Lösung Selbständigkeit und zwar mit einem Business, dass ich ortsunabhängig führen kann. Der Schritt in die Selbständigkeit war die beste Entscheidung, die ich in meinem Arbeitsleben bislang getroffen habe. Es ist am Anfang natürlich nicht immer einfach und man hat viele Hürden zu überwinden, aber ich habe mich noch nie so gut und so frei gefühlt. Was ich in den letzten Monaten alles erlebt, gesehen und dazu gelernt habe und was für tolle Menschen ich kennenlernen durfte, die so ticken wie ich und von denen mich seitdem viele in meinem Leben begleiten, ist unbezahlbar. Freiheit ist für mich wichtiger als finanzielle Sicherheit. Ich fühle mich wie eine Lebenskünstlerin, die irgendwie immer alles schafft, auch wenn es mal eng wird. Natürlich wünsche ich mir finanziellen Erfolg, aber das war nicht ausschlaggebend für meine Entscheidung für die ortsunabhängige Arbeitswelt. Zeit mit geliebten Menschen zu verbringen, eigene Herzensprojekte umzusetzen und Erlebnisse fürs Leben auf der ganzen Welt zu sammeln, das sind Faktoren, die mir viel wichtiger als alles Materielle sind: *Collect moments, not things!*

Gerade das Reisen hat bei meiner Entscheidung, ortsunabhängig zu arbeiten, eine große Rolle gespielt. Für mich war die Welt schon immer das reinste Abenteuerland, was ich, so gut es geht, für mich entdecken wollte. Bisher war ich schon in mehr als vierzig Ländern unterwegs und habe Erfahrungen und Erlebnisse gesammelt, die mein bisheriges Leben sehr geprägt haben und die ich nie vergessen werde. Davon möchte ich noch mehr erleben und dafür eignet sich der ortsunabhängige Lebensstil natürlich besonders gut. Bei mir ist es nicht so extrem wie bei anderen, die so arbeiten, dass das ganze Hab und Gut in einen Rucksack passt und man nur unterwegs ist. Ich mag mein Nest zuhause in meiner Heimat, wo meine Familie und Freunde sind, die mir sehr wichtig sind. Die Freiheit zu haben, meinen Rucksack zu packen, wenn mir wieder danach ist die Welt zu entdecken, ist ein großartiges Gefühl, für das ich sehr dankbar bin.

Wie hast du deine Remote-Karriere begonnen? Gab es irgendwelche Tools, die dir dabei geholfen haben, ortsunabhängig zu arbeiten?

Ich habe vorab viel im Internet recherchiert, Menschen online verfolgt, die so arbeiten, Bücher zum Thema gelesen wie z. B. die inoffizielle Nomadenbibel von Timothy Ferriss „Die 4-Stunden Woche", Events besucht und mich in Facebook-Gruppen zum Thema aufgehalten. Mittlerweile findet man zu diesem Lebensstil ja immer mehr.

Ganz zu Anfang meiner Selbständigkeit habe ich die Nomadweek besucht. Die Nomadweek ist eine Workshop-Woche in Portugal für angehende digitale Nomaden, Freiheitsliebende und Menschen, die orts- und zeitunabhängig leben möchten. Ich habe daraus sehr viel Wissen mitgenommen. Der Austausch mit den Coaches, die bereits ortsunabhängig arbeiteten und den anderen Teilnehmern, war Gold wert. Wir haben uns gegenseitig von unseren Träumen erzählt und uns dabei unterstützt, unsere Träume in die Wirklichkeit umzusetzen. Wir sind zu einer Art Familie zusammengewachsen und ich kann jedem, der sich für das Thema interessiert und den ersten Schritt wagen möchte, die Nomadweek nur ans Herz legen.

Mittlerweile tausche ich mich am liebsten mit Freunden und Bekannten aus, die auch ortsunabhängig arbeiten. Wir schreiben, telefonieren oder treffen uns. Diese Menschen habe ich überwiegend durch die Nomadweek oder meine eigene Veranstaltungsreihe – das Travel Festival – kennengelernt. Für mich ist der Austausch mit gleichgesinnten Menschen am hilfreichsten. Hinzu kommt, dass es auch eine Menge Spaß macht, mit Gleichgesinnten Zeit zu verbringen. Wir unterstützen und helfen uns gegenseitig, und von unseren Erfahrungen können wir alle voneinander lernen.

Welche drei Dinge würdest du vermeiden, wenn du die Zeit zurückspulen könntest?

Es gibt eigentlich nichts, was ich vermeiden würde, wenn ich die Zeit zurückspulen könnte. Es wäre am Anfang sicher einfacher gewesen, erstmal Kunden zu generieren, um sich ein stabiles Einkommen zu sichern. Ich bereue es aber nicht, den Weg so eingeschlagen zu haben und meine eigenen Herzensprojekte direkt umgesetzt zu haben. Sonst wären viele Dinge sicher nicht so passiert und viele Menschen wohl nicht in mein Leben getreten, wofür ich wiederum sehr dankbar und worüber ich glücklich bin.

Was waren deine größten Herausforderungen, um ein Remote-Einkommen zu generieren und wie hast du diese bewältigt?
Meine größte Herausforderung war es, zu Beginn meiner Selbständigkeit meine Fixkosten zu decken, während ich an meinen eigenen Projekten arbeitete. Es wäre bestimmt einfacher gewesen, zu Beginn ein paar Auftragsarbeiten entgegenzunehmen, um damit Geld zu verdienen. Ich wollte aber direkt mit eigenen Projekten starten und habe es bisher nicht bereut, diesen Weg gegangen zu sein. Anfangs steckt man viel Zeit und Arbeit in seine eigenen Projekte, um diese bekannt zu machen, damit sie wachsen. Diese Arbeit bezahlt jedoch niemand. Wenn ich zum Beispiel tagelang an einer Homepage sitze, Flyer entwerfe oder Social-Media-Beiträge plane, bezahlt mich am Ende des Tages niemand dafür. Zu Beginn konnte ich folglich nicht von meiner Arbeit leben. Deshalb musste ich ein bisschen „jonglieren", um mich finanzieren zu können. Ich habe zum Beispiel im ersten Winter meiner Selbständigkeit, wo es eher ruhig am „Eventhimmel" war, zwischendurch gekellnert, um meine Fixkosten zu decken. Ich habe tagsüber an meinen Projekten gearbeitet und mich abends in eine schwarze Hose und weiße Bluse gesteckt und die Theke in einem Restaurant geschmissen. Für mich war dieser Mix zu diesem Zeitpunkt ideal. Ich konnte vorgeben, zu welchen Zeiten ich konnte und wann ich nicht konnte und wurde dementsprechend eingeteilt. So habe ich tagsüber meine Projekte vorangebracht und konnte abends nach dem Kellnern ruhig schlafen, weil Geld aufs Konto kam.

Wie sieht ein normaler Arbeitstag in deinem Leben als Remote Worker aus? Hast du eine tägliche Routine?
Einen normalen Arbeitstag gibt es bei mir eigentlich nicht, und genau das ist es, was ich so an meinem Job als Eventmanagerin liebe. Ich liebe die Abwechslung, die dieser Job mit sich bringt. Ein normaler Arbeitstag mit gleichen Abläufen wäre nichts für mich.
Bestimmte Arbeitszeiten gibt es bei mir auch nicht. Und da meine Leidenschaften mit meinem Beruf sehr stark verbunden sind, mischt sich bei mir Privates und Berufliches schnell. Wenn ich zum Beispiel privat in einer coolen Location bin, fange ich ganz schnell an, in meinem Kopf ein Event auf die Beine zu stellen, habe Dekoideen im Kopf und achte auf die Abläufe vor Ort. Wenn ich auf Reisen bin, halte ich sehr viel fest und sammle Ideen, falls ich mal eine Reise dorthin für andere/Kunden planen soll.
Ich arbeite meistens jeden Tag, und das in Hochphasen auch ein paar Wochen lang am Stück. Nach diesen Hochphasen versuche ich mir dann ein paar Tage Ruhe zu gönnen, auch wenn mir das nicht immer leichtfällt. Mein Hauptarbeitsplatz ist mein Zuhause. Gerne gehe ich aber auch zu

meiner besten Freundin rüber, die ein paar Häuser weiter wohnt. Sie ist auch selbständig und wir arbeiten zusammen. Bei schönem Wetter arbeite ich auch gerne bei meinen Eltern im Garten. Wenn ich keine Termine in Deutschland habe, packe ich gern meinen Laptop in den Rucksack und fliege weg. Im Frühjahr war ich zum Beispiel vier Wochen auf Mallorca und in Portugal unterwegs und habe von dort Projekte, die anstanden, vorbereitet. Urlaub war das nicht. Ich habe den ganzen Tag vor dem Laptop gesessen und gearbeitet, auch wenn es draußen warm war und die Sonne schien. Für mich ist es purer Luxus, den Morgen z. B. mit einem Tauchgang zu beginnen, dann ein paar Stunden am Laptop zu arbeiten, in der Mittagspause eine Runde schwimmen zu gehen und den Tag bei einem leckeren Abendessen am Meer ausklingen zu lassen. Wenn ich mal weg von Zuhause bin und an anderen Orten arbeite, schöpfe ich frische Motivation und komme auf neue Ideen. Ich liebe diese Flexibilität. Immer mehr besuche ich auch andere tolle Menschen in ganz Deutschland, um ein paar Tage mit ihnen zusammenzuarbeiten. Das sogenannte Coworking wird bei mir mehr und mehr und das gefällt mir sehr gut.

Als Eventmanagerin bin ich viel unterwegs. Ich nehme Termine wahr, zum Beispiel für Absprachen in der jeweiligen Eventlocation, fahre in den Baumarkt, um für meine Events Dekomaterial zu basteln, verteile Flyer und Plakate für meine Veranstaltungen usw. Dann kommen noch Dienstleistungen für andere hinzu, wie zum Beispiel das Einlassmanagement auf Festivals, Bühnenmanagement, etc. Ich habe in der Regel einen sehr abwechslungsreichen Alltag, es gibt aber auch mal Zeiten, in denen ich tagelang nur vor dem Computer sitze, um bestimmte Projekte fertigzustellen.

Was sind die Vor- und Nachteile ortsunabhängiger Arbeit aus deiner Sicht?
Für mich persönlich gibt es fast nur Vorteile. Ich liebe die Freiheit, die ich durch ortsunabhängiges Arbeiten erlange. Ich kann flexibel sein und meine Arbeit mitnehmen, meinen Arbeitsplatz frei wählen. Meine Zeit selbst einteilen zu können, ist ein weiterer Vorteil, den ich vor allem in Bezug auf mein Privatleben sehr schätze. Wenn zum Beispiel mal schönes Wetter ist und ich es mir gerade von der Auftragslage her erlauben kann, mach ich gerne mal den Nachmittag blau und setze mich abends nochmal an den Laptop. Bei bestimmten Ereignissen muss ich niemanden fragen, ob ich eher gehen kann oder frei bekommen kann, sondern teile mir meine Arbeit vorab so ein, dass ich diese Ereignisse wahrnehmen kann, wie zum Beispiel an Muttis Geburtstag schon nachmittags mit ihr Kuchen zu essen. Diese Flexibilität ist für mich Lebensqualität!

Das Wort Nachteil würde ich gerne mit dem Wort Herausforderung ersetzen. Herausforderungen betreffen für mich vor allem die Bereiche Motivation, Organisationsstruktur und von unterwegs arbeiten.

Motivation:
Manchmal fällt es mir schwer, mich zum Arbeiten zu motivieren. Jeder kennt die Tage, an denen man etwas lustlos ist. Wichtig hierbei ist, dass man Wege findet, damit umzugehen und sich zu motivieren. Wenn ich zum Beispiel merke, dass ich gerade keine Motivation habe, suche ich mir Andere, mit denen ich zusammenarbeiten kann. Wenn ich tagelang alleine zu Hause vor dem Laptop sitze, langweilt mich das schnell und meine Motivation nimmt ab. Sobald ich dann wieder rausgehe, meinen Arbeitsplatz wechsle und mit anderen, kreativen Menschen zusammenarbeite und mich während der Arbeit mit ihnen austauschen kann, geht es ganz schnell wieder bergauf.

Organisationsstruktur:
Wenn man selbständig ist, ist man sein eigener Chef und für sich selbst verantwortlich. Man bewältigt alle Aufgaben, die eine Selbständigkeit mit sich bringt, allein. Diese vielen Aufgaben unter einen Hut zu bekommen, kann manchmal etwas anstrengend und belastend sein. Es gibt Tage, an denen ich zahlreiche To-Dos habe, die alle eine hohe Priorität genießen. Da passiert es mir gerne, dass ich alles gleichzeitig mache und am Ende des Tages doch nichts fertig wird. Hier sind eine gewisse Organisationsstruktur und Zeitmanagement sehr wichtig. Die richtigen Strukturen für sich zu finden, dauert eine Weile. Ich selbst passe meine Strukturen auch immer noch fortlaufend an und verbessere sie. Sobald man es sich finanziell erlauben kann, ist es sinnvoll, bestimmte Arbeitsabläufe auszulagern, also an andere abzugeben. Es gibt mittlerweile viele virtuelle Assistenten, die dir zeitraubende Arbeiten abnehmen. So hast du wieder mehr Zeit, dich auf deine Kernaufgaben zu konzentrieren.

Unterwegs arbeiten:
Wenn man von einem schönen Urlaubsziel aus arbeitet, ist es wichtig fokussiert zu bleiben und sich nicht von den vielen Möglichkeiten vor Ort ablenken zu lassen.
Manchmal nimmt es auch etwas Zeit in Anspruch, den für sich geeigneten Arbeitsplatz zu finden. Bei mir kam es schon vor, dass ich Daten verschicken musste und ein paar Mal das Café gewechselt habe, weil die Internetverbindung nicht stabil genug war. Das kostet Zeit und Nerven. Wenn du dein Reiseziel vorab schon kennst, solltest du dich im Vorfeld

über geeignete Plätze zum Arbeiten erkundigen, um Situationen wie die beschriebene zu vermeiden. Abgesehen von den vorangegangenen Herausforderungen zum Thema Motivation, Organisationsstruktur und von unterwegs arbeiten besteht eine weitere Herausforderung darin, sich von anderen nicht von seinem Ziel abbringen zu lassen. Die meisten Menschen führen ein eher konventionelles Leben und verstehen die unkonventionelle Lebensgestaltung, die mit ortsunabhängiger Arbeit einhergeht, nicht. Leider wird man hier manchmal mit Neid konfrontiert. Darauf muss man sich einfach einstellen, wenn man diesen Lebensstil wählt und darf sich nicht von seinem Ziel abbringen lassen.

Last but not least: Hast du noch weitere hilfreiche Tipps für unsere Leser?

Ich gehe mal davon aus, dass die meisten Menschen, die dieses Buch in der Hand halten, etwas in ihrem Leben verändern wollen. Weil ihnen irgendetwas fehlt, sie gerne mehr Zeit für Sachen hätten, die ihnen wichtig sind, sie vielleicht unzufrieden mit ihrem Job sind, oder schon lange einen Traum haben, diesen aber noch nicht wahr gemacht haben.
Diesen Menschen möchte ich von ganzem Herzen eine große Schüppe Mut mitgeben, damit sie ihrem Herzen folgen und ihr Ding machen.
Fang direkt heute damit an, etwas für deinen Traum zu tun. Das muss nichts Großes sein. Wenn du unzufrieden bist, dann finde dich nicht damit ab, sondern nimm es in die Hand, um diesen Zustand zu ändern. Es muss kein großer Schritt sein. Es funktioniert auch sehr gut, wenn du viele kleine Schritte hintereinander machst.
Immer mehr von uns wünschen sich mehr Freiheit und Flexibilität in ihrem Leben, verfolgen diesen Wunsch aber oft nicht weiter, weil sie meinen, dass es für sie da draußen nichts gibt, mit dem sie das erreichen könnten, oder einfach Angst davor haben. Deshalb bin ich unfassbar stolz ein Teil dieses Buches zu sein und danke Bea und Jan dafür, andere mit unseren Geschichten zum Nachdenken anzuregen, den für sie richtigen Weg zu finden und diesen hoffentlich auch zu gehen.
Halte an deinen Zielen fest, egal was andere sagen. Es braucht Durchhaltevermögen am Anfang, aber du schaffst das!
Wer sich austauschen möchte, kann sich gerne bei mir melden. Aus eigener Erfahrung weiß ich, wie gut es tut, sich mit gleichgesinnten Menschen zu unterhalten. Menschen, die das gleiche Ziel haben, die deine Ideen nicht kleinmachen, sondern mit dir überlegen, wie du diese umsetzen kannst, um deinem Traum näherzukommen.

WOMIT KANNST DU ORTSUNABHÄNGIG GELD VERDIENEN? – EINIGE IDEEN

Beschäftigungsformen: Du kannst entweder als Freelancer für verschiedene Auftraggeber arbeiten, Angestellter einer Firma sein, die es dir ermöglicht ortsunabhängig zu arbeiten, oder du wirst unternehmerisch tätig. Mögliche Auftrag- / Arbeitgeber sind z. B. Charity-Unternehmen, Konferenzzentren, Event Venues, Hotels, PR Agenturen, Event Management Agenturen, große Unternehmen, etc.

Die folgenden Zeilen geben dir ein paar Ideen an die Hand, wie du ortsunabhängig mit diesem Beruf Geld verdienst. Der Abschnitt ist bewusst kurzgehalten, da viele der Ideen bereits in Kapitel 3 angesprochen wurden. Solltest du an der ein oder anderen Stelle den Wunsch nach mehr Inhalt verspüren, blättere einfach nochmal zum Anfang zurück. Nähere Informationen, wie du Themen für Bücher und Online-Kurse findest, erhältst du in Kapitel 5. Schau außerdem gerne auf unserem Blog vorbei, für alle genannten Tools und Ressourcen im Überblick: https://new-work-life.com/portfolio/eventmanager.

Führe bestimmte Kernaufgaben ortsunabhängig aus

Sieh dir die typischen Aufgaben eines Eventmanagers an und überlege dir, welche davon du ortsunabhängig ausüben kannst. Kannst du mit Kunden, Kollegen, Dienstleistern und Zulieferern, etc. virtuell kommunizieren, verhandeln und Abstimmungen treffen, indem du von Kommunikations- und Kollaborationsmedien wie Videotelefonie (z. B. Skype), Web-Konferenz (z. B. FreeConferenceCall), Desktop Sharing (z. B. Skype), Chat (z. B. Slack), E-Mail (z. B. Gmail) Gebrauch machst? Kannst du ortsunabhängig die Planung für ein Event vornehmen, ein Veranstaltungskonzept ausarbeiten und dieses dem Kunden digital zukommen lassen (z. B. über E-Mail mit anschließender Videokonferenz zur gemeinsamen Durchsprache)? Vermarkte deine Leistungen über eine eigene Website, Social Media und/oder über Online-Marktplätze wie z. B. Upwork.com, Freelance.de und Twago.de.

Veranstalte eine virtuelle Konferenz

Du könntest z. B. eine virtuelle Konferenz zum Thema Remote-Arbeit und virtuelle Kollaboration veranstalten, zu der du Vertreter verschiedener Remote-Unternehmen und andere Experten auf dem Gebiet als Speaker einlädst. Teilnehmer der Konferenz könnten z. B. konventionell arbeitende

Unternehmen sein, die auf Remote-Arbeit umstellen oder sich zum Thema Remote-Arbeit und den damit verbundenen Möglichkeiten informieren wollen. Alternativ könntest du auch eine virtuelle Konferenz zum Thema Eventmanagement abhalten, in der es z. B. um Themen wie Event-Konzeption, Ticket-Preissetzung, Budgetverwaltung, Erfolgskontrolle, Virtualität und/oder Risikomanagement gehen könnte.

Entwickle und verkaufe Online-Kurse

Wie wäre es z. B. mit einem Kurs zum Thema Eventplanung für Anfänger („In X Schritten zum Eventplaner – So meisterst du deine ersten Events mit Erfolg") oder zum Thema Projektmanagement („Das 1x1 des Projektmanagements – Lerne, wie du Projekte von Anfang bis Ende sicher und kompetent durchführst")? Alternativ könntest du auch einen Kurs konzipieren, der eine spezifische Eventkategorie (z. B. Hochzeitsplanung) oder eine bestimmte Projektmanagementsoftware (z. B. Trello oder Evernote) aufgreift und diese erklärt.

Werde virtueller Eventmanagement-Coach

Hilf Menschen dabei, ein Event zu veranstalten. Berate sie mithilfe moderner Technik zu allen anfallenden Aufgaben rund um ihr Event und/oder übernimm konkrete Tätigkeiten stellvertretend für sie. Du kannst z. B. dabei unterstützen, eine passende Event Location zu finden, Preisverhandlungen mit Dienstleistern zu führen, ein schlüssiges Veranstaltungskonzept auszuarbeiten, ein Budget festzulegen und vieles mehr. Nutze für deine virtuelle Beratung Kommunikations- und Kollaborationsmedien wie Videotelefonie (z. B. Skype), Remote Desktop Zugriff (z. B. TeamViewer), Chat (z. B. Slack), E-Mail (z. B. Gmail), etc. Vermarkte dein Angebot über eine eigene Website und/oder über Online-Plattformen wie z. B. Linkedin.com, Upwork.com und Freelancer.com, etc. Für Inspiration zum Thema schau z. B. auf der Website von Eventmanagerin Carolien Mertens vorbei, unter: https://www.carolienmertens.com.

STARTER TOOLKIT – DAS BRAUCHST DU, UM LOSZULEGEN

Notebook, Smartphone, ggf. Tablet

SOFTWARE:
- Office: z. B. Microsoft Office oder Google Docs
- Kommunikation: z. B. Skype, WhatsApp, Slack, Gmail
- Website / Webshop: z. B. WordPress oder Shopify

- Projektmanagement: z. B. Trello
- Organisation: z. B. Evernote

BÜCHER UND TUTORIALS:
- Buch: „Events professionell managen: Das Handbuch für Veranstaltungsorganisation", von Melanie von Graeve
- Buch: „Event Marketing: Professionelles Event-Management von der Planung bis zur Umsetzung", von Maximilian Bauer
- Buch: „Event Planning: Management & Marketing For Successful Events: Become an event planning pro & create a successful event series", von Alex Genadinik
- Tutorial: „Event Management & Planning for Success - How to Make Every Event You Plan Net Profitable", von Theresa Pinto, auf Udemy
- Tutorial: „One Month Project Management - Learn Project Management in Under One Month", von One Month, auf Udemy

Detaillierte Informationen zu Tools und Ressourcen, die dir helfen können, ein ortsunabhängiges Einkommen aufzubauen, findest du auf unserem Blog unter: https://new-work-life.com/portfolio/eventmanager.

HIER FINDEST DU WEITERE INFORMATIONEN

bdv Bundesverband der Veranstaltungswirtschaft e.V.: https://bdv-web.com
Verband der Veranstaltungsorganisatoren e.V. (VDVO): https://vdvo.de

4.11 FINANZBERATER

Als Finanzberater berätst du Menschen zu ihren Finanzen. Du kannst dich auf bestimmte Themenfelder spezialisieren wie z. B. Vorsorge, Schuldentilgung, Sparen, Investment, Kreditaufnahme oder eine übergreifende Beratung anbieten. Deine Aufgabe besteht darin, den Markt im Überblick zu haben und für deine Klienten die jeweils bestgeeigneten Produkte zu finden.

WAS SIND MÖGLICHE AUFGABEN?
- Finanzlage von Klienten prüfen und Zielvorstellungen abklären
- Markt bzgl. passender Produkte analysieren und Vorschläge für Klienten erarbeiten

- Risikoanalysen durchführen
- Finanzstrategie(n) für Klienten aufstellen
- Klienten in der Umsetzungsphase von Strategien unterstützen und begleiten
- Networking mit Bestandskunden, Information zu Produktneuerungen und Hilfestellung bei sich ändernden Bedürfnissen und/oder Rahmenbedingungen
- Kontakt zu Anbietern von Finanzprodukten aufbauen und Networking betreiben
- Preisverhandlungen mit Anbietern von Finanzprodukten führen, um bestmögliche Konditionen für Finanzprodukte zu erzielen
- Finanzberichte für Klienten und Anbieter von Finanzprodukten erstellen
- Up-to-date bzgl. Finanzinnovationen und aktueller Gesetzeslage bleiben

WELCHE AUSBILDUNG BENÖTIGST DU?

Die Berufsbezeichnung Finanzberater ist nicht geschützt. Um Finanzberater zu werden, benötigst du keine spezielle Ausbildung. Erfahrung im Finanzbereich und/oder eine kaufmännische Ausbildung/Studium sind von Vorteil. Weiterbildungsangebote zum Finanzberater findest du z. B. bei der IHK oder unter http://www.iwwb.de.

WELCHE FÄHIGKEITEN SOLLTEST DU MITBRINGEN?

- Gute Zuhörerqualitäten
- Analysestärke und Zahlenaffinität
- Fähigkeit, komplexe Sachverhalte einfach verständlich zu erklären
- Networking-Skills
- Verhandlungsstärke

UNSER ROLEMODEL FÜR DEN BERUF DES FINANZBERATERS

Name: Katie Brewer
Unternehmen: Your Richest Life
Homepage: http://yourrichestlifeplanning.com

Katie ist selbständig als unabhängige Finanzberaterin. Sie hilft vielbeschäftigten Menschen, zumeist Berufstätigen unter 50 Jahren, dabei, ihre Finanzen zu planen. Selbständig gemacht hat sie sich im Jahr 2014. Zuvor hat sie für die US-amerikanische Finanzberatungsfirma *LearnVest* gearbeitet und dort Kunden zu ihren Finanzen beraten. Vor Beginn ihrer Karriere als Finanzplanerin hat Katie einen Bachelor of Science an der Texas A&M Universität erlangt, den sie später berufsbegleitend um einen MBA von der Texas Tech Universität ergänzt hat. Heute lebt Katie mit ihrer Familie in der Dallas Region von Texas. In ihrer Freizeit liebt sie es, als Sopran in einem Chor zu singen, in Konzerte zu gehen oder zu wandern. Katie verdient als Finanzplanerin online Geld, indem sie über ihre Website http://yourrichestlifeplanning.com virtuelle Finanzberatung und -planung für Berufstätige anbietet.[43]

WOMIT KANNST DU ORTSUNABHÄNGIG GELD VERDIENEN? – EINIGE IDEEN

Beschäftigungsformen: Du kannst entweder als Freelancer für verschiedene Auftraggeber arbeiten, Angestellter einer Firma sein, die es dir ermöglicht ortsunabhängig zu arbeiten, oder du wirst unternehmerisch tätig. Mögliche Auftrag- / Arbeitgeber sind z. B. unabhängige Finanzberatungsinstitute, Privatpersonen, Investment Unternehmen und Versicherungskonzerne, In Kapitel 6 findest du verschiedene Jobportale, die sich auf ortsunabhängiges Arbeiten spezialisiert haben.

Die folgenden Zeilen geben dir ein paar Ideen an die Hand, wie du ortsunabhängig mit diesem Beruf Geld verdienst. Der Abschnitt ist bewusst kurzgehalten, da viele der Ideen bereits in Kapitel 3 angesprochen wurden. Solltest du an der ein oder anderen Stelle den Wunsch nach mehr Inhalt verspüren, blättere einfach nochmal zum Anfang zurück. Nähere Informationen, wie du Themen für Bücher und Online-Kurse findest, erhältst du in Kapitel 5. Schau außerdem gerne auf unserem Blog vorbei, für alle genannten Tools und Ressourcen im Überblick: https://new-work-life.com/portfolio/finanzberater.

Führe bestimmte Kernaufgaben ortsunabhängig aus
Sieh dir die typischen Aufgaben eines Finanzberaters an und überlege dir, welche davon du ortsunabhängig ausüben kannst. Kannst du mit Kunden, Geschäftspartnern, Kollegen, etc. virtuell kommunizieren und sie beraten, indem du von Kommunikations- und Kollaborationsmedien

---

[43] Quellen: https://yourrichestlifeplanning.com/about und https://www.linkedin.com/in/katiebrewercfp, abgerufen am 28.08.2018.

wie Videotelefonie (z. B. Skype), Web-Konferenz (z. B. FreeConference-Call), Desktop Sharing (z. B. Skype), Chat (z. B. Slack), E-Mail (z. B. Gmail) Gebrauch machst? Kannst du ortsunabhängig Finanzstrategien für Kunden aufstellen und ihnen diese auf digitalem Wege zukommen lassen? Kannst du unabhängig von einem bestimmten Ort Marktrecherchen und Risikoanalysen durchführen? Vermarkte deine Leistungen über eine eigene Website und über Social Media.

Werde Online-Coach und biete virtuelle Coachingstunden an
Coache angehende Finanzberater zu Themen wie z. B. Unternehmensgründung, Gewinnung von Neukunden, Reaktivierung von Bestandskunden, Online-Marketing, Social Media, Preisverhandlungen mit Anbietern von Finanzprodukten, etc.

Entwickle und verkaufe Online-Kurse
Wie wäre es z. B. mit Kursen zum Thema Budgetmanagement („Wie du dir ein festes Budget setzt und dich erfolgreich daran hälst"). Alternativ kannst du einen Kurs entwickeln, der sich mit dem Sparen für langfristige Ziele befasst („Wie du erfolgreich für weit in der Zukunft liegende Großinvestitionen sparst") oder mit dem Thema Geldanlage („Erfahre, worauf du bei der Anlage deines Geldes achten solltest und wie du erfolgreich ein Anlageportfolio zusammenstellst").

Biete ein Online-Programm an
Unterstütze Menschen bei der Umsetzung finanzieller Pläne. Du könntest z. B. ein Programm zum Thema „Privat fürs Alter vorsorgen – Risikoarme Langzeitgeldanlage" entwerfen, das Programmteilnehmer lehrt, wie sie geschickt Geld fürs Alter sparen und dieses gewinnbringend anlegen. Versorge Teilnehmer über die Dauer des Programmes regelmäßig mit Inhalten zum Thema Geldanlage, Renditechancen, Portfoliostrategie, etc. und sei ihr Ansprechpartner in allen Belangen rund um ihre Finanzen. Die Programmteilnehmer können sich bei Bedarf während des Programmes untereinander in Online-Gruppen austauschen sowie Fragen stellen (an dich und untereinander). Das Programm läuft für eine von dir bestimmte Dauer (z. B. drei Monate).

STARTER TOOLKIT – DAS BRAUCHST DU, UM LOSZULEGEN

Notebook, Smartphone

SOFTWARE:
- Office: z. B. Microsoft Office oder Google Docs
- Kommunikation: z. B. Skype, WhatsApp, Slack, Gmail
- Website / Webshop: z. B. WordPress oder Shopify
- Cloudbasierte Datenspeicherung: z. B. Dropbox oder Google Drive
- Ggf. Finanzberatungs- und Analysesoftware

BÜCHER UND TUTORIALS:
- Buch: „Cashkurs: So machen Sie das Beste aus Ihrem Geld: Aktien, Versicherungen, Immobilien", von Dirk Müller
- Buch: „Praxiswissen Finanzdienstleistungen: Band 1: Geld- und Vermögensanlage, Immobilien und Finanzierung, Organisation und Steuerung, Schwerpunkt Marketing und Betriebswirtschaft", von Wolfgang Kuckertz, Ronald Perschke, Frank Rottenbacher und Daniel Ziska
- Tutorial: „How To Build A Professional Financial Planning Website. The simple step-by-step guide to building a dynamic website that turns visitors into more financial advice leads", von Rich Peterson, auf Udemy

Detaillierte Informationen zu Tools und Ressourcen, die dir helfen können, ein ortsunabhängiges Einkommen aufzubauen, findest du auf unserem Blog unter: https://new-work-life.com/portfolio/finanzberater.

HIER FINDEST DU WEITERE INFORMATIONEN

Bundesverband Finanzdienstleistung AfW: http://www.afw-verband.de

4.12 GESUNDHEITSBERATER

Als Gesundheitsberater berätst du Menschen präventiv und bei bestehenden (chronischen) Krankheiten. Du hilfst ihnen, einen gesünderen Lebensstil zu führen, indem du ihnen Hilfestellung in den Bereichen Ernährung, Bewegung, Entspannung und Stressreduktion gibst.

WAS SIND MÖGLICHE AUFGABEN?
- Menschen zu ihren Lebensgewohnheiten befragen und beraten
- Auf Risikofaktoren für die Gesundheit hinweisen
- Gesundheitspläne erstellen
- Menschen dabei unterstützen, ihre Ess- und Lebensgewohnheiten zugunsten einer gesünderen Lebensweise umzustellen und Krankheiten vorzubeugen
- Chronisch kranken Menschen durch Maßnahmen zu einer gesünderen Lebensführung zu mehr Lebensfreude verhelfen
- Spezielle Gruppen wie z. B. Schwangere, Kinder und Senioren zum Thema gesunde Lebensführung beraten
- Das Gesundheitsbewusstsein von Privatpersonen, innerhalb von Organisationen und in der Öffentlichkeit stärken und Maßnahmen zu einer gesunden Lebensführung aufzeigen
- Aufklärungsarbeit zum Thema gesunde Lebensführung in der Öffentlichkeit leisten

WELCHE AUSBILDUNG BENÖTIGST DU?
Die Berufsbezeichnung Gesundheitsberater ist nicht geschützt. Um Gesundheitsberater zu werden, benötigst du keine spezielle Ausbildung. Von Vorteil ist eine Weiterbildung zum Gesundheitsberater, die bei Instituten wie z. B. der IHK, bei ILS oder bei Paracelsus absolviert werden kann.

WELCHE FÄHIGKEITEN SOLLTEST DU MITBRINGEN?
- Gutes Kommunikationsvermögen
- Kontaktfreude
- Empathie und Hilfsbereitschaft
- Fähigkeit andere zu motivieren
- Interesse an gesundheits- und krankheitsbezogenen Themen

UNSER ROLEMODEL FÜR DEN BERUF DES GESUNDHEITSBERATERS

Name: Samantha Russell
Unternehmen: Live the Whole
Homepage: https://livethewhole.com

Samantha ist mit ihrem Unternehmen *Live the Whole* selbständig und berät in diesem Zusammenhang Frauen, die gesundheitliche Probleme in Form von Essstörungen haben. Egal, ob es sich dabei um stressbedingtes Essen, Binge Eating oder Überessen handelt. Samantha weiß, wovon sie redet, denn sie hatte selbst eine Essstörung und hat über ihre Ernährung versucht, mit negativen Emotionen fertig zu werden. Da sie weiß, welche negativen Auswirkungen eine derartige Störung haben kann, hat sie Psychologie studiert. Im Anschluss hat sie sich zum Ernährungspsychologie-Coach weitergebildet und arbeitet derzeit daran, ihren Abschluss in klinischer und pastoraler Beratung zu machen, um ihr Profil als Gesundheitsberaterin abzurunden.

Samantha ist eine digitale Nomadin, die gerne durch die Welt reist. Bevor sie ihre Berufung gefunden hatte, hat sie als Englischlehrerin gearbeitet, um sich ihre Reisen finanzieren zu können.

Ihre Freunde und Familie sagen, auf Samantha angesprochen, dass sie zuverlässig und organisiert ist und sich wirklich für Menschen interessiert. Sie sagen auch, dass sie abenteuerlustig ist und tut, was sie will. Samantha hat uns in ihrer aktuellen Basis in Stockholm, Schweden, Rede und Antwort für unsere Fragen gestanden.

INTERVIEW MIT SAMANTHA RUSSELL VON LIVE THE WHOLE

Wie hast du deine ersten Kunden gefunden, mit denen du remote zusammengearbeitet hast?
Ich habe um Hilfe gebeten (und ich hatte eine Website). So erhielt ich meine erste remote-Kundin durch einen Artikel, der von einem Arzt in Korea geschrieben wurde, der Expats auf bestimmte Wellness-Ressourcen hinwies. Ich hatte mich vor einigen Monaten an diesen Arzt gewandt, ihm erklärt, was ich tue und ihn gefragt, ob er an einer Zusammenarbeit interessiert sei. Wir trafen uns zum Kaffee, er zeigte mir seine Klinik und

wir arrangierten, dass ich einen Raum für einige Workshops mietete. Er schrieb dann einen Artikel für ein lokales englischsprachiges Magazin und erwähnte mein Angebot und verwies die Leute auf meine Website, und so fand meine erste zahlende Kundin meine Website. Auf meiner Seite habe ich einen kostenlosen 40-minütigen Anruf angeboten, sie hat ihn gebucht und sich dann für die Zusammenarbeit mit mir angemeldet.

In der Folgezeit habe ich immer wieder Kontakt mit lokalen Unternehmen sowie mit lokalen Gruppen und Organisationen aufgenommen und es war das erfolgreichste, was ich getan habe, um Kunden zu erreichen.

Was war deine Motivation, ortsunabhängig zu arbeiten?

Als ich mein Online-Geschäft begann, lebte und arbeitete ich in Seoul, Südkorea. Da ich nicht fließend Koreanisch spreche, musste ich mir einen englischsprachigen Kundenstamm für mein Coaching-Angebot aufbauen. Online zu arbeiten war die Lösung – es erlaubte mir, mit Expats in ganz Korea zu arbeiten, die zu schätzen wussten, dass ich ihre Lebenssituation genau nachvollziehen konnte. Und so habe ich begonnen, mit Menschen aus der ganzen Welt zu arbeiten.

Ich liebe es zu reisen und konnte mein Coaching-Geschäft von Korea, Indonesien, Neuseeland, Frankreich und Schweden aus leiten. Es ist toll, Menschen wirklich helfen zu können und gleichzeitig ein Leben zu führen, das ich liebe.

Wie hast du deine Remote-Karriere begonnen? Gab es irgendwelche Tools, die dir dabei geholfen haben, ortsunabhängig zu arbeiten?

Als ich anfing, ein Esspsychologie-Coach zu werden, wusste ich, dass ich ein Geschäft darum herum aufbauen wollte. Also habe ich einen Blog gestartet, um das, was ich gelernt habe, festzuhalten und ein Publikum von zukünftigen Kunden aufzubauen. Zwei der hilfreichsten Ressourcen, die ich verwendet habe, waren das Buch und die Podcasts der Wellpreneur-Schöpferin Amanda Cook sowie alle Kurse, Workshops und Workbooks von Regina von byregina.com. Die erste Sache, die ich tat, bevor ich mein Blog oder Geschäft begann, war, ihr Template für einen Business-Plan auszufüllen.

Welche drei Dinge würdest du vermeiden, wenn du die Zeit zurückspulen könntest?

Wenn ich das alles noch einmal machen müsste, würde ich wahrscheinlich versuchen, weniger DIY zu machen. Ich habe alles auf meiner Website gemacht, sogar die technischen Sachen und es hat lange gedauert. Wenn ich wüsste, was ich jetzt weiß, würde ich einfach ein wenig Geld in die Hand nehmen und mich darauf konzentrieren, die Dinge zu tun, die ich liebe, und jemand anderen die anderen Dinge tun zu lassen.

Eine andere Sache, die ich anders machen würde, ist, dass ich nicht mehr auf all die Ratschläge, die einem erteilt werden, hören würde, da sie sich nicht alle auf mein Geschäft übertragen lassen. Gesundheit und Wellness können ein heikler Bereich sein, und einige dieser Taktiken und Businesspläne führen nicht dazu, dass sich die Menschen sicher oder gewertschätzt fühlen.

Wie sieht ein normaler Arbeitstag in deinem Leben als Remote Worker aus? Hast du eine tägliche Routine?
Meine Tage sind sehr unterschiedlich. An einigen Tagen habe ich die ganze Zeit über Anrufe und Klienten, an anderen Tagen habe ich nur ein paar wenige (und manchmal über den Sommer total freie Tage).

Normalerweise arbeite ich von zu Hause aus (ich habe oft eine Basis, in der ich längerfristig wohne), oder wenn ich unterwegs bin, arbeite ich von meinem Zimmer oder der Lobby aus, je nach WLAN-Verbindung und Klimaanlage. In Ländern, in denen ich mich länger aufgehalten habe, wie Korea oder Schweden, habe ich auch mit lokalen Kliniken oder Therapiezentren Kontakt aufgenommen und mit ihnen zusammengearbeitet, um ihre Räumlichkeiten nutzen zu dürfen. Das war sehr hilfreich.

Die eine Sache, die ich jeden Tag tue, ist, jede einzelne E-Mail in meinem Posteingang zu bearbeiten. An manchen Tagen kann das ein paar Stunden dauern, besonders, wenn ich Übersichten für Kunden oder Rechnungen versenden muss. Aber ich schaffe es in der Regel, meine Postfächer (ja, Plural) so nah wie möglich an Null zu bringen. Das gibt mir den Rest des Tages Zeit, mich in die Arbeit mit Kunden oder in laufende Projekte zu stürzen, ohne mich wegen meines E-Mail Posteingangs zu stressen.

Was sind die Vor- und Nachteile ortsunabhängiger Arbeit aus deiner Sicht?
Es gibt einige Vorteile, remote zu arbeiten. Man kann Dinge erleben und Ideen und Perspektiven auf das Leben und das Selbst bilden, von denen man nie träumen würde. Ich lerne wirklich viel über mich selbst und ich weiß, dass viel von meinem Selbstvertrauen und meinem Wissen über meine eigene innere Stärke, durch die Fähigkeit zu arbeiten und gleichzeitig so viel zu reisen, entstanden ist. Ich konnte entscheiden, wer ich bin, unabhängig davon, wer ich einmal war.

Aber es ist harte Arbeit. Du musst selbst motiviert und organisiert sein. Normalerweise hast du keine Mitarbeiter, auf die du dich verlassen kannst.

Oft kommen Entscheidungen über Arbeit und Geschäft auf dich zu – und manchmal hast du keine Ahnung, was zu tun ist! Es wird einsam, es kann anstrengend sein, und man vermisst Freunde und Familie. Das ist alles schwierig.

Last but not least: Hast du noch weitere hilfreiche Tipps für unsere Leser?
Hab keine Angst, um Hilfe zu bitten oder Leute zu kontaktieren und um Cross-Promotion zu bitten. Stell sicher, dass du der Person, die du kontaktierst, ebenfalls einen Vorteil bieten kannst.
Ich habe festgestellt, dass viele Menschen glücklich sind, zu kollaborieren, Raum zu vermieten, die Möglichkeit für einen Speaking-Gig zu vergeben oder Informationen zu teilen.
Geh da raus, hilf anderen, sei ehrlich und frage nach dem, was du willst.

WOMIT KANNST DU ORTSUNABHÄNGIG GELD VERDIENEN? – EINIGE IDEEN

Beschäftigungsformen: Du kannst entweder als Freelancer für verschiedene Auftraggeber arbeiten, Angestellter einer Firma sein, die es dir ermöglicht ortsunabhängig zu arbeiten, oder du wirst unternehmerisch tätig. Mögliche Auftrag- / Arbeitgeber sind z. B. Seniorenheime, Krankenkassen, Sport- und Fitnesscenter, Krankenhäuser oder Tourismus- und Kurbetriebe, Privatpersonen. In Kapitel 6 findest du verschiedene Jobportale, die sich auf ortsunabhängiges Arbeiten spezialisiert haben.

Die folgenden Zeilen geben dir ein paar Ideen an die Hand, wie du ortsunabhängig mit diesem Beruf Geld verdienst. Der Abschnitt ist bewusst kurzgehalten, da viele der Ideen bereits in Kapitel 3 angesprochen wurden. Solltest du an der ein oder anderen Stelle den Wunsch nach mehr Inhalt verspüren, blättere einfach nochmal zum Anfang zurück. Nähere Informationen, wie du Themen für Bücher und Online-Kurse findest, erhältst du in Kapitel 5. Schau außerdem gerne auf unserem Blog vorbei, für alle genannten Tools und Ressourcen im Überblick: https://new-work-life.com/portfolio/gesundheitsberater.

Führe bestimmte Kernaufgaben ortsunabhängig aus
Sieh dir die typischen Aufgaben eines Gesundheitsberaters an und überlege dir, welche davon du ortsunabhängig ausüben kannst. Kannst du mit Kunden, Geschäftspartnern, Kollegen, etc. virtuell kommunizieren und sie

beraten, indem du von Kommunikations- und Kollaborationsmedien wie Videotelefonie (z. B. Skype), Web-Konferenz (z. B. FreeConferenceCall), Desktop Sharing (z. B. Skype), Chat (z. B. Slack), E-Mail (z. B. Gmail) Gebrauch machst? Kannst du ortsunabhängig Ernährungs- und Menüpläne erstellen und diese Klienten digital zuschicken? Kannst du ortsungebunden Übungen zur Stressreduktion und Entspannung zusammenstellen und deinen Klienten z. B. im Videoformat zukommen lassen? Vermarkte deine Leistungen über eine eigene Website und über Social Media.

Biete ein Online-Programm an
Unterstütze Menschen beim Umgang mit einer chronischen Krankheit. Versorge Programmteilnehmer über die Dauer des Programms regelmäßig mit Informationen zu alternativen Heilmethoden, gib ihnen Ernährungs- und Bewegungstipps, stell ihnen motivierende Inhalte für düstere Momente zur Verfügung und sei ihr Ansprechpartner in allen Belangen rund um ihre chronische Krankheit. Die Programmteilnehmer können sich während des Programmes untereinander in Online-Gruppen austauschen sowie Fragen stellen (an dich und untereinander). Das Programm läuft für eine von dir bestimmte Dauer (z. B. für drei Monate).

Halte Online-Vorträge in deinem Fachgebiet
Deine Online-Vorträge können sich an (gesundheitsbewusste) Unternehmen, Organisationen (z. B. Seniorenheime) und/oder Privatpersonen richten. Thema für einen Online-Vortrag könnte z. B. sein: „Der Einfluss von Ernährung auf chronische Erkrankungen."

Biete Online-Seminare an
Mögliche Themen für Online-Seminare sind z. B.: „Bessere Gesundheit durch Heilfasten" oder „Rückenschmerzen adé". Inspiration und weitere Infos zu Online-Seminaren findest du auf der Website von Alexandra Rampitsch unter https://www.apfelbaum.cc.

STARTER TOOLKIT – DAS BRAUCHST DU, UM LOSZULEGEN

Notebook, Smartphone

SOFTWARE:
- Office-Programm: z. B. Microsoft Office oder G Suite von Google
- Kommunikation: z. B. Skype, WhatsApp, Slack, Gmail
- Website / Webshop: z. B. WordPress oder Shopify

BÜCHER UND TUTORIALS:
- Buch: „Wellpreneur: The Ultimate Guide for Wellness Entrepreneurs to Nail Your Niche and Find Clients Online", von Amanda Cook
- Buch: „Handbuch für Gesundheitsberater", von Regina Brinkmann-Göbel

Detaillierte Informationen zu Tools und Ressourcen, die dir helfen können, ein ortsunabhängiges Einkommen aufzubauen, findest du auf unserem Blog unter: https://new-work-life.com/portfolio/gesundheitsberater.

HIER FINDEST DU WEITERE INFORMATIONEN

Verband für Unabhängige Gesundheitsberatung: https://www.ugb.de

4.13 GESUNDHEITS- UND KRANKENPFLEGER

Als Gesundheits- und Krankenpfleger pflegst, betreust und berätst du pflegebedürftige Menschen wie z. B. akut oder chronisch Kranke. Dies kann im ambulanten oder im stationären Bereich erfolgen. Weiterhin dokumentierst und evaluierst du pflegerische Maßnahmen, assistierst Ärzten bei Behandlungen und führst ärztliche Anweisungen aus.

WAS SIND MÖGLICHE AUFGABEN?
- Patientenversorgungspläne schreiben
- Patienten auf Operationen vorbereiten
- Medizinische vorbereitende Maßnahmen durchführen wie z. B. Puls, Blutdruck oder Temperatur messen
- Beobachtung und Dokumentation des Zustandes von Patienten
- Medikamente, Infusionen, etc. verabreichen
- Bei Patientenbehandlungen assistieren
- Routine-Untersuchungen durchführen
- Sich um das Wohlbefinden von Patienten und Angehörigen kümmern und ihnen in schwierigen Situationen zur Seite stehen
- Patienten bzgl. ihrer Gesundheit beraten wie z. B. über Themen wie Diabetes, Gewichtsverlust, Gefahren von Zigarettenrauch
- Patientendokumentation zu Operationen, Behandlungen, Gesundheitszustand, etc.

WELCHE AUSBILDUNG BENÖTIGST DU?

Die Berufsbezeichnung Gesundheits- und Krankenpfleger ist gesetzlich geschützt. Um Gesundheits- und Krankenpfleger zu werden, musst du eine entsprechende Ausbildung durchlaufen. Die Ausbildung dauert drei Jahre und muss an einer staatlich anerkannten Krankenpflegeschule absolviert werden.

WELCHE FÄHIGKEITEN SOLLTEST DU MITBRINGEN?

- Empathie und emotionale Belastbarkeit
- Bereitschaft, Verantwortung zu übernehmen
- Priorisierungsvermögen bei hohem Arbeitsaufkommen
- Organisationstalent und strukturierte Arbeitsweise
- Teamplayer-Charakter

UNSER ROLEMODEL FÜR DEN BERUF DES GESUNDHEITS- UND KRANKENPFLEGERS

Name: Caroline M. Bonfanti
Unternehmen: InSight Telepsychiatry
Homepage: http://insighttelepsychiatry.com
Kontakt: cbonfa3304@aol.com

Caroline arbeitet als angestellte Tele-Krankenschwester für das Unternehmen *InSight Telepsychiatry*. *InSight Telepsychiatry* bietet per Telemedizin psychiatrische Leistungen im B2B Bereich an. Als Service Provider bedient das Unternehmen z. B. Krankenhäuser, Zentren für psychische Gesundheit, Pflegedienste, Grundversorgungszentren, Schulen und Universitäten. Studiert hat Caroline an der Rutgers University in New Jersey und dort einen Master of Science in psychiatrischer Krankenpflege erworben. Sie ist als Krankenschwester für psychiatrische Gesundheit in den Staaten New Jersey, Kalifornien und New York lizenziert.

Auf ihrem Gebiet verfügt Caroline über einen reichen Erfahrungsschatz. So hat sie bereits in verschiedenen Behandlungszentren für Verhaltensstörungen sowie in Ambulanzen wie dem Fort Defiance Indian Hospital, dem LA Gay & Lesbian Center und dem Department of Defense/US Navy gearbeitet. In diesem Zusammenhang betreute sie alle Altersgruppen von

Patienten, die unter schweren und anhaltenden psychischen Erkrankungen, Schlafstörungen, Aufmerksamkeitsdefiziten, Substanzabhängigkeit, Traumata und traumatischen Hirnverletzungen litten.

In ihrem jetzigen Job erbringt Caroline die gleichen Leistungen wie eine psychiatrische Krankenschwester vor Ort, mit dem Unterschied, dass sie ausschließlich virtuell arbeitet. Sie spricht über Videotelefonie mit Patienten, stellt Diagnosen, fertigt Behandlungspläne an und verschreibt Medikamente.

Familie und Freunde beschreiben Caroline als lebenslustig, fleißig und abenteuerlustig. Außerdem hege sie eine Liebe fürs Reisen, für Kultur und für Menschen. Das mache sich insbesondere dadurch bemerkbar, dass sie immer gerne neue Leute kennenlernt.

Während unseres Interviews befindet sich Caroline in Jacksonville, Florida, und betreut während ihres Aufenthaltes dort Patienten im Bundesstaat New Jersey.

INTERVIEW MIT CAROLINE BONFANTI VON INSIGHT TELEPSYCHIATRY

Was war deine Motivation, ortsunabhängig zu arbeiten?

Ich liebe die Idee der persönlichen Freiheit und der Ortsunabhängigkeit. Die Tatsache, dass man wählen kann, wo man leben möchte, ist motivierend und ein echtes Privileg. Und der Umstand, dass man, wenn ein Familienmitglied Hilfe braucht oder es einen Notfall zu Hause gibt, seine Arbeit mitnehmen kann und nicht zwischen den Bedürfnissen des Arbeitgebers und den Bedürfnissen der Familie wählen muss, ist sehr beruhigend für mich. Das habe ich spätestens nachdem meine Eltern älter wurden erkannt.

Welche drei Dinge würdest du vermeiden, wenn du die Zeit zurückspulen könntest?

Ich würde jedem, der den Sprung wagen möchte raten, einen Beruf oder eine Fertigkeit zu erlernen, die online darstellbar und gefragt ist. Wenn ich nochmal von vorne anfangen müsste, würde ich einen Arbeitgeber wählen, der es mir erlaubt, meine Arbeitszeiten flexibel auf meinen jeweiligen Aufenthaltsort in unterschiedlichen Zeitzonen anpassen zu können. Außerdem würde ich vorher abklären, dass ich für meine Arbeit keinen Zugang zu einem Drucker, Fax oder Scanner benötige, sondern alles digital über E-Mail erledigen kann, z. B. wenn ich Dokumente ausfüllen und per E-Mail zurückschicken möchte.

Was waren deine größten Herausforderungen, um ein Remote-Einkommen zu generieren und wie hast du diese bewältigt?
Meine größte Herausforderung war die Kommunikation, weil ich mit Patienten über mehrere Seiten arbeite. Außerdem ist es fordernd, seine E-Mails regelmäßig abzurufen und mit den verschiedenen Support-Mitarbeitern von mehreren Seiten in Verbindung zu bleiben. Auch die Technik zu Hause ist nicht so aktuell wie im Büro, so dass das Drucken, Faxen und Scannen etwas Zeit in Anspruch nehmen kann.

Wie sieht ein normaler Arbeitstag in deinem Leben als Remote Worker aus? Hast du eine tägliche Routine?
Ich habe einen ganz normalen 9-to-5 Arbeitstag, der sich an der Uhrzeit der Nordostküste der USA ausrichtet. In dieser Zeit bin ich für Patienten im Bundesstaat New Jersey da. Ich liebe es zu reisen und habe mein Zuhause aufgegeben. Deshalb wohne ich jetzt in Airbnbs, Hotels und in Privatzimmern in Hostels. Die Arbeit mit einzelnen Patienten erfordert Privatsphäre, daher ist ein Coworking Space keine Option für mich, es sei denn, ich kann einen separaten Raum nutzen.

Was sind die Vor- und Nachteile ortsunabhängiger Arbeit aus deiner Sicht?
Der Vorteil ist, dass ich mehr Autonomie habe und der Nachteil ist, dass ich nicht immer alle Systemwechsel am Arbeitsplatz mitbekomme. Es gibt Zeiten, in denen die Richtlinien am Arbeitsplatz geändert werden und der Remote-Mitarbeiter ist der Letzte, der davon erfährt. Ich finde auch, dass das ortsunabhängige Arbeiten herausfordernd ist im Hinblick auf Kommunikation.

Welches Potenzial siehst du in telemedizinischen Leistungen?
Tele-Psychiatrie ist ein aufstrebendes Berufsfeld in den USA, was zum Großteil an einem Mangel an psychiatrischen Pflegekräften und Psychiatern liegt. Vorteile von tele-psychiatrischen Leistungen sind reduzierte Gemeinkosten für Krankenhäuser, Kliniken, etc. bei gleichzeitiger Umsatzsteigerung. Außerdem werden mithilfe von Tele-Psychiatrie Patienten erreicht, die in sehr ländlichen Gebieten wie beispielsweise Alaska wohnen. Diese Patienten können zu Hause bleiben, was ihnen Geld und Zeit spart. Je einfacher wir es unseren Patienten machen, desto höher ist die Zahl der Patienten, die sich für tele-psychiatrische Behandlungen anmelden, was im Endeffekt weniger Kosten für alle, weniger Besuche in der Notaufnahme und weniger stationäre psychiatrische Krankenhausaufenthalte bedeutet.

Last but not least: Hast du noch weitere hilfreiche Tipps für unsere Leser?
Tu das, was du liebst und worin du gut bist. Dann wirst du immer Arbeit finden. Wenn es wichtig für dich ist, ortsunabhängig zu sein, dann tu, was du gerne tust und sei bereit, hart dafür zu arbeiten während du unterwegs bist.

WOMIT KANNST DU ORTSUNABHÄNGIG GELD VERDIENEN? – EINIGE IDEEN

Beschäftigungsformen: Du kannst entweder als Freelancer für verschiedene Auftraggeber arbeiten, Angestellter einer Firma sein, die es dir ermöglicht ortsunabhängig zu arbeiten, oder du wirst unternehmerisch tätig. Mögliche Arbeit- / Auftraggeber sind: Krankenhäuser, Hospize, Arztpraxen, Gesundheitszentren, Versicherungsunternehmen, Altersheime und Schulen, aber auch Kreuzfahrtschiffe, Hotels, Resorts, etc. In Kapitel 6 findest du verschiedene Jobportale, die sich auf ortsunabhängiges Arbeiten spezialisiert haben.

Die folgenden Zeilen geben dir ein paar Ideen an die Hand, wie du ortsunabhängig mit diesem Beruf Geld verdienst. Der Abschnitt ist bewusst kurzgehalten, da viele der Ideen bereits in Kapitel 3 angesprochen wurden. Solltest du an der ein oder anderen Stelle den Wunsch nach mehr Inhalt verspüren, blättere einfach nochmal zum Anfang zurück. Nähere Informationen, wie du Themen für Bücher und Online-Kurse findest, erhältst du in Kapitel 5. Schau außerdem gerne auf unserem Blog vorbei, für alle genannten Tools und Ressourcen im Überblick: https://new-work-life.com/portfolio/gesundheits-und-krankenpfleger.

Führe bestimmte Kernaufgaben ortsunabhängig aus
Sieh dir die typischen Aufgaben eines Gesundheits- und Krankenpflegers an und überlege dir, welche davon du ortsunabhängig ausüben kannst. Kannst du mit Patienten und Kollegen virtuell kommunizieren und sie beraten, indem du von Kommunikations- und Kollaborationsmedien wie Videotelefonie und Chat (z. B. Wire) und E-Mail (z. B. Protonmail) Gebrauch machst? Kannst du bestimmte Gesundheitsleistungen ortsunabhängig ausüben wie z. B. Gesundheitsvorsorgeberatungen bei Menschen mit erhöhtem Gesundheitsrisiko, Gesundheitsberatung von chronisch kranken Menschen und Nachsorge bei frisch aus dem Krankenhaus entlassenen

Patienten? Bei diesen Leistungen spricht man auch von telemedizinischen Leistungen (Telehealth). Für weitergehende Informationen zum Thema Telehealth google die Begriffe „Teletriage", „Teletrauma", „Telestroke", „Telehomecare". Vermarkte deine Leistungen über eine eigene Website und über Social Media.

Werde Online (Nachhilfe-)Lehrer
Bereite angehende Gesundheits- und Krankenpfleger auf Prüfungen/Examen vor. Finde Schüler über Online-Vermittlungsportale/-Marktplätze wie z. B. Superprof.de und Nachhilfe-Vermittlung.com.

Werde Online-Coach und biete virtuelle Coachingstunden an
Coache angehende und/oder etablierte Gesundheits- und Krankenpfleger zu Themen wie z. B. Umgang mit emotionalem Stress, Organisations- und Zeitmanagement, Eintritt in die Selbständigkeit als virtueller Gesundheits- und Krankenpfleger, etc.

Schreibe ein eBook
Finde ein Thema, das dich interessiert und für das Nachfrage besteht. Wie wäre es z. B. mit einem Buch zum Thema Telemedizin und telemedizinische Versorgung in Deutschland? du könntest einen Blick in die Vergangenheit werfen und einen Ausblick in die Zukunft geben. Alternativ kannst du auch verschiedene telemedizinische Verfahren, wie sie z. B. in den USA oder in anderen europäischen Ländern praktiziert werden, näher beleuchten und prüfen, ob sie auch für den deutschen Markt relevant werden könnten. Wie genau du Themen findest, kannst du im Kapitel 5 nachlesen.

STARTER TOOLKIT – DAS BRAUCHST DU, UM LOSZULEGEN

Notebook, Smartphone, medizinische Ausstattung je nach Fachrichtung

SOFTWARE:
- Office: z. B. Microsoft Office
- Kommunikation: z. B. Wire, Protonmail
- Website / Webshop: z. B. WordPress oder Shopify
- Ggf. Patientenmanagementsystem, z. B. EgoSession

BÜCHER UND TUTORIALS:
- Buch: „Tele-Nurse: Telephone Triage Protocols", von Sandi Lafferty und Marijo Baird

- Buch: „Telemedicine and Telehealth 2.0: A Practical Guide for Medical Providers and Patients", von Victor Lyuboslavsky
- Buch: „The Guide to the Future of Medicine: Technology AND The Human Touch", von Bertalan Mesko
- Tutorial: „Telemedicine: Virtual Visits With Patients", von Sarah Fletcher und Dale Ames Kline auf Nurse.com

Detaillierte Informationen zu Tools und Ressourcen, die dir helfen können, ein ortsunabhängiges Einkommen aufzubauen, findest du auf unserem Blog unter: https://new-work-life.com/portfolio/gesundheits-und-krankenpfleger.

HIER FINDEST DU WEITERE INFORMATIONEN

Deutscher Berufsverband für Pflegeberufe: https://www.dbfk.de/de/index.php
Deutscher Pflegeverband e.V.: http://www.dpv-online.de

4.14 HEILPRAKTIKER

Als Heilpraktiker behandelst du Menschen mit gesundheitlichen Beschwerden mit alternativen Heil- und Behandlungsmethoden. Du verfolgst als Heilpraktiker einen ganzheitlichen Ansatz, indem du die zu Grunde liegenden Ursachen der Krankheit und nicht nur die Symptome betrachtest. Dafür stellst du eine Reihe von physischen, emotionalen und psychologischen Untersuchungen an.

WAS SIND MÖGLICHE AUFGABEN?
- Patienten untersuchen und beraten
- Medikationen herstellen
- Genesungsfortschritt deiner Patienten verfolgen
- Notizen zu den Patienten und ihren Beschwerden anlegen (Krankenakte)
- Permanent weiterbilden

WELCHE AUSBILDUNG BENÖTIGST DU?
Um als Heilpraktiker arbeiten zu dürfen, musst du eine entsprechende Ausbildung absolvieren. Die Ausbildung dauert ca. zwei Jahre und kann an verschiedenen Instituten in jeder größeren Stadt oder auch per Fernkurs

absolviert werden. Für den Abschluss der Heilpraktiker-Ausbildung ist eine amtsärztliche Prüfung notwendig.

WELCHE FÄHIGKEITEN SOLLTEST DU MITBRINGEN?

- Empathie
- Sensibilität, Reife und Belastbarkeit
- Kommunikations- und Zuhörfähigkeit
- Analytische Fähigkeiten
- Kreativität

UNSER ROLEMODEL FÜR DEN BERUF DES HEILPRAKTIKERS

Name: Lisa Guy
Unternehmen: Art of Healing (Naturopathic Medicine) | Bodhi Organic Tea
Homepage: http://www.artofhealing.com.au | http://www.bodhiorganictea.com
Kontakt: lisa@artofhealing.com.au | info@bodhiorganictea.com

Lisa ist selbständige Naturheilpraktikerin aus Sydney, Australien, und vor einiger Zeit mit ihrer Familie nach San Francisco, USA, umgezogen. Lisa berät ihre Patienten online in Fragen einer gesunden und ausgewogenen Lebensführung. Sie verfolgt einen ganzheitlichen Betrachtungsansatz und erstellt beispielsweise individuelle Ernährungspläne, die zu einer Steigerung des individuellen Wohlbefindens beitragen.
Neben ihrer Praxis *Art of Healing* hat Lisa vor zwei Jahren die Premium Bio-Kräutertee Firma *Bodhi Organic Tea* gegründet.
Nebenbei schreibt sie Artikel und entwickelt Rezepte für führende australische Publikationen im Gesundheitsbereich. Zudem hat sie bereits fünf Bücher geschrieben.

Bevor Lisa sich selbständig gemacht hat, hat sie das ACNT (Australian College of Natural Therapies) absolviert, wo sie ein Diplom in Naturheilkunde erhalten hat. Darin enthalten sind ein Diplom in Ernährung und Kräutermedizin.
Zudem ist sie klassisch ausgebildete Homöopathin. Sie hat ein Diplom in Homöopathie vom Sydney Homeopathic College und einen Abschluss in Health Science (Komplementärmedizin) von der New England University. Nachdem sie ihr Studium beendet hatte, hat sie ihre eigene

naturheilkundliche Klinik von zu Hause aus gegründet und ist später in eine Gemeinschaftspraxis in Bondi, Sydney, umgezogen. Sie hat von Beginn an Online-Beratung als Teil ihres Services angeboten, da sie das als äußerst praktisch für Mütter mit Babys und Kleinkindern und für Menschen, die woanders leben, fand.

Freunde und Familie bezeichnen Lisa als eine herzliche, freundliche und mitfühlende Person. Sie arbeitet hart und konzentriert und ist ein bisschen perfektionistisch veranlagt. Sie ist begeistert von gesundem Leben und gesundem Essen. Familie und Freunde sind Lisa sehr wichtig. Zudem ist sie sehr loyal und zuverlässig.

Unsere Fragen hat Lisa teilweise in Sydney beantwortet.

INTERVIEW MIT LISA GUY VON ART OF HEALING

Wie verdienst du dein Geld als Remote Worker?
Meine hauptsächlichen Einkommensströme sind im Moment meine Online-Beratungen, das Schreiben von Artikeln im Gesundheitsbereich und Rezeptentwicklung.

Wie findest du neue Kunden?
Ich habe festgestellt, dass der beste Weg für mich, neue Kunden zu gewinnen, Mund-zu-Mund-Propaganda ist. Besonders wenn Menschen nach Heilpraktikern suchen, fragen die meisten Menschen ihre Familie und Freunde nach Empfehlungen.
Ein anderer, sehr guter Weg, um mich selbst zu vermarkten und das Bewusstsein für meine Praxis und Dienstleistungen zu erhöhen, ist das Veröffentlichen von gesundheitsbezogenen Artikeln und gesunden Rezepten in Zeitschriften und auf Gesundheits- und Wellness-Websites.
Unternehmen finden mich über die sozialen Medien und fragen mich als Promoter für ihre Produkte an oder fragen mich, ob ich mit ihnen in einer Kampagne zusammenarbeiten möchte. Folglich sind Facebook und Instagram auch wichtige Kanäle, über die ich neue Kunden bekomme.

Was war deine Motivation, ortsunabhängig zu arbeiten?
Am Anfang habe ich meinen Patienten Online-, Telefon- und Skype-Beratung angeboten, um Eltern mit kranken Kindern das Leben zu erleichtern, damit sie ihre kranken Kinder nicht zur Beratung mitnehmen mussten. Die Eltern haben diesen Komfort und den damit verbundenen Service sehr zu schätzen gewusst.
Außerdem habe ich festgestellt, wie toll es ist, nicht jeden Tag in die Klinik

gehen zu müssen und dort bis spät zu bleiben. Ich konnte innerhalb von einer Woche immer noch genauso viele Patienten sehen, wie wenn ich vor Ort war. Der Unterschied bestand jedoch darin, dass ich sie besser in mein Arbeits- und Familienleben integrieren konnte. Ich habe schnell die damit verbundene Flexibilität lieben gelernt. Ich kann einfach meinen Laptop überall mit hinnehmen und die Stunden arbeiten, die ich arbeiten will.

Wie sieht ein normaler Arbeitstag in deinem Leben als Remote Worker aus? Hast du eine tägliche Routine?

Ich bin erst kürzlich mit meiner Familie nach San Francisco gezogen, daher sind im Moment 100% meiner naturheilkundlichen Arbeit remote. In der Vergangenheit habe ich zu 50% zu Hause und zu 50% in meiner Klinik gearbeitet. Für meine Tee-Firma reise ich immer noch nach Australien, aber ich leite sie jetzt auch fast von zu Hause aus.

Meine Tage können während der Woche variieren – was ich super finde. Abhängig davon, ob ich Fristen für Rezepte oder Artikel für Zeitschriften habe, verbringe ich vielleicht einen Tag pro Woche damit, Rezepte zu entwickeln und sie dann in meiner Küche zu testen. Ich muss dann meine Gerichte stylen und fotografieren. Außerdem entwerfe und erstelle ich Rezepte für meinen Bodhi-Tee-Blog „Nourishing Tea-Time Recipes". Ich finde Rezepte sind eine großartige Möglichkeit, mich mit meinem Publikum aus den sozialen Medien sowohl für „Art of Healing" als auch für „Bodhi Organic Tea" zu beschäftigen. Der Rest meiner Woche besteht aus Kundenanfragen, Recherchen und Schreiben von Behandlungsprotokollen und dem Entwurf von Essensplänen sowie dem Beantworten von Kunden-E-Mails.

Ab mittags widme ich meine Zeit „Bodhi". Ich erledige neue Bestellungen, beantworte E-Mails von Kunden, entwickle neue Produkte, arbeite an Marketing-Ideen und schreibe Tee- Blogs. Ein paar Mal pro Woche arbeite ich auch gerne in einem Café. Ich finde, dass räumliche Veränderungen bei Schreibblockaden wie Wunder wirken.

Was sind die Vor- und Nachteile ortsunabhängiger Arbeit aus deiner Sicht?

Einer meiner Lieblingsaspekte, hinsichtlich meines eigenen Geschäfts und dem Umstand, dass ich ortsunabhängig arbeite, ist die Flexibilität, die ich insbesondere als Mutter genieße. Ich habe das Glück, dass ich meine Arbeit um die Schulzeiten herum legen und so problemlos meine Kinder zur Schule bringen oder abholen kann.

Außerdem kann ich zu allen Schulvorstellungen und Ballettaufführungen meiner Tochter gehen. Natürlich muss ich manchmal etwas mit den Zeiten jonglieren, in der Regel funktioniert es aber wunderbar. Ein weiterer großer

Vorteil des ortsunabhängigen Arbeitens besteht darin, von überall aus arbeiten zu können und keine hohen Kosten für einen Büroraum zu haben. Einer der Nachteile ist jedoch, dass es schwierig ist, abzuschalten. Wenn du für dich selbst und dazu noch ortsunabhängig arbeitest, kannst du quasi permanent und rund um die Uhr arbeiten, wenn du willst. Wenn viel zu tun ist, ist es einfach, weiter zu arbeiten und keine Pause zu machen oder genug Schlaf zu bekommen. Ich habe gelernt, dass es sehr wichtig ist zu wissen, wann ich abschalten muss, auch wenn es nur für eine kurze Zeit ist.

Last but not least: Hast du noch andere hilfreiche Tipps für unsere Leser?

Wenn du ortsunabhängig arbeitest, musst du Acht geben, deine Balance zu halten. Du kannst nämlich ganz einfach rund um die Uhr arbeiten und leicht in die Falle treten, niemals abzuschalten.

Ich habe in diesem Jahr einige große Veränderungen an meinen Arbeitstagen vorgenommen. In den letzten zwei Jahren, als ich neben der Arbeit in meiner naturheilkundlichen Praxis meine Tee-Firma gegründet habe, habe ich rund um die Uhr gearbeitet. Ich habe bis spät in die Nacht hinein gearbeitet, um alles auf die Reihe zu bekommen. Am Ende war ich müde und erschöpft. Dann habe ich ein paar wichtige Änderungen an meinem Arbeitstag vorgenommen und die hatten große Auswirkungen für meine Gesundheit, mein Familienleben und meine Arbeitsproduktivität.

Das Leben ist immer noch turbulent und es fällt viel an, aber ich versuche jeden Tag ganz bewusst ein paar Dinge zu tun, um mein Leben im Gleichgewicht zu halten.

Ich trage Yoga und Bewegung in meinen Kalender ein und arbeite nicht mehr bis spät in die Nacht – das holt dich definitiv irgendwann ein. Ich höre auf zu arbeiten, wenn meine Kinder nach Hause kommen, um möglichst viel und gute Zeit mit ihnen zu verbringen, und ich stelle sicher, dass ich jeden Tag ein bisschen technikfreie Zeit habe. Genügend Schlaf und eine gesunde Ernährung sind auch wichtig, wenn du ein eigenes Unternehmen führst, um gesund zu bleiben, produktiv zu sein und effizient arbeiten zu können.

WOMIT KANNST DU ORTSUNABHÄNGIG GELD VERDIENEN? – EINIGE IDEEN

Beschäftigungsformen: Du kannst entweder deine eigene (virtuelle) Praxis leiten oder angestellt in einer Praxis sein, die es dir ermöglicht,

ortsunabhängig zu arbeiten. In Kapitel 6 findest du verschiedene Jobportale, die sich auf ortsunabhängiges Arbeiten spezialisiert haben.
Die folgenden Zeilen geben dir ein paar Ideen an die Hand, wie du ortsunabhängig mit diesem Beruf Geld verdienst. Der Abschnitt ist bewusst kurzgehalten, da viele der Ideen bereits in Kapitel 3 angesprochen wurden. Solltest du an der ein oder anderen Stelle den Wunsch nach mehr Inhalt verspüren, blättere einfach nochmal zum Anfang zurück. Nähere Informationen, wie du Themen für Bücher und Online-Kurse findest, erhältst du in Kapitel 5. Schau außerdem gerne auf unserem Blog vorbei, für alle genannten Tools und Ressourcen im Überblick: https://new-work-life.com/portfolio/heilpraktiker.

Führe bestimmte Kernaufgaben ortsunabhängig aus
Sieh dir die typischen Aufgaben eines Heilpraktikers an und überlege dir, welche davon du ortsunabhängig ausüben kannst. Kannst du mit Patienten und Kollegen virtuell kommunizieren und sie beraten, indem du von Kommunikations- und Kollaborationsmedien wie Videotelefonie (z. B. Skype), Web-Konferenz (z. B. FreeConferenceCall), Desktop Sharing (z. B. Skype), Chat (z. B. Slack), E-Mail (z. B. Gmail) Gebrauch machst? Kannst du bestimmte Gesundheitsleistungen ortsunabhängig anbieten wie z. B. die Auswertung medizinischer Patientendaten, wenn ein Patient dir seine Daten elektronisch zuschickt oder die Zusammenstellung von naturheilkundlicher Medikation, wenn ein Patient dir mithilfe von Videotelefonie seine Beschwerden schildert? Vermarkte deine Leistungen über eine eigene Website und über Social Media.

Schreibe ein eBook
Finde ein Thema, das dich interessiert und/oder für das Nachfrage am Markt besteht. Du könntest z. B. ein Buch zum Thema Verdauung und Stuhlgang schreiben („Was dein Stuhlgang über dich und deine Gesundheit aussagt") oder du schreibst einen homöopathischen Ratgeber für Reisen, der Reisende während ihrer Reise mit homöopathischem Rat versorgt. Dies könnte z. B. für chronisch kranke Menschen interessant sein. Wie genau du Themen findest, kannst du im Kapitel 5 nachlesen.

Verkaufe Naturheilkunde-Produkte über einen eigenen Webshop
Wähle zum Verkauf ausschließlich Produkte aus, von denen du zu hundert Prozent überzeugt bist und die du deinen Patienten ohne Vorbehalte empfehlen kannst. Exemplarische Produkte könnten sein: Salben- und Cremedosen, Pipettenflaschen, Reaktionsgefäße, Bioresonanz-Therapie Produkte, Akkupunktur Produkte, etc.

Biete ein Online-Programm an
Unterstütze Menschen beim Umgang mit einer chronischen Krankheit. Inhalte deines Programmes könnten sein: Beantwortung von Gesundheitsfragen, Tipps zum Umgang mit chronischen Erkrankungen, Ernährungs- und Bewegungspläne, naturheilkundliche Produktauswahl, Motivation, Entspannung, etc. Versorge Programmteilnehmer über die Dauer des Programmes regelmäßig mit Inhalten zu oben genannten Themen. Die Programmteilnehmer können sich während des Programmes untereinander in Online-Gruppen austauschen sowie Fragen stellen (an dich und untereinander). Das Programm läuft für eine von dir bestimmte Dauer (z. B. für drei Monate).

STARTER TOOLKIT – DAS BRAUCHST DU, UM LOSZULEGEN

Notebook, Smartphone

SOFTWARE:
- Office: z. B. Microsoft Office oder Google Docs
- Kommunikation: z. B. Skype, WhatsApp, Slack, Gmail
- Website / Webshop: z. B. WordPress oder Shopify
- Ggf. Patientenmanagement

BÜCHER UND TUTORIALS:
- Buch: „Quickfinder Homöopathie (GU Quickfinder Körper, Geist & Seele)", von Markus Wiesenauer
- Buch: „Standardwerk: Homöopathie – Das große Handbuch", von Markus Wiesenauer und Suzann Kirschner-Brouns
- Buch: „Kompaktwissen: Heilpraktiker Kompaktwissen", von Christopher Thiele

Detaillierte Informationen zu Tools und Ressourcen, die dir helfen können, ein ortsunabhängiges Einkommen aufzubauen, findest du auf unserem Blog unter: https://new-work-life.com/portfolio/heilpraktiker.

HIER FINDEST DU WEITERE INFORMATIONEN

Verband klassischer Homöopathen Deutschlands, https://www.vkhd.de
Deutsche Gesellschaft für Klassische Homöopathie,
http://www.dgkh-homoeopathie.de

4.15 JURIST

Als Jurist beschäftigst du dich mit Gesetzen, Normen und Regeln. Was dein Tätigkeitsgebiet anbelangt, bist du breit aufgestellt. Du kannst mitwirken an Rechtsprechung und Rechtsberatung oder Beglaubigungen vornehmen. Je nach Spezialisierung und Interessensneigung kannst du als Rechtsanwalt, Staatsanwalt, Richter, Notar oder als Jurist im privatwirtschaftlichen Sektor arbeiten. Da es in diesem Buch um Remote-Arbeit geht, steht primär der Unternehmensjurist im Fokus der folgenden Ausführungen.

WAS SIND MÖGLICHE AUFGABEN EINES UNTERNEHMENSJURISTEN?

- Unternehmen juristisch beraten und als Ansprechpartner bei juristischen Fragestellungen dienen
- Schadensersatzansprüche bzw. -klagen gegen ein Unternehmen abwenden
- Verträge mit Geschäftspartnern eines Unternehmens ausarbeiten und verhandeln
- Juristische Einschätzungen und Gutachten verfassen
- Unternehmen gegenüber Behörden vertreten
- Mitarbeiterverträge aufsetzen und prüfen
- Unternehmensinterne Betriebserweiterungen, Umstrukturierungen und Betriebsübernahmen aus juristischer Sicht betreuen
- Fallbezogene Dokumente und Literatur recherchieren und analysieren
- Dokumentation und Ablage
- Gesetzestexte studieren und immer up-to-date bzgl. der aktuellen Rechtslage bleiben

WELCHE AUSBILDUNG BENÖTIGST DU ZUM UNTERNEHMENSJURISTEN?

Die Berufsbezeichnung Jurist ist gesetzlich nicht geschützt. Daher kann sich im Prinzip jeder so nennen. Allgemein vorausgesetzt, um als Unternehmensjurist tätig zu werden, wird in der Regel jedoch ein Studium der Rechtswissenschaften, mindestens bis zum 1. Staatsexamen. Dieses nimmt ca. neun Semester in Anspruch. Die Erlangung des 2. Staatsexamens dauert weitere zwei Jahre und qualifiziert dich zum Volljuristen. Mit diesem Grad kannst du u. a. Rechtsanwalt oder Richter werden.

WELCHE FÄHIGKEITEN SOLLTEST DU MITBRINGEN?
- Hervorragendes Kommunikationsvermögen, sowohl schriftlich als auch mündlich
- Verhandlungsgeschick und Argumentationsstärke
- Analytischer Verstand und Problemlösungskompetenz
- Präzision und detailgenaue Arbeitsweise
- Integrität und Organisiertheit

UNSER ROLEMODEL FÜR DEN BERUF DES JURISTEN

Name: Ronald Kandelhard
Unternehmen: Easy Rechtssicher | Easy Contracts
Homepage: https://easyrechtssicher.de | https://easycontracts.de
Kontakt: mail@drnomad.de

Ronald Kandelhard ist vermutlich der bekannteste ortsunabhängig arbeitende Anwalt. Als *Dr. Nomad* unterstützt der promovierte Jurist Unternehmer und Selbständige dabei, ihre Internetpräsenz und ihre Verträge rechtssicher zu gestalten. Ronald ist kein Millennial, der nach Abschluss seines Studiums gleich in das digitale Nomadentum eingestiegen ist, sondern ein sehr erfahrener Anwalt.

Nach dem Jurastudium war er zunächst als wissenschaftlicher Mitarbeiter und Lehrbeauftragter an einer Universität tätig. Er erkannte frühzeitig, dass er keine Karriere im öffentlichen Dienst anstrebte, weil ihm die persönliche Freiheit dort fehlte. Deshalb hat er sich als Anwalt selbständig gemacht und mit zwei Partnern eine mittelständige Sozietät aufgebaut. Erste Erfahrungen in selbständiger Arbeit hatte er zu diesem Zeitpunkt bereits, weil er während seiner Zeit an der Uni als Berater für die EU in der Gesetzgebung der Staaten der vormaligen Sowjetunion gearbeitet hatte.

In seiner Funktion als Anwalt vergleichen ihn Freunde gerne mit Harvey Specter, der Titelfigur der amerikanischen Anwaltsserie *Suits*. Ronald freut das, erachtet es allerdings augenzwinkernd als übertrieben. Unsere Interviewfragen beantwortet Ronald aus dem portugiesischen Porto.

INTERVIEW MIT ROLAND KANDELHART VON EASY RECHTSSICHER UND EASY CONTRACTS

Wie verdienst du dein Geld als Remote Worker?
Ich stelle ein Plug-In für die Datenschutzerklärung auf einer Website zur Verfügung und biete in einem Mitgliederbereich auf https://easyrechtssicher.de Muster und Anleitungen für eine rechtssichere Website an. Auf https://easycontracts.de verkaufe ich AGBs und Verträge speziell für Online-Unternehmer.

Wie bist du auf die Ideen für deine Produkte gekommen? Hast du eine bestimmte Methodik verfolgt?
Grundsätzlich habe ich keinen klassisch digitalen Beruf. Ich denke aber, dass man von Online-Beratungen auch einigermaßen leben kann. Die Klienten in meiner Sozietät waren für diese Form des Services jedoch kaum geeignete Kunden. Zudem nehme ich nicht an, dass man damit auf sehr gute Einnahmen kommt. Ich wollte auch nicht mehr (nur) Zeit gegen Geld tauschen (zumindest als Anwalt ist das durchaus ein oft angemessener Tausch). Daher wollte ich wenigstens Produced Services entwickeln, vielleicht gar richtige Produkte.

Mein Aha-Erlebnis war Tim Chimoy, der es sogar als Architekt geschafft hat, ortsunabhängig zu sein (denn was kann ortsabhängiger sein als eine Immobilie?).

Man muss sich eine Leistung suchen, die ein Problem löst und sie aus seinem gesamten Leistungsspektrum herausschälen. Da ich früher an der Uni Computer- und Internetrecht unterrichtet hatte, war der Weg zur rechtssicheren Website nicht weit, und weil ich als Anwalt sehr viele Verträge erstellt und verhandelt habe, war der Weg zu hochwertigen Verträgen und AGBs ebenso naheliegend.

Generell gilt, man kann etwas völlig Neues machen, aber es schadet nicht, wenn man ein Handwerk hat und so nahe wie möglich dabei bleibt. Je mehr du etwas gelernt hast, vielleicht sogar schon Erfahrungen darin hast, desto einfacher wird es dir fallen, daraus ein Produkt zu machen, dass sich vermarkten lässt.

Wenn du scheiterst, hast du gleichzeitig immer etwas, auf das du zurückfallen kannst. Einen Plan B sollte man nicht zu hoch hängen, doch habe ich nicht wenige erlebt, die am Ende des Weges zur Remote Karriere doch wieder in der Nähe dessen gelandet sind, was sie mal gemacht haben. Das gilt natürlich nur, wenn du – wie ich und die anderen Beispiele, die mir einfallen – den Beruf mal gewählt hast, der dir Spaß macht. Wie gesagt, kein Muss, ich sage nur, verbanne nicht vorschnell, was du kannst, als ungeeignet. Mir sind damals mehr als 50 Geschäftsmodelle eingefallen, die ich hätte umsetzen können, aber ich fühlte mich mit denen am besten, die auf dem fußten, was ich konnte, bis dahin gerne gemacht hatte und in denen ich sogar viel Erfahrung hatte.

Wie lange hat es gedauert, bis du deine ersten 1.000 Euro an monatlichem Einkommen durch deine ortsunabhängige Arbeit generiert hast?
Ich habe ungefähr ein Jahr gebraucht, um mit meinen Online-Angeboten ein monatliches Einkommen von 1.000 Euro zu generieren.

Wie hast du deine ersten Kunden gefunden, mit denen du remote zusammengearbeitet hast?
Meine ersten Kunden habe ich vor allem durch gutes Content Marketing gefunden.

Was war deine Motivation, ortsunabhängig zu arbeiten?
Reisen war für mich immer sehr wichtig. Als ich das erste Mal vor ein paar Jahren gelesen habe, dass man seine Arbeit mit dem Reisen verbinden kann, war ich sofort Feuer und Flamme. Mir ging es vor allem um das Reisen. Persönliche Freiheit als Unternehmer hatte ich ja bereits. Da ich schon eine Unternehmensgründung hinter mir hatte, wusste ich auch, dass – zumindest in den ersten Jahren – ich eher weniger Zeit haben würde.

Wie hast du deine Remote-Karriere begonnen? Gab es irgendwelche Tools, die dir geholfen haben, ortsunabhängig zu arbeiten?
Meine Remote-Karriere habe ich mit einer radikalen Verschlankung meines Besitzes begonnen. Ich habe jede Ausgabe auf den Prüfstand gestellt und alles so eingerichtet, dass es möglichst wenig kostet. Oberstes Ziel war es, dass meine Ersparnisse so lange wie möglich reichten, um mir eine neue Existenz aufzubauen.

Was waren deine größten Herausforderungen, um ein Remote-Einkommen zu generieren und wie hast du diese bewältigt?
Am schwersten habe ich mich mit dem Online-Marketing getan und das ist immer noch work in progress. Diejenigen, die da draußen viel und laut schreien, haben es einfacher. Aber man wächst an seinen Aufgaben und muss seinen eigenen Weg finden. Mein Weg ist Verlässlichkeit, Erfahrung und guter Content und nicht das Bespielen jedes Social-Media-Kanals,

auch wenn ich inzwischen eingesehen habe, dass es nicht funktioniert, wenn man selbst ganz im Hintergrund bleibt.

Wie sieht ein normaler Arbeitstag in deinem Leben als Remote Worker aus? Hast du eine tägliche Routine?

Im Wesentlichen arbeite ich ähnlich wie früher. Ich sitze in einer Art Bürogemeinschaft und arbeite meist von dort aus. Unterwegs versuche ich so schnell wie möglich die Orte zu finden, von denen aus ich arbeiten kann. Kurzzeitig arbeite ich auch in Cafés, aber wenn der Aufenthalt länger ist, suche ich mir einen Coworking Space oder zwei, wenn es eine größere Auswahl gibt. Nur herumreisen und von immer wechselnden Orten arbeiten, geht in jedem Fall zu Lasten der Produktivität. Ich kenne eigentlich keinen digitalen Nomaden, der das anders sieht.

Was sind die Vor- und Nachteile ortsunabhängiger Arbeit aus deiner Sicht?

Der Vorteil ist klar, die Ortsunabhängigkeit an sich. Der Nachteil, wenn man überall arbeiten kann, ist, dass man die Arbeit auch immer dabeihat. Doch mit Handy und Co. gilt das für viele klassische Jobs sicher auch.

Last but not least: Hast du noch weitere hilfreiche Tipps für unsere Leser?

Der beste Tipp, den ich noch mitgeben kann, ist ein norddeutscher Trinkspruch, der als solcher eigentlich so gar nicht meins ist, aber für Selbständigkeit jeder Art gut passt: „Nich' lang schnacken, Kopp in Nacken", oder ganz kurz: Machen!

Ich habe zum Beispiel die Vorbereitungen für meine ortsunabhängige Arbeit praktisch sofort begonnen und das noch bevor ich überhaupt wusste, ob und was ich machen werde. Ich habe meine Ausgaben alle dramatisch verschlankt und meinen Besitz so eingerichtet, dass er mit einem remote-Neustart so gut als möglich vereinbar ist. Wer mehr dazu wissen will, der kann gerne in mein Interview bei dem Finanzrocker reinhören: https://finanzrocker.net/vom-anwalt-zum-digitalen-nomaden-mixtape-interview-mit-ronald-kandelhard.

WOMIT KANNST DU ORTSUNABHÄNGIG GELD VERDIENEN? – EINIGE IDEEN

Beschäftigungsformen: Du kannst entweder als Freelancer für verschiedene Auftraggeber arbeiten, Angestellter einer Firma sein, die es dir ermöglicht, ortsunabhängig zu arbeiten, oder du wirst unternehmerisch tätig. In Kapitel 6 findest du verschiedene Jobportale, die sich auf ortsunabhängiges Arbeiten spezialisiert haben.

Die folgenden Zeilen geben dir ein paar Ideen an die Hand, wie du ortsunabhängig mit diesem Beruf Geld verdienst. Der Abschnitt ist bewusst kurzgehalten, da viele der Ideen bereits in Kapitel 3 angesprochen wurden. Solltest du an der ein oder anderen Stelle den Wunsch nach mehr Inhalt verspüren, blättere einfach nochmal zum Anfang zurück. Nähere Informationen, wie du Themen für Bücher und Online-Kurse findest, erhältst du in Kapitel 5. Schau außerdem gerne auf unserem Blog vorbei, für alle genannten Tools und Ressourcen im Überblick: https://new-work-life.com/portfolio/jurist.

Führe bestimmte Kernaufgaben ortsunabhängig aus

Sieh dir die typischen Aufgaben eines Unternehmensjuristen an und überlege dir, welche davon du ortsunabhängig ausüben kannst. Kannst du mit Geschäftspartnern, Kollegen und Kunden virtuell kommunizieren, indem du von Kommunikations- und Kollaborationsmedien wie Videotelefonie (z. B. Skype), Web-Konferenz (z. B. FreeConferenceCall), Desktop Sharing (z. B. Skype), Chat (z. B. Slack), E-Mail (z. B. Gmail) Gebrauch machst? Kannst du ortsunabhängig juristische Texte, Berichte und Gutachten verfassen und diese Kunden und Geschäftspartnern digital (z. B. per E-Mail) zukommen lassen? Kannst du unabhängig davon, wo du dich gerade befindest, Mitarbeiterverträge prüfen, mit deinen Kollegen abstimmen und neu gestalten? Vermarkte deine Leistungen über eine eigene Website und/oder über Online-Marktplätze für Juristen wie z. B. Jurato.de, Advocado.de und Legalbase.de.

Erweitere dein Leistungsspektrum als Jurist

Biete zusätzlich zu deinen typischen Tätigkeiten ebenfalls Auftragsarbeiten für andere Juristen an. Führe z. B. juristische Recherchearbeiten durch, verfasse rechtliche Schriftsätze und/oder schreibe Blog-Artikel für andere Juristen. Viele Anwälte wünschen sich einen Blog für ihre Website, haben aber keine Zeit oder Lust, Texte dafür zu schreiben und den Blog zu pflegen. Achte darauf, dass du dein erweitertes Leistungsspektrum ortsunabhängig erfüllen kannst, indem du von Online-Ressourcen Gebrauch machst und webbasierte Kommunikationsmedien wie z. B. Skype nutzt.

Entwickle eine (Mobile) App im Bereich Recht
Du könntest z. B. eine App kreieren, die anderen Anwälten hilft, ein Problem zu lösen oder eine Herausforderung zu bewältigen. Wie wäre es z. B. mit einer App, die Anwälte beim Nachschlagen von Gesetzestexten oder bei juristischen Recherchearbeiten unterstützt? Alternativ kannst du auch Jurastudenten als Zielgruppe deiner App bestimmen und eine App entwickeln, die diese bei der Bewältigung ihres Jurastudiums unterstützt. Mögliche Inhalte für eine App könnten z. B. sein: mobile Lernkarten für die Vorbereitung auf Klausuren von unterwegs, juristische Quizfragen zur Memorarisierung von Lehrinhalten z. B. als Spiel, in dem mehrere Parteien gegeneinander antreten, juristische Fachwörter auf Englisch, Spanisch, etc. für angehende Juristen, die international arbeiten wollen, etc.

Werde Online (Nachhilfe-)Lehrer
Bereite angehende Anwälte auf Prüfungen und Staatsexamina vor. Finde Schüler über Online-Vermittlungsportale/-Marktplätze wie z. B. Superprof.de und Nachhilfe-Vermittlung.com.

Werde Online-Coach und biete virtuelle Coachingstunden an
Coache weniger erfahrene Anwälte und Juristen zu Themen wie z. B. Selbständigkeit, virtuelle Kanzlei, Mandantenakquise, Online-Marketing, etc.

Schreibe ein eBook
Finde ein Thema, das dich interessiert und für das Nachfrage besteht. Wie wäre es z. B. mit einem Buch zum Thema Social Media für Anwälte („Mehr Klienten durch den Einsatz von Social Media – Eine Anleitung für (Rechts-)Anwälte") oder zum Thema digitale Kanzlei („Die digitale Anwaltskanzlei – So stellen Sie von Papier auf digital um"). Wie genau du Themen findest, kannst du im Kapitel 5 nachlesen.

Entwickle und verkaufe Online-Kurse
Wie wäre es z. B. mit einem Kurs zum Thema juristische Recherche („Juristische Recherche für Jurastudenten und junge Anwälte – Tipps und Tricks für schnelles Recherchieren und hochwertige Ergebnisse") oder einem Kurs zum Thema Marken- und Patentanmeldung („Lerne, wie du selbst eine Marke / ein Patent anmeldest")?

STARTER TOOLKIT – DAS BRAUCHST DU, UM LOSZULEGEN

Notebook, Smartphone

SOFTWARE:
- Office: z. B. Microsoft Office oder Google Docs
- Kommunikation: z. B. Skype, WhatsApp, Slack, Gmail
- Website / Webshop: z. B. WordPress oder Shopify

BÜCHER UND TUTORIALS:
- Gesetzestexte je nach gewählter Fachrichtung, z. B. Gesellschaftsrecht, Arbeitsrecht, Patent- und Markenrecht, Konzernrecht, Vertragsrecht, etc.
- Buch für Einsteiger: „Juristische Methoden für Dummies", von Werner König
- Buch: „Medienrecht: Urheberrecht - Markenrecht - Internetrecht", von Peter Bühler, Patrick Schlaich und Dominik Sinner
- Buch: „Grundwissen Internetrecht: mit Schaubildern und Fallbeispielen", von Volker M. Haug

Detaillierte Informationen zu Tools und Ressourcen, die dir helfen können, ein ortsunabhängiges Einkommen aufzubauen, findest du auf unserem Blog unter: https://new-work-life.com/portfolio/jurist.

HIER FINDEST DU WEITERE INFORMATIONEN

Bundesverband der Unternehmensjuristen e. V.: https://buj-web.de

4.16 KARRIEREBERATER

Als Karriereberater begleitest du Menschen in einer Phase der beruflichen Neuausrichtung. Du hilfst ihnen dabei, ihre aktuelle Lage zu reflektieren, wichtige Entscheidungen zu treffen sowie neue Ziele und Perspektiven für ihre weitere Karriere festzulegen und zu realisieren.

WAS SIND MÖGLICHE AUFGABEN?

- Ist-Situation und berufliche Laufbahn deiner Kunden erfragen und analysieren
- Qualifikationslücken identifizieren und Schulungsangebote ausfindig machen
- Potenzielle Karriereoptionen mit Kunden besprechen und Ziele und Meilensteine bestimmen
- Karriereplanung und Karriereberatung
- Kompetenzprofil für Kunden erstellen, mit Fähigkeiten, persönlichen Stärken, Entwicklungspotentialen, Werten, etc.
- Bewerbungsstrategien identifizieren und festlegen
- Bewerbungsunterlagen und Arbeitszeugnisse prüfen, optimieren oder neu erstellen
- Jobprofile und Stellenausschreibungen recherchieren und up-to-date bleiben

WELCHE AUSBILDUNG BENÖTIGST DU?

Die Berufsbezeichnung Karriereberater ist nicht geschützt. Um Karriereberater zu werden, benötigst du keine spezielle Ausbildung. Allerdings sind Erfahrungen im Personal- und/oder Coaching-Bereich von Vorteil. Ebenfalls sinnvoll ist eine Ausbildung in einem der folgenden Fächer: Psychologie, Soziale Arbeit, Lehramt, Coaching.

WELCHE FÄHIGKEITEN SOLLTEST DU MITBRINGEN?

- Sehr gutes Kommunikationsvermögen, sowohl schriftlich als auch mündlich
- Gute Zuhörerqualitäten und Empathie
- Fähigkeit, andere zu motivieren und aufzubauen
- Problemlösungskompetenz
- Offenheit gegenüber Neuem, z. B. neuen Berufsfeldern

UNSER ROLEMODEL FÜR DEN BERUF DES KARRIEREBERATERS

Name: Hélène Schmit
Unternehmen: Exploring Happy
Homepage: http://www.helene-schmit.com
Kontakt: helene@exploring-happy.com |
Facebook: exploringhappy

Hélène ist selbständiger Career Coach und hilft anderen Menschen dabei, ihr Arbeitsleben so für sich zu gestalten, dass es sie stärkt. Ihre Arbeit resultiert aus viel Selbsterfahrung und Hinterfragen des eigenen Arbeitslebens.

Der Weg zu ihrer Berufung war alles andere als normal, denn Hélène hat einen Abschluss als Telekommunikationsingenieurin gemacht und anfänglich auch in diesem Bereich gearbeitet. Während ihres ersten Jobs hat sie sich mit Themen wie der mobilen Frequenzregulierung beschäftigt. Nachdem sie einige Jahre in diesem sehr technischen Umfeld gearbeitet hat, vollzog sie einen kompletten Wandel und wandte sich dem Immobiliensektor zu. Fortan war sie als Projektleiterin im Baubereich unterwegs und hat Häuser gebaut.

Dem Immobilienbereich ist sie recht lange treu geblieben, auch bei ihrem nächsten Karrierewechsel. Bei diesem hat sie sich als Projektleiterin im Bereich Stadtentwicklung um Großprojekte im Genfer Raum gekümmert. Das war ein äußerst verantwortungsvoller Job, bei dem es um viel Geld ging und der extrem politisch geprägt war. Er endete darin, dass Hélène einen Burnout erlitt. Der Burnout war der Beginn einer großen Veränderung. Er war für sie die Erkenntnis, dass sie selbst Verantwortung für ihr Leben und ihre Karriere übernehmen musste. Bis dato hatte sie sich oft hinter den Erwartungen anderer Menschen versteckt, nun hatte sie erkannt, dass das nicht gut für sie war und sie ihre eigenen Entscheidungen treffen musste. Das war gleichzeitig der Beginn von *Exploring Happy*.

Hélènes Familie sagt von ihr, dass sie an Gemeinschaft und an Zusammenarbeit glaube. Sie sehen sie als eine Art Hippie, was Hélène wiederum sehr lustig findet, da sie sich im Vergleich zu wahren Freigeistern doch als sehr deutsch empfindet.

Während unseres Interviews befindet sich Hélène in Annecy, im nördlichen Teil der französischen Alpen, in der Nähe von Genf.

INTERVIEW MIT HÉLÈNE SCHMIT VON EXPLORING HAPPY

Wie verdienst du dein Geld als Remote Worker?
Am besten läuft bei mir das 1:1 Coaching. Das ist definitiv mein Bestseller. Die meisten meiner Kunden, sind 1:1 Coaching Kunden. Ich gebe auch Workshops an den Orten, wo ich länger bin, aber die Nachfrage nach Coaching ist größer.

Mein derzeitiges Ziel ist es, einen weiteren Einkommensstrom als bezahlte Rednerin aufzubauen. Ich bin ziemlich zuversichtlich, dass ich das schaffen werde, da ich mit meiner persönlichen Geschichte, die anders ist als die anderer, immer mehr wahrgenommen werde.

Wie bist du auf die Ideen für deinen Service gekommen? Hast du eine bestimmte Methodik verfolgt?
Letztlich haben mich meine eigenen Erfahrungen als Angestellte inspiriert. Während meiner Zeit als Managerin und Projektmanagerin habe ich die Vision einer Organisation, die auf die Menschen ausgerichtet ist, entwickelt. Das bedeutet, dass die persönliche Verantwortung an erster Stelle steht. Zudem hatte ich nach meiner Kündigung zahlreiche Coaching-Sessions absolviert und mich selbst coachen lassen. Das war ebenfalls sehr inspirierend und hat sehr viele Ideen mit sich gebracht.

Und eines Tages passierte etwas Magisches. Durch Zufall habe ich die Arbeit von Tony Schwartz entdeckt. Er ist der Gründer von „The Energy Project" und zudem ein sehr berühmter Autor. Im Grunde sagt er: „Verwalte deine Energie, nicht deine Zeit". Und das ist genau das, was ich ebenfalls für mich entwickelt habe. Seine Arbeit zu finden war eine wunderbare Bestätigung meiner eigenen Ideen und bewies, dass das, was ich mache, Sinn ergibt. Allerdings weigere ich mich die Bücher von Tony Schwartz oder anderen zu lesen, da ich nicht möchte, dass ihre Arbeiten meine Gedanken beeinflussen. Natürlich lese ich Artikel von ihnen und höre mir ihre Beiträge online an. Die verschiedenen Puzzleteile verbinde ich dann mit meinen eigenen Erfahrungen und meiner Vision und erstelle so den Prozess für mein eigenes Coaching.

Wie lange hat es gedauert, bis du deine ersten 1.000 Euro an monatlichem Einkommen durch deine ortsunabhängige Arbeit generiert hast?
Ich würde sagen, in Summe habe ich zwei Jahre benötigt. Ursächlich dafür ist, dass mein Geschäft sehr stark mit meiner Person zusammenhängt. Ich bin quasi mein eigenes Produkt. Daher ist es am einfachsten, sich über die sozialen Medien wie Facebook und Instagram zu vermarkten. Allerdings

hat mir das anfänglich nicht so gelegen, da ich mich ungerne exponiere. Hätte ich das von vornherein getan, wäre ich schneller erfolgreich gewesen, aber ich fühlte mich damit am Anfang noch unwohl. Dass es schneller geht, wenn man ständig in den sozialen Medien Präsenz zeigt, oft postet und Videos hochlädt, zeigt mir der Erfolg einiger Leute, die ich kenne, die ihr Coaching-Geschäft wesentlich schneller aufgebaut haben als ich. Aber jeder braucht die Zeit, die er braucht.

Wie hast du deine ersten Kunden gefunden, mit denen du remote zusammengearbeitet hast?
Meine ersten Kunden kamen zu mir, weil sie mich als Rednerin bei einer Online-Summit und als Gast in einem Podcast gehört hatten.

Wie findest du neue Kunden?
Meine Kunden finden mich vornehmlich über verschiedene Partnerschaften, die ich habe. Ich trete zum Beispiel auf diversen Online-Summits und auf nicht-virtuellen Kongressen als Speaker auf. Außerdem habe ich einige Interviews zum Thema „ortsunabhängiges Arbeiten" gegeben und eine Partnerschaft mit einer Online-Plattform für Freiberufler. Dadurch bekomme ich mehr Sichtbarkeit und die Leute können mich besser finden.

Was war deine Motivation, ortsunabhängig zu arbeiten?
Es war keine Wahl. Ich habe mich nicht dafür entschieden. Nach meiner Kündigung bin ich für zwei Monate nach Bali gegangen und habe mich einem Inkubator angeschlossen, weil ich nicht wusste, wo ich anfangen sollte und ich dachte, es wäre besser, mit Leuten zusammen zu sein, die in der gleichen Situation oder schon weiter waren.
Zu dieser Zeit war „Exploring Happy" der Name meines Blogs, mit dem ich meine Erfahrungen mitteilen wollte. In Bali war ich von vielen Menschen umgeben, die ihr Online-Geschäft aufbauten oder bereits eines hatten. Das hat mich dazu motiviert, ebenfalls ein eigenes Online-Geschäft zu starten. So hat alles für mich angefangen.

Als ich meine Reise antrat, wusste ich nicht, was ich machen wollte. Nach meinem Burnout wollte ich einfach nur meinen Job kündigen und mein Gleichgewicht wiederherstellen. Grundsätzlich würde ich niemandem empfehlen, den gleichen Weg zu wählen, den ich genommen habe. Es ist absolut sinnvoll, einen Plan zu entwickeln, bevor man den Job aufgibt und einfach auf Reisen geht.
Aus meiner Sicht ist ein Sabbatical eine gute Gelegenheit, mit verschiedenen Plänen zu experimentieren, Dinge auszuprobieren, bevor man eine endgültige Entscheidung trifft und sich vielleicht selbständig macht oder

einen Remote-Job sucht. Vor allem in Bezug auf Remote Work gibt es eine Menge Eisberge unter der Oberfläche. Die entdeckt man in der Regel erst, wenn man dieses Leben tatsächlich lebt. Daher rate ich dazu, diesen Lebensstil erst mal auszuprobieren, bis man sich hundertprozentig entscheidet.

Wie hast du deine Remote-Karriere begonnen? Gab es irgendwelche Tools, die dir dabei geholfen haben, ortsunabhängig zu arbeiten?
Zuallererst wollte ich Menschen helfen, nie das erleben müssen, was ich durchgemacht habe. Am Anfang war das meine Mission. Das war gut. Aber ich konnte meine Vision nur mit Hilfe meiner Stimme und mit meinen Worten verbreiten.

Die Lektion, die ich gelernt habe, ist, dass man sich Zeit nehmen muss, um sich selbst zu erkennen und herauszufinden, wofür man steht. Deine Stimme wird von sich aus kommen, wenn du alles so machst, wie du es für richtig erachtest. Die Leute werden so auf dich reagieren, wie du es willst, wenn du authentisch und du selbst bist. Es ist sehr wahrscheinlich, dass viele andere Menschen bereits dieselbe Idee hatten wie du. Allerdings macht deine Persönlichkeit und deine Art, die Idee zu verwirklichen, sie einzigartig. Konzentriere dich darauf. Konzentriere dich darauf zu sehen, was dich von anderen unterscheidet. Die Menschen kaufen dein Produkt, weil du es ihnen anbietest und sie sich damit identifizieren können. Das ist die große Herausforderung, denn es gibt unzählige andere, die das gleiche Produkt oder die gleiche Lösung anbieten wie du. Du musst den Leuten einen Grund geben, bei dir zu kaufen.

Was ich auch empfehlen möchte ist, mit anderen Menschen zu sprechen. Ich nenne das „Liebesbriefe schreiben". Geh auf LinkedIn oder in die sozialen Medien und suche dort nach Personen, die das verkörpern, was du werden möchtest. Ganz egal, ob du nach Menschen suchst, die ortsunabhängig für eine Firma arbeiten oder nach welchen, die selbständig sind. Kontaktiere diese Menschen und besuche die Orte, die diese Leute besuchen. Geh in die gleichen Cafés und Coworking Spaces, besuche die gleichen Veranstaltungen. So habe ich es gemacht, als ich nach Bali gereist bin. Und siehe da, ich hatte sofort Zugang zu allen Informationen, die ich suchte.

Wenn du dir es nicht leisten kannst, an einen anderen Ort zu reisen, dann kontaktiere die Personen auf anderen Wegen. Frag sie, ob ihr euch unterhalten könntet oder ob du ihnen Fragen per E-Mail schicken kannst. Und wenn sie ja sagen, wovon du sehr stark ausgehen kannst, dann erzähl ihnen all die guten Dinge, die du über ihren Job und ihren Lifestyle gehört hast und frag sie nach ihren Erfahrungen. Sie werden dir dann schon sagen, was stimmt und was nicht.

In Bezug auf Bücher kann ich Mark Manson empfehlen. Er hat ein Buch mit dem Titel „Die subtile Kunst des darauf Scheißens" geschrieben. Ich bin ein großer Fan seiner Website, die er jahrelang als seinen Blog gepflegt hat, https://markmanson.net. Ich liebe seinen Realitätssinn und die Art, wie er schreibt.

Welche drei Dinge würdest du vermeiden, wenn du die Zeit zurückspulen könntest?

Es macht keinen Sinn, sofort einen Online-Kurs zu bauen, da das so ziemlich das Schwierigste ist, was man machen kann. Es ist wirklich nicht einfach, die Menschen von seinem eigenen Produkt zu überzeugen, da es tonnenweise gute Angebote online gibt. Da herauszustechen ist schon eine Herausforderung. Besser ist es, im Vorfeld einen Tribe oder ein Publikum aufzubauen, das an den Produkten, die man anbieten will, Interesse hat.

Ein weiterer wichtiger Aspekt ist, dass man seine Newsletter nicht einfach wahllos an all seine Kontakte schickt. In Europa haben wir nun die DSGVO (Datenschutz-Grundverordnung), die derartiges Handeln unter Strafe stellt. Man darf nicht einfach jemandem etwas zuschicken, ohne um seine Erlaubnis gefragt zu haben. Das ist meines Erachtens eine tolle Sache. Wenngleich ich mich früher selbst nicht daran gehalten habe. Heute würde ich es nicht wieder machen. Ich möchte, dass die Leute von sich aus, also organisch, zu mir kommen und ein ernsthaftes Interesse an dem haben, was ich ihnen anbiete.

Mein dritter Tipp ist: Versuch nicht alles alleine zu machen. Suche Menschen, von denen du lernen kannst und baue Kollaborationen auf, die dir Sichtbarkeit verschaffen. Vor allem, wenn du mit anderen zusammenarbeitest, lernst du eine Menge dazu, denn du bist immer gezwungen, deine Gedanken und Ideen so zu formulieren, dass jemand anderes sie versteht. Das ist etwas sehr Wertvolles.

Was waren deine größten Herausforderungen, um ein Remote-Einkommen zu generieren und wie hast du diese bewältigt?

Meine sicherlich größte Herausforderung war es, mich selbst in den Mittelpunkt zu stellen und Eigenwerbung zu betreiben. Es gibt so viele Coaches da draußen und man muss sich irgendwie von ihnen differenzieren. Man braucht seine eigene Stimme, sein eigenes Konzept, mit dem man in die Welt hinausgeht. Das war ein sehr langer Prozess, der meines Erachtens erfolgreich war, denn ich stehe voll und ganz hinter dem, was ich zu sagen und mitzuteilen habe.

Eine weitere Herausforderung ist, dass manche Leute versuchen, meinen Stil zu kopieren und sogar Inhalte zu klauen. Das ist alles andere als nett, allerdings nehme ich es als Kompliment wahr, da es mir zeigt, dass meine Arbeit wertvoll ist. Mittlerweile ist es mir sogar egal, wenn man mich kopiert, denn nur ich bin das Original und die Geschichte hinter meiner Arbeit und mein Leben sind einzigartig und daher nicht wirklich kopierbar.

Wie sieht ein normaler Arbeitstag in deinem Leben als Remote Worker aus? Hast du eine tägliche Routine?

Normalerweise versuche ich zwischen sechs und sieben Uhr morgens aufzuwachen. Ich verwende eigentlich so gut wie nie einen Wecker, da ich dann aufwachen möchte, wenn mein Körper mir signalisiert, dass er genug Schlaf hatte. Natürlich gibt es Ausnahmen, wenn ich zum Beispiel weiß, dass ich zu einer bestimmten Uhrzeit irgendwo sein muss oder einen Termin habe. Dann nutze ich schon einen Wecker. Ich versuche es aber so weit wie möglich zu vermeiden.

Nach dem Aufwachen setze ich meinen Kaffee auf und meditiere, während er kocht, für 15 Minuten. Danach frühstücke ich eine Kleinigkeit und mache eine halbe Stunde Yoga. Das ist der Idealfall. Wenn ich morgens einen Termin und weniger Zeit habe, lasse ich das Yoga schon mal ausfallen.

Da ich es nicht mag, bereits morgens früh viele Entscheidungen zu treffen, habe ich mir am Vorabend bereits Gedanken gemacht, was ich an dem Tag tun möchte. Dazu gehört auch die Wahl meines Arbeitsplatzes. In der Regel habe ich vier Optionen zur Auswahl: Home-Office, Coworking Space, Café oder irgendwo draußen in der Natur. Die Entscheidung, wo ich arbeite, mache ich davon abhängig, in welcher Stimmung ich bin und was ich zu tun habe.

Wie bereits gesagt, lege ich am Vorabend fest, was ich machen werde: auf meiner Liste stehen immer drei Dinge, die ich erledigen muss, damit ich nachher sagen kann, dass es ein erfolgreicher Tag war. Daneben pflege ich eine zweite Liste, auf der ich Aufgaben festhalte, die ich nicht so gerne mache. Die Inspiration für dieses Vorgehen habe ich mir von Brian Tracy aus dessen Buch „Eat that frog" geholt. Von dieser Liste wähle ich fast jeden Tag eine Aufgabe aus und setze sie um.

Natürlich gibt es noch viele andere Dinge, die anfallen, aber das ist meine Routine. Am Ende des Tages ziehe ich ein Resümee und bereite den nächsten Tag vor. Außerdem halte ich fest, wie ich mich an dem Tag gefühlt habe, was ich gelernt habe, was gut und was schlecht gelaufen ist. Das hilft mir über meine Arbeit nachzudenken, Muster zu erkennen und meine Produktivität zu verbessern. Meistens gibt es nicht viel aufzuschreiben, manchmal ist es aber so, dass ich einen tollen Tag hatte und dann notiere ich alle Zutaten für diesen Tag.

Was sind die Vor- und Nachteile ortsunabhängiger Arbeit aus deiner Sicht?
Der größte Nachteil ist meines Erachtens eine gewisse Isolation. Dieses Gefühl kann aufkommen, unabhängig davon, wo man ist. Man muss definitiv versuchen, die richtigen Leute zu treffen und mit ihnen Zeit zu verbringen. Ansonsten kann es recht einsam werden.
Eine weitere Herausforderung bei Remote-Arbeit ist, dass man mit Menschen in unterschiedlichen Zeitzonen zu tun hat. Man muss immer beachten, wer gerade in welcher Zeitzone ist und gleichzeitig aufpassen, dass man zum Beispiel Termine auf Zeiten legt, die für alle Beteiligten passen. Wenn man hier nicht Acht gibt, dann kann man problemlos 24 Stunden am Tag arbeiten. Es ist daher auch wichtig, gewisse Parameter für sich zu definieren, wie zum Beispiel Mindestarbeitszeit, Pausen oder Zeiten für Bewegung und Sport. Es ist wichtig für das eigene Gleichgewicht, seine eigenen Regeln und Grenzen zu haben und sich daran so gut wie möglich zu halten. Anfänglich kann das schwierig sein, weil man es alleine und für sich selbst machen muss. Schließlich gibt es keine Vorgesetzten oder eine Organisation, die das für einen erledigt.
Aber genug der Nachteile. Der ultimative Vorteil ist aus meiner Sicht die Freiheit, die man genießt. Es ist die Freiheit, überallhin zu gehen und die Dinge zu tun, die man tun möchte. Mit der Freiheit kommt natürlich auch Verantwortung; man muss sich selbst um alles kümmern, aber wenn man diszipliniert ist und erstmal entdeckt hat, wie was funktioniert, ist es super cool.

Last but not least: Hast du noch weitere hilfreiche Tipps für unsere Leser?
Versuche nicht nur Routinen aufzubauen, sondern hör auf deinen eigenen Rhythmus. Verbinde dich außerdem mit anderen Menschen, arbeite mit ihnen zusammen und verbessere so deine Sichtbarkeit.
Und ganz wichtig: Mach nur das, was du wirklich machen möchtest. Mach nichts aus einer bloßen Strategie heraus, denn es kann sein, dass dein Lifestyle-Blog oder dein Lifestyle-Instagram plötzlich Geld einbringt und dann musst du dabeibleiben und es weiterführen. Wenn du es von vornherein nur gemacht hast, weil du dachtest, dass es vielleicht eine smarte Idee sei, du aber nicht voll und ganz dahinterstehst, hast du bereits am Anfang verloren.

WOMIT KANNST DU ORTSUNABHÄNGIG GELD VERDIENEN? – EINIGE IDEEN

Beschäftigungsformen: Du kannst entweder als Freelancer für verschiedene Auftraggeber arbeiten, Angestellter einer Firma sein, die es dir ermöglicht ortsunabhängig zu arbeiten, oder du wirst unternehmerisch tätig. In Kapitel 6 findest du verschiedene Jobportale, die sich auf ortsunabhängiges Arbeiten spezialisiert haben.

Die folgenden Zeilen geben dir ein paar Ideen an die Hand, wie du ortsunabhängig mit diesem Beruf Geld verdienst. Der Abschnitt ist bewusst kurzgehalten, da viele der Ideen bereits in Kapitel 3 angesprochen wurden. Solltest du an der ein oder anderen Stelle den Wunsch nach mehr Inhalt verspüren, blättere einfach nochmal zum Anfang zurück. Nähere Informationen, wie du Themen für Bücher und Online-Kurse findest, erhältst du in Kapitel 5. Schau außerdem gerne auf unserem Blog vorbei, für alle genannten Tools und Ressourcen im Überblick: https://new-work-life.com/portfolio/karriereberater.

Führe bestimmte Kernaufgaben ortsunabhängig aus

Sieh dir die typischen Aufgaben eines Karriereberaters an und überlege dir, welche davon du ortsunabhängig ausüben kannst. Kannst du mit Kunden, Geschäftspartnern, Kollegen, etc. virtuell kommunizieren und sie beraten, indem du von Kommunikations- und Kollaborationsmedien wie Videotelefonie (z. B. Skype), Web-Konferenz (z. B. FreeConferenceCall), Desktop Sharing (z. B. Skype), Chat (z. B. Slack), E-Mail (z. B. Gmail) Gebrauch machst? Kannst du ortsunabhängig Bewerbungsunterlagen von Jobsuchenden prüfen und Bewerbungsstrategien für diese entwickeln? Kannst du ortsungebunden Stellenausschreibungen recherchieren und diese Jobsuchenden digital zukommen lassen? Vermarkte deine Leistungen über eine eigene Website und über Social Media.

Werde Online-Coach und biete virtuelle Coachingstunden an

Coache entweder andere Professionals oder Menschen mit Karrierewechselabsichten. Erstere könntest du z. B. zu den Themen Selbständigkeit, Kundenakquise, Social Media / Online-Marketing, etc. beraten. Letzte könntest du dabei unterstützen, ihre Berufung und/oder einen neuen Job zu finden.

Entwickle und verkaufe Online-Kurse

Wie wäre es z. B. mit einem Kurs zum Thema Bewerbungsgespräch („Bewerbungsgespräche erfolgreich meistern – Auf die Gestik, Mimik und

Sprache kommt es an") oder zum Thema Berufung („Die eigene Berufung finden und endlich erfüllt leben"). Alternativ kannst du auch einen Kurs entwickeln, der über Karriereberatung im 21. Jahrhundert aufklärt („Karriereberatung im digitalen Zeitalter – Was Karriereberater wissen müssen, um langfristig am Markt bestehen zu können").

Biete Online-Seminare an
Ein mögliches Thema für ein Online-Seminar ist z. B.: „Fit für den Jobwechsel – Lerne, wie du deine Bewerbungsunterlagen flott machst und dich optimal aufs Jobinterview vorbereitest."

STARTER TOOLKIT – DAS BRAUCHST DU, UM LOSZULEGEN

Notebook, Smartphone

SOFTWARE:
- Office: z. B. Microsoft Office oder Google Docs
- Kommunikation: z. B. Skype, WhatsApp, Slack, Gmail
- Website / Webshop: z. B. WordPress oder Shopify
- Cloudbasierte Datenspeicherung: z. B. Dropbox oder Google Drive

BÜCHER UND TUTORIALS:
- Buch: „Karriereberatung: Menschen wirksam im Beruf unterstützen", von Martin Wehrle
- Buch: „Handbuch Karriereberatung: Mit Online-Materialien", von Carolin v. Richthofen, Jürgen Kugele und Nathalie Vitzthum
- Buch: „Systemisches Karrierecoaching: Berufsbiografien neu gedacht", von Hans-Jürgen Balz und Peter Plöger
- Buch: „Karriereberatung. Coachingmethoden für eine kompetenzorientierte Laufbahnberatung", von Thomas Lang-von Wins und Claas Triebel

Detaillierte Informationen zu Tools und Ressourcen, die dir helfen können, ein ortsunabhängiges Einkommen aufzubauen, findest du auf unserem Blog unter: https://new-work-life.com/portfolio/karriereberater.

HIER FINDEST DU WEITERE INFORMATIONEN

Deutsche Gesellschaft für Karriereberatung e.V. (DGfK): http://www.dgfk.org

4.17 LIFE COACH

Als Life Coach unterstützt du Menschen dabei, Herausforderungen zu überwinden, Ziele zu erreichen und ihr volles Potenzial zu entfalten. Durch aktives Zuhören und spezielle Fragetechniken führst du deine Klienten zu Reflektion und Selbsterkenntnis und stellst mit ihnen gemeinsam einen Lebensplan auf.

WAS SIND MÖGLICHE AUFGABEN?
- Menschen bei ihrer Lebensplanung unterstützen
- Menschen zu Selbstreflektion und Erkenntnisgewinn bzgl. ihrer Gefühle, Werte, Glaubenssätze, etc. anleiten
- Menschen helfen, Ziele zu erreichen
- Menschen helfen, Herausforderungen zu meistern und Veränderungen im Leben zuzulassen
- Menschen in Veränderungsprozessen motivieren und dazu ermutigen am Ball zu bleiben

WELCHE AUSBILDUNG BENÖTIGST DU?
Die Berufsbezeichnung Life Coach ist nicht geschützt. Um Life Coach zu werden, benötigst du keine spezielle Ausbildung. Von Vorteil sind Erfahrungen im Coachingbereich und/oder in der sozialen Arbeit bzw. eine entsprechende Ausbildung in diesen Bereichen.

WELCHE FÄHIGKEITEN SOLLTEST DU MITBRINGEN?
- Sehr gute Zuhörerqualitäten und Empathie
- Einfühlungsvermögen und sympathisches Auftreten
- Gutes Kommunikationsvermögen
- Kontaktfreude und Spaß am Umgang mit Menschen
- Fähigkeit andere zu motivieren

UNSER ROLEMODEL FÜR DEN BERUF DES LIFE COACHES

Name: Carole Ann Rice
Unternehmen: Real Coaching Co - Carole Ann Rice - Life Coach | Pure Coaching Academy
Homepage: https://www.realcoachingco.com | https://purecoachingacademy.com
Kontakt: bookings@realcoachingco.com

Carole Ann ist seit 16 Jahren selbständiger Life Coach. Als solche ist sie spezialisiert auf Karriereveränderungen, Beziehungen, Geschäftsentwicklung und persönliches Empowerment. Während ihrer beruflichen Laufbahn hat sie zahlreiche Klienten aus unterschiedlichen Bereichen gecoacht, darunter Psychotherapeuten, Schauspieler, Autoren, CEOs, Supermodels, Superreiche, Start-ups, Unternehmer und Angestellte.

Die gelernte Journalistin hat eine eigene, wöchentlich erscheinende Coaching-Kolumne, *Happy Monday*, in der britischen Boulevardzeitung Daily Express und ist Co-Autorin zweier Bücher: „Find Your Dream Job" und „Start Your Own Business". Zudem betreibt sie eine eigene Coaching Akademie (*Pure Coaching Academy*), in der internationale Coaching-Studenten innerhalb von acht Wochen eine grundlegende Coaching-Ausbildung erhalten.

Carole Ann war unsere erste Interview-Partnerin und hat unsere Fragen von ihrem Home-Office aus in London beantwortet.

INTERVIEW MIT CAROLE ANN RICE VON REALCOACHING UND PURE COACHING ACADEMY

Wie verdienst du dein Geld als Remote Worker?
Meine wichtigste Einnahmequelle ist das Einzelcoaching, das ich mache. Ich habe wahrscheinlich 15 bis 20 Klienten und sie bezahlen mich pro Stunde oder sie kaufen einen Kurs.
Eine weitere Einkommensquelle ist meine Life Coaching Academy, die zweimal im Jahr stattfindet. Das ist ein 8-wöchiger Kurs, in dem ich angehende Coaches ausbilde. Zum Teil findet der Kurs vor Ort und zum Teil remote über das Telefon statt.

Wie bist du auf die Ideen für deine Services gekommen? Hast du eine bestimmte Methodik verfolgt?

Als gelernte Journalist bin ich darauf konditioniert, immer wieder neue Ideen zu haben. Das ist Teil des Jobs. Wenn ich jemanden coache und die Person sagt mir: „Ich habe über XY nachgedacht", dann könnte ich dieses Thema aufgreifen und daraus einen Newsletter machen, den ich an meine E-Mail Liste versende, weil ich weiß, dass dieses Thema wahrscheinlich mehrere Menschen interessiert.

Grundsätzlich ist es so, dass ich immer auf der Suche nach neuen Blickwinkeln bin. Ich mache diesen Job jetzt seit vielen Jahren und die Leute, mit denen ich in der Vergangenheit gesprochen habe, haben im Prinzip immer die gleichen Probleme. Jeder denkt, dass er mit seinen Problemen allein dasteht, das ist allerdings nicht so. Ich habe im Laufe meiner Karriere eigentlich alle Arten von Problemen schon mehrfach gehört. Oft sind es geschäftliche Probleme oder Probleme in der Lebensführung, bei denen Menschen Hilfe brauchen. Was in diesem Kontext wirklich interessant ist, ist der Umstand, dass viele der Menschen bereits 100 Bücher zum Thema Persönlichkeitsentwicklung gelesen haben. Der Coaching Markt bietet ein breites Angebot. Es gibt so gut wie alles schon einmal. Die relevante Frage in diesem Zusammenhang ist, wie man die vorhandenen Inhalte neu aufbereiten kann und so für ein neues Publikum attraktiv macht.

Zum Coaching: Am Ende musst du als Coach immer eine Lösung finden. Niemand kauft Coaching des Coachings wegen. Vielmehr wollen Menschen eine Lösung für ihr Problem. Sie brauchen Hilfe mit ihrem Selbstvertrauen, sie brauchen Hilfe, um herauszufinden, was sie als Nächstes tun wollen, etc. Sie benötigen folglich nicht nur das Coaching, sondern eine Antwort auf ihr Problem. Was man also tun sollte, um ein ansprechendes Coaching Angebot zu schaffen, ist, das vorhandene Problem zu identifizieren und es auf eine andere Art und Weise zu verpacken, die den Kunden anspricht. Grundsätzlich gilt, dass die Menschen alle an den gleichen Gefühlen leiden: Sie sind einsam, unmotiviert, gelangweilt – es sind immer wieder die gleichen Dinge. Man muss die Lösung neu verpacken und sie jedes Mal wieder anders verkaufen.

Wie lange hat es gedauert, bis du deine ersten 1.000 Euro an monatlichem Einkommen durch deine ortsunabhängige Arbeit generiert hast?

Um diese Frage zu beantworten, möchte ich auf meine Coaching-Absolventen der Akademie verweisen. Was sie nicht wissen, ist, dass es ziemlich lange dauert, ein Unternehmen zu gründen. Man muss eine Website erstellen, Branding betreiben, die notwendige Technik beherrschen. Man muss es seinen Kunden einfach machen, die Services, die man anbietet, zu buchen und zu bezahlen. Man muss ein PayPal-Konto oder eine Alternative für eine Überweisung einrichten, etc. All diese Dinge brauchen Zeit. Ich denke, es dauert mindestens achtzehn Monate bis zwei Jahre, bevor man mit Life Coaching richtig Geld verdient. Wichtig ist, dass du es mit der nötigen Verbindlichkeit tust. Ich empfehle daher angehenden Life Coaches, zunächst nebenher einen Teilzeitjob wahrzunehmen, während sie alles aufbauen. Es sei denn, sie haben von Anfang an einen Stamm an zahlenden Kunden.

Wie hast du deine ersten Kunden gefunden, mit denen du remote zusammengearbeitet hast?

Da ich als Journalistin tätig war als ich anfing, kannte ich einige lokale Zeitungen und Zeitschriften. Diese fragte ich, ob sie Interesse an einer Reportage über Work-Life-Balance hätten. Sie sagten zu und ich schrieb daraufhin kostenlos einen Artikel für sie. Ich ergänzte den Artikel im Gegenzug um mein Coaching-Angebot. Leser konnten bspw. drei Sitzungen zum Preis von zwei bei mir buchen.

Außerdem ging ich zu Networking-Events, um Leute kennenzulernen. Man sagt, dass man fünf Mal zur gleichen Veranstaltung gehen müsse oder die gleichen Leute treffen müsse, bis diese einem vertrauen und anfangen, Geschäfte mit einem zu machen. Also bin ich jeden Monat zu der gleichen Veranstaltung gegangen und habe darüber Kontakte aufgebaut.

Wie findest du neue Kunden?

Du musst überall präsent sein: Instagram, Facebook, Twitter. Du musst alle Kanäle am Laufen halten und dich auch physisch zeigen und deinen Arbeitsplatz verlassen, um Leute zu treffen. Du musst Dinge für Zeitungen und Zeitschriften schreiben, in Blogs anderer Leute schreiben, Blogs teilen, etc. Je mehr Links auf dein Profil du draußen hast, desto mehr Sichtbarkeit bekommst du.

Was war deine Motivation, ortsunabhängig zu arbeiten?

Ich hatte damals, vor nunmehr 16 Jahren, zwei kleine Kinder. Das Tolle am Beruf des Life Coaches ist, dass ich auf Stundenbasis arbeiten und abrechnen kann. Ich musste also nicht zu einer bestimmten Zeit in einem Büro sein und konnte meine Klienten auf den Tag verteilen, wie es am besten für mich passte. Ich konnte morgens meine Kinder in die Schule bringen und dann von 10 Uhr bis 15 Uhr in Ruhe arbeiten. Danach habe ich meine Kinder von der Schule abgeholt und wenn es nötig war, habe ich nochmal von 20 Uhr bis 22 Uhr gearbeitet. Ich konnte zudem den

Gedanken nicht ertragen, erst einen Chef fragen zu müssen, ob ich von zuhause aus arbeiten kann, wenn meine Kinder krank sind oder ob ich früher gehen kann, weil meine Kinder ein Theaterstück in der Schule aufführen. Auch wollte ich nicht um Urlaub betteln müssen, wenn ich mal freimachen wollte. Alles, was ich dachte war, ich will mein eigener Chef sein und meine Freiheit genießen.

Was waren deine größten Herausforderungen, um ein Remote-Einkommen zu generieren und wie hast du diese bewältigt?

Meine größte Herausforderung war es zu lernen, mich effektiv zu vermarkten. Es gibt viele Firmen, die Optimierungen und Ideen anbieten, wie man Kunden generiert, den Traffic auf der Website erhöht, Lead Magneten erstellt – alles sehr verwirrend, aber nach einer Weile findet man heraus, was am besten funktioniert. Ich denke, dass es wichtig ist, einen guten IT-Support zu haben. Jemanden, an den man Aufgaben auslagern kann (eine virtuelle Assistentin) und eine Gemeinschaft von Gleichgesinnten, um sich Inspiration für das Wachstum des eigenen Unternehmens zu holen.

Wie sieht ein normaler Arbeitstag in deinem Leben als Remote Worker aus? Hast du eine tägliche Routine?

Ich kenne Leute, die gerne mit ihrem Laptop in ein Café, Restaurant oder Hotel gehen. Das ist nichts für mich, weil ich mich wirklich auf das konzentrieren muss, was mein Klient sagt und zweitens als Schriftstellerin und Journalistin sehr gerne eine Routine habe. Das ist auch ein Ratschlag, den ich gerne gebe: Hab eine Routine, wenn du arbeitest. Es ist sehr einfach, bis spät in die Nacht zu arbeiten oder vom Bett aus zu arbeiten. Das ist aber kein richtiger Arbeitstag. Man muss meines Erachtens sehr diszipliniert sein. Ich stehe zum Beispiel morgens früh auf und laufe eine Runde durch den Park. Während ich das mache, höre ich mir Audios zum Thema Selbstentwicklung oder Nachrichten an. Wenn ich zurück zu Hause bin, springe ich unter die Dusche und folge meinem Morgenritual. Da ich denke, dass ich körperlich fit bin, gesund esse und nur gelegentlich mal ein Glas Wein trinke, konzentriere ich mich auf meine spirituelle Gesundheit. Auf meinem Schreibtisch steht eine kleine tibetische Glocke, deren Erklingen alle schlechten Energien im Raum vertreibt. Ich setze mich hin und lese im Buch „Life Lessons – 125 Prayers und Mediations" von Julia Cameron. Pro Tag lese ich eine Seite aus dem Buch, also nur ein kleines bisschen pro Tag. Dann meditiere ich und lese im Anschluss ein wenig im Buch „The Parent's Tao Te Ching: Ancient Advice for Modern Parents", eine chinesische Philosophie zur Erziehung. Das dauert eine weitere Minute. Ich beende meine Leseroutine mit dem Buch „Journey to the Heart: Daily

Meditations on the Path to Freeing Your Soul" von Melody Beattie. In diesem Buch suche ich das Datum des aktuellen Tages und lese die passende Geschichte dazu. In Summe dauert meine morgendliche Leseroutine vier bis fünf Minuten. Danach lehne ich mich zurück und denke über die Dinge nach, die ich gelesen habe und schreibe etwas in mein Tagebuch. Als Tagebuch verwende ich „What I will do to feel the way I want to feel" von Danielle LaPorte. Danielle ist eine sehr berühmte amerikanische Coachin. Das Tolle an Danielles Tagebuch ist, dass darin verschiedene Fragen bzw. Aufgaben gestellt werden, wie z. B. „Nenne drei Dinge, die du heute tun musst, um an dich selbst zu glauben" oder „hör auf, Dinge zu tun, bei denen du dich beschissen fühlst" oder „wie man dankbar ist." Wenn ich alle Aufgaben aus meinem Tagebuch für den Tag bearbeitet habe, mache ich eine fünfzehnminütige Meditation von Deepak Chopra, die über mein Handy läuft. Danach läute ich wieder meine kleine Glocke und bin bereit für die Arbeit.

Was sind die Vor- und Nachteile ortsunabhängiger Arbeit aus deiner Sicht?

Für mich ist es sehr praktisch von zu Hause aus zu arbeiten. Als Life Coach rede ich viel mit Menschen und brauche deshalb Ruhe. Ich brauche ebenfalls viel Zeit, in der ich einfach schweigen kann. Deshalb ist die Arbeit zu Hause wirklich perfekt für mich. Arbeiten von zuhause ist allerdings nicht jedermanns Sache. Einige vermissen vielleicht Kollegen und Leute, mit denen sie reden können.

Last but not least: Hast du noch weitere hilfreiche Tipps für unsere Leser?

Ein kleiner Ratschlag von mir wäre, sich einen schönen Arbeitsplatz einzurichten und ihn als professionelles Umfeld zu betrachten. Das sollte nicht der Küchentisch sein und auch nicht das Wohnzimmer, in dem der Fernseher steht. Wenn du von zu Hause aus arbeiten möchtest, solltest du dir einen geeigneten Büroraum schaffen. Mach es dir mit einem schönen Stuhl so bequem wie möglich. Investiere in deine Technologie, bleibe auf dem Laufenden. Wenn du Klienten vor Ort triffst, achte darauf, den besten Laptop und ein wirklich gutes aktuelles Smartphone zu besitzen. Versuche darüber hinaus, so papierlos wie möglich zu arbeiten. Sonst ist eine Menge Unordnung vorprogrammiert. Und vor allem: Investiere in dich selbst. Sieh dich selbst als CEO deines Unternehmens an. Hol dir den großen Kronleuchter und gönn dir schöne Sachen. Du solltest alles haben, was du benötigst, um einen guten Job machen zu können. Denk dran: Du arbeitest allein und für dich selbst und das kann von Zeit zu Zeit ziemlich isolierend sein. Ich arrangiere meinen Kalender z. B. so, dass ich zwei bis drei Mal pro Woche mit Freunden zum Mittagessen treffe. Während du arbeitest, lass dich nicht von Dingen wie Hausarbeit stören oder ablenken. Mach am besten alles morgens früh vor der Arbeit. Ich beginne meinen Arbeitstag z. B. um 10 Uhr morgens. Bis dahin habe ich Wäsche gewaschen und meinen Haushalt organisiert. Ab 10 Uhr arbeite ich dann ohne Unterbrechung.

In Summe würde ich sagen, es ist wichtig, eine Tagesroutine zu entwickeln, sich einen richtigen Arbeitsplatz einzurichten, regelmäßige Pausen mit Freunden, z. B. auf einen Kaffee oder ein schönes Mittagessen einzuplanen und um 18.00 oder 19.00 Uhr den Arbeitstag ausklingen zu lassen. Geh nach dieser Uhrzeit nicht immer wieder zurück an den Laptop. Auch wenn die Versuchung groß ist (gerade, wenn man zuhause arbeitet), solltest du für dich ein klares Arbeitsende festlegen. Denn wenn du 12 oder 14 Stunden am Tag arbeitest, wirst du der schlechteste Boss, den du je hattest. Sei diszipliniert.

WOMIT KANNST DU ORTSUNABHÄNGIG GELD VERDIENEN? – EINIGE IDEEN

Beschäftigungsformen: Du kannst entweder als Freelancer für verschiedene Auftraggeber arbeiten, Angestellter einer Firma sein, die es dir ermöglicht ortsunabhängig zu arbeiten, oder du wirst unternehmerisch tätig. In Kapitel 6 findest du verschiedene Jobportale, die sich auf ortsunabhängiges Arbeiten spezialisiert haben.

Die folgenden Zeilen geben dir ein paar Ideen an die Hand, wie du ortsunabhängig mit diesem Beruf Geld verdienst. Der Abschnitt ist bewusst kurzgehalten, da viele der Ideen bereits in Kapitel 3 angesprochen wurden. Solltest du an der ein oder anderen Stelle den Wunsch nach mehr Inhalt verspüren, blättere einfach nochmal zum Anfang zurück. Nähere Informationen, wie du Themen für Bücher und Online-Kurse findest, erhältst du in Kapitel 5. Schau außerdem gerne auf unserem Blog vorbei, für alle genannten Tools und Ressourcen im Überblick: https://new-work-life.com/portfolio/life-coach.

Führe bestimmte Kernaufgaben ortsunabhängig aus
Sieh dir die typischen Aufgaben eines Life Coaches an und überlege dir, welche davon du ortsunabhängig ausüben kannst. Kannst du mit deinen

Klienten virtuell kommunizieren und sie beraten, indem du von Kommunikations- und Kollaborationsmedien wie Videotelefonie (z. B. Skype), Web-Konferenz (z. B. FreeConferenceCall), Desktop Sharing (z. B. Skype), Chat (z. B. Slack), E-Mail (z. B. Gmail) Gebrauch machst? Kannst du ortsunabhängig Coachingmaterial entwickeln und dieses deinen Klienten digital (z. B. per E-Mail) zur Verfügung stellen? Vermarkte deine Leistungen über eine eigene Website, auf Online-Marktplätzen wie z. B. Coachimo.de und über Social Media.

Biete ein Online-Programm an
Unterstütze Menschen beim Umgang mit Veränderungsprozessen in ihrem Leben. Versorge Programmteilnehmer über die Dauer des Programmes regelmäßig mit Informationen zum Thema Veränderungsprozesse, stelle motivierende Inhalte zur Verfügung und hilf ihnen, Herausforderungen zu überwinden und sich neu zu festigen. Die Programmteilnehmer können sich während des Programmes untereinander in Online-Gruppen austauschen sowie Fragen stellen (an dich und untereinander). Das Programm läuft für eine von dir bestimmte Dauer (z. B. für sechs Monate).

Biete Online-Seminare an
Mögliche Themen für Online-Seminare sind z. B.: „In 10 Schritten den eigenen Lebensplan entwickeln" oder „Die richtige Balance zwischen Familie und Beruf finden."

Entwickle und verkaufe Online-Kurse
Wie wäre es z. B. mit einem Life Coaching Zertifizierungskurs, der Theorie und Praxis von Life Coaching erklärt und mit einer Prüfung abschließt, wodurch Schüler des Kurses zertifiziert werden? Für mehr Infos und Inspiration siehe hier: https://www.udemy.com/life-coaching-online-certification-course-life-coach-training. Alternativ kannst du auch einen Kurs entwickeln, der angehenden Life Coaches zeigt, wie sie ein Online-Business als Life Coach aufbauen. Du könntest für einen solchen Kurs deine eigenen Erfahrungen zugrunde legen und andere an deinem Wissen teilhaben lassen.

Organisiere Retreats für Personen in Veränderungsprozessen
Wie wäre es z. B. mit einem Detox und De-Stress Retreat auf den Kanarischen Inseln, das durch Therapieoptionen wie Meditation, Fastenkuren, Hypnotherapie, NLP, Akkupunktur, Fitness, Life Coaching und Digital Detox Teilnehmern dabei hilft, Körper und Geist (wieder) in Einklang zu bringen.

STARTER TOOLKIT – DAS BRAUCHST DU, UM LOSZULEGEN

Notebook, Smartphone

SOFTWARE:
- Office: z. B. Microsoft Office oder Google Docs
- Kommunikation: z. B. Skype, WhatsApp, Slack, Gmail
- Website / Webshop: z. B. WordPress oder Shopify

BÜCHER UND TUTORIALS:
- Buch: „Becoming a Professional Life Coach: Lessons from the Institute of Life Coach", von Diane S. Menendez Ph.D. und Patrick Williams Ed.D.
- Buch: „Total Life Coaching: 50+ Life Lessons, Skills, and Techniques to Enhance Your Practice", von Patrick Williams und Lloyd J. Thomas
- Tutorial: „Life Coaching Certification Course (Achology Certified) - Become Certified in Life Coaching with this Comprehensive Online Life Coach Certificate Course | Achology Accredited", von Kain Ramsay, auf Udemy
- Tutorial: „Professional Life Coaching Certification & Complete Guide - Become a certified life coach & grow your life coaching business! Done-for-you forms, tools, processes & best practices", von Joeel und Natalie Rivera, auf Udemy
- Tutorial: „Become a Paid Life Coach Online - A Step-by-Step Life Coaching Training For Becoming a Life Coach and Starting Your Own Coaching Business", von Jeffrey Sooey auf Udemy.com

Detaillierte Informationen zu Tools und Ressourcen, die dir helfen können, ein ortsunabhängiges Einkommen aufzubauen, findest du auf unserem Blog unter: https://new-work-life.com/portfolio/life-coach.

HIER FINDEST DU WEITERE INFORMATIONEN

Deutscher Fachverband Coaching – DFC: https://www.dfc-verband.de
Deutscher Verband für Coaching und Training e.V. – dvct e.V.: https://www.dvct.de

4.18 MEDITATIONSLEHRER

Als Meditationslehrer führst du andere Menschen in die Kunst der Meditation ein. Du erarbeitest mit ihnen Meditationspraktiken und hilfst ihnen die für sie beste zu finden. Weiterhin begleitest du deine Schüler bei ihren Meditationsübungen.

WAS SIND MÖGLICHE AUFGABEN?
- Verschiedene Meditationsübungen erlernen
- Meditationsübungen durchführen und anderen beibringen
- Schüler „abholen" – schauen, welche Meditation am besten für sie geeignet ist

WELCHE AUSBILDUNG BENÖTIGST DU?
Um als Meditationslehrer zu arbeiten, benötigst du nicht zwingend eine Ausbildung, wenngleich du dich zertifizieren lassen kannst, was wiederum deine Reputation stützt. Grundsätzlich gilt: Übung macht den Meister.

WELCHE FÄHIGKEITEN SOLLTEST DU MITBRINGEN?
- Freude am Umgang mit Menschen
- Empathie
- Offene Haltung
- Spiritualität

UNSER ROLEMODEL FÜR DEN BERUF DES MEDITATIONSLEHRERS

Name: Verena Hayn
Unternehmen: Mama Meditation
Homepage: https://www.mamameditation.de
Kontakt: kontakt@mamameditation.de |
Facebook: mamameditation | Instagram: mamameditation

Verena ist selbständig mit ihrer Online-Firma *Mama Meditation*, mit der sie (angehenden) Müttern zeigt, wie sie auf Basis von Meditation mehr Entspannung in ihren Alltag einbauen können. Nach dem Abitur hat sie sich auf eine über zehn Jahre andauernde Suche nach sich selbst begeben, die sie letztendlich zur Meditation führte. In den Bergen von Mexiko machte sie eine Ausbildung zur Meditationslehrerin und verbrachte danach mehrere Jahre damit, Meditation für sich persönlich zu betreiben und ihr Wissen an andere weiterzugeben. Als sie irgendwann Mutter wurde, absolvierte sie ein Fernstudium im Bereich Bildungswissenschaften, was sie unter anderem für das Thema E-Learning sensibilisierte. In ihrem Business *Mama Meditation* vereint sie Meditation und E-Learning mit dem Mutter-Dasein.

Auf die Frage, wie Familie und Freunde sie als Person sehen, sagt Verena, dass sie hoffe, als lebensfroher und positiver Mensch wahrgenommen zu werden, der niemals aufgibt und in allem, was ist, Möglichkeiten sieht. Zudem sei sie sehr fürsorglich und liebe es zu geben.

Zum Zeitpunkt des Interviews sitzt Verena auf dem Sofa bei sich zuhause in München.

INTERVIEW MIT VERENA HAYN VON MAMA MEDITATION

Wie verdienst du dein Geld als Remote Worker?
Ich biete einen Online-Kurs, ein E-Mail-begleitetes Online-Programm und Online-Coaching an. Mein Bestseller ist die Mama-Aufwärtsspirale – ein vierwöchiges Online-Programm für mehr Entspannung, Energie und Erfolg im Mama-Alltag.

Wie bist du auf die Ideen für deine Produkte und Services gekommen? Hast du dabei eine bestimmte Methodik verfolgt?
Die Idee für meine Produkte entstand durch den Umstand, dass ich Mama wurde. Als ich meinen ersten Sohn bekam, musste ich lernen umzudenken. Meine bisherige „klassische" Meditationsroutine passte auf einmal nicht mehr in meinen chaotischen Mama-Alltag hinein. Ich durchlebte eine durch Depression und Schlafmangel geprägte Krise, bis ich begann, alles, was ich über Meditation wusste, für mich zu nutzen und in meinen Alltag einzubauen. Ich dachte mir: „Es kann von der Natur doch nicht vorgesehen sein, dass Mamasein so stressig ist. Es sollte doch eigentlich Freude bereiten!" Heute macht es das. Klar gibt es immer wieder Herausforderungen. Diesen begegne ich mittlerweile jedoch mit Gelassenheit und Leichtigkeit. Weil es so viele gestresste Mamas da draußen gibt, kam mir irgendwann die Idee, meine Erfahrungen und mein Wissen online weiterzugeben (Mamas haben in der Regel ja wenig Zeit, um persönlich an Kursen teilzunehmen). Spezifiziert habe ich meine Produkte durch

Umfragen innerhalb meiner Zielgruppe (vor allem in Gruppen in den sozialen Medien). Die Umfrageergebnisse gaben mir viel Klarheit darüber, was meine Zielgruppe im Speziellen braucht (und nicht, was ich glaubte, was sie braucht!). Umfragen sind eine tolle Sache, um Kontakt mit deiner Zielgruppe aufzunehmen und zu erfahren, ob deine Idee Potenzial hat.

Wie findest du neue Kunden?
Ich vermarkte mein Angebot bisher vor allem über Social Media, jedoch spielt auch Mund-zu-Mund-Propaganda eine immer größere Rolle für mein Business.

Was war deine Motivation, ortsunabhängig zu arbeiten?
Definitiv meine Familie. Ich möchte Arbeit und Familie vereinen, indem ich meine Arbeit in mein Leben einbauen kann. Ich brauche auch unbedingt diese Freiheit, zu tun, was ich liebe und mir die Zeit frei einzuteilen.

Wie hast du deine Remote-Karriere begonnen? Gab es irgendwelche Tools, die dir dabei geholfen haben, ortsunabhängig zu arbeiten?
Ich habe einen Onlinekurs von Jenna Soard absolviert, der erklärt, wie man einen Onlinekurs erstellt und ein persönliches Branding erzeugt. Der Kurs findet sich unter: http://www.youcanbrand.com und ist auf Englisch. Ich kann den Kurs jedem empfehlen, der in Richtung Onlinekurs-Erstellung gehen möchte. Nachteilig ist der englischsprachige Website-Provider, den ich auf Basis des Kurses für meine Website gewählt habe. Ich stellte fest, dass mich dieser bei verschiedenen Themen einschränkt, z. B. wenn es darum geht, einen Webshop aufzubauen. Dies würde ich heute anders machen.

Ein weiterer nennenswerter Kurs ist der Enlightened Business Kurs von Lola Jones (https://www.divineopenings.com/wohlstand-reichtum-kurs-erleuchtet-spirituelles-business-donna-wetterstrand?language=de). Dieser Kurs hat alles für mich verändert. Ich habe gelernt, dass es auf meine Schwingung als Unternehmerin ankommt und wie ich diese erhöhen kann. Weil ich so von diesem Kurs begeistert war, habe ich mich beworben und ihn ins Deutsche übersetzt. Der Kurs ist wirklich mein Geheimtipp. Gerade, wenn man ortsunabhängig ist und nicht direkt als Person auftritt, zählt es um so mehr, was das eigene Angebot, die eigene Website und das eigene Business ausstrahlt. Eine positive Ausstrahlung zahlt sich aus und kommt dir als Unternehmerin zu Gute.

Was waren deine größten Herausforderungen, um ein Remote-Einkommen zu generieren und wie hast du diese bewältigt?
Meine erste große Herausforderung war es, eine geeignete Verkaufsplattform für meine Produkte zu finden. Da mein Website-Provider englischsprachig ist, kann ich das verfügbare Shopsystem aus rechtlichen Gründen in Deutschland nicht nutzen. Für den Moment sieht die Lösung so aus, dass ich meine Kurse über Digistore24.com anbiete. Ich arbeite jedoch daran, meine Produkte eines Tages auf meine eigene Website verlagern zu können. Eine weitere Herausforderung für mich ist Marketing und Sichtbarkeit im Netz. Diesbezüglich bin ich immer noch am Herumprobieren und Austesten. Ich denke, jeder muss für sich und seine Zielgruppe herausfinden, was passt und was nicht funktioniert. Mir hat hier der bereits zuvor erwähnte Enlightened Businesskurs von Lola Jones geholfen. Denn jede noch so gut konzipierte Marketing-Kampagne generiert nur Kunden, wenn die innere Schwingung stimmt. Nur dann gelingt es, Kunden wie ein Magnet anzuziehen.

Wie sieht ein normaler Arbeitstag in deinem Leben als Remote Worker aus? Hast du eine tägliche Routine?
Da ich Mama bin, richtet sich meine Arbeitszeit stark nach meiner Familie. Wenn die Kinder in Kindergarten, Schule & Co sind, arbeite ich. Wenn mein Mann zuhause ist, habe ich ebenfalls die Möglichkeit, mich zurückzuziehen und ein bisschen zu arbeiten. Um meine Produktivität zu fördern, baue ich zwischendurch Zeitinseln für mich ein, in denen ich meditiere, einfach mal Pause mache und mich selbst spüren kann. Einfach sein. Einfach Kaffee trinken. Spazieren gehen. Aus dem Fenster schauen. Das mache ich täglich und es ist sehr wichtig für mich. Wie praktisch, dass ich das in meinen Kursen auch anderen beibringe. Ich liebe an meinem Arbeitstag, dass ich ihn flexibel planen kann. Wenn ein Kind krank ist, bin ich da und kann es versorgen. Wenn ich einen Tag Pause brauche, nehme ich mir frei. Wenn ich kreativ bin, lege ich los.

Was sind die Vor- und Nachteile ortsunabhängiger Arbeit aus deiner Sicht?
Vorteile sind Freiheit, Freude, Selbstbestimmtheit. Demgegenüber stehen Nachteile in der Form, dass man rein theoretisch immer und überall arbeiten kann. Es ist wichtig abzuschalten, Grenzen zu setzen und bewusst nicht zu arbeiten. Das ist ein Lernprozess. Gerade in der Aufbauphase des eigenen Geschäfts ist es wichtig, denn man könnte den Tag rund um die Uhr mit Arbeit füllen.

Last but not least: Hast du noch weitere hilfreiche Tipps für unsere Leser?
Ich finde es sehr wichtig, dass man sich beim Aufbau eines Online-Business ausreichend Zeit lässt und Puffer einplant. Man liest immer wieder über Erfolgsgeschichten von Online-Unternehmern, die in drei Monaten fünfstellige Beträge oder mehr verdient haben. Ich wäre da vorsichtig. Es sieht von außen betrachtet sehr leicht aus, ein Remote-Unternehmen aufzubauen. De facto dauert es aber sehr lange, vor allem, wenn man sich– so wie ich – alles von Grund auf selbst beibringt. Es ist gut, einen finanziellen Rückhalt zu haben, bis die Dinge laufen. Man sollte in Erwägung ziehen, den bisherigen Job nebenher weiterzumachen oder Geld aus anderen Einkommensströmen zu beziehen, um keinen finanziellen Druck zu spüren. Viele geben zu früh auf, weil der Druck zu hoch ist.

WOMIT KANNST DU ORTSUNABHÄNGIG GELD VERDIENEN? – EINIGE IDEEN

Beschäftigungsformen: Du kannst entweder als Freelancer für verschiedene Auftraggeber arbeiten, Angestellter einer Firma sein, die es dir ermöglicht ortsunabhängig zu arbeiten, oder du wirst unternehmerisch tätig. In Kapitel 6 findest du verschiedene Jobportale, die sich auf ortsunabhängiges Arbeiten spezialisiert haben.

Die folgenden Zeilen geben dir ein paar Ideen an die Hand, wie du ortsunabhängig mit diesem Beruf Geld verdienst. Der Abschnitt ist bewusst kurzgehalten, da viele der Ideen bereits in Kapitel 3 angesprochen wurden. Solltest du an der ein oder anderen Stelle den Wunsch nach mehr Inhalt verspüren, blättere einfach nochmal zum Anfang zurück. Nähere Informationen, wie du Themen für Bücher und Online-Kurse findest, erhältst du in Kapitel 5. Schau außerdem gerne auf unserem Blog vorbei, für alle genannten Tools und Ressourcen im Überblick: https://new-work-life.com/portfolio/meditationslehrer.

Führe bestimmte Kernaufgaben ortsunabhängig aus
Sieh dir die typischen Aufgaben eines Meditationslehrers an und überlege dir, welche davon du ortsunabhängig ausüben kannst. Kannst du Schülern virtuellen Meditationsunterricht geben, indem du von Kommunikations- und Kollaborationsmedien wie Videotelefonie (z. B. Skype), Web-Konferenz (z. B. FreeConferenceCall), Chat (z. B. Slack) und E-Mail (z. B.

Gmail) Gebrauch machst? Kannst du ortsunabhängig neue Meditationsübungen und -kurse entwickeln? Du könntest dich mit deinem Unterricht z. B. auf bestimmte Altersgruppen (Kinder, Jugendliche, Erwachsene, Senioren) oder auf ein Geschlecht spezialisieren. Oder du bietest pauschal Einsteiger-, Intermediate- und Fortgeschrittenenkurse an. Vermarkte deine Leistungen über eine eigene Website und über Social Media.

Biete ein Online-Programm an
Bringe Menschen das Meditieren bei. Du erklärst Teilnehmern des Programmes die Ursprünge von Meditation, informierst über Wirkungsweise und Nutzen, lehrst unterschiedliche Meditationstechniken und weist Teilnehmer Schritt für Schritt in die Meditation ein. Die Programmteilnehmer können sich während des Programmes untereinander in Online-Gruppen über ihre Fortschritte, etc. austauschen sowie Fragen stellen (an dich und untereinander). Das Programm läuft für eine von dir bestimmte Dauer (z. B. für sechs Monate).

Verkaufe Meditationsprodukte über einen eigenen Webshop
Du kannst selbst erstellte Produkte (z. B. MP3s und CDs mit Meditationsmusik und -übungen, Meditationsvideos, etc.) oder Produkte von Drittanbietern verkaufen (z. B. Meditationskleidung, Meditationsmatten, etc.). Wähle in jedem Fall Produkte aus, von denen du zu hundert Prozent überzeugt bist und die du ohne Vorbehalte empfehlen kannst.

Entwickle eine (Mobile) App für Meditationsinteressierte
Du könntest z. B. eine App mit Meditationsübungen für Beginner, Fortgeschrittene, Profis erstellen. Die Übungen könnten einzeln abrufbar sein oder als Programm über mehrere Tage/Wochen kommen und aufeinander aufbauend sein. Alternativ könntest du eine App für Meditationslehrer entwickeln, die beim Erstellen von Meditationstrainings / -stunden unterstützt (z. B. Meditationsbausteine, die individuell als Übung verkettet werden können). Oder du spezialisierst dich auf Meditation in Unternehmen und entwickelst eine App für Mitarbeiter-Meditationen.

Biete an deinem aktuellen Aufenthaltsort „Erlebnisse" an
Das kann z. B. Meditation unter freiem Himmel im Park sein.

Leg ein Profil bei einer Crowdfunding-Plattform an
Lass dich von deinen Fans z. B. auf der Crowdfunding-Plattform Patreon.com finanziell unterstützen.

STARTER TOOLKIT – DAS BRAUCHST DU, UM LOSZULEGEN

Notebook, Smartphone

SOFTWARE:
- Office: z. B. Microsoft Office oder Google Docs
- Kommunikation: z. B. Skype, WhatsApp, Slack, Gmail
- Website / Webshop: z. B. WordPress oder Shopify

BÜCHER UND TUTORIALS:
- Buch: „Meditation für Anfänger: Schritt für Schritt Meditieren lernen, für mehr Energie, Glück und innere Ruhe. (unterschiedliche Methoden für Jedermann)" von Edition YingYang
- Buch: „Meditation: Meditieren Lernen für Anfänger: Der ultimative Guide wie du durch Meditieren Ängste, Stress und Übergewicht los wirst und neue Energie, Gelassenheit, Glück und Freude tankst", von Thomas Gamsjäger
- Detaillierte Informationen zu Tools und Ressourcen, die dir helfen können, ein ortsunabhängiges Einkommen aufzubauen, findest du auf unserem Blog unter: https://new-work-life.com/portfolio/meditationslehrer.

HIER FINDEST DU WEITERE INFORMATIONEN

BYVG – Bund der Meditationskursleiter: https://www.yoga-vidya.de/netzwerk/berufsverbaende/byvg/bund-der-meditationskursleiter

4.19 MUSIKLEHRER (PRIVAT)

Als privater Musiklehrer bietest du Instrumental-, Gesangs- und/oder Musikunterricht für Kinder und Erwachsene unterschiedlichen Alters an. Je nach Ausrichtung kannst du Anfänger, Fortgeschrittene und/oder Profis unterrichten. Ferner kannst du entscheiden, ob du Einzelpersonen und/oder Gruppen unterrichten möchtest.

WAS SIND MÖGLICHE AUFGABEN?
- Unterricht planen
- Übungsinhalte entwickeln
- Lernfortschritt verfolgen
- Selbst musizieren

WELCHE AUSBILDUNG BENÖTIGST DU?

Um als privater Musiklehrer dein Geld zu verdienen benötigst du nicht zwingend eine klassische Ausbildung, wenngleich ein Musikstudium von Vorteil sein kann. Grundsätzlich solltest du selbst mehrere Instrumente beherrschen oder gut singen können. Deine musikalische Kompetenz und dein Wissen sowie deine Fähigkeit, das Wissen weiterzugeben, sind entscheidend.

WELCHE FÄHIGKEITEN SOLLTEST DU MITBRINGEN?
- Empathie
- Motivieren können
- Pädagogische Fähigkeiten
- Musikalische Fähigkeiten
- Kommunikationsstärke

UNSERE ROLEMODELS FÜR DEN BERUF DES MUSIKLEHRERS

Name: Inga Hope
Unternehmen: The Gentle Guitar
Homepage: https://www.gentleguitar.com | https://onlinetutorroadmap.com
Kontakt: ingahope@gmail.com

Inga ist neuseeländische Staatsbürgerin, die ihr Jahr so gestaltet, dass sie immer Sommer hat. Dafür pendelt sie zwischen ihrem Zuhause in Auckland und ihrer Basis in Dänemark. Mit ihrem ersten Online-Business *Gentle Guitar*™, arbeitet sie seit 2015 online. Ihr zweites Online-Geschäft bzw. Hobby ist *The Online Tutor*, ein Blog und ein Online-Kurs, der anderen Privatlehrern hilft, ihre Unterrichtsstunden online anzubieten, damit auch sie ihren Unterricht remote gestalten können. Inga genießt es, anderen Privatlehrern zu helfen online Erfolg zu haben, und sie freut sich immer, sich mit Gleichgesinnten zu verbinden. Ihr eigentlicher Bildungshintergrund liegt im Bereich Digital Media. Allerdings hat sie auch eine zweijährige Ausbildung als Gitarrenlehrerin bei einem der besten Gitarristen Neuseelands gemacht.

Ihre Familie und Freunde beschreiben sie als entschlossene Persönlichkeit. Zudem wird ihr oft nachgesagt, dass sie ein Gedächtnis wie ein Goldfisch habe. Sie sagt, das läge aber nur daran, dass sie so ein abenteuerliches und abwechslungsreiches Leben führe. Es sei einfach schwer, sich an die alltäglichen Details zu erinnern, wenn das Leben so dynamisch ist.

INTERVIEW MIT INGA HOPE VON THE GENTLE GUITAR

Wie verdienst du dein Geld als Remote Worker?

Im Jahr 2013 habe ich die *Gentle Guitar*™-Methode entwickelt, mit der Schülerinnen und Schüler im Alter ab fünf Jahren Gitarre lernen können. Nur sehr wenige Gitarrenlehrer unterrichten das Blattspiel, da man es selbst Erwachsenen nur sehr schwer beibringen kann! Die *Gentle Guitar*™-Methode macht das Erlernen der Notation zu einem einfachen und unterhaltsamen Prozess für Lehrer und Schüler.

Mein Hauptprodukt ist somit methodenbasierter Unterricht. Heute lehre ich nicht mehr selbst. Ich habe die Methode systematisiert und dadurch skaliert, dass ich andere Lehrer beauftragt habe, die Methode über Skype zu unterrichten, was außerordentlich gut funktioniert. Das ist im Moment meine Haupteinnahmequelle.

Ich arbeite daran, die Methode der Öffentlichkeit zugänglich zu machen und *Gentle Guitar*™ eine neue Rolle zu geben. Ich möchte eine neue Reihe von Produkten auf den Markt bringen und *Gentle Guitar*™ zu einer digitalen Verlags- und Lehrerausbildungsakademie entwickeln.

Das wird neue passive Einkommensströme eröffnen und mir die Möglichkeit geben, die Methode mit mehr Lehrern zu teilen. Ich sehe, dass es vielen Lehrern schwerfällt, Kindern im Alter zwischen fünf und acht Jahren Gitarrespielen beizubringen. Für mich hingegen ist das meine liebste Altersgruppe, mit der ich den meisten Spaß habe. Ich denke, dass mit der *Gentle Guitar*™-Methode vielen Lehrern die Standardnotation für kleine Kinder Spaß machen wird.

Wie bist du auf die Ideen für deine Produkte und Services gekommen? Hast du eine bestimmte Methodik verfolgt?

Wenn man mir gesagt hätte, dass ich Kindern auf der ganzen Welt online Gitarrespielen beibringen würde, hätte ich gesagt, du machst Witze! Ich habe keine Kinder und ich war die Art von Person, die sagen würde: nimm das Kind von mir weg! Ich kann mit Hunden umgehen, hatte mit Kindern aber absolut nichts am Hut.

Ich glaube, meine Liebe zu ihnen hat begonnen, als sie stapelweise vor meiner Tür abgesetzt wurden und Eltern von mir erwarteten, dass ich sie babysitte, im Austausch für die Bezahlung von Gitarrenunterricht. Einige von ihnen waren alt genug, um auf die Uhr zu starren, und ich fühlte mich schrecklich, weil sie sich so langweilten.

Ich wusste zwar, dass sie lernen wollten, aber ich hatte einfach nicht die richtigen Materialien, um mit ihnen zu arbeiten. Das war der Zeitpunkt, an dem ich angefangen habe, eigene Unterrichtsmaterialien zu erstellen. Ich wollte, dass die Kinder Spaß hatten und altersgerecht unterrichtet werden.

Schnell stellte ich fest, dass sie es liebten, neue Dinge zu lernen und ihr Wissensdurst inspirierte mich, die beste Lehrerin zu werden, die ich sein konnte. Ich habe noch nie jemanden gesehen, der so aufgeregt war, eine Note zu lernen! Ihr Eifer, Noten zu zeichnen, motivierte mich, mehr akademisch inspirierte Aktivitäten zu schaffen. Das habe ich getan, und mit der Zeit wurde es zu einer Methode. Die Methode wurde erfolgreich, das sprach sich herum und Eltern aus ganz Neuseeland wollten ihre Kinder anmelden. Als Leute anfingen, nach Remote-Unterricht zu fragen, habe ich versucht, das Programm daraufhin zu optimieren. Ich habe einfach immer versucht, für die Kinder da zu sein und es für sie so einfach wie möglich zu machen. Ich denke, das ist der Grund, warum das Produkt so gut funktioniert – ich habe mich immer gefragt: „Wie kann das besser funktionieren?"

Wie lange hat es gedauert, bis du deine ersten 1.000 Euro an monatlichem Einkommen durch deine ortsunabhängige Arbeit generiert hast?

Es hat nicht lange gedauert, die ersten 1.000 Euro zu verdienen. Innerhalb von einer Woche war ich online, was dadurch unterstützt wurde, dass meine physischen Schulen bereits in Betrieb waren.

Damals habe ich meinen Schülern gesagt, dass wir uns verändern und ab jetzt als internationale Online-Schule arbeiten, die Unterricht per Skype anbietet. Obwohl sie anfänglich skeptisch waren, hatten mehr als 80 Prozent kein Problem mit der Idee, nachdem sie es ausprobiert hatten. Im Gegenteil, sie fanden den Unterricht via Skype viel bequemer. Die anderen 20 Prozent haben wir weiterhin mit unserem örtlichen Lehrer in Auckland unterrichtet.

Mittlerweile haben wir nur noch eine Handvoll Schüler in Auckland. Sogar unser Lehrer in Auckland gibt ziemlich viel Skype-Unterricht.

Wie hast du deine ersten Kunden gefunden, mit denen du remote zusammengearbeitet hast?

Unsere ersten Schüler, die durch Online-Marketing kamen, waren das Ergebnis von Werbegeschenken. Ich fing an, mich mit Eltern-Bloggern zu vernetzen und habe drei kostenlose Unterrichtsstunden angeboten. Das war sehr gut, um mich Bloggern vorzustellen und gleichzeitig wusste ich, dass unsere Conversion Rate hoch ist, so dass fast jeder, der den kostenlosen Unterricht ausprobierte, sich letztendlich anmeldete.

Give-Aways und kostenlose Probestunden sind ein Marketing-Tool, das ich regelmäßig nutze, wenn ich schnell mehr Schüler erreichen möchte. Ich nenne es den „Schüler-Wasserhahn", weil ich den Fluss der ankommenden Schüler an- und ausschalten kann, je nachdem wie viele Plätze wir haben. Das ist insbesondere gut, wenn ein neuer Lehrer an Bord kommt und wir Plätze für neue Schüler frei haben.

Wie findest du neue Kunden?

Ehrlicherweise glaube ich, dass ich derzeit noch weit davon entfernt bin, mein volles Vermarktungspotential zu kennen. Ich habe weder einen Blog noch eine E-Mail-Liste für *Gentle Guitar*™ und ich mache kaum Werbung. Das liegt wiederum daran, dass wir ein sehr gut funktionierendes Affiliate-Programm haben. Das Tolle am Affiliate-Marketing ist, dass man nur für die Kunden zahlt, die auch kommen. Das ist eine sehr smarte Lösung für kleine Unternehmen, die kein großes Werbebudget haben. Ich habe ein Netzwerk von Elternblogs aufgebaut, die unseren Service für eine Provision bewerben. Ich zahle jedes Mal 50 Dollar, wenn sich jemand über eine Empfehlung anmeldet. Es ist also wie Werbung, aber ich bezahle nur, wenn ich einen Kunden bekomme. Aus diesem Grund liebe ich Affiliate-Marketing.

Zudem bekommt man auch sehr viel Glaubwürdigkeit, weil der Unterricht von Bloggern empfohlen wird, denen Eltern vertrauen und die sie respektieren. Mein Fokus lag bis dato auf der Vernetzung und dem Aufbau dieser wichtigen Beziehungen mit Bloggern.

In Zukunft sehe ich ein riesiges Potenzial in Facebook- und Google-Werbung, aber das ist der nächste Schritt.

Als Unternehmerin denke ich, dass es der größtmögliche Fehler ist, den man machen kann, schneller zu wachsen, als die Systeme, die man für die Skalierung benötigt. Von daher möchte ich zuerst sicherstellen, dass ich ein fantastisches Produkt, eine großartige Lehrerausbildung und -unterstützung habe, bevor ich durch Werbung noch größer werde. Daher liegt mein Fokus auf dem Aufbau der richtigen Produkte und Systeme, damit wir robust und effizient mit dem Wachstum umgehen können.

Was war deine Motivation, ortsunabhängig zu arbeiten?

Das Lustige ist, dass ich vor 2014 nicht viel über ortsunabhängige Arbeit wusste. Es war ein Anruf von der Mutter eines unserer Gitarrenschulkinder aus einem ländlichen Teil von Neuseeland, der diesen „Aha-Moment" hervorbrachte. Sie wollte wissen, ob wir in ihrer abgelegenen, ländlichen Stadt unterrichten würden. Als ich ihr sagte, dass unser Unterricht dort nicht verfügbar sei, bat sie uns darum, eine Stunde Unterricht via Skype anzubieten. Am Anfang war ich sehr skeptisch, aber dann begeistert, wie gut es funktionierte. Das war ein Wendepunkt für mich und seitdem gab es kein Zurück mehr.

Zu dieser Zeit war ich dabei mein Geschäft auszubauen und kurz davor einen Franchise-Vertrag zu unterzeichnen. Allerdings entspricht das Franchise-Konzept weder meiner Persönlichkeit noch meinen Werten. Skype war hingegen die perfekte Lösung, um mein Geschäft in Neuseeland und darüber hinaus auszubauen, und das praktisch ohne Overhead-Kosten. Das war für mich eine wunderbare Gelegenheit, die ich gerne ergriffen habe. Seit 2015 unterrichten meine Lehrer und ich online und zu meiner initialen Überraschung sind sowohl unsere Schüler als auch ihre Eltern begeistert. Es ist für alle Beteiligten eine sehr angenehme und komfortable Lösung.

Wie hast du deine Remote-Karriere begonnen? Gab es irgendwelche Tools, die dir dabei geholfen haben, ortsunabhängig zu arbeiten?
Dadurch, dass ich zwei Jahre lang in meine Lehrerausbildung bei einem der Top-Gitarrenlehrer in Neuseeland investiert habe, habe ich mir sicherlich zehn Jahre des „Trial and Error" erspart. Nach zwei Jahren des Lernens an seiner Seite konnte ich mein eigenes Studio eröffnen und innerhalb von zwei Jahren meine Schule auf drei Standorte ausweiten. Das ist mehr als das, was die meisten Privatlehrer im Leben erreichen.

Ich schreibe meinen frühen Erfolg einer guten Mentorschaft zu. Und da ich wusste, wie gut es ist, einen Mentor zu haben, war ich auch gleich von Natalie Sissons Programm „The Freedom Plan" begeistert. Ich habe „The Freedom Plan" abgeschlossen, weil ich schnellen Zugang zu bewährten Online-Tools haben wollte. Für mich war das sehr hilfreich. Darauf aufbauend habe ich meinen eigenen Kurs entwickelt, der anderen Lehrern dabei hilft, Gitarrenunterricht online anzubieten. Mein Kurs heißt „The Online Tutor Roadmap" (https://onlinetutorroadmap.com). Neben den Grundlagen des Online-Business betrachtet der Kurs umfangreich die praktischen Aspekte des Remote-Unterrichts und zeigt, wie man den Unterricht aufbaut. Mein Ziel war es, einen detaillierten und auf meinen Beruf zugeschnittenen Kurs anzubieten. Denn so gut „The

Freedom Plan" auch war und so sehr er mir anfänglich geholfen hat, so allgemein war er zugleich.

Glücklicherweise kann ich auf einige Jahre Erfahrung in den Bereichen Digitale Medien und Branding zurückblicken, während derer ich Kunden dabei geholfen habe, Websites aufzubauen und Marketingstrategien zu entwickeln. Mein Wissen aus dieser Zeit hat mir sehr dabei geholfen, online Schüler zu finden. Es gibt so viel Puzzleteile, die berücksichtigt werden müssen und zusammenpassen müssen: das Produkt, die Marke, die Marketingstrategie, alles muss ineinandergreifen, damit eine Schule für Gitarrenunterricht profitabel ist. Daher besteht eine meiner Leidenschaften heute darin, anderen Lehrern zu helfen, die Fähigkeiten und das Wissen zu erwerben, das sie brauchen, um ihren Remote-Unterricht zu gestalten und zu vermarkten.

Was waren deine größten Herausforderungen, um ein Remote-Einkommen zu generieren und wie hast du diese bewältigt?

Die größte Herausforderung sind die Lernkurven. Wenn du ein Geschäft online aufbaust, wirst du zwei steile Lernkurven durchleben. Eine davon ist die tatsächliche Business-Lernkurve. Niemand wird mit einem guten Geschäftssinn geboren, du lernst es und entwickelst ihn nebenbei, während du arbeitest.

Die andere ist die Online-Umgebung selbst. Die Dinge ändern sich so schnell, dass du permanent damit beschäftigt bist, neue Probleme und Trends vorherzusehen, während du gleichzeitig permanent dazulernst.

Ich habe gelernt, mit den beiden Lernkurven umzugehen, indem ich die Tatsache akzeptiert habe, dass ich nicht aufhören werde zu lernen, solange ich im Geschäft bin. Sobald du das akzeptierst und Zeit für das Lernen reservierst, gibt es kein Problem, das unüberwindbar ist, denn selbst, wenn du es jetzt nicht sofort beheben kannst, kannst du immer mehr darüber lernen, und mit deinem Wissen kommen die Erfahrung und die Lösungen wie von selbst.

Es ist diese Haltung des Vorangehens, bewaffnet mit deinem Wissensdurst als Schwert, das jedes Hindernis beseitigt. Solange ich es lernen kann, kann ich es tun!

Wie sieht ein normaler Arbeitstag in deinem Leben als Remote Worker aus? Hast du eine tägliche Routine?

Ich denke, dass die meisten Menschen die ortsunabhängige und selbständige Freigeister sind, mir zustimmen werden, dass es keinen „typischen Tag" gibt. Das Schöne an der Online-Arbeit ist, dass man seinen Alltag mit so viel Kreativität füllen kann, wie man möchte. Nichtsdestotrotz versuche ich eine gewisse Struktur zu bewahren. Ich unterteile meinen Tag in unterschiedliche Zeitblöcke, die ich je nach Projekt, an dem ich gerade arbeite, verändere.

Allgemein gibt es auch ein paar bestimmte Dinge, die ich jeden Tag erledigen möchte, dazu gehören zum Beispiel
- dass ich gerne gesund esse und die Zutaten dafür nach Möglichkeit aus meinem Garten gewinne – das nimmt recht viel Zeit in Anspruch,
- dass ich mindestens ein bis zwei Stunden Sport pro Tag mache,
- dass ich gerne für vier bis sechs Stunden ununterbrochen und hochkonzentriert arbeite.

Ich arbeite natürlich auch mehr, wenn es mein Projekt erfordert. Früher habe ich auch gut und gerne zwölf Stunden am Tag gearbeitet, damit habe ich aber aufgehört. Ich habe mir mit der Zeit angewöhnt, darauf zu achten, möglichst produktiv und effizient zu arbeiten, statt rund um die Uhr. Es ist wichtig, sich effiziente Ziele und Meilensteine zu setzen. Sie sind meiner Erfahrung nach der Schlüssel zum Erfolg und führen dazu, weniger zu arbeiten und gleichzeitig mehr zu erreichen. Beispielsweise plane ich jeden Tag ein bis zwei Stunden ein, um mich hinsichtlich meiner Arbeit fortzubilden. Des Weiteren habe ich gern ein bis zwei Stunden Zeit pro Tag, die ich für mich privat nutze und lese beziehungsweise in meine persönliche Weiterentwicklung investiere.

Zudem liebe ich es einfach, wann immer ich kann, draußen zu arbeiten. Da ich zwischen Neuseeland und Europa pendele, genieße ich quasi einen ganzjährigen Sommer und habe in der Regel die Möglichkeit, immer im Freien zu arbeiten. Das kann in einem Café sein, in meinem Hinterhof oder irgendwo anders. Außer meinem Laptop und gutem WLAN brauche ich nichts weiter, um arbeiten zu können.

Wenn ich in Neuseeland bin arbeite ich gerne von einem Café aus, da die Atmosphäre dort unwahrscheinlich entspannt ist und man dort einfach stundenlang in Ruhe sitzen kann. In Dänemark habe ich ein abgeschiedenes Versteck im Wald, mit einem großen Bio-Gemüsegarten, von wo aus ich arbeite. Manchmal lebe ich einen Sommer lang auf einem Segelboot. Ich kann mir für die Zukunft gut vorstellen, für länger auf einem Boot zu leben und zu segeln.

Das Schöne am ortsunabhängigen Arbeiten ist, dass man an nichts gebunden ist und wählen kann, wo man für wie lange lebt. Das ist für mich wirklich sehr erfüllend.

Was sind die Vor- und Nachteile ortsunabhängiger Arbeit aus deiner Sicht?

Ich bin sehr introvertiert, also passt es mir sehr gut, online zu arbeiten. Ich vermisse es nicht, jeden Tag in ein Büro zu gehen und eine Bürogemeinschaft und Kollegen zu haben. Die Geselligkeit, die ich durch Skype- und E-Mail-Kontakt habe, reicht mir völlig aus.

Ich kann schon nachvollziehen, dass es nicht jedermanns Sache ist, für sich alleine zu arbeiten und dass Menschen es bevorzugen, sich so oft wie möglich mit anderen Menschen zu umgeben. Ich hingegen liebe es, alleine draußen im Wald zu sein und tagelang keinen anderen Menschen zu sehen. Das gibt mir sehr viel Energie und hilft mir dabei, mich voll und ganz auf meine Arbeit zu konzentrieren.

Für manche Menschen kann zu viel Freiheit allerdings auch schlecht sein. Auch ich hatte anfänglich meine Probleme damit. Plötzlich stehst du da und es gibt keine feste Struktur mehr, an die du dich halten musst. Das hat mich zu Beginn meiner Ortsunabhängigkeit auch verwirrt und unproduktiv gemacht. Also habe ich damit begonnen, mir eine eigene Struktur zu schaffen. Das wiederum hat mir dabei geholfen, wesentlich effizienter und produktiver zu arbeiten. Grundsätzlich ist es nicht schwer, produktiv zu sein und seine Freiheit zu genießen, es bedarf nur einiger klarer Ziele und viel Selbstdisziplin.

Last but not least: Hast du noch weitere hilfreiche Tipps für unsere Leser?
Wir hören oft von der Kraft der Mentorschaft, aber viele von uns haben auch diese DIY-Einstellung *(Anm. d. Autoren: DIY= do it yourself - mach es selbst)*. Ich weiß, dass ich ein gutes Jahrzehnt lang damit verschwendet habe, die DIY-Flagge zu schwenken. Erst als ich meinen ersten Business-Mentor kennenlernte, ging es voran.

Selbst die Erfolgreichsten und Intelligentesten unter uns wurden intelligent und erfolgreich, indem sie vom Beispiel und der Erfahrung anderer gelernt haben. Je mehr du dich mit Menschen umgeben kannst, die du bewunderst, die dir den Weg weisen und ihr Wissen und ihre Erfahrung mit dir teilen, desto schneller wirst du dorthin gelangen, wo sie sind!

Du kannst die nächsten zehn Jahre damit verbringen, dir Beulen und Narben zu holen, oder du holst dir einen Mentor oder investierst in Bildung und nimmst die Abkürzung, um dorthin zu gelangen, wo du hinmöchtest. Wenn du mit anderen zusammenarbeitest und von ihnen lernst, wirst du zehn Mal schneller sein, als wenn du es auf eigene Faust versuchst.

Ich kenne viele Gitarrenlehrer, die ihr ganzes Leben damit verbringen, einfach irgendwie über die Runden zu kommen, und ich suche gerade wieder einen weiteren Lehrer für meine Online-Schule! Wenn mein Gitarren-Coach und mein Business-Mentor mir nicht gezeigt hätten, wie man ein Unternehmen für Gitarrenunterricht aufbaut das funktioniert, bezweifle ich, dass ich überhaupt irgendwo hingekommen wäre. Ich wäre herumgelaufen und hätte versucht, genug Schüler zu bekommen, um meine Rechnungen zu bezahlen. Stattdessen konnte ich mich aber auf die Lebenserfahrung meines Mentors stützen und meine Zeit dahingehend investieren, etwas Einzigartiges zu schaffen.

Du hast die Wahl: Du kannst das Rad neu erfinden oder dir einen Mentor suchen, dessen Erfahrung du aufnimmst und dich dann darauf konzentrierst, dein Ding zu machen. Wenn du einem bewährten Plan folgst, kommst du viel weiter, als wenn du einfach drauf losgehst.

Name: Jacques Hopkins
Unternehmen: Piano In 21 Days
Homepage: https://PianoIn21Days.com
Kontakt: jacques@pianoin21days.com

Jacques ist als Unternehmer erfolgreich mit seinem Online-Kurs „Piano in 21 Days", in dem er anderen Menschen das Klavierspielen beibringt. Klavierspielen begleitet Jacques zwar mehr oder weniger sein gesamtes Leben lang, jedoch ist er von Hause aus eigentlich Ingenieur. Er hat einen Abschluss in Elektrotechnik von der LSU, der Louisiana State University, und einen Master of Business Administration von der University of Florida. Bevor er mit seinem Online-Kurs durchstartete, war er acht Jahre lang als Ingenieur bei einem Ingenieurbüro angestellt. Zu Beginn arbeitete er als technischer Ingenieur bevor er dann Projektmanager wurde.

Jacques Freunde und Familie sagen über ihn, dass er im Hinblick auf seine Arbeit, seine Familie und allem anderen, genau weiß, was er will und dass er normalerweise die Schritte entsprechend vorbereitet, um dorthin zu kommen und immer sein Bestes gibt, um wirklich dorthin zu kommen. Unser Interview führen wir mit Jacques in seinem Home-Office in Baton Rouge Louisiana, in den Vereinigten Staaten.

INTERVIEW MIT JACQUES HOPKINS VON PIANO IN 21 DAYS

Wie verdienst du dein Geld als Remote Worker?
Ich verdiene Geld, indem ich meinen Online-Klavierkurs verkaufe. Das

sind 99 Prozent meines Einkommens. Es hat keinen Sinn, über die anderen ein Prozent zu reden. Ich habe im Grunde genommen ein Produkt namens „Piano in 21 Days". Es ist ein Schritt-für-Schritt-Programm für Menschen, die nichts über das Klavierspielen wissen und es lernen wollen. Ich lehre nicht, wie man Experte wird. Ich unterrichte keine fortgeschrittenen Sachen, weil die meisten Leute keine Experten im Klavierspielen sein wollen. Die meisten Leute haben vielleicht ein Klavier oder ein Keyboard, aber niemand in ihrem Haus weiß, wie man es spielt, und sie möchten in der Lage sein, etwas zu spielen, das wie ein Lied klingt. Ein Experte auf dem Klavier zu sein dauert Jahre und ist für die meisten Menschen nicht erstrebenswert. Ich verfolge mit meinem Unterricht das 80/20-Prinzip, das Pareto-Prinzip: was sind die 20 Prozent des Klaviers, die du lehren kannst, dass du tatsächlich 80 Prozent der Ergebnisse erhältst. Das ist es, was die meisten Leute wollen. Das ist „Piano in 21 Days" und das ist meine Haupteinnahmequelle.

Wie lange hat es gedauert, bis du deine ersten 1.000 Euro an monatlichem Einkommen durch deine ortsunabhängige Arbeit generiert hast?
Es hat etwa eineinhalb Jahre gedauert, um zu diesem Punkt zu gelangen.

Wie hast du deine ersten Kunden gefunden, mit denen du remote zusammengearbeitet hast?
YouTube, 100 Prozent. Mit YouTube bin ich in Sachen Marketing gestartet. Ich habe angefangen, Videos auf YouTube zu veröffentlichen, und gleichzeitig die Domain „Piano in 21 Days" registriert. Allerdings erschien sie am Anfang nicht in den Google-Suchergebnissen. Ich habe auch keine Anzeigen geschaltet und niemand wusste, wer ich bin. Aber ich habe Videos auf YouTube hochgeladen und als meine ersten Kunden zu mir kamen, war das der einzige Weg, über den sie mich hätten finden können.
Am Anfang habe ich ein paar Songcover auf YouTube veröffentlicht, ein paar Adele-Songs, ein Bruno-Mars-Song. Die meisten Menschen interessieren sich normalerweise mehr für moderne Lieder und nicht nur für klassische Musik.
    Ich habe ein Video gemacht mit dem Titel „Learn Piano fast – I show you the Secret to learning Piano." Das war das sechste Video das ich hochgeladen habe, und das ist durch die Decke gegangen. Ich hatte dieses eine Geheimnis darin, Klavier schnell zu lernen und die Leute liebten es und lieben es noch heute. Wenn man zu YouTube oder Google geht und „learn piano fast" eingibt, sollte es immer noch zuerst auftauchen, auch wenn die Qualität heute erschreckend ist. Aber der Inhalt ist gut, ich bin stolz darauf. Und deshalb ist es auch fünf oder sechs Jahre später immer noch hoch im Kurs und ein großer Teil meines anfänglichen Traffics kam von diesem einen Video.

Wie findest du neue Kunden?
Ich habe meine Website und meinen Sales Funnel eingerichtet. Wenn du auf meine Website gehst, gibt es eine Menge wertvollen Content und ich bitte dich, mir deine E-Mail-Adresse im Austausch für mein kostenloses Workbook zu geben. Sobald ich deinen Kontakt habe, versuche ich dir mittels einer E-Mail Kampagne meinen Kurs zu verkaufen.

Es ist die eine Sache, eine Website zu haben und einen Online-Kurs zu entwickeln und über alle notwendigen Tools zu verfügen. Eine ganz andere Sache ist es, von Interessenten gefunden zu werden. Hierfür ist meine wichtigste Quelle YouTube. Ich habe ein Video, das mehr als eine Million Mal gesehen wurde und das zu einem Großteil meines Website-Traffics geführt hat. Mein YouTube-Kanal ist recht gut und viele Leute finden mich darüber und ich habe das Gefühl, dass ich einen guten Job als Lehrer mache. Am Ende des Videos sage ich: „Hey Leute, wenn ihr mehr lernen wollt, habe ich noch ein bisschen mehr kostenlosen Content für euch auf pianoin21days.com."

Neben YouTube investiere ich etwas Geld für Werbung mit Google-Anzeigen, Bing-Anzeigen und Facebook-Anzeigen. Langsam werde ich auch mit meiner organischen Suchpräsenz immer besser, so dass ich auf Google bei Phrasen wie „wie man Klavier spielt" in den Top Ten auftauche.

Was war deine Motivation, ortsunabhängig zu arbeiten?
Im Jahr 2007, während meines letzten Studienjahres, habe ich zum ersten Mal „Die 4-Stunden-Woche" von Tim Ferriss gelesen. Und ich weiß ehrlich gesagt nicht, was mich motiviert hat, so ein Buch in die Hand zu nehmen, denn mein ganzes Leben lang war klar, dass ich Ingenieur werde. Ich war immer gut in Mathe und die Menschen um mich herum haben mir immer gesagt, dass ich Ingenieur werden sollte. Und so war ich gerade dabei, meinen Abschluss zu machen, als ich dieses verrückte Buch in die Hände bekam und es hat mir die Augen geöffnet. All die Geschichten von Leuten, die online Geld verdienen. Ich bin nicht faul, es war nur, dass es wirklich darum ging, remote und ortsunabhängig zu arbeiten und Flexibilität zu haben. Alle diese Geschichten über Leute, die ihr eigenes Geschäft im Internet eröffnet haben, und viele der im Buch dargestellten Geschäftsmodelle basierten darauf, T-Shirts oder CDs zu verkaufen. Es gab nicht viele Beispiele für Online-Kurse. So gesehen hat das Buch nicht zu dem Erfolg mit meinem Online-Kurs beigetragen. Aber es hat mir die Augen für die Möglichkeit geöffnet, ein eigenes Unternehmen zu gründen, das hundertprozentig online-basiert ist. Ein Unternehmen, dass es mir erlaubt, ein Leben zu meinen Bedingungen zu leben und überall zu leben und dabei ein annehmbares Einkommen zu generieren.

Ich habe also dieses Buch gelesen, und dennoch meinen Abschluss gemacht und angefangen zu arbeiten. Schließlich hatte ich bereits meinen Arbeitsvertrag in der Tasche. Zudem zahlte mein zukünftiger Arbeitgeber ein sehr gutes Gehalt und versprach gute Sozialleistungen, und ich wollte zum ersten Mal in meinem Leben wirklich gutes Geld verdienen. Ich merkte aber schnell, dass ich nicht jeden Tag in ein Büro gehen und einen Chef haben wollte.

Also beschloss ich, nach der Arbeit ein eigenes Unternehmen aufzubauen. Ich habe eine Menge Dinge, die in dem Buch vorgeschlagen werden, ausprobiert. Insgesamt habe ich fünf Anläufe unternommen, die alle nicht funktionierten.

Wie hast du deine Remote-Karriere begonnen? Gab es irgendwelche Tools, die dir dabei geholfen haben, ortsunabhängig zu arbeiten?

Ich bin jeden Abend nach der Arbeit nach Hause gegangen und habe mich damit beschäftigt, ein Nebengeschäft aufzubauen. Da ich jeden Morgen früh aufgestanden bin und dann einen langen und oft stressigen Arbeitstag hatte, fehlte mir abends allerdings zumeist die Energie und Motivation, weiterzumachen. Das führte wiederum dazu, dass ich frustriert war, weil ich nicht das schaffte, was ich unbedingt wollte und mir vorgenommen hatte.

Ich stellte fest, dass ich prokrastinierte und während ich das tat, spielte ich Klavier. Statt zu arbeiten oder mich gedanklich mit meinem Unternehmen zu befassen, spielte ich also Klavier. Eines Tages, während ich wieder am Klavier saß, schoss mir eine Frage in den Kopf: „Kann ich aus meinem Hobby, Klavier zu spielen, kein Geschäft machen?"

Fortan dachte ich also darüber nach, wie ich aus Klavierspielen ein Online-Business machen könne. Ich wusste, dass ich eine gute Story oder eine andere Besonderheit bräuchte, um damit erfolgreich zu werden. Es reicht nicht aus, einfach ein Produkt zu haben, dass beliebig austauschbar ist. Also machte ich mir Gedanken darüber, wie ich Klavierspielen unterrichten könnte und machte mir meine eigene Geschichte und Erfahrung dabei zu nutze.

Ich hatte im Alter von fünf Jahren begonnen, Klavierunterricht zu nehmen und ich habe es absolut gehasst. Es war wirklich schrecklich, aber ich war ein sehr schüchterner und zurückhaltender Junge, der es allen recht machen wollte. Und da meine Eltern sich wünschten, dass ich Klavierunterricht nahm, habe ich es getan – zwölf Jahre lang. Allerdings habe ich nie freiwillig geübt, sondern immer nur während der Stunden. Dadurch habe ich keine Fortschritte gemacht. Meine Lehrer wollten immer, dass ich verschiedene Übungen mache und die Musiktheorie lerne, was ich überhaupt nicht nachvollziehen konnte. Also ließ ich es bleiben. Und nach zwölf Jahren Unterricht, im Alter von 17 Jahren, beschloss ich aufzuhören mit dem Klavierunterricht. Zu diesem Zeitpunkt konnte ich genau zwei Lieder spielen.

Was ich aber nicht tat, war grundsätzlich mit dem Klavierspielen aufzuhören, weil ich sah, dass es auch anders ging. Wie gesagt, ich bin Ingenieur und daher ziemlich linkshirnlastig. Dementsprechend habe ich für mich eine Formel entwickelt, die meine linke Gehirnhälfte anspricht und es mir ermöglicht, viel besser Klavier zu spielen als jemals zuvor. Und als ich mir 2013 dann die Frage stellte, ob ich nicht etwas mit Klavierspielen machen könnte, wurde mir klar, dass auch andere Menschen auf diese Weise lernen können, Klavier zu spielen.

Welche drei Dinge würdest du vermeiden, wenn du die Zeit zurückspulen könntest?
Ich denke, ich würde nicht wieder versuchen, alles alleine zu machen. Eine meiner Stärken heute ist, dass ich versuche, mich auf die Dinge zu konzentrieren, die meine persönliche Arbeit erfordern und alles andere durch entsprechende Experten machen zu lassen. Dazu zählen beispielsweise Dinge wie Videobearbeitung oder Google Ads.

Ich wusste zwar am Anfang, wie man Klavier spielt, aber ich hatte nicht die geringste Ahnung von Marketing, Buchhaltung, Vertrieb, Videobearbeitung oder davon, wie man eine Website baut. Wenn man ein Unternehmen gründet, gibt es so viele Dinge, die man tun muss.

Es hat mehrere Jahre gedauert, bis ich erfolgreich war, weil ich entschlossen war, alles selbst zu machen. Ich hätte schneller sein können. Man muss ja nicht gleich jemanden einstellen, der einen unterstützt, man kann auch mit Freelancern zusammenarbeiten oder Rat und Tipps bei Leuten suchen, die das, was man gerade macht, bereits erfolgreich gemeistert haben.

Was waren deine größten Herausforderungen, um ein Remote-Einkommen zu generieren und wie hast du diese bewältigt?
Die größte Herausforderung war Marketing zu lernen. Ich war an dem Punkt in meinem Leben, an dem es keinen Grund gab, überhaupt zu wissen, was Marketing ist. Weil ich einen normalen Job hatte und einen Chef, der mir Aufträge gab und ich zu den verschiedenen Kundenstandorten fuhr und mit ihnen arbeitete und nie etwas vermarkten musste. Meine Arbeit wurde mir gegeben und wir hatten ein Verkaufsteam und ich war nicht im

Verkauf oder Marketing tätig und so musste ich lernen, was Marketing ist und wie man Marketing macht.

Ich habe viele Podcasts und Erfolgsgeschichten über Online-Kurse gehört. Diese Leute waren gut genug, um auf einem Podcast zu sein. Und meistens hört man nur von den wirklich erfolgreichen Leuten und die sagen: „Ich habe ein paar Monate damit verbracht, den Kurs zu bauen, und dann, als er fertig war, habe ich ihn hochgeladen und dann bin ich für eine Stunde weggegangen und als ich zurückkam, waren da ungefähr 30.000 Dollar auf meinem Bankkonto." Und so nahm ich an, dass, wenn ich mir die Zeit nehmen würde, so etwas zu bauen, ich denselben Erfolg haben würde. Das war nicht der Fall, weil ich nichts von Marketing wusste. Nur weil du etwas baust, heißt das nicht, dass die Leute tatsächlich kommen, und selbst wenn sie kommen, heißt das nicht, dass sie es tatsächlich kaufen werden. Es hat also Jahre gedauert, um richtig Marketing zu lernen, und ich habe das Gefühl, dass das jetzt eine meiner Stärken ist, aber ich habe viel Zeit und Energie investiert, um an diesen Punkt zu kommen.

Wie sieht ein normaler Arbeitstag in deinem Leben als Remote Worker aus? Hast du eine tägliche Routine?
Ein normaler Arbeitstag beginnt bei mir um 8:30 Uhr. Ich arbeite von 8:30 Uhr bis 17:00 Uhr mit etwa eineinhalb Stunden Pause für Mittagessen und Fitnessstudio in der Mitte des Tages. In der Regel wache ich um 7:30 Uhr auf, dann frühstücke ich mit meiner Frau und meinen Kindern und wir genießen die Familienzeit bis 8:30 Uhr.

Ich habe einen Assistenten, der für mich einen täglichen Bericht mit einigen wichtigen Leistungsindikatoren (KPIs) über den Zustand meines Unternehmens zusammenstellt: wie viele E-Mail-Opt-Ins habe ich am Vortag erhalten, wie viele Verkäufe habe ich getätigt, wie viele Website-Besucher hatte ich, solche Dinge.

Da ich so viel automatisiert habe, muss ich so schnell wie möglich wissen, ob etwas kaputt ist, damit ich es reparieren kann. Normalerweise geht nichts kaputt, aber ich habe diesen Tagesbericht vor etwa einem Jahr implementiert und er ist wirklich toll. Ich brauche drei Minuten, um mir das anzusehen, und solange alles gut läuft, muss ich nicht wirklich etwas unternehmen. Das ist etwas, was ich jeden Tag tun muss. Das andere, was ich jeden Tag für „Piano in 21 Days" tue, ist, dass ich überprüfe, wer meinen Kurs am Vortag gekauft hat. Diesen Leuten schicke ich ein 30-Sekunden-Video, um sie zum Kurs zu begrüßen und ihnen dafür zu danken, dass sie sich angemeldet haben. Außerdem lasse ich sie wissen, dass ich für sie da bin und dass ich sie während des Prozesses unterstützen werde, wenn sie irgendwelche Fragen haben. Meine Kunden wissen diese Videos wirklich zu schätzen.

Was sind die Vor- und Nachteile ortsunabhängiger Arbeit aus deiner Sicht?

Der größte Vorteil ist die Flexibilität. Wenn zum Beispiel eines meiner Kinder krank wird habe ich die Möglichkeit, an diesem Tag nicht zu arbeiten und meiner Frau zu helfen, sich um die Kinder zu kümmern. Wenn ich in einem Büro arbeiten würde, in dem die Leute von mir erwarteten, dass ich vor Ort bin, wäre es nicht so einfach, das zu tun. Oder wenn es eine lange Woche war, können wir an den Strand fahren. Das geht nur, wenn man flexibel ist.

Natürlich gibt es auch einige Nachteile. Der größte ist, dass ich die soziale Interaktion vermisse. Ich habe in einem Büro mit 30 Leuten gearbeitet und wir sind ein Mal pro Woche gemeinsam zum Mittagessen gegangen. Wir warenauch sehr gute Freunde und ich habe immer noch Kontakt zu vielen von ihnen. Nun sitze ich in meinem Büro und mache viele Remote-Meetings, aber es ist nicht dasselbe und ich vermisse die soziale Interaktion eines großen Büros.

Ein weiterer Nachteil ist, dass ich von zu Hause aus arbeite und es sehr laut werden kann, wenn kleine Kinder im Haus sind. Das kann stören, wenn ich versuche, mich zu konzentrieren. Außerdem musst du dein eigener Motivator sein, wenn du für dich selbst arbeitest. Du hast keinen Chef, der mit Terminen zu dir kommt und Dinge erwartet. Es ist also einfacher, Dinge aufzuschieben und sich zu sagen, dass es an einem anderen Tag erledigt werden kann.

Last but not least: Hast du noch weitere hilfreiche Tipps für unsere Leser?

Eine der besten Möglichkeiten, um ortsunabhängig arbeiten zu können, ist meiner Meinung nach ein Online-Kurs. Ich bin sehr voreingenommen, weil ich damit erfolgreich bin. Aber viele Leute realisieren nicht, dass ein Online-Kurs eine gute und vor allem skalierbare Option ist, um den Laptop-Lifestyle zu verwirklichen. Es gibt unglaubliche Erfolgsgeschichten in den unterschiedlichsten Bereichen. Es gibt Online-Kurse zu Themen, mit denen man nie rechnen würde. Erst kürzlich habe ich mit jemandem gesprochen, der einen sechsstelligen Umsatz mit einem Online-Kurs in Vogelbeobachtung hat. Er bringt Leuten bei, wie man Vögel beobachtet. Und das ist nur eine von zahlreichen Nischen. Und so ist mein Rat einfach, dass, wenn man sich dafür interessiert, ortsunabhängig zu arbeiten es definitiv mal mit einem Online-Kurs zu versuchen.

WOMIT KANNST DU ORTSUNABHÄNGIG GELD VERDIENEN? – EINIGE IDEEN

Beschäftigungsformen: Du kannst entweder als Freelancer für verschiedene Auftraggeber arbeiten, Angestellter einer Firma sein, die es dir ermöglicht ortsunabhängig zu arbeiten, oder du wirst unternehmerisch tätig. Mögliche Auftrag-/Arbeitgeber sind z. B. öffentliche und privatwirtschaftliche Musikeinrichtungen, Ensembles, Bands, Schulen, Privatpersonen. In Kapitel 6 findest du verschiedene Jobportale, die sich auf ortsunabhängiges Arbeiten spezialisiert haben.

Die folgenden Zeilen geben dir ein paar Ideen an die Hand, wie du ortsunabhängig mit diesem Beruf Geld verdienst. Der Abschnitt ist bewusst kurzgehalten, da viele der Ideen bereits in Kapitel 3 angesprochen wurden. Solltest du an der ein oder anderen Stelle den Wunsch nach mehr Inhalt verspüren, blättere einfach nochmal zum Anfang zurück. Nähere Informationen, wie du Themen für Bücher und Online-Kurse findest, erhältst du in Kapitel 5. Schau außerdem gerne auf unserem Blog vorbei, für alle genannten Tools und Ressourcen im Überblick: https://new-work-life.com/portfolio/musiklehrer.

Führe bestimmte Kernaufgaben ortsunabhängig aus
Sieh dir die typischen Aufgaben eines privaten Musiklehrers an und überlege dir, welche davon du ortsunabhängig ausüben kannst. Kannst du Schülern Online Musikunterricht geben, indem du von Kommunikations- und Kollaborationsmedien wie Videotelefonie (z. B. Skype), Web-Konferenz (z. B. FreeConferenceCall), Chat (z. B. Slack) und E-Mail (z. B. Gmail) Gebrauch machst? Kannst du ortsunabhängig neue Unterrichtsmaterialien und Unterrichtskonzepte entwickeln, die du für deinen Unterricht verwedest. Du kannst dich mit deinem Unterricht z. B. auf Kinder in einer bestimmten Altersklasse spezialisieren oder du bietest pauschal Einsteiger-, Intermediate- und Fortgeschrittenenkurse an. Vermarkte deine Leistungen über eine eigene Website und über Social Media.

Produziere Musik für den Mainstream Markt
Verkaufe deine Musik online zum Download über eine eigene Website und/oder über Stockplattformen wie z. B. Shutterstock, 123rf, Pond5, Sonniss.com und Fantero an. Stockplattformen sind Online-Marktplätze, auf denen verschiedene Anbieter Produkte wie Fotos, Bilder, Vektoren, Videos, Audiodateien, Computercode, etc. anbieten. Die erbrachten Produkte werden dabei „auf Lager" produziert, d. h. sie entstehen ohne

Beauftragung. Die Produkte auf Stockplattformen können vom Käufer gegen Zahlung einer Lizenzgebühr für vielseitige Zwecke, z. B. für den Einsatz in Film, TV, Radio, etc. eingesetzt werden.

Entwickle eine (Mobile) App
Du könntest z. B. eine App kreieren, die Musikinteressierten hilft, Noten zu lesen oder ein Musikinstrument zu erlernen.

Entwickle und verkaufe Online-Kurse
Du könntest z. B. einen Kurs entwickeln, der Musikinteressierten beibringt, wie sie gewisse Instrumente spielen lernen. Alternativ kannst du einen Kurs kreieren, der Gesang oder Notenlesen schult. Prinzipiell kannst du aus all deinen klassischen Lehrinhalten Online-Kurse erstellen und diese über das Internet verkaufen.

Biete an deinem aktuellen Aufenthaltsort „Erlebnisse" an
Dies kann z. B. Gesangs- und/oder Musikunterricht. sein.

Leg ein Profil bei einer Crowdfunding-Plattform an
Lass dich von deinen Fans z. B. auf der Crowdfunding-Plattform Patreon.com finanziell unterstützen.

STARTER TOOLKIT – DAS BRAUCHST DU, UM LOSZULEGEN

Notebook, Smartphone, Musikinstrument(e), Musik/Notenblätter (erhältlich z. B. über Sheet Music Plus)

SOFTWARE:
- Office: z. B. Microsoft Office oder Google Docs
- Kommunikation: z. B. Skype, WhatsApp, Slack, Gmail
- Website / Webshop: z. B. WordPress oder Shopify
- Organisation: z. B. Evernote

BÜCHER UND TUTORIALS:
- Buch: „Musiktheorie lernen leicht gemacht: – Noten und ihre Bedeutung – Erklärung grundlegender Begriffe. Einführung in die Harmonielehre", von Herb Kraus
- Buch: „Elementare Musiklehre und Grundlagen der Harmonielehre: Begleitbuch für den modernen Musikunterricht, mit praktischen Übungsbeispielen", von Christian Nowak

- Buch: „ABC Musik – Allgemeine Musiklehre – 446 Lehr- und Lernsätze", von Wieland Ziegenrücker
- Buch: „Online & Blended Learning: Teaching Online (Volume 3)", von Susan Ko
- Buch: „Klavier lernen leicht gemacht", von Herb Kraus

Detaillierte Informationen zu Tools und Ressourcen, die dir helfen können, ein ortsunabhängiges Einkommen aufzubauen, findest du auf unserem Blog unter: https://new-work-life.com/portfolio/musiklehrer.

HIER FINDEST DU WEITERE INFORMATIONEN

GMP – Gesellschaft für Musikpädagogik: http://www.gmp-vmp.de

4.20 NACHHILFELEHRER

Als Nachhilfelehrer unterstützt du Lernende (z. B. Schüler oder Studenten), die Lernprobleme haben und/oder ihre Lernleistung verbessern wollen/sollen, indem du ihnen Nachhilfeunterricht gibst. Nachhilfeunterricht kann gelegentlich oder regelmäßig (z. B. einmal die Woche) stattfinden und als Einzelunterricht oder Gruppenunterricht ausgelegt sein.

WAS SIND MÖGLICHE AUFGABEN?
- Problemfelder identifizieren
- Lösungen entwickeln
- Lernfortschritt überwachen
- Schüler/Studierende emotional unterstützen
- Adhoc Unterstützung, insbesondere in Prüfungssituationen kurzfristige Nachhilfe anbieten

WELCHE AUSBILDUNG BENÖTIGST DU?
Um als Nachhilfelehrer zu arbeiten musst du selbst kein Lehrer sein. Nachhilfelehrer ist keine geschützte Berufsbezeichnung. Allerdings ist es nicht nachteilig ein fortgeschrittenes oder abgeschlossenes Lehramts- oder Fachstudium oder/und erste Erfahrung im Unterrichten oder Nachhilfe geben zu haben. Das Wichtigste ist, dass du dich zumindest in einem Fach richtig gut auskennst und Lust hast, dein Wissen weiterzugeben.

WELCHE FÄHIGKEITEN SOLLTEST DU MITBRINGEN?
- Kommunikationsstärke (verbal wie schriftlich)
- Strukturiertheit
- Geduld
- Komplexe Sachverhalte so erklären können, dass sie verständlich werden
- Empathie und Motivation

UNSERE ROLEMODELS FÜR DEN BERUF DES NACHHILFELEHRERS

Name: Jocelyn Belden
Unternehmen: Above Grade Educational Services
Homepage: https://www.abovegrades.com
Kontakt: info@abovegrades.com

Jocelyn betreibt mit *Above Grade Educational Services* ein Unternehmen, dass Schülern in diversen Fächern Nachhilfeunterricht anbietet. Bevor Jocelyn anfing, online Nachhilfeunterricht zu geben, hatte sie mehr als neun Jahre konventionell in Schulen unterrichtet. Sie hat einen Bachelor und einen Master in Pädagogik, und schreibt derzeit an ihrer Doktorarbeit.

Freunde und Familie bezeichnen Jocelyn als fleißig, unabhängig, engagiert und ernsthaft. Sie hat hart dafür gearbeitet, ihr Leben so leben zu können, wie sie es sich für sich und ihre Kinder wünscht.

Jocelyn lebt und arbeitet im Metro-Bereich von Atlanta, Georgia, in den USA. Dort hat sie uns auch die Fragen unseres Interviews beantwortet.

INTERVIEW MIT JOCELYN BELDEN VON ABOVE GRADE EDUCATIONAL SERIVICES

Wie verdienst du dein Geld als Remote Worker?
Meine Haupteinnahmequelle ist meine Remote-Arbeit. Mit meinem Mann zusammen habe ich auch einige Wohnungen, die wir vermieten, was eine schöne Ergänzung ist.
Zudem bin ich auch Forschungsstipendiatin im Rahmen meiner Doktorarbeit.

Meine Selbständigkeit besteht darin, dass wir pädagogischen Unterricht an Kunden verkaufen, sei es Sprachunterricht, Mathematikunterricht und/oder Prüfungsvorbereitungen.

Wie findest du neue Kunden?

Neue Kunden gewinnen wir durch Mund-zu-Mund-Propaganda oder andere Dienstleistungen zur Lead-Generierung.

Was war deine Motivation, ortsunabhängig zu arbeiten?

Die Remote-Arbeit ist mir sozusagen „in den Schoß gefallen". Normalerweise habe ich mich mit meinen Kunden in einem Büro in der Innenstadt getroffen. Allerdings gab es einige Konflikte mit dem Vermieter des Büroparks und als mein Mietvertrag abgelaufen war, habe ich beschlossen, von der örtlichen Bibliothek aus zu arbeiten. Einige meiner Kunden waren sehr beschäftigt und es war schwierig, sich persönlich zu treffen. Also habe ich Online-Meetings vorgeschlagen, die sie sehr gerne wahrnahmen. Von da an habe ich begonnen meine Firma zu vergrößern, um mehr Online-Unterricht anbieten zu können. Mittlerweile habe ich Studenten aus den ganzen USA und sieben Mitarbeiter.

Wie sieht ein normaler Arbeitstag in deinem Leben als Remote Worker aus? Hast du eine tägliche Routine?

Ein Nachteil des ortsunabhängigen Arbeitens ist es, dass ich das Gefühl habe, dass ich immer arbeite, es gibt keinen Feierabend. Um dem entgegenzuwirken, habe ich angefangen, meinen Tag zu strukturieren und Zeiten für die anfallenden Aufgaben zu definieren. Es gibt Zeiten, in denen ich weder E-Mails lese noch am Computer sitze. Ich arbeite von zu Hause aus und mein Tag strukturiert sich wie folgt: Von 8.00 bis 12.00 Uhr arbeite ich anstehende Aufgaben ab, von 12.00 bis 15.00 Uhr Mittagessen, dann hole ich meine Töchter von der Schule ab. Von 15.00 bis 17.00 Uhr beantworte ich E-Mails und kommuniziere mit Kunden. Von 17.00 Uhr bis 20.00 Uhr verbringe ich Zeit mit meinen Töchtern, und von 20.30 Uhr bis 22.00 Uhr arbeite ich mit Klienten, wenn ich muss.

Was sind die Vor- und Nachteile ortsunabhängiger Arbeit aus deiner Sicht?

Der größte Vorteil ist, dass ich Urlaub machen kann, wenn meine Kinder Schulferien haben, ich muss keinen Platz zum Arbeiten mieten, und es gibt mehr Flexibilität in meinen Arbeitszeiten.
Der Nachteil ist das Gefühl, dass man immer arbeitet. Ich kann meine Arbeit nie in einem Büro zurücklassen und einfach gehen.

Last but not least: Hast du noch weitere hilfreiche Tipps für unsere Leser?
Es ist wichtig, dass deine Kunden merken, dass du da bist. Gib ihnen das Gefühl, ihnen nahe zu sein, auch wenn du weit weg bist. Der Aufbau einer guten Beziehung zu deinen Kunden ist unerlässlich. Ich sehe immer, wie es meinen Kunden geht, indem ich ihnen zwischendurch eine freundliche E-Mail schicke. Meine Kunden mögen das sehr und reagieren sehr positiv auf eine kleine Geste wie diese.

Name: Matthew Boutte
Unternehmen: Matthew Boutte
Homepage: http://www.mattboutte.com
Kontakt: meb@mattboutte.com

Matthew (Matt) ist Nachhilfelehrer für Mathematik und bietet seine Nachhilfestunden online via Skype an. Als digitaler Nomade zieht Matt durch die Welt und hält sich an den Orten auf, die ihm besonders gut gefallen. Er behauptet von sich selbst, dass er nie wieder in der Lage wäre, für ein Unternehmen zu arbeiten. Dabei hat er das auch schon getan. Nachdem er einen Bachelor in Mathematik und einen Master in Public Policy an der Cal Poly in San Luis Obsipo gemacht hat, ist er an die Law School der Georgetown University gegangen. Nach dem Abschluss dort hat er angefangen für eine Anwaltskanzlei in seiner Heimatstadt zu arbeiten. Die dortigen Ineffizienzen haben ihn jedoch schnell dazu veranlasst, sich als Anwalt selbständig zu machen.

Doch machte ihn die Arbeit als selbständiger Anwalt auch nicht glücklich und so fing er wieder anals Nachhilfelehrer für Mathematik zu arbeiten. Das hatte er bereits während seiner Zeit an der Junior- und der Highschool getan und es hatte ihm immer Freude bereitet. Tendenziell war er eher zufällig dazu gekommen, Mathe-Nachhilfe zu geben. In seinem Wasserball-Team war ein Mitspieler, der sich schwergetan hatte und Matt hatte ihm seine Hilfe angeboten. Mit der Zeit verbreitete sich die Information, dass er Nachhilfe gab. Er musste bis heute noch nie wirklich Marketing betreiben, sein Motto lautet: Mach einen guten Job und die Mütter reden darüber.

Seine Freunde sagen über Matt, dass ein Gespräch mit ihm ihnen die Augen öffne. Sie sagen, dass er sie einerseits inspiriere und ihnen andererseits aufzeige, was im Jahr 2018 alles möglich sei. Sie sehen, was er macht und wie er sein Leben lebt und finden das mutig.

Während unseres Gesprächs ist Matt in seiner Heimatstadt San Luis Obispo in Kalifornien.

INTERVIEW MIT MATT BOUTTE IN SEINER ROLLE ALS NACHHILFELEHRER

Wie verdienst du dein Geld als Remote Worker?
Im Wesentlichen verkaufe ich meine Zeit. Wenn meine Schüler mich für eine Stunde haben wollen, können sie diese Stunde buchen und bezahlen. Während dieser Zeit helfe ich meinen Nachhilfeschülern, ihre LSAT-, ACT-, SAT- und Mathetests und Prüfungen zu bestehen.
Jüngst habe ich damit begonnen, Absolventen hinsichtlich ihrer Studentendarlehen zu beraten. Dafür biete ich ihnen einen kostenlosen Anruf an, um mit ihnen ihre Studentendarlehen zu besprechen. Damit beginngt der Prozess, in dem ich alle verfügbaren Optionen analysiere und einen individuellen Plan erstelle, der die jeweilige Darlehenssituation des Studenten optimiert.
Das ist eine projektbasierte Arbeit. Die Situation jedes Einzelnen ist ein bisschen anders und ich erstelle einen individuellen Plan. Das ist aktuell ein Gelegenheitsgeschäft und kein fester Einkommensstrom.

Wie bist du auf die Ideen für deine Produkte / Services gekommen? Hast du eine bestimmte Methodik verfolgt?
Als ich im Übergang zwischen meiner Selbständigkeit als Anwalt und meiner Tätigkeit als Nachhilfelehrer war, habe ich eine Landing-Page mit einer Art Lebenslauf von mir erstellt. Dort habe ich alle meine Interessen und Fähigkeiten, mit denen ich Menschen helfen konnte, aufgelistet. Das waren ein halbes Dutzend verschiedener Dinge, unter anderem Mathe-Nachhilfe. Für Nachhilfe war die Nachfrage gleich am größten. Für mich war es großartig, weil ich vorher schon Mathe-Nachhilfe gegeben hatte und mir das immer viel Spaß gemacht hatte.
Ich nenne den Prozess „kitchen-sink-approach": man wirft alles, was man hat an die Wand und sieht, was hängen bleibt.

Wie lange hat es gedauert, bis du deine ersten 1.000 Euro an monatlichem Einkommen durch deine ortsunabhängige Arbeit generiert hast?

Ich weiß nicht ob ich das schon erwähnt hatte, aber als ich anfing, wurde ich förmlich mit Anfragen überflutet. Ich habe am 22. August 2016 angefangen und hatte keinen einzigen freien Tag bis zum Erntedankfest. Innerhalb von zweieinhalb Wochen habe ich mehr Geld verdient als jemals als Anwalt. Also, ich weiß nicht genau, wann es passiert ist, aber es war definitiv in den ersten zweieinhalb Wochen.

Wie hast du deine ersten Kunden gefunden, mit denen du remote zusammengearbeitet hast?

In Bezug auf die Nachhilfe habe ich eine E-Mail an alle meine Kontakte und mein Netzwerk geschickt und gesagt, dass ich Nachhilfe anbiete. Anfänglich war es noch vor-Ort-Nachhilfe, die ich dann ziemlich schnell online angeboten habe.

Neben den College-Zulassungsberatern habe ich mich mit einer Organisation zusammengeschlossen, die Jura-Zulassungsstudien absolviert. Davon gibt es nur wenige in den USA. Mit einer von ihnen habe ich zusammengearbeitet und sie haben mir Studenten geschickt, um ihnen zu helfen, sich auf den LSAT vorzubereiten. Mittlerweile bekomme ich keine Studenten mehr über sie, aber der allererste Online-Student, mit dem ich gearbeitet habe, war einer von den LSAT-Studenten.

Wie findest du neue Kunden?

Wie bereits gesagt, da ich nie Probleme hatte, Arbeit zu finden, habe ich nie viel Marketing gemacht. Es dreht sich alles um mein Motto „Mach einen guten Job und die Mütter meiner Schüler unterhalten sich darüber". Ich habe ein Buch veröffentlicht, das eine Art Marketing-Material ist. Zudem haben einige Schüler, die ich betreut habe, für die Schülerzeitung gearbeitet und sie hatten finanzielle Probleme und so fragten sie mich, ob ich eine Anzeige schalten würde und das habe ich auch getan. Ich dachte, es wäre mehr ein wohltätiger Beitrag, damit sie ihre Schülerzeitung veröffentlichen könnten. Aber am Ende habe ich dadurch einige neue Nachhilfeschüler bekommen.

Außerdem habe ich einen Leitfaden für den SAT und ACT geschrieben. Er ist frei verfügbar und die Idee war es, ihn wie eine Art Marketing-Ressource zu haben. Das ist ein bisschen Marketing, das ich gemacht habe. Aber der Haupttreiber ist, dass meine Schüler von dem Leitfaden profitieren, da es so etwas in der Art bisher nicht gab.

Der Leitfaden wird ziemlich häufig heruntergeladen und manche Personen treten im Anschluss mit mir in Verbindung. Der Leitfaden ist eine von vier oder fünf empfohlenen Ressourcen für den SAT in einem Reddit-Unterforum. Es ist ziemlich gutes Material und es ist frei verfügbar. Nur wenn jemand eine gedruckte Version haben möchten, muss er sie bei Amazon kaufen. Dadurch bekomme ich jeden Monat ein bisschen Geld, aber es ist überschaubar.

Was ich zudem noch getan habe – und das ist ein größeres Thema – ist, dass ich angefangen habe, eine Partnerschaft einzugehen und eine symbiotische Beziehung aufzubauen. Ich habe den Kontakt zu allen College-Zulassungsberatern, auch privaten, gesucht. In den USA herrscht ein enormer Wettbewerb um die Zulassung für Universitäten und es ist schwer eine zu bekommen. Also fangen die Leute in relativ jungem Alter an, sich mit Zulassungsberatern zu treffen und über die zu nehmenden Kurse zu sprechen und einen Plan zu entwickeln, an die Uni zu kommen.

Ein Teil dieses Prozesses ist der Mathe-Test. Aufgrund meiner Beziehung zu den lokalen Beratern haben sie mir die Schüler geschickt, die den SAT und ACT ablegen mussten. Aus meiner Sicht ist das organisches Marketing, bei dem wir keine formelle oder finanzielle Beziehung haben oder so etwas.

Was war deine Motivation, ortsunabhängig zu arbeiten?
Das geht auf die Zeit zurück als ich als Anwalt gearbeitet habe. Die Anwaltskanzlei, in der ich angestellt war, hat mich super behandelt. Ich habe dort wirklich gerne gearbeitet. Doch während des Einstellungsprozesses haben sie damit geprahlt, dass sie sehr technikaffin seien und dass sie ein papierfreies Büro führten. An meinem ersten Tag überreichten sie mir dann eine Akte mit Papier und baten mich, sie zu lesen. Das war merkwürdig. Ich fragte mich, was bedeutet papierlos? Für sie bedeutete es, dass es auch eine digitale Kopie der Unterlagen gab. Ich öffnete die Akte und das erste was ich sah war eine ausgedruckte E-Mail. Ich dachte, es muss eine sehr wichtige E-Mail sein, und das war sie auch. In der E-Mail hieß es: ‚Bitte buchen Sie den Konferenzraum morgen um 15:00 Uhr für eine Besprechung.'
In der Kanzlei haben sie einfach jede E-Mail automatisch gedruckt. Wir haben in den zwei Jahren, in denen ich dort war, fast alles ausgedruckt. Wie ich schon sagte, es war eine großartige Zeit. Ich wurde dort super behandelt. Aber ich habe diese Ineffizienzen auf allen Ebenen gesehen, nicht nur in der Technologie. Overhead zum Beispiel. Eine Sache, die ich den Leuten immer wieder sage, ist, halte deinen Overhead so gering wie möglich und du wirst nicht scheitern. Du wirst vielleicht nicht erfolgreich sein, aber du wirst nicht scheitern. Wenn Leute ein Geschäft gründen, kaufen sie einfach alle möglichen Sachen und mieten große Büros oder was auch immer. Das macht keinen Sinn. Besser wäre es, die Nebenkosten so gering wie möglich zu halten. Wenn man das schafft, ist das Risiko praktisch null.

Die Erfahrung habe ich sowohl gemacht, als ich meine eigene Kanzlei eröffnet habe als auch als ich angefangen habe, professionell Nachhilfeunterricht zu geben.

Übrigens habe ich, seitdem ich selbständig bin, ein papierloses Büro. Manchmal habe ich im Scherz gesagt, dass ich meine Fälle auch von einem Strand in Thailand aus bearbeiten könnte, ohne mir wirklich über die Tragweite meiner Worte bewusst zu sein.

Mit Beginn meiner Selbständigkeit musste ich recht schnell feststellen, dass ich meine Mandanten nicht leiden konnte. Das war ein Problem. Als ich noch angestellt war, habe ich für eine große Kanzlei gearbeitet und musste mich nicht mit den Mandanten direkt beschäftigen. Meine Aufgaben bestanden darin, Informationen zu recherchieren und Klageschriften vorzubereiten. Den Kontakt mit den Mandanten hatte immer einer der Partner. Das war in Ordnung für mich, mir hat diese Arbeit Spaß gemacht.

Wie hast du deine Remote-Karriere begonnen? Gab es irgendwelche Tools, die dir dabei geholfen haben, ortsunabhängig zu arbeiten?

Meinen ersten Job als Nachhilfelehrer hatte ich in der Junior Highschool. Mein Vorteil ist, dass ich mich sehr gut mit Mathematik auskenne, ich kann in jede mathematische Fragestellung eintauchen, ohne mich vorbereiten zu müssen. In all den Jahren, die ich nun Nachhilfe gebe, habe ich eine ganze Menge Wissen angesammelt und verschiedene Fragestellungen bearbeitet.

Als ich aufgehört hatte als Anwalt zu arbeiten, habe ich zuerst mein Netzwerk aktiviert. Ich habe mit Kindern gesprochen, die ich in der Vergangenheit unterrichtet hatte, mit Eltern und Kindern, die ich vom Wasserball- und Schwimmtraining kannte. Und dann ging es auch schon los. Ich hatte nie Probleme, neue Aufträge zu bekommen, geschweige denn, dass ich Marketing machen musste. Ich habe einfach meine Arbeit gut gemacht und bin weiterempfohlen worden. Ich bin sehr glücklich darüber, dass ich im Jahr 1998 (oder in welchem Jahr das genau war) die Möglichkeit hatte, das erste Mal Nachhilfe zu geben.

Ich habe nicht sofort damit begonnen, online Nachhilfe zu geben. Ich hatte eigentlich einen kleinen Büroraum, den ich für Einzel- und Gruppenunterricht genutzt habe. Mit der Zeit habe ich begonnen, meine Schüler und ihre Eltern von dem Online-Konzept zu überzeugen. Wir haben es anfänglich versuchsweise durchgeführt, um zu sehen, wie es funktioniert. Der Vorteil für die Eltern lag auf der Hand, sie mussten ihr Kind nicht mehr quer durch die Stadt zu mir fahren. Und die anfängliche Skepsis, dass ein Großteil meiner Schüler vielleicht nicht für die Online-Nachhilfe geeignet war, ist schnell gewichen. Tatsächlich hat es nur bei einem Schüler nicht funktioniert. Viele andere wurden sogar noch besser als vorher. Gerade Kinder, die sich für gewöhnlich schnell ablenken ließen oder unter Aufmerksamkeitsdefizit- beziehungsweise Hyperaktivitätsstörung (ADHS) litten, kamen mit der Form des Unterrichts besser klar. Es war einfacher für sie, sich auf einen Bildschirm und die Stimme eines Typen, der an einem Whiteboard etwas erklärt, zu konzentrieren, als in einem Raum zu sitzen, wo sie durch andere Personen und Gegenstände abgelenkt werden. Selbst ein Buch, ein Stift und ein Blatt Papier können teilweise schon zu viel Ablenkung sein. Ich sah also, dass es wunderbar funktionierte, online Nachhilfe zu geben und baute es entsprechend aus.

Auf das digitale Nomadentum bin ich gestoßen, weil ich dazu irgendwann zufällig ein Subreddit gefunden habe. Ich denke, das war zu der Zeit, als ich in dem Übergang war und meine eigene Anwaltskanzlei eröffnet habe.

Ich kann kein einziges Buch nennen, das ich gelesen habe, das direkt mit digitalem Nomadentum zu tun hatte. Ich betrachte das Ganze eher als Paket aus dem Nichtbesitz von Wohneigentum, Einfachheit, Minimalismus und digitalem Nomadentum. Die ganze Mentalität definiert sich über einen sehr minimalen Lebensstil, relativ niedrige Ausgaben und eine dramatisch hohe Sparquote, um in frühem Alter finanzielle Unabhängigkeit zu erreichen. Ein sehr bekannter Name in den Vereinigten Staaten, über den die Leute reden, ist Mr. Money Moustache.

Es gibt eine Art von Integration zwischen digitalem Nomadentum, Einfachheit und Minimalismus. All diese Lebensstile sind miteinander verbunden.

Wenn in den USA die Absolventen die Law School verlassen, reden sie nur über die goldenen Handschellen. Sie ziehen los, kaufen sich ein schönes Auto, mieten ein teures Apartment und sie gewöhnen sich an all diese Dinge, und fünf Jahre später sind sie in einem goldenen Käfig eingesperrt. Denn, wenn sie keine Lust mehr auf ihren Job haben, können sie nicht so einfach etwas anderes machen. Ihr Lebensstil behindert sie dabei und es wird schwierig, sich davon zu befreien. Meine Mentalität hingegen ist, dass ich keine Sachen will, sondern Freiheit. Das digitale Nomadentum ist ein natürlicher Schritt in dieser Entwicklung. In Bezug darauf würde ich sagen, dass Mr. Money Moustache den größten Einfluß auf mich ausgeübt hat.

Das ist die erste Hälfte der Antwort auf die Frage. Die zweite Hälfte ist viel kürzer. Bevor ich in die Welt hinauszog, hatte ich Kunden von außerhalb meiner Heimatstadt, mit denen ich nur online zusammengearbeitet hatte. Sie wussten also nicht unbedingt, dass ich auf Reisen war, ihnen war es egal. Schließlich kannten sie nur unsere digitale Zusammenarbeit.

Welche drei Dinge würdest du vermeiden, wenn du die Zeit zurückspulen könntest?
Das ist eine schwierige Frage. Ich weiß nicht, ob es irgendetwas gibt, das ich bereue. Ich hätte vielleicht das Jahr als selbständiger Anwalt vermeiden können. Wenn ich nochmal von vorne anfangen könnte, würde ich das definitiv überdenken. Aber aus praktischer Sicht war das Jahr für den Übergang notwendig. Nur die Erfahrung war nicht die angenehmste.

Unterm Strich ist für mich alles so gut gelaufen, so reibungslos, dass ich nie Überlebensschwierigkeiten hatte. Ich mache eigentlich kein Selbst-Audit, um herauszufinden, wie ich mich verbessern kann oder was ich an meiner Arbeit verbessern kann. Ich mag die Planung von Terminen nicht. Derartige Dinge möchte ich immer automatisieren, um meine Lebensqualität aber auch die meiner Arbeit zu verbessern.

Ich habe noch nie Marketing gemacht, weil ich es bis jetzt nicht musste. Vielleicht könnte ich einen noch besseren Job machen, hätte ich am Anfang kämpfen müssen. Vielleicht könnte ich mich besser positionieren, aber ich kann mich wirklich nicht beschweren. Ich bin sehr glücklich darüber, wie es ist.

Was waren deine größten Herausforderungen, um ein Remote-Einkommen zu generieren und wie hast du diese bewältigt?
Anfänglich habe ich mich ziemlich verrückt gemacht, weil ich Angst hatte, dass ich alle meine Schüler verlieren werde, wenn ich den Nachhilfeunterricht nur noch online anbieten würde. Es wäre natürlich nicht das Ende der Welt gewesen, ich hätte mir mein Business wieder neu aufbauen könne oder ich hätte an einen anderen Ort ziehen und dort neu starten können. Aber es war eine große mentale Hürde, die ich zu nehmen hatte. Meine erste Reise habe ich während des Sommers nach Asien gemacht. Ich wusste, dass meine Zahlen herunter gehen würden, da das Interesse an Mathe-Nachhilfe während des Sommers immer geringer ist als zu anderen Zeiten. Doch während ich unterwegs war, habe ich festgestellt, dass ich immer noch mehr Geld verdiente als ich für die Reise und die Miete meiner Wohnung zu Hause in Kalifornien ausgab. Diese Erkenntnis war für mich wie eine Erleuchtung. Ich realisierte, dass ich das, was ich gerade tat, nicht nur während des Sommers, sondern immer tun konnte.

Eine größere Herausforderung war da schon eher die Qualität des Internets. Ironischerweise hatte ich nirgendwo in Südostasien ein Problem, stabiles Internet zu finden. In Europa allerdings war es eine ständige Sorge für mich.

Wie sieht ein normaler Arbeitstag in deinem Leben als Remote Worker aus? Hast du eine tägliche Routine?

Im Allgemeinen biete ich meinen Nachhilfeschülern Stunden von 7:00 Uhr bis 22:00 Uhr an, wenn ich in Kalifornien bin. Sie können mich in diesen Zeiten so buchen, wie es ihnen passt. Wenn ich auf Reisen bin, grenze ich das Angebot etwas ein, weil ich nicht den ganzen Tag an einem Schreibtisch sitzen möchte.

Da ich hauptsächlich mit Schülern arbeite, arbeite ich am späten Nachmittag, und am Abend, bis in die Nacht hinein, wenn ich in Kalifornien bin. Das verschiebt sich natürlich, wenn ich in einer anderen Zeitzone unterwegs bin.

Normalerweise arbeite ich von meinem Airbnb aus. Aber als ich zum Beispiel in Europa war, habe ich bei einem Freund gewohnt und von dort aus gearbeitet.

Was sind die Vor- und Nachteile ortsunabhängiger Arbeit aus deiner Sicht?

Die Vorteile liegen auf der Hand: Du kannst überall hinreisen und überall dort arbeiten, wo eine Internetverbindung verfügbar ist.

Nachteilig ist für mich, wenn ich zu Hause bin, dass ich hauptsächlich abends arbeite. Das macht es schwierig sich mit Freunden zu treffen, weil sie gegen 17:00 Uhr aus dem Büro gehen, und dann arbeite ich noch. Wenn ich in Europa bin, ist es viel besser. Ich habe tagsüber und abends frei und fange erst gegen Mitternacht an zu arbeiten. Gleichzeitig ist das ein Nachteil, denn ich mag es nicht besonders, von Mitternacht bis morgens früh zu arbeiten. Also ist die Zeitzonenkomponente eigentlich nicht unwichtig.

Eine etwas komische Sache ist, dass ich keine Freunde habe, die digitale Nomaden sind. Daher fühle ich mich gelegentlich etwas einsam. Ein Freund von mir könnte sehr gut digitaler Nomade sein. Aber er sitzt lieber von 9:00 Uhr bis 17:00 Uhr in seinem Büro, obwohl er sich noch nie persönlich mit seinen Kunden getroffen hat.

Last but not least: Hast du noch weitere hilfreiche Tipps für unsere Leser?

Man muss das Verständnis von Arbeit oder davon, wie sie auszusehen hat, verändern. Wir leben schließlich nicht mehr in den Fünfzigerjahren. Man muss nicht den ganzen Tag über in einem Büro sitzen und einen Job machen, an dem man keine Freude hat. Es gibt heute unzählige Möglichkeiten. Als ich angefangen habe zu reisen und zu arbeiten, bin ich davon förmlich überwältigt worden. Alles ist so einfach. Als ich beispielsweise in Asien war, wusste ich morgens nach dem Aufwachen nicht, wo ich die nächste Nacht verbringen würde. Durch das Internet ist das auch keine Herausforderung mehr. Man findet dort alles, was man braucht. Du kannst immer jemanden fragen. Unsere Welt hat sich dadurch völlig verändert. Selbst vor zehn Jahren war das noch nicht möglich.

Ein weiterer Tipp ist finanzieller Natur. Wenn ich zum Beispiel mit ehemaligen Schülern von mir spreche und sie frage, ob sie in den letzten vier Jahren eine gute Zeit am College hatten, sagen sie, dass es Spaß gemacht hat. Und wenn ich sie frage, wie viel Geld sie zur Verfügung hatten, sagen sie mir, dass es ein Studenten-Budget war. Aber jetzt, wo sie einen tollen Job haben und viel mehr Geld verdienen, machen sie sich keine Gedanken mehr. Ich schlage ihnen gerne vor, über ihre Ausgaben nachzudenken: Wie viel möchte ich ausgeben, wie viel möchte ich sparen, um möglichst viel persönliche Freiheit genießen zu können, oder die Möglichkeit der frühen finanziellen Unabhängigkeit zu haben und solche Dinge. Auch das hängt mit der Idee zusammen, die Ausgaben gering zu halten, um ein Scheitern zu vermeiden.

Einen weiteren Rat habe ich, der für das Selbstvertrauen gut ist. Fake it, until you make it!
Niemand sonst weiß, dass du Angst hast, dass dir das Selbstvertrauen gerade fehlt oder dass du befürchtest, scheitern zu können. Also mach es einfach. Du wirst schon herausfinden, wie es funktioniert. Du wirst herausfinden, wie du das Problem behebst. Aber fang an!
Mein letzter Ratschlag ist, möglichst schnell zu versagen. Baue Dinge auf eine Weise, dass du sehr schnell weißt, ob sie funktionieren oder nicht.
Als ich mit meinen Freunden über meine Selbständigkeit gesprochen habe, waren für sie Businesspläne und die Rechtsform meines Geschäfts am wichtigsten. Diese Dinge sind wichtig, man kann sie aber auch jederzeit erstellen. Wichtiger ist es, schnell anzufangen und zu schauen, wie es läuft. Man muss sein Geschäft eh hundert Mal neu ausrichten bis es läuft. Von daher fängt man besser heute als morgen an. Und wenn man seinen Weg gefunden und ein nachhaltiges Geschäft aufgebaut hat, kann man sich über alles andere Gedanken machen.

WOMIT KANNST DU ORTSUNABHÄNGIG GELD VERDIENEN? – EINIGE IDEEN

Beschäftigungsformen: Du kannst entweder als Freelancer für verschiedene Auftraggeber arbeiten, Angestellter einer Firma sein, die es dir ermöglicht ortsunabhängig zu arbeiten, oder du wirst unternehmerisch tätig. In Kapitel 6 findest du verschiedene Jobportale, die sich auf ortsunabhängiges Arbeiten spezialisiert haben.

Die folgenden Zeilen geben dir ein paar Ideen an die Hand, wie du ortsunabhängig mit diesem Beruf Geld verdienst. Der Abschnitt ist bewusst kurzgehalten, da viele der Ideen bereits in Kapitel 3 angesprochen wurden. Solltest du an der ein oder anderen Stelle den Wunsch nach mehr Inhalt verspüren, blättere einfach nochmal zum Anfang zurück. Nähere Informationen, wie du Themen für Bücher und Online-Kurse findest, erhältst du in Kapitel 5. Schau außerdem gerne auf unserem Blog vorbei, für alle genannten Tools und Ressourcen im Überblick: https://new-work-life.com/portfolio/nachhilfelehrer.

Führe bestimmte Kernaufgaben ortsunabhängig aus
Sieh dir die typischen Aufgaben eines Nachhilfelehrers an und überlege dir, welche davon du ortsunabhängig ausüben kannst. Kannst du Schülern Online-Nachhilfeunterricht geben, indem du von virtuellen Klassenräumen, Web Whiteboards und Online-Lernplattformen wie z. B. Moodle.org, ProProfs.com, AWW App, LearnWorlds.com, Coggno.com und/oder Google Classroom Gebrauch machst? Kannst du ortsunabhängig neue Unterrichtsmaterialien und Unterrichtskonzepte entwickeln, die du für deinen Unterricht verwendest. Vermarkte deine Leistungen über eine eigene Website und über Online-Marktplätze wie z. B. Easy-Tutor.eu, Superprof.de, Meetnlearn.de und ErsteNachhilfe.de.

Entwickle eine (Mobile) App
Du könntest z. B. eine App kreieren, die Schülern dabei hilft, das Fach, das du unterrichtest (z. B. Mathe, Physik, Bio, etc.), besser zu verstehen. Deine App könnte sich an den offiziellen Lehrinhalten ausrichten, so dass Nutzer der App damit ihre Noten in einem Fach verbessern können.

Entwickle und verkaufe Online-Kurse
Wie wäre es z. B. mit einem Kurs in einem Unterrichtsfach oder über ein Themengebiet, das bei Schülern als besonders schwierig gilt (z. B. Algebra oder Kurvendiskussion im Unterrichtsfach Mathematik)? Wenn du dich nicht auf ein spezielles Thema fokussieren möchtest, kannst du alternativ auch einen Kompakt-Kurs entwerfen, der Schülern das komprimierte Wissen der 8., 9., 10., Klasse, etc. wiedergibt und/oder sie gezielt auf Klassenarbeiten vorbereitet. Oder aber du konzentrierst dich mit deinem Kurs auf angehende Nachhilfelehrer anstatt auf Schüler und vermittelst diesen

das notwendige Wissen, um als Nachhilfelehrer erfolgreich durchstarten zu können. Dein Kurs könnte z. B. Themen wie Pädagogik, Lernmittel, Kommunikation, Lehrinhalte, etc. behandeln.

Entwickle Unterrichtsmaterial
Biete deine Materialien anderen (Nachhilfe-)Lehrern für ihren Unterricht an. Stell die Unterlagen online als Download gegen Gebühr zur Verfügung. Vermarkte es über eine eigene Website und/oder über Online-Marktplätze für Unterrichtsmaterialien wie z. B. Lehrermarktplatz.de und Lehrerheld. com. Mögliche Materialien könnten z. B. sein: Digitale Arbeitsbücher, Arbeitsblätter, Übungen, Tests, Klassenarbeiten, Videos, Audios, Multimedia Präsentationen, etc. zu Themen deines Fachgebietes.

Werde Online-Coach und biete virtuelle Coachingstunden an
Coache weniger erfahrene Nachhilfelehrer zu Themen wie z. B. Selbständigkeit als (Online) Nachhilfelehrer, Schülerakquise, Erstellung von Unterrichtskonzepten und -materialien, Offline und Online Pädadogik, etc.

STARTER TOOLKIT – DAS BRAUCHST DU, UM LOSZULEGEN

Notebook, Smartphone

SOFTWARE:
- Office: z. B. Microsoft Office oder Google Docs
- Kommunikation: z. B. Skype, WhatsApp, Slack, Gmail
- Website / Webshop: z. B. WordPress oder Shopify
- Virtuelles Klassenzimmer: z. B. Google Classroom
- Virtuelles Whiteboard: z. B. AWW App
- eLearning: Moodle (kostenlos), Adobe Captivate, ProProfs oder LearnWorlds

BÜCHER UND TUTORIALS:
- Buch: „TUTORING: Complete Guide to a Successful Home Business", von Kimberly Fujioka
- Buch: „Online & Blended Learning: Teaching Online (Volume 3)", von Susan Ko
- Buch: „Become A Private Tutor: How To Start and Build A Profitable and Successful Tutoring Business", von Victoria Olubi

Detaillierte Informationen zu Tools und Ressourcen, die dir helfen können, ein ortsunabhängiges Einkommen aufzubauen, findest du auf unserem Blog unter: https://new-work-life.com/portfolio/nachhilfelehrer.

HIER FINDEST DU WEITERE INFORMATIONEN

Bundesverband für Nachhilfe- und Nachmittagsschulen:
http://www.nachhilfeschulen.org
Deutscher Lehrerverband: http://www.lehrerverband.de

4.21 PERSONALBERATER

Als Personalberater suchst du im Auftrag deines Auftraggebers nach Personen, die einen bestimmten Posten in einer Organisation bekleiden sollen. Dabei kann es sich einerseits um Führungskräfte handeln, andererseits um Spezialisten für ein bestimmtes Fachgebiet. Deine Aufgabe besteht hauptsächlich darin, die richtigen Personen zu identifizieren und sie im Bestfall zu vermitteln.

WAS SIND MÖGLICHE AUFGABEN?
- Anforderungen des Auftraggebers aufnehmen
- Suchprofil erstellen
- Suchprozess definieren: Suche in eigener Datenbank, Suche über Stellenausschreibung bzw. eine Anzeige oder Direktsuche. Letzteres ist auch als Executive Search oder Headhunting bekannt und bezeichnet die Direktansprache von Kandidaten über Social Media und Karriereportale, auch wenn diese in einem festen Arbeitsverhältnis stehen
- Suche gemäß definiertem Suchprozess durchführen
- Kontakt zu potenziellen Kandidaten aufnehmen und Interviews mit diesen führen
- Kandidaten bewerten und selektieren
- Dem Auftraggeber die Kandidatenvorauswahl präsentieren
- Kandidateninterviews mit dem Auftraggeber vereinbaren und terminieren
- Backgroundchecks zu Kandidaten durchführen
- Kandidatenempfehlung gegenüber dem Auftraggeber aussprechen

- Begleitung des Kandidatenvermittlungsprozesses inkl. Klärung von Rahmenbedingungen wie Gehalt, Urlaubsanspruch und Bonuszahlungen

WELCHE AUSBILDUNG BENÖTIGST DU?

Um als Personalberater zu arbeiten benötigst du nicht zwingend eine spezielle Ausbildung. Erfahrung zählt in diesem Beruf mehr als ein Abschluss. Grundsätzlich steht dir die Tür also immer offen, egal welchen Hintergrund du hast. Allerdings ist es sicherlich von Vorteil, einen (Studien-) Abschluss in demjenigen Bereich zu besitzen, auf den du dich spezialisieren möchtest. So ist es sicherlich sinnvoll, ein IT-Studium oder eine vergleichbare Ausbildung absolviert zu haben, wenn du IT-Spezialisten rekrutieren möchtest. Dein Wissen in diesem Bereich hilft dir, die Anforderungen deiner Auftraggeber besser zu verstehen und mit den Zielpersonen zu kommunizieren. Ein BWL- oder Psychologie-Studium qualifiziert dich auf einer generalistischen Ebene und eignet sich ebenfalls gut als Grundlage für diesen Job.

WELCHE FÄHIGKEITEN SOLLTEST DU MITBRINGEN?

- Ausgezeichnete Kommunikationsfähigkeiten
- Empathie
- Kreativität und Problemlösungsorientierung
- Strukturiertheit
- Beharrlichkeit

UNSER ROLEMODEL FÜR DEN BERUF DES PERSONALBERATERS

Name: Sarah Weaver
Unternehmen: Pro R.E.A. Staffing
Homepage: https://www.proreastaffing.com

Sarah arbeitet als angestellte Recruiterin für das Unternehmen *Pro R.E.A. Staffing*, eine Recruiting-Agentur, die Fachkräfte im Immobiliensektor vermittelt. In ihrer Rolle als Recruiterin ist Sarah für den telefonischen Erstkontakt mit Kandidaten verantwortlich. Geboren in Nordkalifornien und aufgewachsen etwas außerhalb von Kansas City, hat Sarah in Italien und Großbritannien studiert und in Deutschland und Südkorea gearbeitet. Studiert hat sie Journalismus und Massenkommunikation auf

Bachelor. Sarah war während ihres Aufenthaltes in Deutschland für ein Unternehmen der Reisebranche tätig und hat während ihres Aufenthaltes in Südkorea als Englischlehrerin an einer Englischsprachschule gelehrt. Nach ihrer Rückkehr in die Staaten machte sie eine Ausbildung zur Immobilienmaklerin und stieg dann ins Recruiting für die Branche ein. Sarah verdient als Recruiterin ortsunabhängig Geld indem sie remote für die Recruiting-Agentur *Pro R.E.A. Staffing* arbeitet.[44]

WOMIT KANNST DU ORTSUNABHÄNGIG GELD VERDIENEN? – EINIGE IDEEN

Beschäftigungsformen: Du kannst entweder als Freelancer für verschiedene Auftraggeber arbeiten, Angestellter einer Firma sein, die es dir ermöglicht ortsunabhängig zu arbeiten, oder du wirst unternehmerisch tätig. In Kapitel 6 findest du verschiedene Jobportale, die sich auf ortsunabhängiges Arbeiten spezialisiert haben.

Die folgenden Zeilen geben dir ein paar Ideen an die Hand, wie du ortsunabhängig mit diesem Beruf Geld verdienst. Der Abschnitt ist bewusst kurzgehalten, da viele der Ideen bereits in Kapitel 3 angesprochen wurden. Solltest du an der ein oder anderen Stelle den Wunsch nach mehr Inhalt verspüren, blättere einfach nochmal zum Anfang zurück. Nähere Informationen, wie du Themen für Bücher und Online-Kurse findest, erhältst du in Kapitel 5. Schau außerdem gerne auf unserem Blog vorbei, für alle genannten Tools und Ressourcen im Überblick: https://new-work-life.com/portfolio/personalberater.

Führe bestimmte Kernaufgaben ortsunabhängig aus

Sieh dir die typischen Aufgaben eines Personalberaters an und überlege dir, welche davon du ortsunabhängig ausüben kannst. Kannst du mit Auftraggebern, Jobkandidaten, Kollegen, etc. virtuell kommunizieren, indem du von Kommunikations- und Kollaborationsmedien wie Videotelefonie (z. B. Skype), Web-Konferenz (z. B. FreeConferenceCall), Desktop Sharing (z. B. Skype), Chat (z. B. Slack), E-Mail (z. B. Gmail) Gebrauch machst? Kannst du Jobkandidaten über das Internet ausfindig machen, indem du z. B. online Jobanzeigen schaltest, virtuelle Datenbanken durchsuchst

---

[44] Quellen: https://www.proreastaffing.com/about-us und https://www.linkedin.com/in/sarahdweaver, abgerufen am 28.08.2018.

und die sozialen Medien durchforstest? Kannst du ortsungebunden Jobinterviews führen, indem du dafür z. B. von Videotelefonie (z. B. Skype) Gebrauch machst? Kannst du Auftraggebern über internetbasierte Dienste wie E-Mail und Cloudservices Bewerberdaten und Ausarbeitungen zukommen lassen? Vermarkte deine Leistungen über eine eigene Website und über Online-Marktplätze wie z. B. Upwork.com, Freelance.de, Twago.de und ggf. Fiverr.com.

Biete virtuelles Bewerbungstraining für Menschen auf Jobsuche an

Ein virtuelles Training ist ein Training, das online über das Internet stattfindet und nicht an einen Ort gebunden ist. Hilf auf Abruf bei individuellen Fragestellungen rund um den Bewerbungsprozess weiter. Du kannst z. B. aufzeigen, wie man mit seiner Bewerbung aus der breiten Masse hervorsticht, wie man im Bewerbungsinterview punktet und was es bei Gehaltsverhandlungen zu beachten gilt. Vermarkte dein Angebot über eine eigene Website und/oder über Online-Marktplätze für Training wie z. B. Coachimo.de und Edudip.com. Nutze für dein virtuelles Training neben dem Telefon Kommunikations- und Kollaborationsmedien wie Videotelefonie (z. B. Skype), Desktop Sharing (z. B. Skype), Chat (z. B. Slack), E-Mail (z. B. Gmail), etc.

Werde Social Recruiter

Nutze Online Crowdsourcing Plattformen wie z. B. bei Recruitifi.com. Crowdsourcing Plattformen für Social Recruiting machen es möglich, dass Menschen ohne Recruiting-Background Kandidaten für personalsuchende Unternehmen vorschlagen und bei erfolgreicher Vermittlung eine Provision verdienen können. Professionelle Personalberater profitieren auf zweierlei Weise von Crowdsourcing Plattformen wie diesen. Erstens können sie als Personalberater selbst Kandidaten für suchende Unternehmen vorschlagen und eine Provision verdienen. Zweitens können sie sich die Vorschläge anderer Social Recruiter zunutze machen, indem sie diese als Vorselektion von Kandidaten sehen, die sie für ihre Auftraggeber nur noch feinselektieren müssen. Dies spart Zeit und Kosten und führt ggf. zu einer qualitativ höherwertigen Auslese.

Entwickle Arbeitsvorlagen bzw. Templates

Du könntest für Bewerber z. B. Templates zu folgenden Themen entwickeln: Kreative Lebensläufe, Anschreiben für Führungspositionen, Anleitung für Videointerviews, etc. Für Personalberater bieten sich ggf. folgende Themen für Vorlagen an: Suchprofil für Kandidaten, E-Mail Vorlagen für

Kandidatenansprache, Projektplan für Kandidatensuche, Kandidaten Exposé zur Vorlage beim suchenden Unternehmen, etc.

Entwickle und verkaufe Online-Kurse
Wie wäre es z. B. mit einem Kurs zum Thema „Recruiting im 21. Jahrhundert mithilfe von Xing und LinkedIn"? Alternativ könntest du auch einen Kurs zum Thema Bewerbungsunterlagen und Bewerbungstraining entwickeln, der sich gezielt an Jobsuchende richtet. Eine weitere Möglichkeit könnte ein Kurs speziell für Arbeitgeber sein, der bei der Auswahl geeigneter Kandidaten für spezielle Jobprofile unterstützt.

STARTER TOOLKIT – DAS BRAUCHST DU, UM LOSZULEGEN

Notebook, Smartphone

SOFTWARE:
- Office: z. B. Microsoft Office oder Google Docs
- Kommunikation: z. B. Skype, WhatsApp, Slack, Gmail
- Website / Webshop: z. B. WordPress oder Shopify
- Social Media Accounts: z. B. LinkedIn und Xing

BÜCHER UND TUTORIALS:
- Buch: „Grundkurs Personalberatung: Leitfäden, Checklisten und Beispiele für Personaldienstleister2; von Steffen W. Hillebrecht und Anke-Andrea Peiniger
- Buch: „Recruiting 101: The Fundamentals of Being a Great Recruiter", von Steven Mostyn

Detaillierte Informationen zu Tools und Ressourcen, die dir helfen können, ein ortsunabhängiges Einkommen aufzubauen, findest du auf unserem Blog unter: https://new-work-life.com/portfolio/personalberater.

HIER FINDEST DU WEITERE INFORMATIONEN

Bundesverband Deutscher Unternehmensberater: https://www.bdu.de

4.22 PERSONAL FITNESSTRAINER

Als Personal Fitnesstrainer erstellst du individuelle Trainings- und Ernährungspläne für Einzelpersonen, Gruppen oder Firmen. Du hilfst zudem bei der Auswahl der entsprechenden Trainingsgeräte und gibst Hilfestellung für die Trainingsabläufe und leistest motivatorische Arbeit. Deine Kunden möchten vielleicht abnehmen oder Muskeln aufbauen, und als Personal Fitnesstrainer wirst du ihnen beibringen und ihnen helfen, mit deinen Übungen und Plänen richtig zu trainieren und ihre Ziele zu erreichen.

WAS SIND MÖGLICHE AUFGABEN?
- Ziele deiner Kunden identifizieren
- Maßgeschneiderte Pläne entwickeln
- Entwicklung deiner Kunden beobachten und steuern
- Permanent fortbilden
- Selbst trainieren (du bist schließlich das Role Model für deine Kunden und musst daher selbst fit bleiben)

WELCHE AUSBILDUNG BENÖTIGST DU?
Um als Personal Fitnesstrainer zu arbeiten, benötigst du nicht zwingend eine Ausbildung oder ein Sportstudium, wenngleich das natürlich nicht hinderlich ist. Als Quereinsteiger kannst du eine Trainerlizenz in verschiedenen Stufen bzw. für verschiedene Spezialisierungen in Akademien und Fitnessstudios machen.

WELCHE FÄHIGKEITEN SOLLTEST DU MITBRINGEN?

- Motivieren können
- Empathie
- Durchsetzungsstärke
- Kommunikation
- Analysekompetenz

UNSER ROLEMODEL FÜR DEN BERUF DES PERSONAL FITNESSTRAINERS

Name: Sonia Almeida Ferreira
Unternehmen: Sonia Almeida Ferreira | DeRose Method
Homepage: https://soniaferreira.com
Kontakt: hello@SoniaFerreira.com

Sonia ist Personal Trainerin. Als solche arbeitet sie sowohl selbständig als auch remote für ein Studio in Großbritannien. Ihrer Ausbildung nach ist Sonia eigentlich Mathematikerin. Im Jahr 2006 hat sie ihr Studium der Angewandten Mathematik abgeschlossen und danach als Systemanalytikerin gearbeitet. Acht Jahre später hat sie aus ihrem Hobby ihren neuen Beruf gemacht und angefangen, mit der *DeRose Methode* andere Menschen zu trainieren.

Ihre Freunde und Familie bezeichnen Sonia als mutig, ehrgeizig und lebhaft. Sonia hat einige Jahre in London gelebt. Seitdem sie angefangen hat, ihr Training online anzubieten, ist sie häufiger unterwegs. Unsere Fragen hat sie beispielsweise von Ericeira, einer portugiesischen Surf-Hochburg, aus beantwortet.

INTERVIEW MIT SONIA ALMEIDA FERREIRA IN IHRER ROLLE ALS PERSONAL FITNESS TRAINER

Wie verdienst du dein Geld als Remote Worker?
Ich verkaufe Dienstleistungen: das sind Kurse und Programme für eine bessere Lebensqualität.

Wie bist du auf die Idee für deinen Service gekommen? Hast du eine bestimmte Methodik verfolgt?
Der Start war für mich ganz einfach, ich habe das weitergemacht, was ich vorher bereits offline getan habe. Mittlerweile beschäftige ich mich mit Ideen für Produkte und bin offen für alle Möglichkeiten, die sich mir in diesem Zusammenhang bieten.

Wie lange hat es gedauert, bis du deine ersten 1.000 Euro an monatlichem Einkommen durch deine ortsunabhängige Arbeit generiert hast?
Ein Jahr.

Wie hast du deine ersten Kunden gefunden, mit denen du remote zusammengearbeitet hast?
Es war eine Schülerin von mir und obwohl wir nicht weit voneinander entfernt wohnten, fand sie den Online-Kurs bequemer. So begann meine Reise.

Was war deine Motivation, ortsunabhängig zu arbeiten?
Ich habe diesen Lebensstil gewählt, weil ich die Freiheit haben wollte, mein Leben auf der Grundlage meiner Werte zu leben. Ich liebe es zu reisen und mir mißfiel die Idee Urlaub zu machen und während dieser Zeit einfach nichts zu tun. Mein Lebensstil besteht darin, jeden Tag zu tun, was ich will. Warum also nicht jeden Tag in dem Bereich arbeiten, den ich liebe, und trotzdem das Leben genießen?

Wie hast du deine Remote-Karriere begonnen? Gab es irgendwelche Tools, die dir dabei geholfen haben, ortsunabhängig zu arbeiten?
Am Anfang habe ich mich Facebook-Gruppen angeschlossen, um mich mit Leuten zu verbinden die bereits erfolgreich waren. Grundsätzlich lese ich viel, es gibt einfach so viele Informationen und Blogs. Ich habe auch einige Online-Kurse gemacht. Bevor ich aus London weggezogen bin, habe ich einigen meiner Schülern, mit denen ich bereits seit langem zusammengearbeitet hatte, vorgeschlagen, das Training online zu testen.

Grundsätzlich bin ich Fan davon, meine Prozesse so anzulegen, dass ich sie in mein Leben integrieren kann: statt für einen Monat in den Urlaub zu fahren, reise ich einfach für einen Monat an einen neuen Ort und nehme meine Arbeit mit.

Ich kann nur jedem raten, mal das aufzulisten, was man außerhalb des Büros bzw. seiner gewohnten Arbeitsumgebung machen kann. Man kann auch gut damit beginnen, Teile seiner Arbeit mit nach Hause zu nehmen. Wenn man dann von zu Hause aus arbeitet, ist es wichtig, diszipliniert zu sein und sich eine Routine aufzubauen. In diesem Zuge ist es wichtig, sich mit gleichgesinnten Menschen, die bereits remote arbeiten, zu verbinden, damit man das nötige Selbstvertrauen aufbaut (Facebook-Gruppen sind eine großartige Sache, um mit diesen Menschen in Kontakt zu kommen). Man sollte auch nicht seine Energie auf Menschen verschwenden, die einen nicht verstehen und versuchen, diese umzuerziehen.. Besser ist es, sich mit Personen zu umgeben, die einen unterstützen. Man sollte zudem auch immer seiner Intuition folgen und sich Zeit nehmen, die Dinge zu tun, die man gerne tut oder auch mal gar nichts zu machen.

Was waren deine größten Herausforderungen, um ein Remote-Einkommen zu generieren und wie hast du diese bewältigt?
Meine größte Herausforderung war meine Trägheit, die durch meine Komfortzone unterstützt wurde.

Wie sieht ein normaler Arbeitstag in deinem Leben als Remote Worker aus? Hast du eine tägliche Routine?
Je mehr Freiheit man hat, desto mehr Disziplin braucht man. Für mich müssen Freiheit und Disziplin immer Hand in Hand gehen. Ich wache um 7 Uhr morgens auf und beginne den Tag mit Training. Ich genieße es, morgens zu arbeiten. Normalerweise nehme ich nachmittags frei, es sei denn, ich habe Meetings oder gebe Kurse. Meine Kurse halte ich in der Regel morgens oder spät abends ab. Da jeder Tag anders ist, versuche ich, eine Routine aufrecht zu erhalten und schreibe alles in meinem Tagebuch auf.

Was sind die Vor- und Nachteile ortsunabhängiger Arbeit aus deiner Sicht?
Vorteil ist vor allem die Freiheit zu reisen, was einem das Gefühl gibt, als ob man permanent im Urlaub wäre. Nachteil: Ich vermisse aber auch die Teamarbeit.

Last but not least: Hast du noch weitere hilfreiche Tipps für unsere Leser?
Folge immer deiner Intuition! Wenn du dir nicht sicher bist, wie es funktioniert, bau dir deinen Lifestyle Schritt für Schritt auf. Auch in der Natur braucht alles seine Zeit, aber wenn der Weg erstmal eingeschlagen ist, dann fließt es einfach.

WOMIT KANNST DU ORTSUNABHÄNGIG GELD VERDIENEN? – EINIGE IDEEN

Beschäftigungsformen: Du kannst entweder als Freelancer für verschiedene Auftraggeber arbeiten, Angestellter einer Firma sein, die es dir ermöglicht ortsunabhängig zu arbeiten, oder du wirst unternehmerisch tätig. In

Kapitel 6 findest du verschiedene Jobportale, die sich auf ortsunabhängiges Arbeiten spezialisiert haben.

Die folgenden Zeilen geben dir ein paar Ideen an die Hand, wie du ortsunabhängig mit diesem Beruf Geld verdienst. Der Abschnitt ist bewusst kurzgehalten, da viele der Ideen bereits in Kapitel 3 angesprochen wurden. Solltest du an der ein oder anderen Stelle den Wunsch nach mehr Inhalt verspüren, blättere einfach nochmal zum Anfang zurück. Nähere Informationen, wie du Themen für Bücher und Online-Kurse findest, erhältst du in Kapitel 5. Schau außerdem gerne auf unserem Blog vorbei, für alle genannten Tools und Ressourcen im Überblick: https://new-work-life.com/portfolio/personal-fitnesstrainer.

Führe bestimmte Kernaufgaben ortsunabhängig aus
Sieh dir die typischen Aufgaben eines Personal Fitnesstrainers an und überlege dir, welche davon du ortsunabhängig ausüben kannst. Kannst du Schülern virtuellen Fitnessunterricht geben, indem du von Kommunikations- und Kollaborationsmedien wie Videotelefonie (z. B. Skype), Web-Konferenz (z. B. FreeConferenceCall), Chat (z. B. Slack) und E-Mail (z. B. Gmail) Gebrauch machst? Kannst du ortsunabhängig neue Fitnessübungen und -kurse entwickeln? Du könntest dich mit deinem Unterricht z. B. auf bestimmte Alters- /Personengruppen (Kinder, Jugendliche, Erwachsene, Senioren oder für bestimmte Berufe) oder auf ein Geschlecht spezialisieren. Oder du bietest Kurse zu bestimmten Themen wie Gewichtsverlust, Muskelaufbau, Gelenkigkeit, Ausdauer, etc. an. Vermarkte deine Leistungen über eine eigene Website und über Social Media.

Biete ein Online-Programm an
Unterstütze Menschen beim Erreichen eines bestimmten Fitnessziels wie z. B. Gewichtsverlust, Muskelaufbau oder Steigerung der Ausdauer. Das Programm könnte z. B. X Module haben, die folgendermaßen gegliedert sind: Training und Übungen, Einkaufen und Ernährung, Entspannung und Erholung, Stressmanagement, etc. Versorge Programmteilnehmer über die Dauer des Programmes regelmäßig mit Inhalten zu oben genannten Themen. Die Programmteilnehmer können sich während des Programmes untereinander in Online-Gruppen über ihre Fortschritte, etc. austauschen sowie Fragen stellen (an dich und untereinander). Das Programm läuft für eine von dir bestimmte Dauer (z. B. für sechs Monate).

Verkaufe Fitnessprodukte über einen eigenen Webshop
Dies können selbst erstellte Produkte (z. B. MP3s und CDs mit

Trainingsmusik, Videos und MP3s mit Trainingsanleitungen, etc.) oder Produkte von Drittanbietern sein (z. B. Sportkleidung, Sportschuhe, Fitnesszubehör, etc.). Wähle in jedem Fall Produkte aus, von denen du zu hundert Prozent überzeugt bist und die du ohne Vorbehalte empfehlen kannst.

Entwickle eine (Mobile) App
Stell über deine App Trainingsanweisungen für bestimmte Zielgruppen (bspw. Polizisten, Pflegepersonal oder Bus-/Taxifahrer) zur Verfügung. Du könntest z. B. eine Trainings-App für Polizisten, Pflegepersonal, Bus-/Taxifahrer, Büroangestellte, etc. erstellen. Jede dieser Berufsklassen wird durch unterschiedliche Bewegungsabläufe und Stressniveaus im Alltag geprägt. Der Busfahrer sitzt fast den ganzen Tag hinter dem Steuer und führt bestimmte Arm- und Fußbewegungen aus. Der Polizist gerät häufig in unschöne Situationen und hat deshalb mit emotionalem Stress zu kämpfen. Die individuellen Eigenschaften von Berufsbildern stellen verschiedenartige Anforderungen an ein Trainingsprogramm. Such dir ein spezifisches Berufsbild für deine erste App aus und entwickle darauf basierend Apps für weitere Berufsbilder.

Schreibe ein eBook
Finde ein Thema, das dich interessiert und für das Nachfrage besteht. Du könntest z. B. ein Buch mit Trainings- und Ernährungsplänen für bestimmte Fitnessziele und/oder bestimmte Berufsgruppen schreiben. Fitnessziele können Gewichtsverlust, Muskelaufbau, Gelenkigkeit, Ausdauer, etc. sein. Beispielsweise könnte ein Bestandteil deines Buches ein Ernährungs- und Trainingsplan für Menschen, die als Krankenpfleger arbeiten und ihre Ausdauer verbessern möchten, sein. Der Job als Krankenpfleger ist von Schichtdienst, emotionalem Stress und hoher körperlicher Belastung geprägt. Diese Berufsgruppe sollte z. B. anders behandelt werden als ein Steuerbeamter, der seine Tätigkeit tendenziell sitzend ausführt, geregelte Arbeitszeiten und vergleichsweise wenig Stress hat. Der Finanzbeamte bekäme demnach einen eigenen Ernährungs- und Trainingsplan im Buch. Wie genau du Themen findest, kannst du im Kapitel 5 nachlesen.

Biete an deinem aktuellen Aufenthaltsort „Erlebnisse" an
Dies kann z. B. (Personal) Fitnesstraining unter freiem Himmel im Park sein.

Leg ein Profil bei einer Crowdfunding-Plattform an
Lass dich von deinen Fans z. B. auf der Crowdfunding-Plattform Patreon.com finanziell unterstützen.

STARTER TOOLKIT – DAS BRAUCHST DU, UM LOSZULEGEN

Notebook, Smartphone, ggf. Sportgeräte

SOFTWARE:
- Office: z. B. Microsoft Office oder Google Docs
- Kommunikation: z. B. Skype, WhatsApp, Slack, Gmail
- Website / Webshop: z. B. WordPress oder Shopify

BÜCHER UND TUTORIALS:
- Buch: „Das AnatomieBook der Fitness", von Ken Ashwell
- Buch: „Der neue Muskel Guide: Gezieltes Krafttraining, Anatomie", von Frédéric Delavier
- Buch: „Fit ohne Geräte - Anatomie: Bodyweight-Training lernen und verstehen", von Mark Lauren
- Buch: „Fit ohne Geräte: Trainieren mit dem eigenen Körpergewicht", von Mark Lauren

Detaillierte Informationen zu Tools und Ressourcen, die dir helfen können, ein ortsunabhängiges Einkommen aufzubauen, findest du auf unserem Blog unter: https://new-work-life.com/portfolio/personal-fitnesstrainer.

HIER FINDEST DU WEITERE INFORMATIONEN

Berufsverband für Personal Trainer (BPT): https://www.bundesverband-pt.de

4.23 PODCASTER

Als Podcaster bist du Produzent und Herausgeber eines Podcasts. Podcasting ist eine Form von Audioübertragung im Internet. Im Gegensatz zu herkömmlichem Internetradio funktioniert ein Podcast on demand, d. h. Zuhörer abonnieren deinen Podcast über einen RSS-Feed (Really Simple Syndication) und haben so die Möglichkeit, ihn zeitunabhängig online oder bei Bedarf auch offline (nach vorherigem Download) anhören zu können. Ein Podcast lebt von regelmäßig neu veröffentlichten Inhalten. In der Regel präsentierst du deine Inhalte in einem persönlichen und informellen Stil, der Zuhörer zur Interaktion animiert. Podcasts werden i.d.R. auf einer eigenen Website und/oder einem Podcastverzeichnis wie z. B. Apple App Store oder Podcaster.de bereitgestellt.

WAS SIND MÖGLICHE AUFGABEN?

- Ideen für neue Podcasts generieren
- Inhalte der Podcasts recherchieren und ausarbeiten
- Inhalte planen und Redaktionspläne erstellen
- Podcast-Skripte schreiben
- Keywordanalysen durchführen und passende Keywords für Google SEO herausfiltern
- Podcasts aufnehmen
- Podcasts bearbeiten und schneiden
- Fertige Podcasts auf deiner Podcast-Website oder bei Plattformen wie z. B. Apple App Store und Podcaster.de bereitstellen
- Podcast publik machen und z. B. über Social Media Plattformen, Werbung, E-MailMarketing, etc. promoten und vermarkten
- Netzwerken mit anderen Podcastern, Interviewpartnern, Presse etc.
- Podcast Zuhörer zu Interaktion motivieren und auf Kommentare der Zuhörer antworten

WELCHE AUSBILDUNG BENÖTIGST DU?

Die Berufsbezeichnung Podcaster ist nicht geschützt. Um Podcaster zu werden, benötigst du keine spezielle Ausbildung. Von Vorteil sind Erfahrungen im Bereich Audioproduktion und -bearbeitung, Online-Marketing und Social Media Management.

WELCHE FÄHIGKEITEN SOLLTEST DU MITBRINGEN?

- Sympathische Stimme
- Kommunikative Natur mit offenem Gemüt
- Interviewer-Fähigkeiten
- Strukturierte Denkweise und Organisation
- Selbstdisziplin und Durchhaltevermögen

UNSER ROLEMODEL FÜR DEN BERUF DES PODCASTERS

Name: Gordon Schönwälder
Unternehmen: Podcast-Helden | Teamcastr – Agentur für Podcast und Audio in der Unternehmenskommunikation
Homepage: https://podcast-helden.de | https://teamcastr.de
Kontakt: Facebook: gordon.schoenwaelder | Instagram: gordonschoenwaelder

Gordon ist ein Held, ein Podcast-Held. Seit 2014 hostet er seinen Podcast *Podcast-Helden*, in dem er seinen Hörern das relevante Wissen rund um das Thema Podcasts vermittelt. Sein Wissen stellt Gordon nicht nur per Audio zur Verfügung, sondern auch in Online-Kursen und mittels eigener Konferenzen. Für Unternehmen bietet er mit seiner Podcast-Agentur *Teamcastr* ein ganz eigenes Format an.

Bevor er seine Leidenschaft fürs Podcasting entdeckte, studierte er Germanistik und Sprachwissenschaften und schloss im Jahr 2008 sogar eine Ausbildung zum Ergotherapeuten ab.

Auf die Frage, wie Familie und Freunde ihn als Person beschreiben würden, führt Gordon folgendes Zitat seiner Frau an: „Gordon ist ein liebevoller Ehemann und Vater. Er ist ungekünstelt, hilfsbereit, teilweise sehr impulsgesteuert. Entscheidungen fallen ihm in der Regel sehr leicht und er ist ein humorvoller Typ." Gordon wohnt und arbeitet in einer mittelgroßen Stadt im Rheinland, wo er auch die Fragen unseres Interviews beantwortet hat.

INTERVIEW MIT GORDON SCHÖNWÄLDER VON PODCAST-HELDEN

Wie verdienst du dein Geld als Remote Worker?
Meine Haupteinnahmequelle ist das Podcast-Consulting. Das macht 90 Prozent meines Umsatzes aus. Die restlichen zehn Prozent sind Affiliate-Marketing und Sponsoring.

Wie bist du auf die Ideen für deine Produkte gekommen? Hast du eine bestimmte Methodik verfolgt?
Ich bin ein Fan des Lean-Startup-Prinzips. Egal, welche Ideen ich habe, ich muss sie erst am Markt testen, bevor ich sie nähergehend verfolge. Wenn ich z. B. ein neues Produkt launchen möchte, erstelle ich dafür zuerst eine Landingpage und lege es in Elopage an. Erst, wenn ich sehe, dass Nachfrage nach dem Produkt besteht, sprich Leute über meine Landingpage zu mir finden, fange ich an, Inhalte zu produzieren. Wenn ich hingegen keine Reaktion am Markt hervorrufe, dann verfolge ich das Projekt (erstmal) nicht weiter.

Zur Prüfung einer grundlegenden Nachfrage für Themen, Projekte oder Ideen, greife ich gern auf Facebook-Gruppen zurück. Wenn ich dort viele Reaktionen bekommen, ist das gut, es muss jedoch noch lange nicht heißen, dass ich eine Goldader erwischt habe. Manchmal muss man in den direkten Austausch mit den Leuten der Gruppe gehen, um an den Kern zu gelangen und aus seiner Idee ein Produkt, eine Dienstleistung oder einen Kurs machen zu können.

Wie lange hat es gedauert, bis du deine ersten 1.000 Euro an monatlichem Einkommen durch deine ortsunabhängige Arbeit generiert hast?
Als ich angefangen habe, war Podcasting als Businessmodell noch ein absolutes Nischen-Ding. Die ersten 1.000 Euro habe ich entsprechend erst nach knapp sechs Monaten eingenommen. Bei anderen Projekten ging es dann schneller.

In den ersten beiden Jahren habe ich zweimal im Jahr einen begleiteten Kurs gelauncht, der entsprechendes Geld einbrachte. Dazwischen habe ich fast nichts verdient. Erst 2017 wurde es anders – der Start des Podcast-Booms.

Wie hast du deine ersten Kunden gefunden, mit denen du remote zusammengearbeitet hast?
Meine ersten Kunden kamen über meinen Content und vor allem über meine Webinare auf mich zu.

Wie findest du neue Kunden?
Ich finde Kunden über den Content, den ich veröffentliche (Podcast, Blog, Live-Stream). In diesem Zusammenhang weise ich auf ein kostenfreies Strategiegespräch hin. Während dieses Gesprächs finde ich mit potentiellen Kunden den nächsten Schritt in Richtung Podcasting und einige entscheiden sich direkt, mit mir zusammenzuarbeiten.

Was war deine Motivation, ortsunabhängig zu arbeiten?
Ich habe als Therapeut viel Zeit im Auto, bei Patienten daheim und rund um Therapieliegen verbracht. Es waren immer und immer wieder dieselben Tätigkeiten. Für mich wurde das irgendwann zum Zwang und ich wollte heraus, was mir auch geglückt ist. Ich stehe drauf, daheim arbeiten zu können und zeitlich flexibel zu sein. Das ist das komplette Gegenteil meiner Therapeutenzeit und genau so muss Arbeit sein.

Wie hast du deine Remote-Karriere begonnen? Gab es irgendwelche Tools, die dir dabei geholfen haben, ortsunabhängig zu arbeiten?
Ich habe mich neben dem Job selbständig gemacht und habe nach und nach Stunden reduziert. Dadurch hatte ich nicht den wirtschaftlichen Druck, auf Punkt erfolgreich sein zu müssen. So konnte ich mehr oder weniger gemütlich und sicher meinen Weg gehen.

Welche drei Dinge würdest du vermeiden, wenn du die Zeit zurückspulen könntest?
Damit du als selbständiger Remote Worker erfolgreich bist, brauchst du Umsatz, denn ohne Umsatz kommt Angst auf. Ein grundlegender Erfolgsverhinderer bei mir war, dass ich mich nicht auf eine Zielgruppe festgelegt hatte. Entsprechend ungezielt war ich im Markt unterwegs und entsprechend unerfolgreich war ich. Erst mit der spitzeren Positionierung mit Podcast-Helden wurde ich finanziell wirklich unabhängig von den Ersparnissen, der Familie und von meinem Job als Therapeut. Das ist mit Sicherheit eines der Dinge, die ich meinem jüngeren Ich gerne ins Gesicht sagen möchte – nachdem ich es geschüttelt habe. ;)
Ich bin recht früh in eine Mastermind-Gruppe gegangen und konnte auf diesem Wege meine Sorgen, Ängste und Gedankengänge mit anderen Unternehmern reflektieren. Das geht auch wunderbar remote, weil virtuell.

Was waren deine größten Herausforderungen, um ein Remote-Einkommen zu generieren und wie hast du diese bewältigt?
Mein Geschäftsmodell war von Anfang an virtuell ausgelegt. Deswegen habe ich keine Probleme gehabt, remote arbeiten zu können. Meine Herausforderung war es vielmehr, den richtigen Preis für meine Produkte und Leistungen zu finden. Leider kann ich darüber keine allgemeingültige Auskunft geben. Wenn man jedoch auf der Suche nach dem für sich richtigen Preis ist, kann folgender Gedanke weiterhelfen: Stell dir die Frage, wie viel dein Kunde durch deine Arbeit einspart. Im Folgenden ein kurzes Beispiel

aus meinem Alltag: Meine Kunden sind in der Regel Unternehmer, die einen hohen Stundensatz haben. Ihre Arbeitszeit ist folglich teuer. Wenn ich davon ausgehe, dass ein Tag meiner Kunden einen Gegenwert von 1.200 Euro hat und die selbständige Produktion eines Podcasts ca. sechs bis acht Arbeitstage meiner Kunden in Anspruch nähme (darin inbegriffen sind selbständiges Planen, Erstellen, Designen, Einsprechen (Üben, Mikrofon auswählen, Schneiden) und Launchen), entstünden Kosten in Höhe von 7.200 EUR. (1.200 Euro Tagessatz x 6 Tage). Natürlich fallen diese Kosten nicht real an. Es sind Opportunitätskosten, d. h. entgangener Umsatz meiner Kunden, denn sie hätten in den 6 Tagen der Postcast-Produktion auch Geld verdienen können. Wenn mein zweitägiges Podcast-Consulting 3.500 Euro kostet, spart mein Kunde 3.700 Euro ein und kann früher wieder Geld verdienen. Dieses Rechenbeispiel zeigt zwei Dinge:
1. Ich muss dringend meine Preise erhöhen, wenn ich so darüber nachdenke. ;)
2. Den individuellen Wert eines Produktes oder einer Dienstleistung können wir, die wir das Problem nicht haben oder es bereits gelöst haben, nicht bestimmen, sondern der Markt.

Wie sieht ein normaler Arbeitstag in deinem Leben als Remote Worker aus? Hast du eine tägliche Routine?

Als Vater einer vierjährigen Tochter kann ich mir den Luxus einer Morgenroutine nicht leisten. Ich habe aber Wochenroutinen: Montags und mittwochs mache ich vor dem Aufklappen des Rechners immer Sport und ich starte nicht vor dem zweiten Kaffee mit der Arbeit. Daheim habe ich für verschiedene Tätigkeiten entsprechende Lieblingsplätze, die mich kreativ, fokussierend oder chillend unterstützen. Podcast-Episoden nehme ich beispielsweise immer im Wohnzimmer auf, weil dort die Akustik super ist. Wenn ich mich konzentrieren muss, dann gehe ich in die Küche. Es gibt aber auch die Tage, an denen ich mich schnell ablenken lasse. Das ist vollkommen normal und passiert. Wichtig ist dann, dass man es erkennt und entsprechend handelt. Ich erkenne solche Tage daran, dass ich mir immer mal wieder einen Kaffee zubereite oder auf die Idee komme, Wäsche zu waschen oder aufzuräumen. An solchen Tagen setze ich mich, sofern ich wirklich dringend-wichtige Dinge zu tun habe, in ein Café. Da darf ich den Kaffee nicht selber machen und kann mich der Arbeit hingeben. Anfangs war dort die Lautstärke ein Problem, aber seitdem ich Kopfhörer mit Noise-Cancelling habe, ist alles super.

Was sind die Vor- und Nachteile ortsunabhängiger Arbeit aus deiner Sicht?
Der größte Vorteil ist mit Sicherheit die Selbstwirksamkeit in der Auswahl meines Arbeitsplatzes. Ich bin derjenige, der darüber entscheidet und das ist gut so. Nicht umsonst kommen immer mehr Unternehmen mit Home-Office und Vertrauensarbeitszeit um die Ecke. Der Nachteil ist, dass man künstliche Rituale schaffen muss, die den Feierabend einleiten. Wir verlassen eben nicht das Büro und sind dann Privatperson. Für mich ist es immer noch schwierig, zeitig den Griffel fallen zu lassen. Außerdem kann ich mir vorstellen, dass es im Unternehmenskontext schwerfallen kann, einen Remote Worker ins Team-Gefüge zu integrieren.

WOMIT KANNST DU ORTSUNABHÄNGIG GELD VERDIENEN? – EINIGE IDEEN

Beschäftigungsformen: Du kannst entweder als Freelancer für verschiedene Auftraggeber arbeiten, Angestellter einer Firma sein, die es dir ermöglicht ortsunabhängig zu arbeiten, oder du wirst unternehmerisch tätig. In Kapitel 6 findest du verschiedene Jobportale, die sich auf ortsunabhängiges Arbeiten spezialisiert haben.

Die folgenden Zeilen geben dir ein paar Ideen an die Hand, wie du ortsunabhängig mit diesem Beruf Geld verdienst. Der Abschnitt ist bewusst kurzgehalten, da viele der Ideen bereits in Kapitel 3 angesprochen wurden. Solltest du an der ein oder anderen Stelle den Wunsch nach mehr Inhalt verspüren, blättere einfach nochmal zum Anfang zurück. Nähere Informationen, wie du Themen für Bücher und Online-Kurse findest, erhältst du in Kapitel 5. Schau außerdem gerne auf unserem Blog vorbei, für alle genannten Tools und Ressourcen im Überblick: https://new-work-life.com/portfolio/podcaster.

Suche Sponsoren und produziere gesponsorte Podcasts
Gesponsorte Podcasts zeichnen sich dadurch aus, dass sie Werbung deines Sponsors bzw. deiner Sponsoren enthalten. Die Werbung kann z. B. am Anfang, in der Mitte und/oder am Ende des Podcasts eingebunden sein. Du solltest darauf achten, dass die Produkte und Services deines Sponsors zum Profil deines Podcasts passen. Sponsoren können z. B. Hersteller von Produkten wie Kleidung, Elektronik, Anbieter von Software etc. sein. Du kannst entweder selbst nach Sponsoren suchen oder du beauftragst eine

Sponsorship Agentur. Manchmal übernehmen auch Podcast Hosting Anbieter diesen Service. Wenn du selbst nach einem Sponsor schaust, kannst du folgendermaßen vorgehen, um geeignete Sponsoren zu finden: 1. Schau nach, welche Produkte du für deinen Podcast verwendest und sprich die Hersteller dieser Produkte bzgl. einer Sponsorentätigkeit an. 2. Forsche nach werbenden Unternehmen in deiner Nische.

Biete Online-Seminare an
Mögliche Themen für Online-Seminare sind z. B.: „Podcasting für Neulinge – Podcast produzieren in nur 10 Schritten" oder „Lerne wie du schnell und effizient Ideen für neue Podcast-Folgen generierst und einen Redaktionsplan aufstellst" oder „Wie du geeignete Inteviewpartner für neue Podcast-Folgen findest und Interviewkandidaten überzeugst, dir ein Interview zu geben."

Werde Online-Coach und biete virtuelle Coachingstunden an
Coache weniger erfahrene Podcaster zu Themen wie z. B. Podcastkonzept, Followerschaft und Reichweite aufbauen, Vermarktung und Werbung, Sponsoren, Affiliate, etc.

Entwickle und verkaufe Online-Kurse
Wie wäre es z. B. mit einem Kurs zum Thema Stimm- und Sprachtraining („Stimm- und Sprachtraining für Podcaster – Wie du Füllwörter wie „ähm", „eigentlich" und „quasi" bei deiner Audioaufnahme vermeidest und hundert Prozent aus deiner Stimmer herausholst") oder zum Thema Cutting („Hilfe, meine Podcast-Episode ist zu lang! Lerne jetzt Erste-Hilfe-Maßnahmen, mit denen du deine Podcast-Folgen schnell und effektiv kürzt")?

Biete deine Leistungen externen Auftraggebern an
Unterstütze andere z. B. bei Audioaufnahmen, Audiobearbeitung, Audioskript-Erstellung, Online-Marketing oder Social Media Marketing. Vermarkte deine Leistungen über eine eigene Website, über deinen Podcast und über Online-Marktplätze wie z. B. Upwork.com, Freelancer.com, Twago.de und ggf. Fiverr.com.

Setz einen Livestream auf, der dich bei der Produktion deiner Podcastfolgen zeigt
Über den Livestream können dir Interessierte wie z. B. Hobby-Stylisten oder andere Professionals bei deiner Arbeit über die Schulter schauen und mit dir chatten. Du kannst ihnen zeigen, wie du Podcastfolgen aufnimmst,

wie du Podcastinterviews durchführst, welche Ausrüstung du für deine Podcasts nutzt, wie du Podcastfolgen schneidest und bearbeitest, etc.

Leg ein Profil bei einer Crowdfunding-Plattform an
Lass dich von deinen Fans z. B. auf der Crowdfunding-Plattform Patreon.com finanziell unterstützen.

STARTER TOOLKIT – DAS BRAUCHST DU, UM LOSZULEGEN

Notebook, Smartphone, Mikrofon, Kopfhörer

SOFTWARE:
- Office: z. B. Microsoft Office oder Google Docs
- Kommunikation: z. B. Skype, WhatsApp, Slack, Gmail
- Website / Webshop: z. B. WordPress oder Shopify
- Cloudbasierte Datenspeicherung: z. B. Dropbox oder Google Drive
- Content planen und managen: z. B. Hootsuite oder Buffer
- Audioaufnahme und Audiobearbeitung: z. B. Audacity oder Garageband
- Audiohosting und Audiofeederstellung: z. B. Podcaster.de

BÜCHER UND TUTORIALS:
- Buch: „Podcasting – Konzept, Produktion, Vermarktung (mit Anwendungen)", von Brigitte Hagedorn
- Buch: „Podcasting For Dummies (For Dummies (Computer/Tech))", von Tee Morris und Chuck Tomasi
- Buch: „Die Podcasting-Goldgrube: Der umfassende Ratgeber für Podcast-Einsteiger", von Krisz Rokk
- Tutorial: „Podcasting für Einsteiger - Ganz einfach zum ersten Podcast! Wie du mit einfachen Mitteln und kostenloser Software sofort deinen ersten Podcast aufnehmen und veröffentlichen kannst", von Florian Prince, auf Udemy
- Tutorial: „Professional Podcast Production, Editing & Blueprint. Setup podcast recording studio equipment, audio mastering, WordPress website creation and how to put it on Apple App Store", von Ian Robinson, auf Udemy

Detaillierte Informationen zu Tools und Ressourcen, die dir helfen können, ein ortsunabhängiges Einkommen aufzubauen, findest du auf unserem Blog unter: https://new-work-life.com/portfolio/podcaster.

4.24 PRICING CONSULTANT

Als Pricing Consultant berätst du Selbständige und Unternehmen zu allen Fragen rund um das Thema Preisfindung für Produkte und Services. Du entwickelst Preisstrategien, setzt Impulse für die Automatisierung von Preissetzungsprozessen und führst Kalkulationen durch. In die Strategieentwicklung lässt du neben einer Kosten- und Margenbetrachtung zudem die Wettbewerbssituation von Kunden einfließen und analysierst diese entsprechend.

WAS SIND MÖGLICHE AUFGABEN?
- Zielsetzung des Pricings zusammen mit Kunden definieren
- Pricing-Strategie unter Berücksichtigung der Wettbewerbersituation in Einklang mit der Unternehmensstrategie definieren
- Wettbewerber(daten) analysieren
- Preiskalkulationen für Produktgruppen, Sortimente oder Dienstleistungen durchführen
- Preissetzungsprozesse aufsetzen und automatisieren
- Pricing-Regeln definieren

WELCHE AUSBILDUNG BENÖTIGST DU?
Die Berufsbezeichnung Pricing Consultant ist gesetzlich nicht geschützt. Um Pricing Consultant zu werden, musst du daher nicht zwingend eine Ausbildung durchlaufen. Im Rahmen eines BWL-Studiums wird im Bereich Marketing das Thema Pricing behandelt und bildet neben praktischen Erfahrungen (optimalerweise in unterschiedlichen Branchen) eine gute Ausgangsbasis für den Beruf.

WELCHE FÄHIGKEITEN SOLLTEST DU MITBRINGEN?
- Verhandlungs- und Durchsetzungsstärke
- Organisationstalent und Stressresistenz
- Kommunikationsstärke
- Zahlenverständnis und Problemlösungskompetenz
- Analytische Fähigkeiten

UNSER ROLEMODEL FÜR DEN BERUF DES PRICING CONSULTANT

Name: Jan C. Ollig
Unternehmen: Jan C. Ollig – Pricing Advice Online
Homepage: https://pricing-advice.online
Kontakt: jan@pricing-advice.online

Jan ist selbständiger Pricing Consultant. Als solcher berät er sowohl Selbständige als auch Unternehmen im internationalen Kontext. Er unterstützt seine Kunden dabei, die richtige Pricing Strategie zu finden, hilft bei der Analyse von preissetzungsrelevanten Daten (inkl. Wettbewerberdaten) und erarbeitet zusammen mit seinen Kunden Prozesse zur Automatisierung des Pricings. Das kann in Form von Workshops oder in Begleitung eines längerfristigen Projekts sein.

Dass Jan irgendwann einmal internationale Konzerne im Hinblick auf ihr Pricing beraten würde, war ihm während seines politikwissenschaftlichen Studiums nicht bewusst. Sein Studium schloss er 2009 mit einem Magister ab und heuerte kurz darauf als Berater für eine Unternehmensberatung an. Hier blieb er für einige Jahre, bevor er zu einem internationalen E-Commerce Konzern wechselte. Den letztlichen Schritt in die Selbständigkeit wagte Jan, nachdem er zwei Jahre für das Unternehmen gearbeitet hatte. Gemeinsam mit einem Partner gründete er eine Unternehmensberatung, die konsequent auf Pricing ausgerichtet war. Das Unternehmen lief gut und war kurz davor, sein drittes Jahr zu bestreiten, als Jan beschloss, es zu verlassen. Er wollte sich auf Freelancer und KMUs, bei denen er mit seiner Expertise viel bewegen konnte, fokussieren (und nicht auf Konzerne).

Freunde und Familie sagen über Jan, dass er eine zuverlässige, integre und lösungsorientierte Person sei, die empathisch und hilfsbereit gegenüber anderen sei und zugleich seinen eigenen Weg gehe.

Jan beantwortet die Fragen während eines Aufenthaltes in London.

INTERVIEW MIT JAN C. OLLIG VON PRICING ADVICE ONLINE

Wie verdienst du dein Geld als Remote Worker?
Ich helfe anderen Unternehmern und Selbständigen dabei, die richtigen Preise für ihre Services und Produkte zu finden und festzulegen. Diese Unterstützung biete ich als Eins-zu-eins-Beratung an.

Wie lange hat es gedauert, bis du deine ersten 1.000 Euro an monatlichem Einkommen durch deine ortsunabhängige Arbeit generiert hast?
Wenn ich die Zeit mit meiner Remote-Firma betrachte, hat es einige Monate gedauert, da mein Partner und ich anfänglich dafür Sorge getragen haben, Aufträge zu akquirieren und unsere Mitarbeiter zu bezahlen. Das hat ungefähr vier bis fünf Monate in Anspruch genommen.
Als Selbständiger hat es zwei Monate gedauert, was an den Zahlungszielen meines damaligen Auftraggebers lag.

Wie hast du deine ersten Kunden gefunden, mit denen du remote zusammengearbeitet hast?
Durch mein Netzwerk.

Wie findest du neue Kunden?
In der Regel finde ich meine Kunden durch mein persönliches Netzwerk und aufgrund von Empfehlungen.

Was war deine Motivation, ortsunabhängig zu arbeiten?
Ich bin für mein Studium und meine späteren Jobs kreuz und quer durch Deutschland gezogen. Ich habe sowohl im Westen als auch im Osten, im Norden und im Süden gelebt. Das ist alles total spannend, nur irgendwann ist es ermüdend, alle zwei Jahre sein Hab und Gut zusammenpacken zu müssen und weiterzuziehen. Vor allem, wenn du erkennst, dass du nicht hättest umziehen müssen, um den Job zu machen. Nach meinem Studium habe ich in einer Unternehmensberatung angefangen und bin dafür nach Bayern gezogen. Am Ende des Tages habe ich jedoch nicht im Büro der Beratung gesessen, sondern beim Kunden des Unternehmens. Letztlich hätte ich auch von Montag bis Donnerstag pendeln können. Als ich später für ein E-Commerce Unternehmen gearbeitet habe, war es eigentlich nicht viel anders. Natürlich gab es unzählige Meetings, aber an denen habe ich, wenn ich nicht vor Ort war, telefonisch teilgenommen. Auch hier war meine

physische Präsenz wahrscheinlich nur zu zwanzig Prozent erforderlich. Am Ende des Tages arbeite ich ortsunabhängig, weil ich mir den Ort aussuchen möchte, an dem ich lebe und arbeite. Ich möchte mich nicht dazu genötigt fühlen, an einem bestimmten Ort sein zu müssen. Das ist meine Grundmotivation. Hinzukommt, dass ich gerne effizient arbeite und in einer Büroatmosphäre in der Regel jegliche Effizienz vermisse. Da unterhalten sich die Leute bereits um 10 Uhr morgens, wo sie mittags essen wollen. Diesen Gedanken gehe ich persönlich erst nach, wenn ich Hunger habe. Wenngleich ich per se kein Freund von langen und opulenten Mittagspausen bin, da sie mich in der Regel zu sehr aus meiner Arbeitsroutine reißen.

Ich bin ein Fan davon, meine Arbeit so gut und schnell wie möglich zu erledigen, um dann Zeit für neue Dinge zu haben. Sei es, um ein neues Projekt zu beginnen oder meine Freizeit zu genießen. Meines Erachtens ist es völlig überholt, Leistung anhand von Arbeitszeit zu messen, da sehr viele Aufgaben ein hohes Maß an Konzentration und Kreativität erfordern und es völlig unerheblich ist, ob sie in acht oder zwei Stunden erledigt werden und ob man dafür in einem Büro oder zuhause sitzt. Arbeitsseitig ergibt es meines Erachtens viel mehr Sinn, über Ergebnisse als über Zeit zu steuern. Davon haben am Ende sowohl der Arbeitgeber als auch der Arbeitnehmer mehr.

Wie hast du deine Remote-Karriere begonnen? Gab es irgendwelche Tools, die dir dabei geholfen haben, ortsunabhängig zu arbeiten?

2015 habe ich mit einem damaligen Geschäftspartner zusammen eine kleine Unternehmensberatung mit dem Schwerpunkt Pricing gegründet. Wir hatten uns von Anfang an darauf verständigt, als Firma remote zu arbeiten, so dass sowohl wir als Gründer als auch unsere Mitarbeiter dort leben und arbeiten konnten, wo sie wollten. Natürlich haben wir uns als Gründer in der Anfangszeit recht häufig getroffen und gemeinsam an Themen gearbeitet und Akquise-Termine wahrgenommen. Unser Team haben wir aber von vornherein remote aufgestellt.

Für die Kommunikation haben wir neben E-Mails und Telefon den damaligen Messenger von Atlassian, *HipChat* (wurde im Juli 2018 an Slack verkauft), genutzt. Damit jeder immer Zugriff auf alle Dokumente hatte, haben wir *SecureSafe*, eine extrem sichere schweizerische Cloud-Lösung verwendet.

Da jeder im Team unterschiedliche Aufgaben hatte und an unterschiedlichen Projekten gearbeitet hat, haben wir mittels regelmäßig stattfindender Events dafür gesorgt, dass wir auch als Team zusammenfinden. Dafür haben wir uns alle zwei bis drei Monate an einem anderen Ort getroffen. Jedes Teammitglied hatte die Möglichkeit, das Event zu hosten. Dafür hat es ein Budget gegeben und man konnte an einem Ort seiner Wahl etwas organisieren. Während dieser Events haben wir neue Teammitglieder kennengelernt, uns gegenseitig auf den aktuellen Stand der Projekte und der Firmenentwicklung gebracht, verschiedene organisatorische oder praktische Herausforderung gelöst, Skill-Sharing betrieben, gut gegessen und getrunken und sind als Team zusammengewachsen. Meines Erachtens haben diese Veranstaltungen immer wesentlich zum guten Spirit in unserer Company beigetragen. Zudem waren sie immer sehr lehrreich und interessant, weil man neue Orte und Themen kennengelernt hat.

Welche drei Dinge würdest du vermeiden, wenn du die Zeit zurückspulen könntest?
Retrospektiv betrachtet hat mich jede Entscheidung und jeder Schritt dahin gebracht, wo ich jetzt bin, ungeachtet der Tatsache, ob sie positiv oder negativ waren. Ich hätte anfänglich z. B. gerne schneller gewusst, mit wem ich tatsächlich zusammenarbeiten kann und wer nur unnötig meine Zeit raubt. Geschwindigkeit ist in vielen Bereichen wichtig. Es ist gut, Ideen schnell auszuprobieren, um sie verwerfen oder weiterverfolgen zu können. Somit hätte ich natürlich auch gerne früher den Schritt in die Selbständigkeit gewagt, um mein Leben so leben zu können, wie ich es mir vorstelle. Aber unterm Strich sind wir immer das Produkt unserer Erfahrungen und unserer Entscheidungen, weshalb ich sagen muss, dass es gut ist, so wie es ist.

Was waren deine größten Herausforderungen, um ein Remote-Einkommen zu generieren und wie hast du diese bewältigt?
Die größte Herausforderung im Bereich Remote Work liegt meines Erachtens darin, seine Kunden von dem Modell zu überzeugen und ihnen zu verdeutlichen, dass es keinen Unterschied macht, ob man vor Ort ist oder virtuell mit ihnen zusammenarbeitet. Vor allem große Unternehmen, die von Menschen geleitet werden, die in der konventionellen Arbeitswelt verhaftet sind, fällt es schwer, sich auf eine digitale Zusammenarbeit einzulassen. Ich habe manchmal den Eindruck, dass der Gedanke vorherrscht, dass man als Unternehmen ein Büro zur Verfügung stellt, was nun bitte auch genutzt werden soll. Dass das bei mir jedoch eher eine allergische Reaktion auslöst, weil ich keine große Lust habe, in einem Hotel in Hintertupfingen meine Zeit zu verbringen statt an einem Ort meiner Wahl, wo ich eine gute Work-Life-Balance habe und dadurch besser arbeiten kann, kann nicht jeder nachvollziehen.

Wie sieht ein normaler Arbeitstag in deinem Leben als Remote Worker aus? Hast du eine tägliche Routine?
Nach dem Aufstehen werfe ich einen kurzen Blick auf meine E-Mails und sonstige Nachrichten und beantworte die dringlichsten. Danach mache ich zusammen mit meiner Partnerin Bea einen ausgiebigen Spaziergang (ca. eine Stunde), bevor ich mich zwischen 9:00 und 10:00 Uhr mit einer Schüssel Müsli und einer Kanne Kaffee an den Schreibtisch begebe.

Sobald die Konzentration gegen frühen Nachmittag nachlässt, meistens zwischen 14:00 und 15:00 Uhr, mache ich eine Pause, esse eine Kleinigkeit, bevorzugt Brot und Obst, gehe nochmal für eine halbe Stunde an die frische Luft und arbeite dann bis ca. 19:00 Uhr durch.

Arbeitsende und Gestaltung des Tages hängen immer stark von den anliegenden Aufgaben ab. Es gibt Tage, die ich fast nur mit dem Schreiben von E-Mails verbringe, dann wieder Tage, an denen ich so gut wie keinen Kontakt nach außen pflege, weil ich konzeptionell oder kreativ arbeite. Darüber hinaus gibt es Tage, die sehr divers sind, weil ich einen virtuellen Workshop gebe oder ein Video-Interview führe. Das Einzige, das einmal im Monat feststeht, ist ein Freitag am Ende des Monats, den ich für organisatorische Zwecke nutze, wie z. B. für meine Buchhaltung, Rechnungen schreiben, etc.

Das alles mache ich am liebsten von zu Hause aus, was in meinem Fall die eigene Wohnung, bei Freunden oder Familie oder in einem Airbnb sein kann. Ich gehe zwar gelegentlich auch in einen Coworking Space oder eine Bibliothek, doch das ist abhängig von den Aufgaben und dient eher der Inspiration.

Was sind die Vor- und Nachteile ortsunabhängiger Arbeit aus deiner Sicht?
Die Vorteile des ortsunabhängigen Arbeitens bestehen meines Erachtens darin, dass man von dort arbeiten kann, wo man sein möchte. Man ist an kein Büro gebunden und kann viel effizienter arbeiten, da man keine Zeit durch Small Talks oder Non-Sense-Meetings verliert. Zudem spart man Zeit, weil man nicht erst mit dem Rad, Auto oder sonstigem Verkehrsmittel zu seinem Arbeitsplatz fahren muss. Was gleichzeitig die Umwelt und den Geldbeutel schont.

Für mich persönlich sehe ich keine Nachteile. Allerdings kann ich nachvollziehen, dass diese Arbeitsweise nicht für jeden geeignet ist. Schließlich gibt es Personen, die immer andere Menschen um sich herum benötigen, oder denen es schwerfällt, sich selbst zu motivieren und zu organisieren.

Last but not least: Hast du noch weitere hilfreiche Tipps für unsere Leser?

Ich persönlich bin jemand, der sich einer Sache intensiv widmet, sie ausprobiert und sie auch schnell wieder bleiben lässt, wenn sie nicht funktioniert. Wem dieser Ansatz nicht gefällt, sollte meines Erachtens versuchen, sich nebenberuflich etwas aufzubauen. Der Tag hat 24 Stunden und in der Regel kann man einige Monate lang noch ein paar Stunden neben seinem eigentlichen Job arbeiten und schauen, wie es für einen funktioniert, selbständig zu sein. Das gilt sowohl für den Verkauf von Produkten als auch als Freelancer. Man kann nicht nur Sidepreneur sein, sondern auch Sidelancer und auf diese Weise nebenberuflich erste Erfahrungen sammeln.

Ortsunabhängiges Arbeiten setzt aber nicht zwingend eine Selbständigkeit voraus. Man kann sich auch gut einen entsprechenden Arbeitgeber suchen. Allerdings ergibt es Sinn vor einem Jobwechsel zuerst das Gespräch mit seinem eigentlichen Arbeitgeber zu suchen. Man wundert sich, welche Möglichkeiten sich eröffnen, wenn man seine Vorgesetzten in seine Überlegungen einbezieht. Meiner Erfahrung nach kann man immer eine gemeinsame Lösung finden.

Einen weiteren Ratschlag habe ich noch mit Blick auf eine Unternehmensgründung zusammen mit einem Partner. Man sollte sich wirklich sicher sein, mit wem man ein Geschäft aufbaut und die Rahmenbedingungen klar definieren. Natürlich kann man unwahrscheinlich viel vertraglich festhalten und quasi einen ehegleichen Vertrag schließen, in dem definiert ist, wie man sich trennt. Doch so weit will man es ja gar nicht erst kommen lassen. Von daher sollte man sich über die grundsätzliche Ausrichtung und Strategie des gemeinsamen Unternehmens im Klaren sein und die Rollen, die jeder in der Organisation einnimmt, voneinander abgrenzen und definieren. Spätestens, wenn das Unternehmen wächst und man ein Team aufbaut, ist man nicht mehr nur für sich selbst, sondern auch für andere verantwortlich.

Zu guter Letzt sollte man immer überlegen, inwiefern es möglich ist, seine Prozesse zu automatisieren und die angebotenen Dienstleistungen zu passivieren. Viele Prozesse lassen sich mit geringem Aufwand digital abbilden: Ich kann Tools wie Calendly nutzen, damit meine Kunden umgehend einen Termin mit mir vereinbaren können oder ich nutze eine virtuelle Assistenz in Form von künstlicher Intelligenz dafür, wie z. B. https://x.ai. Auf diese Weise kann ich Zeit sparen und mich auf mein Kerngeschäft konzentrieren.

WOMIT KANNST DU ORTSUNABHÄNGIG GELD VERDIENEN? – EINIGE IDEEN

Beschäftigungsformen: Du kannst entweder als selbständiger Berater für verschiedene Auftraggeber arbeiten oder Angestellter einer Firma sein, die es dir ermöglicht ortsunabhängig zu arbeiten. Mögliche Auftraggeber können selbständige Personen sein, die Hilfe bei der Preisfindung für ihren Service oder ihr Produkt benötigen oder Unternehmen aus den unterschiedlichsten Bereichen, die Unterstützung bei ihren Preisfindungs- und Preissetzungsprozessen benötigen. In Kapitel 6 findest du verschiedene Jobportale, die sich auf ortsunabhängiges Arbeiten spezialisiert haben.

Die folgenden Zeilen geben dir ein paar Ideen an die Hand, wie du ortsunabhängig mit diesem Beruf Geld verdienst. Der Abschnitt ist bewusst kurzgehalten, da viele der Ideen bereits in Kapitel 3 angesprochen wurden. Solltest du an der ein oder anderen Stelle den Wunsch nach mehr Inhalt verspüren, blättere einfach nochmal zum Anfang zurück. Nähere Informationen, wie du Themen für Bücher und Online-Kurse findest, erhältst du in Kapitel 5. Schau außerdem gerne auf unserem Blog vorbei, für alle genannten Tools und Ressourcen im Überblick: https://new-work-life.com/portfolio/pricing-consultant.

Führe bestimmte Kernaufgaben ortsunabhängig aus

Sieh dir die typischen Aufgaben eines Pricing Consultants an und überlege dir, welche davon du ortsunabhängig ausüben kannst. Kannst du mit Kunden, Kollegen, Dienstleistern und Zulieferern, etc. virtuell kommunizieren, verhandeln und Abstimmungen treffen, indem du von Kommunikations- und Kollaborationsmedien wie Videotelefonie (z. B. Skype), Web-Konferenz (z. B. FreeConferenceCall), Desktop Sharing (z. B. Skype), Chat (z. B. Slack), E-Mail (z. B. Gmail) Gebrauch machst? Kannst du ortsunabhängig Pricing-Workshops abhalten, indem du Videotelefonie und ein digitales Whiteboard (z. B. AwwApp) einsetzt? Kannst du dir alle erforderlichen Daten fürs Pricing von deinen Kunden elektronisch zusenden lassen bzw. per Remote-Zugriff darauf zugreifen und darauf basierend ortsungebunden Preiskalkulationen durchführen? Kannst du, egal von wo, Wettbewerberdaten beziehen, analysieren und in deine Kalkulationen mit einfließen lassen? Vermarkte deine Leistungen über eine eigene Website, Social Media (z. B. LinkedIn und Xing) und/oder über Online-Marktplätze wie z. B. Upwork.com.

Veranstalte eine virtuelle Konferenz
Du könntest z. B. eine virtuelle Konferenz zum Thema Digitalisierung von Pricing-Prozessen organisieren, zu der du Vertreter verschiedener Unternehmen und andere Experten auf dem Gebiet als Speaker einlädst.

Entwickle und verkaufe Online-Kurse
Wie wäre es z. B. mit einem Kurs zum Thema „Preisfindung für Dienstleistungen" oder „Preissetzung bei Events"?

STARTER TOOLKIT – DAS BRAUCHST DU, UM LOSZULEGEN

Notebook, Smartphone, ggf. Tablet

SOFTWARE:
- Office: z. B. Microsoft Office oder Google Docs
- Kommunikation: z. B. Skype, WhatsApp, Slack, Gmail
- Projektmanagement: z. B. Trello
- Organisation: z. B. Evernote
- Digitales Whiteboard: z. B. AwwApp
- Cloud-Speicher: SecureSafe
- Website: z. B. WordPress

BÜCHER UND TUTORIALS:
- Buch: „Confessions of the Pricing Man: How Price Affects Everything", von Hermann Simon
- Buch: „Digitales Pricing: Strategische Preisbildung in der digitalen Wirtschaft mit dem 3-Level-Modell", von Frank Frohmann
- Buch: „Preispsychologie: In vier Schritten zur optimierten Preisgestaltung", von Markus Kopetzky
- Buch: „Preismanagement: Strategie – Analyse – Entscheidung – Umsetzung", von Hermann Simon und Martin Fassnacht
- Buch: „NeuroPricing: Wie Kunden über Preise denken", von Kai-Markus Müller

Detaillierte Informationen zu Tools und Ressourcen, die dir helfen können, ein ortsunabhängiges Einkommen aufzubauen, findest du auf unserem Blog unter: https://new-work-life.com/portfolio/pricing-consultant.

4.25 PSYCHOLOGE

Als Psychologe bist du auf die Psyche von Menschen spezialisiert. Du verstehst die Hintergründe menschlichen Handelns und erkennst Erkrankungen der menschlichen Psyche. Das qualifiziert dich, um Menschen mit psychischer Erkrankung zu beraten und ihnen durch deine psychologische Beratung zu mehr Wohlbefinden zu verhelfen. Darüber hinaus kannst du als Psychologe in Wirtschaftsunternehmen arbeiten und hier unter anderem die Bereiche Marketing und Personal mit deiner Fachexpertise unterstützen.

WAS SIND MÖGLICHE AUFGABEN?
- Psychologische Beratungen durchführen
- Beratungsmethoden anpassen und weiterentwickeln
- Beratung von Wirtschaftsunternehmen zu psychologisch relevanten Fragestellungen, z. B. in der HR- oder Marketingabteilung eines Unternehmens
- Psychologische Arbeit in Schulen und Bildungseinrichtungen

WELCHE AUSBILDUNG BENÖTIGST DU?
Um als Psychologe zu arbeiten solltest du vorab ein Psychologiestudium absolviert haben. Das Studium der Psychologie umfasst in der Regel 6 Semester für den Bachelor und weitere 4 Semester für den Master. Zumeist wird es an Universitäten angeboten.

WELCHE FÄHIGKEITEN SOLLTEST DU MITBRINGEN?
- Empathie
- Analytik
- Belastbarkeit und Stressresistenz
- Ausgezeichnete Kommunikationsfähigkeiten
- Fähigkeit, mit Menschen „in Not" umzugehen

UNSER ROLEMODEL FÜR DEN BERUF DES PSYCHOLOGEN

Name: Sonia Jaeger
Unternehmen: Dr. Sonia Jaeger – Psychologische Onlineberatung
Homepage: https://www.sonia-jaeger.com
Kontakt: info@sonia-jaeger.com | Instagram: drsoniajaeger | Facebook: drsoniajaeger

Sonia ist selbständige Psychologische Psychotherapeutin, die als Online-Psychologin ihr eigenes Onlinebusiness führt. Vor ihrer Tätigkeit als Online-Psychologin hat Sonia ein Diplom in Psychologie erworben (2006) und dann eine fünfjährige Ausbildung zur Psychologischen Psychotherapeutin absolviert und währenddessen in verschiedenen Psychiatrien gearbeitet. Im Anschluss an ihre Ausbildung promovierte sie zum Thema Stressreaktion bei Kindern und Jugendlichen und ging danach 2014 auf Weltreise, wo ihr der Gedanke kam, sich als Online-Psychologin selbständig zu machen.

Auf die Frage, wie Freunde und Familie sie als Person beschreiben würden, antwortet Sonia: „Meine Freunde und Familie würden mich als zielstrebig und strukturiert sowie hilfsbereit und gesellig beschreiben, vor allem aber natürlich als sehr reisefreudig und multikulturell-europäisch."

Zur Zeit des Interviews befindet sie sich am Lake Atitlan in Guatemala.

INTERVIEW MIT SONIA JAEGER VON DR. SONIA JAEGER – PSYCHOLOGISCHE ONLINEBERATUNG

Wie verdienst du dein Geld als Remote Worker?

Ich biete psychologische Beratungen per Videochat und E-Mail an. Die meisten meiner Klienten entscheiden sich für die Videoberatung, das Erstgespräch ist immer 90 Minuten lang und alle weiteren Sitzungen 50 Minuten. Die Anzahl der Beratungen sind ganz unterschiedlich, für manche sind 2-3 Sitzungen ausreichend, viele bleiben aber auch für 15-25 Sitzungen oder noch mehr bei mir – je nachdem, worum es inhaltlich geht.

Wie bist du auf die Ideen für deinen Service gekommen? Hast du dabei eine bestimmte Methodik verfolgt?

Ich habe nach einem Weg gesucht, das, was ich vorher offline getan habe, online zu tun. Ich habe viel recherchiert zu dem Thema, gerade in den USA ist psychologische Beratung und auch Psychotherapie online schon viel etablierter als bei uns in Deutschland. Ansonsten tausche ich mich viel mit Kollegen aus, die ebenfalls online arbeiten. Im Grunde mache ich wirklich kaum etwas anderes als das, was ich sonst offline in einer Praxis getan hätte, nur nutze ich eben Videochat und E-Mail zur Beratung.

Wie findest du neue Kunden?

Meine Klienten sind hauptsächlich Expats, die vor Ort keinen Therapeuten in ihrer Sprache finden, oder Menschen, die aus anderen Gründen nicht zu einem Therapeuten in eine Praxis gehen können oder wollen, oder die einen Psychologen suchen, der den Lebensstil als Digitaler Nomade selber gut kennt. Über 90% meiner Klienten kommen über Google zu mir, die anderen meistens über persönliche Empfehlung. Hauptthema in meinen Beratungen sind kulturelle Anpassungsschwierigkeiten und Beziehungsprobleme, aber auch Ängste, Entscheidungsprobleme, depressive Verstimmungen und vieles mehr kommen regelmäßig vor.

Wie hast du deine ersten Kunden gefunden, mit denen du remote zusammengearbeitet hast?

Meine ersten Online Klienten kamen über Google Ads zu mir, inzwischen klappt es aber auch ohne Werbung sehr gut.

Was war deine Motivation, ortsunabhängig zu arbeiten?

Die Idee kam mir auf einer Weltreise, die ich nach dem Abschluss meiner Doktorarbeit gemacht habe. Mein Ziel war damals, nach der Reise eine Praxis für Psychotherapie in Deutschland zu eröffnen. Als mir dann unterwegs eine Frau erzählte, dass sie mit ihrer Psychologin per Videochat spricht, habe ich mich erstmals mit der Idee des ortsunabhängigen Arbeitens beschäftigt, und nach einiger Recherche beschlossen, es zu versuchen. Ich habe meine Weltreise unterbrochen, mich auf einer kleinen thailändischen Insel vorübergehend niedergelassen und mein Onlinebusiness aufgebaut. Das ist jetzt über 3 Jahre her. Seitdem war ich in etwa 20 verschiedenen Ländern unterwegs und genieße die Freiheit, von überall auf der Welt aus arbeiten zu können. Jedes Jahr bin ich u. a. in Deutschland und Frankreich zu Besuch (in meinen beiden Heimatländern, ich habe beide Nationalitäten) und verbringe hier Zeit mit meiner Familie und Freunden. Interessant in diesem Kontext ist auch, dass ich heute tatsächlich mehr Zeit mit meiner Familie verbringe, als zu den Zeiten, in denen ich noch in Deutschland lebte.

Wie sieht ein normaler Arbeitstag in deinem Leben als Remote Worker aus? Hast du eine tägliche Routine?

Ich arbeite überwiegend von „zu Hause" aus (meistens sind das Airbnbs), da ich für meine Klientensitzungen einen geschlossenen und ruhigen Raum brauche. Blog-Artikel schreibe ich gerne in Cafés oder auch mal am Flughafen oder im Zug. Wie mein Arbeitstag aussieht, hängt sehr von der Zeitzone ab, in der ich mich befinde. Ich spreche meistens mit 12-15 Klienten pro Woche. Wenn die Zeitzonen es zulassen, versuche ich dabei all meine Sitzungen auf 2-3 Tage innerhalb einer Woche zu legen oder auf bestimmte Zeiten eines Tages (z. B. nur vormittags), so dass ich größere Blöcke habe, in denen ich mit Klienten spreche und die übrige Zeit nutzen kann, um all die anderen Aufgaben zu erledigen, die ein Onlinebusiness mit sich bringt. Da aber nicht nur ich, sondern auch viele meiner Klienten in verschiedenen Zeitzonen sitzen (von Südamerika bis Australien ist so ziemlich alles dabei), zählt die Terminierung von Sitzungen zu den größten Herausforderungen in meinem Alltag.

Was sind die Vor- und Nachteile ortsunabhängiger Arbeit aus deiner Sicht?

Der wichtigste Vorteil für mich: Die Freiheit zu Reisen und gleichzeitig die Arbeit machen zu können, die ich gelernt habe und die mir unglaublich viel Freude bereitet. Ich erlebe diese Freiheit jeden Tag aufs Neue als unglaublich bereichernd und riesiges Privileg. Da meine Familie und Freunde sehr reisefreudig sind, treffe ich diese immer mal wieder an unterschiedlichen Orten auf der Welt und kann auch mal länger zu Besuch bleiben, wenn mir danach ist.

Die wichtigsten Nachteile: Das ständige Reisen ist auch Arbeit und nicht nur Urlaub. Es gibt immer wieder Wochen, in denen ich tagelang kaum das Haus verlasse. Wenn ich es dann aber tue, bin ich oft an sehr netten Orten, was wiederum von Vorteil ist. Reisen kann auch sehr anstrengend sein: Man muss sich ständig neu orientieren und organisieren, Routinen aufrechterhalten, sich im Supermarkt zurechtfinden, eine SIM-Karte kaufen und herausfinden, wie man diese aufladen kann, die nächste Unterkunft buchen und klären, wie gut das WLAN dort ist und ob ein Upgrade möglich ist, mit den unterschiedlichsten Zeitzonen jonglieren, neue Menschen kennenlernen und den Kontakt zu den alten Freunden aufrechterhalten ...

WOMIT KANNST DU ORTSUNABHÄNGIG GELD VERDIENEN? – EINIGE IDEEN

Beschäftigungsformen: Du kannst entweder deine eigene (virtuelle) Praxis leiten oder als angestellter Psychologe in der Wirtschaft, im Marketing, in der Werbung, im Gesundheitswesen, im Rechtswesen oder für Sozialdienste tätig sein, die es dir ermöglichen, ortsunabhängig zu arbeiten. In Kapitel 6 findest du verschiedene Jobportale, die sich auf ortsunabhängiges Arbeiten spezialisiert haben.

Die folgenden Zeilen geben dir ein paar Ideen an die Hand, wie du ortsunabhängig mit diesem Beruf Geld verdienst. Der Abschnitt ist bewusst kurzgehalten, da viele der Ideen bereits in Kapitel 3 angesprochen wurden.

Solltest du an der ein oder anderen Stelle den Wunsch nach mehr Inhalt verspüren, blättere einfach nochmal zum Anfang zurück. Nähere Informationen, wie du Themen für Bücher und Online-Kurse findest, erhältst du in Kapitel 5. Schau außerdem gerne auf unserem Blog vorbei, für alle genannten Tools und Ressourcen im Überblick: https://new-work-life.com/portfolio/psychologe.

Führe bestimmte Kernaufgaben ortsunabhängig aus
Sieh dir die typischen Aufgabenbereiche eines Psychologen an und überlege dir, welche davon du ortsunabhängig ausüben kannst. Kannst du Menschen oder Unternehmen virtuell psychologisch beraten, indem du von Kommunikations- und Kollaborationsmedien wie Videotelefonie und Chat (z. B. Wire) und E-Mail (z. B. Protonmail) Gebrauch machst? Kannst du ortsunabhängig neue Beratungsmethoden und -verfahren entwickeln und diese in virtuellen Beratungssitzungen mit Menschen anwenden? Oder: Wenn du als Psychologe für die Marketing- oder Personalabteilung einer Firma arbeitest: Kannst du für deine Firma ortsunabhängig z. B. Marketing-Konzepte oder Mitarbeiter-Inzentivierungsprogramme entwickeln? Vermarkte deine Leistungen über eine eigene Website und betreibe Social Media Marketing.

Entwickle Arbeitsmaterialien und -vorlagen für psychologische Zwecke
Stelle die Materialien online als Download gegen Gebühr zur Verfügung. Vermarkte deine Arbeitsmaterialien über eine eigene Website und/oder über einen Online-Marktplatz für digitale Produkte wie z. B. Digistore24.com. Nachfolgend findest du ein paar Ideen für Materialien, die du entwickeln könntest: Verkaufe anderen Psychologen Beratungspläne, die du für psychologische Beratungszwecke einsetzt und die eine gute Wirkung erzielt haben. Entwirf Beratungstools in Form von Fragesets („Lerne, wie du die richtigen Fragen zur richtigen Zeit stellst" oder „Lerne, wie du Fragen formulierst"), Übungen und Spielen (z. B. Quizze, Rätsel, Puzzle, etc.). Schreib Bücher und Anleitungen (z. B. Arbeitsbücher, Ratgeber, etc.) und verkaufe diese deinen Kunden für die Nutzung zuhause oder an andere Psychologen für ihre Beratungssitzungen.

Entwickle und verkaufe Online-Kurse
Wie wäre es z. B. mit einem Kurs zum Thema Kindererziehung, Aggressionsbewältigung oder Stressabbau? Du kannst deinen Kurs entweder an Menschen mit Beratungsbedarf richten oder ihn so gestalten, dass er von Psychologen und anderen Professionals als Arbeits- bzw. Schulungsmaterial

genutzt werden kann. Oder du entwickelst einen Kurs für Unternehmen zum Thema Kundenpsychologie („Finde heraus, wie du als Unternehmer die Macht der Psychologie einsetzen kannst, um deine (Online-)Verkäufe zu steigern").

Halte Online-Vorträge in deinem Fachgebiet.
Deine Online-Vorträge können sich an Unternehmen, Organisationen (z. B. Schulen, Weiterbildungsstätten) und/oder Privatpersonen richten. Thema für einen Online-Vortrag könnte z. B. sein: „Wie Sie Burnout und Boreout im Job vermeiden."

Entwickle eine (Mobile) App
Du könntest z. B. eine App, ähnlich der amerikanischen App Talkspace (https://www.talkspace.com) kreieren, die Menschen nutzen können, um kurzfristig zwischen Therapiesitzungen mit einem Psychotherapeuten sprechen und/oder chatten zu können. Du könntest diese App als eine Art Plattform konzipieren, die Patienten mit auf der Plattform registrierten Psychotherapeuten zusammenbringt.

Werde virtueller Berater
Berate Wirtschaftsunternehmen zu unterschiedlichen Fragestellungen. Potenzielle Beratungsfelder für dich als Psychologe könnten sein: Beratung von Mitarbeitern zu berufsbezogenen Fragestellungen, Beratung zum Kundenverhalten, Marketingaktivitäten und PR, Beratung zur Verbesserung der Zusammenarbeit zwischen Gruppen und Organisationseinheiten, Verbesserung der Kommunikation und Abbau von latenten Konfliktpotentialen, Effizienzsteigerung in der Projektarbeit, Beratung zur Förderung von Organisationskultur und des Betriebsklimas.

STARTER TOOLKIT – DAS BRAUCHST DU, UM LOSZULEGEN

Notebook, Smartphone

SOFTWARE:
- Office: z. B. Microsoft Office
- Kommunikation: z. B. Protonmail, Wire
- Website / Webshop: z. B. WordPress oder Shopify
- Ggf. Patientenmanagementsystem, z. B. EgoSession

BÜCHER UND TUTORIALS:
- Buch: „Das Psychologie Buch: Wichtige Theorien einfach erklärt", von Catherine Collin, Nigel Benson, Joannah Ginsburg, Voula Grand, Merrin Lazyan und Marcus Weeks
- Buch: „Psychologie für Dummies", von Adam Cash
- Buch: „Webs of Influence: The Psychology of Online Persuasion", von Nathalie Nahai
- Buch: „Einführung: Psychologie der Massen", von Gustave Le Bon
- Tutorial: „Advanced Level Psychology Certificate. Psychology skills, Applied Social & Cognitive Psychology, Child Development, Research Methods, academic online study", von Elmira Strange, auf Udemy

Detaillierte Informationen zu Tools und Ressourcen, die dir helfen können, ein ortsunabhängiges Einkommen aufzubauen, findest du auf unserem Blog unter: https://new-work-life.com/portfolio/psychologe.

HIER FINDEST DU WEITERE INFORMATIONEN

Berufsverband Deutscher Psychologinnen und Psychologen e. V. (BDP): http://www.bdp-verband.org

4.26 PUBLIC RELATIONS MANAGER

Als Public Relations Manager (PR Manager) vermittelst du zwischen Unternehmen bzw. anderen Organisationen (Behörden, NGOs oder auch Einzelpersonen) und der Öffentlichkeit. Du kümmerst dich um die Kommunikation nach außen, stellst Pressekits zusammen, verschickst Pressemitteilungen, formulierst Texte und Reden, arbeitest an Interviews und organisierst Veranstaltungen. Als PR Manager bist du nicht nur auf die Außendarstellung beschränkt, sondern kannst auch für die interne Kommunikation einer Organisation zuständig sein. Hierfür kannst du bspw. ein internes Wiki nutzen oder Newsletter verschicken.

WAS SIND MÖGLICHE AUFGABEN?
- PR-Strategien planen, entwickeln und umsetzen
- Medien kontaktieren bzw. Anfragen beantworten
- PR-taugliche Informationen recherchieren

- Wichtige Unternehmensereignisse wie z. B. Launch eines neuen Produktes, Expansion in neue Märkte, Veranstaltungen, Events, Sponsorentätigkeit, etc. gegenüber der Presse pitchen und in die Medien bringen
- Pressemitteilungen und andere Texte schreiben und verbreiten
- Medienberichterstattung analysieren
- Krisenkommunikation bei negativen Ereignissen
- Veranstaltungen (Firmen-Events, Messen, etc.) konzipieren und durchführen
- Networking betreiben mit Pressevertretern, Shareholdern und Stakeholdern eines Unternehmens

WELCHE AUSBILDUNG BENÖTIGST DU?

Der Beruf Public Relations Manager ist nicht geschützt. Um als PR Manager zu arbeiten, benötigst du keine spezielle Ausbildung. Von Vorteil ist ein Studium im Marketing und PR Bereich oder im Kommunikationsmanagement. Bei entsprechender Praxiserfahrung, ist auch ein Einstieg als Germanist oder Sozialwissenschaftler möglich. Weiterbildungsangebote findest du z. B. bei ILS oder der deutschen Presseakademie.

WELCHE FÄHIGKEITEN SOLLTEST DU MITBRINGEN?

- Ausgezeichnete Kommunikationsfähigkeiten
- Präsentationsgeschick
- Empathie
- Ausgezeichnete Organisations- und Zeitmanagementfähigkeiten
- Stressresistenz
- Kreativität

UNSERE ROLEMODELS FÜR DEN BERUF DES PUBLIC RELATIONS MANAGERS

Name: Annika Wahl
Unternehmen: Die Foxies | Yoga Street
Homepage: https://diefoxies.de | https://yogastreet.de
Kontakt: annika.wahl@diefoxies.de

Annika ist PR-Beraterin und ein selbständiger

Teil des Teams von *Die Foxies*. Neben ihrer Tätigkeit als PR Beraterin hat sie mit *Yoga Street* ein eigenes Yoga-Studio in Gelsenkirchen eröffnet. Annika zieht sehr viel Kraft und Energie aus Yoga und bezeichnet ihre Yogamatte als ihre persönliche Ladestation.

Bevor Annika sich als PR-Beraterin selbständig gemacht hat, hat sie eine Ausbildung zur Bankkauffrau und dann ein Bachelor-Studium im Bereich Journalismus absolviert, das sie mit einem Master in Internationaler PR und Management in England erweiterte. Im Anschluss daran hat sie zwei Jahre lang bei *Hill+Knowlton Strategies* in Frankfurt und London gearbeitet. Heute ist sie neben ihrer Selbständigkeit Lehrbeauftragte an zwei Hochschulen. Freunde und Familie sagen über Annika, dass sie fair, unabhängig, sensibel und gleichzeitig durchsetzungsstark sei. Zudem sei sie kreativ und analytisch, ehrgeizig und diszipliniert. Darüber hinaus sei sie eine gute Lehrerin – sei es an der Uni im Bereich „Strategische Online-Kommunikation" oder als Yogalehrerin. Unsere Fragen beantwortet Annika aus Vallence in Südfrankreich. Doch vorher stellen wir noch Daniel vor, einem weiteren Teil von *Die Foxies*, der unsere Fragen ebenfalls beantwortet hat.

Name: Daniel Heinen
Unternehmen: Die Foxies | RoB – Reiseblog ohne Bilder
Homepage: https://diefoxies.de | http://reiseblog-ohne-bilder.de
Kontakt: daniel.heinen@diefoxies.de

Daniel ist genauso wie Annika Teil der Agentur *Die Foxies* und als solcher selbständig. Daniels Weg in die Kommunikationsbranche ist dabei nicht gerade gewöhnlich. Erst nach einer Ausbildung zum Automobilkaufmann entwickelte er sich in Richtung PR. Nachdem er verschiedene Praktika und freie Mitarbeiten bei Radio, TV und Zeitung absolviert hatte, begann er ein Studium im Bereich Journalismus und PR, das er 2008 abschloss. Während des Studiums arbeitete er für das Nachrichtenfernsehen und hat dann ein Volontariat in einer PR-Agentur in Düsseldorf gemacht. 2010 zog es ihn nach Sydney, wo er einen Master im Bereich International Communication aufsattelte. Nach seinem Master zurück in der Heimat fand Daniel zunächst keinen Job. Als eine Kommilitonin auf ihn zukam und ihn bat, Texte für sie anzufertigen und Daniel im weiteren Verlauf mehrere Aufträge dieser Art bekam, machte er sich selbständig. In dieser Zeit baute er sich sukzessive einen eigenen

Kundenstamm auf, den er, auch als er zwischenzeitlich eine Festanstellung auf Teilzeitbasis in einer Web-Agentur antrat, weiter hielt und betreute. In der Webagentur arbeitete er als Redakteur und Texter zwischen den Jahren 2015 bis Anfang 2017. Seit April 2018 ist Daniel neben seiner Tätigkeit als PR Manager zudem Lehrbeauftragter im Bereich Social Media Communication an der Westfälischen Hochschule Gelsenkirchen.

Daniels große Leidenschaft ist das Reisen. Daher hat er im Herbst 2017 einen eigenen Reiseblog unter dem Namen „Reiseblog ohne Bilder" gelauncht. Wer Daniel folgen möchte, kann dies über den oben genannten Link tun.

Seine Freunde und Familie bezeichnen Daniel aufgrund seines Reisefiebers als rastlos und „immer unterwegs". Er sei zudem fleißig und hätte immer seine Ziele vor Augen. Darüber hinaus sei er ein guter Zuhörer und kreativer Geist, der sich für fast alle Dinge und Geschichten interessiere und eine große Liebe für die deutsche Sprache mitbringe.

Unser Interview beantwortet Daniel in seinem Arbeitszimmer seiner Düsseldorfer Wohnung.

INTERVIEW MIT DANIEL HEINEN UND ANNIKA WAHL VON DIE FOXIES

Wie verdienst du dein Geld als Remote Worker?

Daniel: Meist verdiene ich Geld mit Projekten, die über einen längeren Zeitraum laufen. Contenterstellung, Strategie- und Konzeptentwicklung, Kommunikationsberatung und Pressearbeit gehören zu den Services.

Wie lange hat es gedauert, bis du deine ersten 1.000 Euro an monatlichem Einkommen durch deine ortsunabhängige Arbeit generiert hast?

Annika: Ich habe zwei Monate gebraucht.

Wie hast du deine ersten Kunden gefunden, mit denen du remote zusammengearbeitet hast?

Annika: Meine ersten Kunden habe ich durch Vitamin B gefunden. Genauer gesagt, durch Kontakte, die ich mir schon zu Agenturzeiten aufgebaut hatte.

Wie findest du neue Kunden?

Daniel: Neue Kunden finde ich vor allem über Beziehungen, über Empfehlungen oder bei Networking-Veranstaltungen.

Was war deine Motivation, ortsunabhängig zu arbeiten?
Annika: Mein Antrieb ist meine persönliche Freiheit.

Daniel: Ich glaube, ich habe mich gar nicht bewusst dafür entschieden. Ich kam in das Team von *Die Foxies* und dies ist die Art und Weise, wie das Unternehmen arbeitet. Mittlerweile gefällt mir die ortsunabhängige Arbeitsweise sehr gut und ich will es nicht mehr anders. Es ist toll, diese Art Freiheit zu haben. Ich kann mir nicht vorstellen, jeden Tag acht Stunden in einem Büro zu sitzen. Ich arbeite nicht nur in diesem Team, sondern habe auch andere Kooperationen. Wir haben alle maximale Freiheit in unseren Jobs und jeder weiß, was die anderen machen. Offenheit und Fairness sind für mich bei der Arbeitsweise wichtig. Wenn mir in meinem Arbeitszimmer nichts mehr einfällt, gehe ich mit meinem Laptop ins Café. Wir haben keine Stempelkarten und müssen keine acht Stunden durchhalten, wenn die Kreativität mal weg ist. Ich kann nachts arbeiten, morgens später anfangen oder auch mal einen Tag einfach frei machen, wenn nichts Wichtiges zu tun ist. Das ist einfach geil! Reisen und persönliche Freiheit sind mir wichtig. Und dass ich flexibel mit ganz unterschiedlichen Menschen arbeiten kann. Jeder inspiriert mich auf eine andere Weise und bringt mich weiter.

Welche drei Dinge würdest du vermeiden, wenn du die Zeit zurückspulen könntest?
Annika: Diese drei Dinge würde ich anders machen:
1. Ich würde meine Steuern selbst machen,
2. Ich würde Ratschläge von Menschen annehmen, die einen 9-to-5 Job haben,
3. ich würde mehr auf meinen Bauch hören.

Wie sieht ein normaler Arbeitstag in deinem Leben als Remote Worker aus? Hast du eine tägliche Routine?
Daniel: Jeder Tag ist anders. Viel mache ich von Zuhause aus, wenn ich in Düsseldorf bin. Immer wieder gibt es Meetings mit dem Team von *Die Foxies* oder ich treffe andere Partner für Brainstormings, etc. Dann natürlich Termine bei Kunden, Networking-Veranstaltungen, Coworking Spaces etc. Ich mag es, dass ich keine tägliche Routine habe. Manchmal arbeite ich abends um 22 Uhr noch. Dann gönne ich es mir aber auch, am nächsten Tag später zu beginnen. Wenn ich nicht produktiv bin, gehe ich zwischendurch einfach joggen und mache danach weiter. Von meinem Arbeitszimmer aus habe ich einen Blick in einen riesigen Hinterhof zwischen ganz vielen anderen Häusern in Düsseldorf. Mir gefällt das und es entspannt mich. Wenn ich mal einen Tapetenwechsel brauche, gehe ich ins

Café. Wenn es ohne Laptop geht, sitze ich auch manchmal mit Block und Stift am Rhein.

Annika: Ich verfolge keine Routine, die sich zeitlich bestimmen lässt, habe aber fest integrierte Bausteine. Irgendwann nehme ich mir Zeit für Yoga und Sport. Ich arbeite immer vom günstigsten Platz aus, der sich finden lässt. Ich arbeite nie länger, als meine Konzentration es zulässt, und wenn es mal eine Nachtschicht wird und ich tagsüber schlafe, dann ist das halt so.

Was sind die Vor- und Nachteile ortsunabhängiger Arbeit aus deiner Sicht?

Annika: Vorteile sehe ich ganz klar in der Freiheit, die man genießt. Als nachteilig empfinde ich lediglich die ständige Erreichbarkeit an.

Daniel: Vorteile:
- Ich kann während meiner Reisen arbeiten und deshalb länger weg sein.
- Ich kann mir meine Arbeitszeiten selbst einteilen.
- Ich muss nicht acht Stunden durchpowern.
- Ich bin mein eigener Chef.
- Ich kann arbeiten, wann und wo ich will.
- Ich bin offener und lerne deshalb viel mehr neue Leute und potenzielle Partner und Kunden kennen.
- Es sind nur fünf Meter vom Frühstückstisch zum Schreibtisch.
- Verschiedene Perspektiven (z. B. auf Reisen o. ä.) zeigen mir neue Möglichkeiten für meine Arbeit. Es macht mich kreativer, mir fallen dann oft andere Dinge ein, wenn ich woanders arbeite.
- Weil ich meine Zeit frei einteilen kann, habe ich Zeit, andere Dinge zu entwickeln, zum Beispiel meinen Reiseblog.
- Ich bin anderen Menschen gegenüber offener geworden.

Nachteile:
- Ich muss mich selbst disziplinieren, sonst verdiene ich kein Geld.
- Manchmal ist es auf Reisen natürlich sehr lästig, zwischendurch arbeiten zu müssen.
- Manche Dinge muss ich immer dabei haben, z. B. meinen Laptop.
- Je nach Kunde bekommt man den Gedanken an Arbeit auch in der Freizeit nicht mehr aus dem Kopf. Freizeit und Arbeitszeit gehen fließend ineinander über. Man muss lernen, sie zu trennen.
- Ich muss auch unterwegs immer meine E-Mails im Blick behalten und kann nicht immer so gut abschalten.

Last but not least: Hast du noch weitere hilfreiche Tipps für unsere Leser?

Annika: Hinterfrage dich und deinen momentanen Zustand regelmäßig: Ist es gut so, wie ich jetzt arbeite? Fühle ich mich wohl? Was kann ich ändern, damit es mir noch besser geht?

Daniel: Ich mache immer wieder die Erfahrung, dass Beziehungen das Wichtigste als Freelancer oder Remote Worker sind. Nichts ist wertvoller, als wenn man weiterempfohlen wird. Deshalb lohnt es sich für mich ganz besonders, zu Veranstaltungen zu gehen und mit vielen Menschen über meine Arbeit zu sprechen. Oft entwickeln sich auch erst Jahre nach dem ersten Kontakt Zusammenarbeiten. Deshalb empfehle ich jedem, der den Schritt wagt, zu ganz vielen Events zu gehen und offen auf Menschen zuzugehen. Ich finde, dass kleine Veranstaltungen besser sind, so kommt man leichter mit Einzelpersonen ins Gespräch.

WOMIT KANNST DU ORTSUNABHÄNGIG GELD VERDIENEN? – EINIGE IDEEN

Beschäftigungsformen: Du kannst entweder als Freelancer für verschiedene Auftraggeber arbeiten, Angestellter einer Firma sein, die es dir ermöglicht ortsunabhängig zu arbeiten, oder du wirst unternehmerisch tätig. Mögliche Arbeit- / Auftraggeber sind z. B. große Unternehmen, PR Beratungsunternehmen, staatliche Institutionen, etc. In Kapitel 6 findest du verschiedene Jobportale, die sich auf ortsunabhängiges Arbeiten spezialisiert haben.

Die folgenden Zeilen geben dir ein paar Ideen an die Hand, wie du ortsunabhängig mit diesem Beruf Geld verdienst. Der Abschnitt ist bewusst kurzgehalten, da viele der Ideen bereits in Kapitel 3 angesprochen wurden. Solltest du an der ein oder anderen Stelle den Wunsch nach mehr Inhalt verspüren, blättere einfach nochmal zum Anfang zurück. Nähere Informationen, wie du Themen für Bücher und Online-Kurse findest, erhältst du in Kapitel 5. Schau außerdem gerne auf unserem Blog vorbei, für alle genannten Tools und Ressourcen im Überblick: https://new-work-life.com/portfolio/public-relations-manager.

Führe bestimmte Kernaufgaben ortsunabhängig aus
Sieh dir die typischen Aufgaben eines PR Managers an und überlege dir, welche davon du ortsunabhängig ausüben kannst. Kannst du mit Kunden,

Geschäftspartnern, Kollegen, etc. virtuell kommunizieren und sie beraten, indem du von Kommunikations- und Kollaborationsmedien wie Videotelefonie (z. B. Skype), Web-Konferenz (z. B. FreeConferenceCall), Desktop Sharing (z. B. Skype), Chat (z. B. Slack), E-Mail (z. B. Gmail) Gebrauch machst? Kannst du Pressetexte ortsungebunden verfassen und distribuieren (z. B. mithilfe von Recherchescout.com). Kannst du Ideen für Pressemitteilungen über das Internet bzw. über das Telefon vor Journalisten pitchen? Kannst du online die Medienberichterstattung analysieren und PR Recherchen durchführen? Vermarkte deine Leistungen über eine eigene Website und über Online-Marktplätze wie z. B. Upwork.com, Freelance.de, Twago.de und ggf. Fiverr.com.

Biete Online-Seminare an
Ein mögliches Thema für ein Online-Seminar ist z. B.: „PR für Startups und Solopreneure – So steigern Sie erfolgreich Ihre mediale Aufmerksamkeit."

Entwickle eine (Mobile) App
Du könntest z. B. eine App kreieren, die PR Managern bei ihrer PR Arbeit hilft bzw. ein vorhandenes Problem löst. Wie wäre es z. B. mit einer App, die PR Manager dabei unterstützt, ihre Pressemitteilungen gegenüber der Presse zu pitchen? PR Manager könnten ihre Idee für eine Pressemitteilung in die App einspeisen und Journalisten könnten über die App herausfinden, ob sie aus dieser eine Pressemitteilung machen möchten. Alternativ könnten PR Manager eine vollständige Pressemitteilung in der App hinterlegen und Journalisten veröffentlichen diese bei Interesse. Durch solch eine App profitieren sowohl PR Manager als auch Journalisten. Erstere finden einfacher Abnehmer für ihre Pressemitteilung und Zweitere finden schneller frischen Content zur Veröffentlichung.

Bau eine webbasierte Plattform
Auf der Plattform bringst du PR Profis mit suchenden Unternehmen zusammen. Unternehmen schreiben auf der Plattform aus, welchen PR-Service sie benötigen und erhalten darauf basierend Vorschläge für entsprechende PR Profis, die sich auf der Plattform registriert haben. Monetarisieren könntest du die Plattform, indem du den suchenden Unternehmen und/oder den PR Profis eine Vermittlungsgebühr in Rechnung stellst. Um dich von allgemeineren Plattformen wie z. B. Upwork abzugrenzen, integriere Qualitätsstandards in deine Plattform wie z. B. eine Vorselektion der gelisteten PR Profis, die gewährleistet, dass nur nachgewiesen gute PR Leute ihre Leistung über deine Plattform anbieten können, eine Suche nach PR

Kategorien, die es Unternehmen erleichtert, den richtigen PR Profi für ihre Zwecke zu finden, wenn ihre Ausschreibung sie nicht zum Ziel führt, etc. Entwickler zur technischen Umsetzung der Plattform findest du z. B. auf Upwork.com, Freelancer.com oder Twago.de.

Erstelle on Demand und/oder vorgefertigte (Presse-)Texte

Verkaufe deine Texte über eine eigene Website und/oder auf Online-Marktplätzen wie z. B. Textscout.de oder Contentworld.com.

Entwirf standardisierte PR Strategien für Unternehmen

Stell deine Strategien online gegen Gebühr zum Download zur Verfügung. Du könntest z. B. standardisierte PR Strategien zu unterschiedlichen PR Zwecken entwerfen: Für einen Produktlaunch, für eine Finanzierungsrunde, für einen Börsengang (IPO), fürs Recruiting von neuen Mitarbeitern, zur Förderung des Unternehmenswachstums, zur Förderung des Markenbewusstseins, etc. Formuliere deine Strategien so, dass sie für eine Vielzahl von Unternehmen anwendbar sind. Vermarkte deine Strategien über eine eigene Website und/ oder über Online-Marktplätze wie z. B. Fiverr.com und Digistore24.com. Zusätzlich zu standardisierten PR Strategien kannst du maßgeschneiderte PR Strategien im Rahmen deines klassischen Leistungsportfolios anbieten.

Entwickle und verkaufe Online-Kurse

Wie wäre es z. B. mit einem Kurs zum Thema Pressetexte schreiben („Lerne, wie du gute Pressetexte schreibst") oder einem Kurs zum Thema Distribution von Pressetexten („So machen Sie die Presse auf sich aufmerksam und sehen ihre Pressetexte in den Medien").

STARTER TOOLKIT – DAS BRAUCHST DU, UM LOSZULEGEN

Notebook, Smartphone

SOFTWARE:
- Office: z. B. Microsoft Office oder Google Docs
- Kommunikation: z. B. Skype, WhatsApp, Slack, Gmail
- Website / Webshop: z. B. WordPress oder Shopify
- Projektmanagement: z. B. Trello

BÜCHER UND TUTORIALS:
- Buch: „Propaganda: Die Kunst der Public Relations", von Edward Bernays und Klaus Kocks

- Tutorial: „Modern PR – How To Get Press Coverage For Your Business. A proven public relations / PR system to get press coverage for your company or product, from a journalist's perspective", von Brad Merrill, auf Udemy
- Tutorial: „Copywriting Public Relations - master PR publicity skills. Become a PR pro working from home. Add a new revenue stream or drive your brand fast", von Len Smith und Sean Kaye, auf Udemy

Detaillierte Informationen zu Tools und Ressourcen, die dir helfen können, ein ortsunabhängiges Einkommen aufzubauen, findest du auf unserem Blog unter: https://new-work-life.com/portfolio/public-relations-manager.

HIER FINDEST DU WEITERE INFORMATIONEN

Deutsche Public Relations Gesellschaft (DPRG): https://dprg-online.de

4.27 RADIOLOGE

Als Radiologe behandelst du Patienten auf Basis bildgebender Verfahren unter Einsatz modernster Technik. Du wertest Röntgenbilder von Patienten aus und stellst darauf basierend Diagnosen. Stellt sich heraus, dass Patienten eine weiterführende Behandlung benötigen, leitest du sie an den entsprechenden Facharzt wie z. B. an einen Onkologen, einen Orthopäden oder einen Chirurgen weiter.

WAS SIND MÖGLICHE AUFGABEN?
- Patienten mittels bildgebender Verfahren wie Röntgen, Computertomographie (CT) oder Magnetresonanztomografie (MRT) untersuchen
- Bildmaterial von Patienten analysieren und auswerten
- Diagnosen stellen und Patienten auf Basis ihrer Diagnose an andere Fachärzte vermitteln
- Andere Fachärzte in ihrer Arbeit durch deine Diagnosestellung unterstützen
- Befunde und Diagnoseergebnisse dokumentieren und behandelnden Ärzten zur Verfügung stellen

- Kontinuierliche medizinische Weiterbildung im eigenen Fachgebiet und fachübergreifend

WELCHE AUSBILDUNG BENÖTIGST DU?

Die Berufsbezeichnung Radiologe ist gesetzlich geschützt. Um Radiologe zu werden, musst du zunächst ein Medizinstudium absolvieren. Dieses dauert in der Regel 12 Semester und schließt mit dem zweiten Staatsexamen ab. Nach dem Studium spezialisierst du dich auf Radiologie und machst deinen Facharzt in dieser Richtung. Der Facharzt im Bereich Radiologie dauert mindestens fünf Jahre. Möchtest du dich darüber hinaus noch weiter spezialisieren, z. B. als Kinderradiologe, plane zwei weitere Jahre Ausbildungszeit ein.

WELCHE FÄHIGKEITEN SOLLTEST DU MITBRINGEN?

- Räumliches Vorstellungsvermögen und Bildgedächtnis
- Teamplayer-Charakter mit hervorragendem Kommunikationsvermögen, sowohl mündlich als auch schriftlich
- Analytische Denkweise
- Detailgenauigkeit
- Hohes Verantwortungsbewusstsein

UNSER ROLEMODEL FÜR DEN BERUF DES RADIOLOGEN

Name: Michael Yuz
Unternehmen: USARAD Holdings, Inc. | Second Opinions
Homepage: http://usarad.com | https://www.secondopinions.com
Kontakt: http://usarad.com/contact.html

Michael ist ein modernes Beispiel für den amerikanischen Traum. Im Alter von 14 Jahren ist er mit seinen Eltern aus der damaligen Sowjetunion in die USA ausgewandert. Am zweiten Tag nach seiner Ankunft in Brooklyn, New York, suchte er sich einen Job als Paperboy. Er durfte fortan jeden Morgen Zeitungen für 20 Haushalte austragen. Da er seinen Job gut und gewissenhaft erledigte, wurde die Anzahl seiner Kunden im zweiten Monat verdoppelt. Nach 18 Monaten hatte er bereits mehr als 1.000 Kunden. Das Geschäft lief so gut, dass er es während seiner Zeit am College und der Medical School behielt. Allerdings hatte er da nicht mehr die Zeit, selbst Zeitungen auszutragen und beschäftigte daher andere, vornehmlich Erwachsene, mit dieser Aufgabe. Nach Abschluss seines Studiums war das Geschäft so etabliert, dass er es verkaufen konnte.

Radiologe ist Michael, der vielseitig interessiert ist und sich bereits früh für Programmierung und das Internet (er hatte in dessen Frühphase beispielsweise sehr erfolgreich mit Internet-Domains gehandelt), interessierte, eher durch Zufall geworden. Aufgrund einer Sportverletzung musste er geröntgt werden und wurde dementsprechend bei einem Arzt vorstellig. Ein Radiologe, der Michael die Diagnose zeigte, demonstrierte ihm wie er die Diagnose stellte, indem er sich die Röntgenbilder ansah. Michael war sofort begeistert davon, seine Interessen in den Bereichen Technologie, Internet und Wirtschaft mit dem Gesundheitswesen in Zusammenhang zu bringen. Er erkannte gleich die Vision und die Möglichkeiten einer spannenden digitalen Zukunft in der Radiologie. Dementsprechend entschloss er sich gegen ein technisches Studium und für die Medizin.

Im Jahr 2005 hat er seinen Medizin-Abschluss erworben und danach seinen Facharzt als Radiologe gemacht. Drei Jahre später, 2008, hat er seine eigene Firma, *USARAD*, gegründet und ist damit in die Tele-Radiologie eingestiegen. Ebenfalls in 2008 hat er einen MBA in Gesundheitswesen und Tele-Medizin von der Business School der George Washington University erhalten.

Michaels Freunde und Familie sagen folgendes über ihn: „Er gibt niemals auf. Er arbeitet hart und smart. Er hält, was er verspricht. Er erreicht immer seine Ziele. Er denkt 15 Jahre voraus."

Das Interview haben wir mit Michael geführt, als er bei sich zu Hause in Fort Lauderdale, Florida, war.

INTERVIEW MIT MICHAEL YUZ VON USARAD HOLDINGS UND SECOND OPINIONS

Wie verdienst du dein Geld als Remote Worker?

In unserer Teleradiologie-Abteilung (usarad.com) lagern Imaging Center und Krankenhäuser ihre medizinischen Bildgebungsstudien an uns aus. Wir haben eine Gruppe von Radiologen und Kardiologen, die diese Bilder remote interpretieren. Die Kunden zahlen für jeden ausgewerteten Scan und wir zahlen den Radiologen eine Gebühr für jeden Scan. Dadurch haben wir einen Nettogewinn für jeden Scan. Das ist ein volumenstarkes Geschäft, mit einem geringen Nettogewinn. Bei *Second Opinions* (secondopinions.com) vermarkten wir direkt an Patienten weltweit über das Internet und verkaufen unsere Dienstleistungen auch an Dritte wie Versicherungen, TPAs (Third Party Administrators), medizinische Tourismusunternehmen und andere Wiederverkäufer. Die Kunden bestellen online und entsprechende Fachärzte untersuchen die Unterlagen und interpretieren sie. Wir bieten schriftliche, telefonische und Video-Beratungen an. Das ist ein Geschäft mit hohen Gewinnspannen, mit einem geringeren Volumen als das der Teleradiologie.

Wie lange hat es gedauert, bis du deine ersten 1.000 Euro an monatlichem Einkommen durch deine ortsunabhängige Arbeit generiert hast?
Ich habe Kaltakquise gemacht und mich mit Leuten vernetzt, die ich in der Branche kannte. Ich möchte gerne die Bedeutung von Kaltakquise oder „Haustür-Verkauf" überbetonen. Ignorier einfach die Ablehnung und mach dich an die Arbeit.

Wie findest du neue Kunden?
Neue Kunden finden uns online durch PR, SEO und Internet Marketing. Wir gehen auch auf Messen und versenden Marketingmaterial inklusive Postkarten.

Was war deine Motivation, ortsunabhängig zu arbeiten?
Als Teenager habe ich festgestellt, dass ich Interesse an vielen Themen habe, und so suchte ich mir eine Arbeit aus, wo ich meine vielfältigen Interessen kombinieren kann. Das, was ich jetzt mache, ist für mich die perfekte Kombination von Medizin, Technologie, Internet und Wirtschaft. Ich habe mich selbst stark gefordert, um Experte in diesen verschiedenen Bereichen zu werden. Außerdem habe ich schon früh erkannt, dass Flexibilität unbezahlbar ist und ich keinen Chef haben möchte, der mir sagt, was ich tun soll oder der meinen Zeitplan festlegt.

Was waren deine größten Herausforderungen, um ein Remote-Einkommen zu generieren und wie hast du diese bewältigt?
Nach dem Start ist es die größte Herausforderung, deine bestehenden Kunden zufrieden zu stellen und zusätzliche Kunden zu gewinnen. Die Lösung für diese Herausforderung ist meines Erachtens, ein engagiertes Team zu finden, das dir hilft, das Unternehmen zu führen und zu wachsen. Denn bald wirst du nicht mehr in alle Aspekte deines Unternehmens involviert sein können und du musst in der Lage sein, den Menschen, denen du

vertraust, Aufgaben abzugeben. Es ist wichtig, dass du deinen wertvollsten Mitarbeitern Anteile am Unternehmen gibst, damit sie das Gefühl haben, Eigentümer zu sein und damit sie wissen, warum sie mit dir schwitzen. Ansonsten werden sie früher oder später kündigen und gehen.

Wie sieht ein normaler Arbeitstag in deinem Leben als Remote Worker aus? Hast du eine tägliche Routine?
Es ist wichtig, eine Routine zu haben, um effizient zu sein. Man muss für sich selbst erkennen, wann man mit bestimmten Aufgaben oder Funktionen am produktivsten ist. Ich bin rund um die Uhr aktiv und habe als Teenager gelernt, dass ich mein Gehirn bei Bedarf wie einen Speicher ein- und ausschalten kann.

Von montags bis freitags gehe ich gegen Mitternacht schlafen und stehe zwischen 5 und 6 Uhr morgens auf, oft mit interessanten Ideen, die mir während der Nacht eingefallen sind. Als nächstes lese und beurteile ich drei bis vier Stunden lang radiologische Aufnahmen. Ich weiß, dass ich am Morgen am produktivsten bin und dann meistens mehr schaffe, als andere an einem ganzen Tag.

In den sechs bis acht Stunden danach kümmere ich mich um Aufgaben, die die Leitung des Unternehmens betreffen: Verkaufstelefonate, Geschäftstreffen, Konferenzen, Gespräche mit bestehenden Kunden und Ärzten und so weiter. Wenn ich zwischendurch die Zeit finde, interpretiere ich zusätzlich weitere Aufnahmen.

Gegen 18 Uhr mache ich normalerweise Sport und esse zu Abend. Dann arbeite ich nochmal zwischen 21 Uhr und Mitternacht an neuen Projekten. An den Wochenenden stehe ich gegen 7 Uhr morgens auf und arbeite an einigen Projekten oder interpretiere für einige Stunden radiologische Aufnahmen. Ich versuche, so viel Zeit wie möglich mit meiner Familie zu verbringen, bin aber gleichzeitig in der Lage samstags und sonntags, sechs bis acht Stunden pro Tag produktiv zu sein.

Was sind die Vor- und Nachteile ortsunabhängiger Arbeit aus deiner Sicht?
Vorteil: Totale Flexibilität. Man kann überall leben, solange es Internet gibt. Ich bin mein eigener Chef und lege meinen eigenen Zeitplan fest. Nachteil: Du hörst nie auf zu arbeiten. Du brauchst eine Menge Disziplin und inneren Antrieb.

Last but not least: Hast du noch weitere hilfreiche Tipps für unsere Leser?
Mach etwas, an dem du Spaß hast. Etwas, das du gerne machst. Man kann nur der Beste in seiner Branche werden, wenn man das liebt, was man tut.
Sei bereit, rund um die Uhr zu arbeiten.
Scheue dich nicht, dir jederzeit die Hände schmutzig zu machen, das heißt, du musst bereit sein, jede Aufgabe im Unternehmen zu übernehmen.
Denke groß! Es braucht oft die gleiche Menge an Energie, ein kleines lokales Unternehmen zu führen wie ein großes globales Unternehmen.
Gib niemals auf!

WOMIT KANNST DU ORTSUNABHÄNGIG GELD VERDIENEN? – EINIGE IDEEN

Beschäftigungsformen: Du kannst entweder deine eigene (virtuelle) Praxis leiten oder als angestellter Arzt für ein Krankenhaus oder eine Arztpraxis arbeiten, das/die es dir ermöglicht, ortsunabhängig zu arbeiten. In Kapitel 6 findest du verschiedene Jobportale, die sich auf ortsunabhängiges Arbeiten spezialisiert haben.

Die folgenden Zeilen geben dir ein paar Ideen an die Hand, wie du ortsunabhängig mit diesem Beruf Geld verdienst. Der Abschnitt ist bewusst kurzgehalten, da viele der Ideen bereits in Kapitel 3 angesprochen wurden. Solltest du an der ein oder anderen Stelle den Wunsch nach mehr Inhalt verspüren, blättere einfach nochmal zum Anfang zurück. Nähere Informationen, wie du Themen für Bücher und Online-Kurse findest, erhältst du in Kapitel 5. Schau außerdem gerne auf unserem Blog vorbei, für alle genannten Tools und Ressourcen im Überblick: https://new-work-life.com/portfolio/radiologe.

Arbeite als Teleradiologe
Schließe dich einem Netzwerk wie bspw. dem reif & möller Netzwerk für Teleradiologie (https://diagnostic-network-ag.de) oder der Telemedicine Clinic (https://www.telemedicineclinic.de) an. Bei Teleradiologie ist der Facharzt nicht am Einsatzort. Das Bildmaterial wird vielmehr über eine Telekommunikationseinrichtung an einen entfernten Ort zur Auswertung geschickt. Teleradiologie-Netzwerke kooperieren mit Klinken und Arztpraxen und führen für diese teleradiologischen Leistungen wie z. B. Befundungen durch. Klinken und Arztpraxen werden dadurch entlastet und

es wird ein rund um die Uhr Serviceangebot geschaffen. Wenn du Mitglied wirst, bist du Teil eines Netzwerkes von Teleradiologen und kannst bestimmen, wann und wie viel du für das Netzwerk arbeiten möchtest.

Werde Mitglied einer webbasierten Ärzteplattform
Biete deine Leistung via Doctor on demand (https://www.doctorondemand.com) und/oder Medgate (https://www.medgate.ch/de-ch) an. Diese Plattformen sind auf Telemedizin, d. h. die Erbringung von medizinischen Leistungen über Internet und Telefon spezialisiert und bieten dir die Möglichkeit deine Leistungen als Arzt ortsunabhängig anbieten zu können. Die oben genannten Ärzteplattformen bringen Patienten mit Medizinern zusammen und stellen die benötigte Infrastruktur zur Verfügung, damit Ärzte virtuell Medizinleistungen erbringen können.

Eröffne eine eigene teleradiologische Praxis
Biete deine Leistungen virtuell an. Kooperiere dazu mit Klinken und stationären radiologischen Arztpraxen und lass dir von diesen Röntgen-, MRT- und CT-Bilder von Patienten zuschicken. Die Auswertung, Diagnose, Berichterstellung, etc. erledigst du ortsunabhängig in deiner virtuellen Praxis. Neben der Auswertung von Bildmaterial kannst du in deiner virtuellen Praxis ebenfalls Telekonsultationen anbieten. Bei einer Telekonsultation gibst du zu einem bestehenden Befund eine Zweitmeinung ab, um diesen entweder zu stützen oder zu widerlegen. Telekonsultationen kommen bei unklaren bzw. zweifelhaften Befunden zum Einsatz.

Schreibe ein eBook
Finde ein Thema, das dich interessiert und für das Nachfrage besteht. Wie wäre es z. B. mit einem Buch zum Thema virtuelle Praxis („Mein Weg zur virtuellen Praxis als Teleradiologe") oder mit einem Übungsbuch zum Thema Radiologie zur Vorbereitung auf Prüfungen für angehende Radiologen? Wie genau du Themen findest, kannst du im Kapitel 5 nachlesen.

Werde virtueller Berater
Berate Unternehmen der Medizinbranche wie Krankenhäuser, Krankenkassen und/oder Pharmaunternehmen zu unterschiedlichen Themen. Potenzielle Beratungsfelder könnten Fragestellungen wie diese beinhalten: Wie lässt sich die Notfallversorgung in einem Krankenhaus optimieren? Wie kann das Management einer Klinik die Patientenversorgung verbessern? Was ist bei der Produktion von neuen Arzneimitteln zu beachten? Oder wie kann die Kooperation zwischen Arztpraxen und Krankenkassen verbessert werden? Alternativ kannst du dich auch auf Patienten anstelle

von Unternehmen als Zielkundschaft spezialisieren. Du könntest Patienten beispielsweise helfen den richtigen Arzt für ihre Beschwerden und/oder ihr verfügbares Budget zu finden und/oder Kostenpläne für sie zusammenstellen. Greife dabei auf dein medizinisches Know-how und dein breites Netzwerk als Arzt zu. Monetarisiere deine Leistung über eine Vermittlungsprovision.

Werde medizinischer Gutachter

Biete deinen Service über eine eigene Website an und/oder schließ dich einem Netzwerk für medizinischer Gutachten an. Medizinische Gutachten werden z. B. von Gerichten, Versicherungen, Krankenhäusern, Rechtsanwälten oder Privatpersonen in Auftrag gegeben und dienen dazu medizinische Vorfälle und Zusammenhänge objektiv zu bewerten. Medizinische Gutachter werden z. B. häufig von Patienten beauftragt, die mit einer ärztlichen Behandlung unzufrieden sind und Schadensersatz geltend machen wollen. Oder sie werden zur Prüfung von ärztlichen Abrechnungen bestellt.

STARTER TOOLKIT – DAS BRAUCHST DU, UM LOSZULEGEN

Notebook, Smartphone

SOFTWARE:
- Office: z. B. Microsoft Office
- Kommunikation: z. B. Protonmail, Wire
- Website / Webshop: z. B. WordPress oder Shopify
- Teleradiologische Software zur Übertragung und Auswertung von radiologischem Bildmaterial
- Ggf. Patientenmanagementsystem

BÜCHER UND TUTORIALS:
- Buch: „Basics Bildgebende Verfahren", von Martin Wetzke, Christine Happle, Frederik L. Giesel und Christian M. Zechmann
- Buch: „App vom Arzt: Bessere Gesundheit durch digitale Medizin", von Jens Spahn, Markus Müschenich und Jörg F. Debatin
- Buch: „eHealth in Deutschland: Anforderungen und Potenziale innovativer Versorgungsstrukturen", von Florian Fischer und Alexander Krämer
- Buch: „The Guide to the Future of Medicine: Technology and The Human Touch", von Bertalan Mesko

Detaillierte Informationen zu Tools und Ressourcen, die dir helfen können, ein ortsunabhängiges Einkommen aufzubauen, findest du auf unserem Blog unter: https://new-work-life.com/portfolio/radiologe.

HIER FINDEST DU WEITERE INFORMATIONEN

Berufsverband der Deutschen Radiologen e.V.:
http://www.radiologenverband.de

4.28 SCHULDNERBERATER

Als Schuldnerberater hilfst du Menschen, die finanzielle Probleme haben. Du berätst sie bzgl. ihrer aktuellen Lage, arbeitest Lösungsvorschläge für sie aus und unterstützt sie dabei, ihre Schulden zu tilgen. Die Beratung enthält neben einer bloßen Finanzsicht ebenfalls psychosoziale Elemente.

WAS SIND MÖGLICHE AUFGABEN?
- Schuldner zu ihrer finanziellen Situation und ihren Schulden befragen
- Schuldner mit finanziellen Informationen versorgen
- Im Auftrag von Schuldnern bestimmte Verträge neu verhandeln, z. B. Kredittilgungsplan, etc.
- Schuldnern bei ihrer Haushalts- und Budgetplanung helfen
- Schuldner mit anderem Fachpersonal in Verbindung bringen, z. B. Psychologe, Anwalt, etc.
- Krisenintervention
- Schuldenregulierung
- Insolvenzberatung

WELCHE AUSBILDUNG BENÖTIGST DU?
Die Berufsbezeichnung Schuldnerberater ist nicht geschützt. Um Schuldnerberater zu werden, benötigst du keine spezielle Ausbildung. Erfahrung im Finanzbereich und/oder sozialen Bereich sind von Vorteil. Weiterbildungsangebote zum Schuldnerberater findest du z. B. unter http://www.iwwb.de.

WELCHE FÄHIGKEITEN SOLLTEST DU MITBRINGEN?

- Empathie und Fürsorge
- Gute Zuhörerqualitäten
- Sehr gutes Kommunikationsvermögen
- Psychische Belastbarkeit
- Lösungsorientierte Denkweise

UNSER ROLEMODEL FÜR DEN BERUF DES SCHULDNERBERATERS

Name: Vangile Makwakwa
Unternehmen: Wealthy Money
Homepage: https://www.wealthy-money.com
Kontakt: vangile@wealthy-money.com

Vangile ist Autorin des Buches „Heart, Mind and Money: Using Emotional Intelligence for Financial Success" und Gründerin von *Wealthy Money*. Sie hilft Frauen dabei, sich von ihren Geldproblemen zu befreien, damit sie „ihr Einkommen und ihre Ersparnisse ausbauen und sich in ihre Bankkonten verlieben können, während sie ihr bestes Leben führen".

Vangile hat an der Universität von Kapstadt in Südafrika Finanzen studiert. Außerdem hat sie einen MBA mit Schwerpunkt Strategie und Unternehmertum vom Simmons College School of Business in Boston Massachusetts.

Nachdem sie ihren Abschluss von der Cape Town University hatte, hat sie angefangen auf einem Kreuzfahrtschiff zu arbeiten. Außerdem hat sie als Barkeeperin in London gearbeitet, auf einem Kreuzfahrtschiff auf den Bahamas, als Spoken Word Artist in Boston und als Fundraiserin in Südafrika. Als Fundraiserin hat sie Entwicklungsarbeit geleistet und Geld für die Evakuierung bei Erdbeben gesammelt. Zudem hat sie auch als Immobilienmaklerin in Boston gearbeitet und als Tutor. Vangile ist der Auffassung, dass man wahrscheinlich grundsätzlich viel ausprobiert, bis man herausfindet, was einem liegt. Zumindest war es bei ihr so.

Gestartet ist sie mit ihrem Business indem sie viel unterrichtet hat. Heute schreibt sie Bücher und coacht Menschen direkt oder durch ihren Online-Kurs.

Auf die Frage wie ihre Familie und Freunde sie als Person sehen sagt Vangile: „Meine Mutter würde sagen, dass ich nicht von dieser Welt bin. Lustigerweise glaubt meine Familie nicht, dass ich sozusagen ein Interesse an der Außenwelt habe. Sie sehen mich als jemanden, der mehr Interesse an dem hat, was innen drin geschieht, also hinter der Fassade eines Menschen. Meine Freunde würden sagen, dass ich eine Nomadin bin. Sie würden sagen, ich bin eine Reisende, dass das mein Seelenauftrag ist, um einen Freund zu zitieren, der das Wort tatsächlich benutzt hat. Mein Seelenauftrag ist es, zu reisen."
Unsere Fragen hat Vangile in Chiang Mai, in Thailand, beantwortet.

INTERVIEW MIT VANGILE MAKWAKWA VON WEALTHY MONEY

Wie verdienst du dein Geld als Remote Worker?

Mein meistverkauftes Produkt ist mein Online-Kurs. Das ist meine Haupteinnahmequelle. „Creating Money Magic" ist mein am häufigsten verkaufter Kurs. Ich biete auch Coaching an und ich habe gerade Retreats zu meinen Produkten und Dienstleistungen eingeführt und es scheint, dass auch die ein echter Bestseller werden könnten. Nächstes Jahr im April veranstalte ich zwei Retreats in Sri Lanka und beide sind bereits ausverkauft.

Wie bist du auf die Ideen für deine Produkte und Services gekommen? Hast du eine bestimmte Methodik verfolgt?

Nachdem ich das Buch erstellt hatte, hatte ich das Gefühl, dass ich Online-Kurse machen sollte und sie schienen mir eine großartige Idee. Also habe ich einen Kurs erstellt. Ich versuche immer meiner Intuition zu folgen.

Wie lange hat es gedauert, bis du deine ersten 1.000 Euro an monatlichem Einkommen durch deine ortsunabhängige Arbeit generiert hast?

Ich hatte Glück mit meinem ersten Webinar, es waren sieben Leute auf dem Webinar und fünf Leute haben den Kurs gekauft. Ich denke, ich habe damit etwa 500 Euro verdient. Danach habe ich ein weiteres Webinar abgehalten und weitere 500 Euro verdient. Aber vertrau mir, Webinare haben seitdem nicht mehr so gut für mich funktioniert.

Wie hast du deine ersten Kunden gefunden, mit denen du remote zusammengearbeitet hast?
Vor dem Webinar hatte ich den Blog, an dem ich in Südafrika gearbeitet hatte, und ich habe nur E-Mail-Adressen gesammelt. Jedes Mal, wenn ich auf dem Blog gepostet habe, habe ich eine Benachrichtigung über meine E-Mail-Liste an mein Publikum geschickt. Als ich das Webinar gemacht habe, habe ich einfach eine Benachrichtigung geschickt, dass ich ein Webinar mache und ich mich freuen würde, wenn meine Follower dabei wären. Sieben ganz wunderbare Superstars tauchten aus verschiedenen Teilen des Planeten auf, was eigentlich verrückt ist, weil ein Typ aus Neuseeland oder Australien war und er mich am nächsten Tag anrief und sagte, bitte schließe nicht den Kurs, denn ich will ihn jetzt kaufen. Das war verrückt und es war viel Glück im Spiel, denn Webinare sind seitdem nicht mehr mein stärkstes Verkaufsargument.

Wie findest du neue Kunden?
Mein Marketing läuft hauptsächlich über Facebook. Ich habe eine Facebook-Gruppe und ich habe eine Facebook-Seite. Meine Facebook-Seite nutze ich für mein Geschäft und über sie generiere ich Adressen für meine E-Mail-Liste. Ich mache viele Live-Videos, beantworte Fragen und etabliere mich als Experte.
Mit meinem Buch verdiene ich kein Geld, weil der Verlag 98 Prozent aller Einnahmen beansprucht. Es gibt meiner Arbeit aber eine Menge Glaubwürdigkeit. Das hilft also sehr.
Ich arbeite auch mit Facebook-Ads, aber die Leute finden mich hauptsächlich durch meine Schüler. Viele meiner Schüler haben durch meine Arbeit, eine unglaubliche Veränderung in ihren Finanzen gesehen und empfehlen mich daher weiter. Das gilt sogar für das Retreat. Drei Leute haben sich sprichwörtlich aus heiterem Himmel bei mir gemeldet, kurz nachdem ich gesagt hatte, dass das Retreat stehe. Sie wollten unbedingt dabei sein. Zu diesem Zeitpunkt hatte ich weder eine Website noch die exakten Daten und ich war ausgebucht. Das kommt durch meine Schüler und durch Mund-zu-Mund-Propaganda und das Teilen meiner Inhalte. Bisher war es viel organisches Wachstum.

Wie hast du deine Remote-Karriere begonnen? Gab es irgendwelche Tools, die dir dabei geholfen haben, ortsunabhängig zu arbeiten?
Ich habe meine erste Firma in Boston gegründet und sie ist dramatisch gescheitert. Am Ende hatte ich 60.000 US-Dollar Schulden. Ich hatte Sodbrennen, mein ganzes Leben hat sich grundlegend verändert.

Ich habe einen Master of Business Administration gemacht und im MBA-Programm wird dir gesagt, dass du einen Businessplan schreiben und darin darlegen musst, wie dein Unternehmen innerhalb eines Jahres profitabel wird. Also habe ich mir das zu Herzen genommen und einen Plan aufgestellt. Aber natürlich funktionierte der Plan innerhalb des ersten Monats nicht und das machte mir schwer zu schaffen. Der Plan fiel förmlich auseinander und ich dachte, dass mit mir etwas nicht stimmen könnte. Ich wurde depressiv und begann, meine Firma aus der Depression heraus zu leiten. Eines Tages hatte ich dann eine wahnsinnige Panikattacke. Ich musste zur Bank gehen und allein schon der Gedanke daran, Geld zu verwalten oder meinen Kontoauszug anzuschauen, machte mich panisch und ich wurde schließlich so depressiv, dass ich nicht mehr aufstehen konnte.

Die Business School lehrt dich nicht, dass, wenn dein Unternehmen nicht den Plan erfüllt, das das Leben ist. Das Leben ist nichts, was man auf ein Stück Papier schreibt. Es gibt viel Bewegung und Veränderung im Leben, die man nicht berücksichtigen kann. Das war buchstäblich das erste Mal in meinem Leben, dass ich etwas tun wollte und dann versagt habe, schrecklich versagt habe.

Ich sagte mir selbst, „Ich bin ein Verlierer", „Ich bin ein Versager", und ich hatte schon als Teenager mit Depressionen zu kämpfen. Also beschloss ich, die Firma, die eine Spoken Word Poetry Company war, zu parken und mich erstmal zu regenerieren und zu heilen. Ich sagte mir: „Ich werde das hier parken, ich werde mich selbst finden und heilen und dann werde ich zu dieser Firma zurückkehren."

Am Ende dieses Prozesses habe ich ein Buch geschrieben. Ich hatte nicht vor, mein Buch zu veröffentlichen, bis ein Verleger auf mich zukam. Ich habe nie nach einem Verleger gesucht, das war nie mein Plan in diesem Leben. Was ich damals tat, war, Dinge online zu veröffentlichen und nach Südafrika zurückzuziehen. Ich habe die Kapitel meines Buches nach und nach online gestellt und angefangen als Speakerin mit der „South African Depression and Anxiety Group" zu arbeiten. In dieser Zeit haben die Leute angefangen, den Blog und das Buch zu lesen. Dann wurde das Buch zu diesem großen Erfolg. Aus dem Blog entwickelte sich etwas, und ich fing an, Übungen mit meinen Lesern zu teilen und Leute zu coachen.

Das entwickelte sich alles organisch. So ist auch der Kurs entstanden. Es war nicht so, das dass von vornherein mein Plan gewesen wäre. Ich hatte keinen Plan, sondern bin immer den nächsten logischen Schritt gegangen, der sich für mich richtig anfühlte. Das Buch fühlte sich richtig an, als der Verleger sagte, dass er wolle es veröffentlichen wolle. Als der Blog wuchs, war es richtig und als ich den Kurs entwickelt habe, fühlte es sich ebenfalls richtig an.

So fing alles für mich an. Eines Tages habe ich einfach beschlossen, dass ich wieder auf Reisen gehen wollte. Ich war früher ja auch gereist, aber die letzten zwei oder Jahre hatte ich nur in Südafrika verbracht und an meinem Buch und an meinem Blog gearbeitet. Nun war für mich die Zeit gekommen, wieder aufzubrechen.

In der Zwischenzeit hatte ich alle meine Schulden begleichen können. Ich hatte mir fünf Jahre gegeben, um 60.000 US-Dollar Schulden zu tilgen, aber ich habe es in dreieinhalb Jahren geschafft, und ich habe mir eine Wohnung in Kapstadt gekauft.

Es war also alles gut, nur dass eine Stimme in mir sagte, „geh auf Reisen". Ich traf die Entscheidung, als ich bereits online arbeitete. Ich werde mein erstes Webinar nie vergessen. Ich hatte angekündigt, dass ich nach Indien gehen und ein Webinar live von dort aus machen würde. Ich hatte noch nie ein Live-Webinar gemacht und wusste überhaupt nicht, wie das funktioniert. Also saß ich um drei Uhr morgens draußen in einem Garten in Rishikesh und machte ein Webinar und an diesem Tag machte ich fünf Verkäufe für meinen Online-Kurs. Buchstäblich sieben Leute waren zum Webinar gekommen und ich machte fünf Verkäufe. Und ich sagte: „Oh mein Gott, ich glaube, ich schaffe das!"

Diese Erfahrung hat mir die Augen geöffnet und so kam mir die Idee, gleichzeitig zu reisen und ein Unternehmen zu gründen.

Welche drei Dinge würdest du vermeiden, wenn du die Zeit zurückspulen könntest?

Ich würde es vermeiden, gleich zu Beginn Berater anzuheuern. Ich habe mich darauf konzentriert, Marketing-Experten anzuheuern, bevor ich selbst wusste, was meine Marke und mein Unternehmen wirklich waren, wen ich ansprechen wollte und wie es sich entwickeln sollte. Ich wollte das schnelle, blitzschnelle Wachstum, von dem jeder erzählt. Ich habe im ersten Jahr mehr als 10.000 Dollar für Marketing ausgegeben und dann im zweiten Jahr noch mehr Geld investiert, weil ich Angst hatte, irgendwo da draußen zu sein und nicht gefunden zu werden. Man kann nicht etwas vermarkten, was man selbst nicht versteht.

Was waren deine größten Herausforderungen, um ein Remote-Einkommen zu generieren und wie hast du diese bewältigt?

Meine größte Herausforderung war es, ein Publikum aufzubauen. Amerikaner und Europäer kennen bereits Online-Kurse. Für die meisten Südafrikaner galt das jedoch nicht, als ich anfing. Für sie war das Online-Kurskonzept neu. Ich habe mich gefragt, wie ich die Leute unterrichten soll, die nicht über Skype gecoacht werden wollten. Sie wollten persönlich gecoacht werden und ich sagte ihnen, dass dies nicht gehen würde. Denn für mich bedeutete es, dass ich in ein Flugzeug steigen musste, nur um meine Kunden zu treffen. Das veranlasste mich dazu, mich darauf zu konzentrieren, Kunden in anderen Ländern zu finden. Das ist leichter gesagt als getan. Außerhalb Südafrikas kannte man mich natürlich nicht und auch die Kultur ist in anderen Ländern eine andere.

Heute habe ich einen breit gefächerten Kundenstamm: die Kunden für meinen Kurs kommen hauptsächlich aus Südafrika, während meine Coaching-Klienten von überallher kommen. Der Kurs, mit seinem spirituellen Ansatz, spricht die Südafrikaner mehr an. Es ist eine große Hilfe für sie, da sie auf diese Weise lernen können, ohne Coaching über Skype machen zu müssen, was sie eh nicht wollen. Und meine anderen Kunden sind mit Coaching-Sitzungen via Skype einverstanden.

Wie sieht ein normaler Arbeitstag in deinem Leben als Remote Worker aus? Hast du eine tägliche Routine?

Ich habe keine festen Zeiten, aber ich habe Routinen, die für meine geistige Gesundheit wichtig sind. Nach dem Aufwachen chille ich im Bett und checke mein Handy, bevor ich aufstehe, Yoga mache oder ins Fitnessstudio gehe.

Während des Tages verbringe ich zwei bis drei Stunden in Meditation beziehungsweise mache viel innere Arbeit wie zum Beispiel Tagebuchschreiben. Gegen 12:30 oder 13 Uhr esse ich zu Mittag und starte meinen Arbeitstag. Dann arbeite ich vier oder fünf Stunden lang durch, schreibe ein bisschen und gehe dann abendessen. Nach dem Abendessen habe ich eine zweistündige Coaching-Sitzung und beende danach meinen Tag. Dann mache ich noch mehr innere Arbeit, schreibe mein Tagebuch und Gedichte und entspanne mich. Ab und zu schaue ich mir vielleicht einen Film an, aber ich bin wirklich schlecht darin, ich versuche, zumindest fünf Filme pro Jahr zu sehen.

Ich mag keine Coworking Spaces. Es ist urkomisch, weil ich dachte, wenn ich nach Chiang Mai komme, würde ich das ändern, da Chiang Mai für seine Coworking Spaces bekannt ist. Ich hatte die Vorstellung, dass ich anfangen würde, in einem Coworking Space zu arbeiten, und dass das eine tolle Erfahrung würde. Aber ich mag einfach keine Coworking Spaces. Also stelle ich immer sicher, dass ich eine Wohnung mit einem ausreichend großen Wohnbereich und einem großen Schlafzimmer miete, kein Studio. Ich möchte ein separates Schlafzimmer und eine Trennung zwischen Küche und Wohnbereich. Und so kann ich dann wunderbar von zu Hause aus arbeiten.

Was sind die Vor- und Nachteile ortsunabhängiger Arbeit aus deiner Sicht?

Der Vorteil für mich ist, dass ich meine Arbeitszeiten wirklich so einrichten kann, wie ich es für richtig und gut halte. Es gibt Zeiten, in denen ich mich einfach nicht danach fühle zu einer bestimmten Zeit zu arbeiten. Andererseits kann es sein, dass mich um 18 Uhr die Kreativität packt und ich dann loslege.

Ortsunabhängig zu arbeiten passt einfach wunderbar zu meiner Persönlichkeit, also sehe ich nicht viele Nachteile. Ich habe früher ganz normal im Büro gearbeitet, habe dann aber immer flexible Arbeitszeiten gegen eine niedrigere Bezahlung eingetauscht. Ich habe wirklich ein Problem damit, zu festgelegten Zeiten zu arbeiten, weil ich immer sage, dass ich mit Seele arbeite. Und meine Seele hat keine festen Zeiten. Und ich schaffe die Dinge auf diese Weise: ich habe das Buch, ich habe ein Arbeitsbuch erstellt und jetzt arbeite ich an meinem nächsten Buch. Ich habe drei Kurse und alle von ihnen beinhalten Videos, es sind sehr lange Kurse. Und das schaffe ich in meinen verrückten Arbeitszeiten. Das funktioniert sicherlich nicht für alle, und das ist auch in Ordnung, aber es funktioniert für mich.

Ich bin sicher, dass es einen großen Nachteil gibt, aber ich sehe ihn nicht. Ich denke, das liegt auch daran, dass dies hauptsächlich das Leben ist, das ich kenne. Ich würde sagen, dass dies das einzige Leben ist, das ich kenne. Manchmal ist es einfach schwierig, zu sehen, was mit deinem Leben nicht stimmt oder wie es besser sein könnte, wenn du keinen anderen Lebensstil gewohnt bist.

Last but not least: Hast du noch weitere hilfreiche Tipps für unsere Leser?

Ich höre Leute oft sagen, ich werde nächstes Jahr reisen, oder ich werde reisen, wenn ich mehr Geld verdiene, oder ich werde reisen, wenn dies und das passiert. Sag das nicht! Fang einfach an! Geh ein Risiko ein und mach es einfach, denn es wird nie den perfekten Zeitpunkt geben, um zu reisen und deinen Träumen zu folgen. Es wird immer einen Grund geben, es nicht zu tun.

Stecke einfach einen Zeitrahmen ab und halte dich daran. Gib dir selbst etwa drei Monate Zeit und fang einfach damit an zu leben. Fang an zu packen, nimm alles aus deiner Wohnung. Tu es einfach und ich verspreche dir, dass du alle notwendigen Antworten auf deine Fragen finden wirst, wenn du erstmal unterwegs bist. Lösungen findet man in der Regel, wenn man mit dem Problem konfrontiert wird. Du wirst dich über die Kreativität wundern, zu der dein Verstand fähig ist, wenn du erstmal vor einem echten Problem stehst.

WOMIT KANNST DU ORTSUNABHÄNGIG GELD VERDIENEN? – EINIGE IDEEN

Beschäftigungsformen: Du kannst entweder als Freelancer für verschiedene Auftraggeber arbeiten, Angestellter einer Firma sein, die es dir ermöglicht ortsunabhängig zu arbeiten, oder du wirst unternehmerisch tätig. Mögliche Arbeit- / Auftraggeber sind z. B. Beratungsstellen und Bildungseinrichtungen (z. B. Deutscher Caritasverband, Bundesarbeitsgemeinschaft), öffentlicher Dienst, Erwachsenenbildungsinstitute. In Kapitel 6 findest du verschiedene Jobportale, die sich auf ortsunabhängiges Arbeiten spezialisiert haben.

Die folgenden Zeilen geben dir ein paar Ideen an die Hand, wie du ortsunabhängig mit diesem Beruf Geld verdienst. Der Abschnitt ist bewusst kurzgehalten, da viele der Ideen bereits in Kapitel 3 angesprochen wurden. Solltest du an der ein oder anderen Stelle den Wunsch nach mehr Inhalt verspüren, blättere einfach nochmal zum Anfang zurück. Nähere Informationen, wie du Themen für Bücher und Online-Kurse findest, erhältst du in Kapitel 5. Schau außerdem gerne auf unserem Blog vorbei, für alle genannten Tools und Ressourcen im Überblick: https://new-work-life.com/portfolio/schuldnerberater.

Führe bestimmte Kernaufgaben ortsunabhängig aus
Sieh dir die typischen Aufgaben eines Schuldnerberaters an und überlege dir, welche davon du ortsunabhängig ausüben kannst. Kannst du mit Kunden, Geschäftspartnern, Kollegen, etc. virtuell kommunizieren und sie beraten, indem du von Kommunikations- und Kollaborationsmedien wie Videotelefonie (z. B. Skype), Web-Konferenz (z. B. FreeConferenceCall), Desktop Sharing (z. B. Skype), Chat (z. B. Slack), E-Mail (z. B. Gmail) Gebrauch machst? Kannst du ortsunabhängig Strategien zur Schuldenreduktion für deine Kunden ausarbeiten und ihnen diese auf digitalem Wege (z. B. per E-Mail) zukommen lassen? Vermarkte deine Leistungen über eine eigene Website und über Social Media.

Schreibe ein eBook
Finde ein Thema, das dich interessiert und für das Nachfrage besteht. Du kannst mit deinem Buch private Verbraucher, andere Schuldnerberater oder Unternehmen ansprechen. Wie wäre es z. B. mit einem Buch zum Thema Schuldenfreiheit für private Verbraucher („Wie Sie Schulden ein für alle Male loswerden und schuldenfrei leben") oder zum Thema

Online-Schuldenberatung für Schuldnerberater („Wie du dir ein Online-Business als Schuldnerberater aufbaust")? Wie genau du Themen findest, kannst du im Kapitel 5 nachlesen.

Entwickle und verkaufe Online-Kurse
Wie wäre es z. B. mit einem Kurs zum Thema Schuldenabbau („Raus aus der Schuldenfalle – Eine Schritt-für-Schritt-Anleitung, um für immer schuldenfrei zu bleiben") oder zum Thema Budgetplanung („Nie wieder Schulden – Erfolgreich Budget- und Haushaltspläne aufstellen und zufrieden danach leben").

Biete ein Online-Programm an
Unterstütze Menschen dabei, ihre Schulden (z. B. Kreditkartenschulden) loszuwerden. Du könntest z. B. verschiedene Methoden aufzeigen, wie man Schulden abbauen kann und mit deinen Teilnehmern einen Masterplan zum Schuldenabbau erarbeiten. Versorge Teilnehmer über die Dauer des Programmes regelmäßig mit Informationen zum Thema Schuldenabbau, motiviere sie (durchzuhalten) und sei ihr Ansprechpartner in allen Belangen rund um ihre Schulden. Die Programmteilnehmer können sich bei Bedarf während des Programmes untereinander in Online-Gruppen austauschen sowie Fragen stellen (an dich und untereinander). Das Programm läuft für eine von dir bestimmte Dauer (z. B. drei Monate).

STARTER TOOLKIT – DAS BRAUCHST DU, UM LOSZULEGEN

Notebook, Smartphone

SOFTWARE:
- Office: z. B. Microsoft Office oder Google Docs
- Kommunikation: z. B. Skype, WhatsApp, Slack, Gmail
- Website / Webshop: z. B. WordPress oder Shopify
- Cloudbasierte Datenspeicherung: z. B. Dropbox oder Google Drive

BÜCHER UND TUTORIALS:
- Buch: „Schuldnerberatung – eine ganzheitliche Aufgabe für methodische Sozialarbeit: Methoden und Konzepte der Sozialen Arbeit in verschiedenen Arbeitsfeldern", von Sigmund Gastiger und Marius Stark
- Buch: „Schuldnerberatung in der Sozialen Arbeit: Sozialpädagogische, juristische und gesellschaftspolitische Grundkenntnisse für Theorie und Praxis", von Peter Schruth, Susanne Schlabs, Klaus Müller, Claudia Stammler, Jürgen Westerath und Boris Wolkowski

Detaillierte Informationen zu Tools und Ressourcen, die dir helfen können, ein ortsunabhängiges Einkommen aufzubauen, findest du auf unserem Blog unter: https://new-work-life.com/portfolio/schuldnerberater.

4.29 SOCIAL-MEDIA MARKETING EXPERTE

Als Social-Media Marketing Experte kümmerst du dich um den Auftritt eines Unternehmens in den sozialen Medien. Du baust für das Unternehmen eine Followerschaft auf (organisch oder mithilfe von Paid Ads) und kreierst interessante Inhalte, die du in den sozialen Medien teilst. Ziel deiner Aktivitäten ist es, die Unternehmensmarke zu stärken und die Unternehmensmessage herüberzubringen. Du agierst als Bindeglied zwischen Unternehmen und Followern.

WAS SIND MÖGLICHE AUFGABEN?
- Social-Media Strategie und Marketing-Kampagnen entwickeln
- Social-Media Werbekonzepte- und Kampagnen entwickeln
- Werbeanzeigen erstellen, aufsetzen und terminieren
- Social-Media Werbung in Form von Paid Ads schalten, z. B. auf Facebook, Instagram, Twitter, Pinterest, LinkedIn und Xing
- Übergreifend alle Social-Media-Kanäle eines Unternehmens betreuen
- Inhalte planen, terminieren und veröffentlichen
- Mit Followern interagieren durch Beantwortung von Kommentaren, Einladungen zu Umfragen, Gewinnspiele, etc.
- Interessante Beiträge und Texte für verschiedene Social-Media-Kanäle schreiben
- Bilder und Videos für Beiträge recherchieren und auswählen
- Bildbearbeitung
- Kontakte zu Social-Media Influencern knüpfen und sie zu einer Zusammenarbeit mit dem Unternehmen bewegen
- Performance der Social Media Aktivitäten auswerten und analysieren, z. B. Interaktionsrate, Leadgewinnung, Aufbau von Followern, etc.

WELCHE AUSBILDUNG BENÖTIGST DU?
Die Berufsbezeichnung Social-Media Marketing Experte ist nicht geschützt. Um Social-Media Marketing Experte zu werden, benötigst du

keine spezielle Ausbildung. Von Vorteil sind Erfahrungen im Bereich Online und Performance Marketing, der Öffentlichkeitsarbeit oder im Journalismus. Weiterbildungsangebote zum Social-Media Marketing Experten findest du z. B. bei ILS oder bei Social-Media United (Rachel Pedersen) unter https://www.joinsmu.com.

WELCHE FÄHIGKEITEN SOLLTEST DU MITBRINGEN?

- Kommunikationsstärke
- Kreativität und Flexibilität
- Einfühlungsvermögen und hohe Sozialkompetenz
- Analytisches Denken
- Technische Affinität

UNSER ROLEMODEL FÜR DEN BERUF DES SOCIA-MEDIA MARKETING EXPERTEN

Name: Anna-Lena Eckstein
Unternehmen: Anna-Lena Eckstein
Homepage: http://annalenaeckstein.de | https://digitalnomadstories.de
Kontakt: hello@annalenaeckstein.de | Instagram: alcornerstone | LinkedIn: anna-lena-eckstein

Anna-Lena ist seit Februar 2016 selbständig als Social-Media Marketing Expertin und hilft ihren Kunden mithilfe von Instrumenten aus dem Performance Marketing, in den sozialen Medien eine Marke aufzubauen bzw. die Unternehmensmarke zu stärken. Sie hat sich unmittelbar nach ihrem Bachelorstudium als „Online-Redakteur" selbständig gemacht. Daher war sie in ihrem bisherigen Leben, außer im Rahmen von Studenten-Nebenjobs, nie wirklich angestellt. Ihre Studentenjobs absolvierte sie im Journalismus-Bereich (zwei Jahre Redakteurin beim ZDF) und im Medienbereich (Medien-Analyse, Online-Redaktion).

Anna-Lena war eigentlich schon immer eine in die Ferne schweifende Person. So hat sie z. B. nach ihrem Abitur ein Jahr lang in Spanien als Au-Pair verbracht. So verwundert es auch nicht, dass sie nun als digitale Nomadin die Welt bereist und unsere Fragen auf dem Weg von Berlin nach Köln, von wo aus sie gen Chiang Mai in Thailand fliegt, beantwortet.

Ihre Freunde und Familie bezeichnen Anna-Lena als sprudelnd und voller Lebensfreude. Außerdem sehen sie sie als selbstbewusst, emphatisch, liebevoll, für Freunde aufopfernd, aber auch dickköpfig an. Zudem meinen sie, sie hätte aufgrund ihres Witzes das Zeug zur Entertainerin.

INTERVIEW MIT ANNA-LENA ECKSTEIN IN DER ROLLE ALS SOCIAL-MEDIA MARKETING EXPERTE

Wie verdienst du dein Geld als Remote Worker?
Ich helfe Kunden dabei, in den sozialen Netzwerken sichtbarer zu werden. Ich biete meinen Service an, klassische Dienstleistung. Darüber hinaus verkaufe ich digitale Produkte wie Online-Kurse. Und ich bin Veranstalterin der „Digital Nomad Stories", Offline-Events in Deutschland, bei denen ein weiterer Speaker und ich auf der Bühne den Zuschauern echte, lebensnahe Einblicke ins Leben als Digitale Nomaden geben, und sie inspirieren, selbst den Schritt zu wagen.

Wie lange hat es gedauert, bis du deine ersten 1.000 Euro an monatlichem Einkommen durch deine ortsunabhängige Arbeit generiert hast?
Sechs Wochen. Sechs Wochen, in denen ich Vietnam, Malaysia, Japan und Texas bereist habe. Sensationelles Gefühl: Wenn du in Houston durch die Straßen läufst, nur sechs Wochen nach der Uni und dann eine Notification deiner Bank aufs Handy bekommst. Das war der Moment, in dem ich final verstanden habe: Die Welt zu bereisen und Geld zu verdienen, ist machbar.

Wie hast du deine ersten Kunden gefunden, mit denen du remote zusammengearbeitet hast?
Ich beantworte die Frage etwas anders, „Was empfiehlst du, um Kunden zu finden?" Rausgehen! Wer sich verkriecht und anderen nicht von sich und seinen Produkten oder Services erzählt, wird es wohl nicht schaffen. Ich habe viel Networking betrieben, versucht, mich mit den richtigen Menschen zu umgeben, mehr von mir und meiner Arbeit erzählt (auch online). Alle (!) meine Kunden habe ich, weil ich selbst aktiv geworden bin. Sei es mit einer eigenen Website, einem LinkedIn-Profil, Offline-Konferenzen, Online-Communitys für Digitale Nomaden oder Networking-Events.

Was war deine Motivation, ortsunabhängig zu arbeiten?
Ich bin da tatsächlich eher reingerutscht: ich habe die richtige Person zur

richtigen Zeit kennengelernt! Diese Person war Online-Entrepreneur und hat mir erst einmal den Horizont eröffnet, dass das ja überhaupt möglich ist. Vorher war ich eher in dem klassischen Denken „gefangen": Abi, Studium, Volo, Job, 25-jähriges Firmenjubiläum, Rente. An ortsunabhängiges Business habe ich nie gedacht. Das war mir gar kein Begriff.

Was ich daran so wahnsinnig toll finde ist die Freiheit, mir meine Zeit so einzuteilen, wie ich es möchte. Ich kann um 7 Uhr aufstehen und klassisch 9-to-5 machen, ich kann aber auch erst um 16 Uhr anfangen und dafür eine Nachtschicht einlegen. Das ist wirklich toll, gerade für jemanden wie mich, die ihre kreativste und effizienteste Zeit eher am Nachmittag bzw. gegen Abend hat. Dass ein Chef dann will, dass ich um 7:30 auf der Matte stehe, habe ich noch nie verstanden: Wieso meine Effizienz bremsen?

Außerdem ist es toll, dass ich, wenn ich nicht arbeite (freie Tage oder Feierabend), an den tollsten Orten bin und ganz viele tolle Dinge machen kann. Ich genieße es einfach, vor oder nach der Arbeit richtig coole Dinge zu erleben, die schönste Natur zu sehen, im Meer schwimmen zu gehen, internationale Leute kennenzulernen. Eben nicht nur nach Hause kommen, Wohnung aufräumen, Bullshit im Fernsehen gucken und dann ins Bett gehen. Das ist mir zu langweilig, das hat mich auch früher nie sehr zufrieden gestellt. Es gibt nichts Geileres, als zu wissen, dass man nach dem Arbeitstag noch durch den costaricanischen Urwald ziplinen gehen kann.

Und, klingt bescheuert, ist aber echt wahr: Sonne und Wärme ist sehr wichtig für mich. Ich hatte jeden Winter in Köln konsequent schlechte Laune, gesundheitliche Probleme, Winter-Blues. Ich bin sehr empfindlich, was Wetter angeht. Mir geht es so viel besser an warmen und sonnigen Orten.

Wie hast du deine Remote-Karriere begonnen? Gab es irgendwelche Tools, die dir dabei geholfen haben, ortsunabhängig zu arbeiten?
Wenn Leute mich fragen, wie sie sich ins Thema „einlesen" können, empfehle ich immer „The 4-Hour Workweek" von Tim Ferriss zu lesen. Außerdem war mir Sebastian Kühn von „Wireless Life" eine Inspiration. Am allermeisten aber helfen die Leute, die man beim reisen und co-worken trifft. Du kannst noch so viele Bücher lesen, tausend Podcasts hören, dich unendlich vorbereiten: You're never ready! Irgendwann musst du den Schritt mal gehen und dich ins Flugzeug setzen oder die ersten Kunden annehmen, deinen alten Job kündigen, whatever … Dieses ewige „ich bereite mich erst vor und mache es dann bald" ist nicht zielführend. Das Meiste habe ich gelernt, als ich den Lifestyle schon aktiv lebte und andere Gleichgesinnte getroffen habe. First-Hand-Experience – besser als jedes YouTube-Video oder jeder Podcast zu dem Thema.

Welche drei Dinge würdest du vermeiden, wenn du die Zeit zurückspulen könntest?
Ich würde glaube ich nicht so viel anders machen. Die Fehler, die ich gemacht habe, waren eher Erfahrungen, aus denen ich lernen konnte. Deswegen bin ich froh darüber. Ob ich jetzt jedem blind empfehlen würde, direkt zwei Tage nach Abgabe der Bachelor-Arbeit ohne jegliches Erspartes (weil nie einen richtigen Job gehabt) loszuziehen, ist fraglich. Manchmal denke ich mir schon, dass es vielleicht einfacher gewesen wäre, hätte ich mal eine klassische Festanstellung gehabt. Mehr Erfahrung, mehr Startkapital, vielleicht auch mehr Wertschätzung für den Remote-Lifestyle.

Wie sieht ein normaler Arbeitstag in deinem Leben als Remote Worker aus? Hast du eine tägliche Routine?
Morgens versuche ich immer einen Spaziergang einzulegen. Ich halte es nicht für gut, direkt an den Computer zu gehen. Vor dem Ding sitze ich später noch lang genug. Den Tag starte ich also ohne Bildschirm, wenn es geht. Produktiver bin ich tatsächlich, wenn ich eine Routine habe, ja. Als Digitaler Nomade ist es meiner Meinung nach manchmal eher hinderlich, so viel zu reisen und ständig on the road zu sein. Deswegen bin ich eher der slow-traveler. Ich bleibe meistens zwei Monate an einem Ort, damit eine Routine entstehen kann. Dann mag ich es, jeden Tag ins gleiche Café zu gehen, so fühlt es sich an wie ein Office und mein Kopf weiß direkt „So, ab jetzt ist Arbeitszeit". Zu Hause arbeite ich auch, besonders abends, wenn die Coffeeshops dann zu haben. Ich mag es aber, das Haus zum Arbeiten zu verlassen – diese Trennung zwischen beruflich (außer Haus) und privat (zu Hause) funktioniert besser für mich.

Was sind die Vor- und Nachteile ortsunabhängiger Arbeit aus deiner Sicht?
Es gibt unzählig viele Vorteile, ein wichtiger davon: Weniger Groll dem Job gegenüber, der einen an einen Ort kettet, den man nicht mag, kein Wetter, das man nicht mag, kein Pendeln, das jeden Tag zwei Stunden frisst. Das Ergebnis ist, dass man zum Thema Arbeit eine viel positivere Einstellung hat. Gut für die Seele und auch gut für den Chef (auf remote Worker mit Anstellung bezogen).
Nachteile: Gerade wenn man selbständig ist, könnte man eigentlich die ganze Zeit arbeiten. Das kennt sicher jeder Selbständige, ob ortsunabhängig oder nicht – so richtig Feierabend hat man nie. Das ist sicher schon in Köln nervig, aber wenn man türkisfarbenes Meer vor den Füßen hat, macht es das manchmal noch ein wenig nerviger. Ich bin oft an den schönsten Fleckchen dieser Erde und muss dann doch den Großteil der Zeit arbeiten.

WOMIT KANNST DU ORTSUNABHÄNGIG GELD VERDIENEN? – EINIGE IDEEN

Beschäftigungsformen: Du kannst entweder als Freelancer für verschiedene Auftraggeber arbeiten, Angestellter einer Firma sein, die es dir ermöglicht ortsunabhängig zu arbeiten, oder du wirst unternehmerisch tätig. In Kapitel 6 findest du verschiedene Jobportale, die sich auf ortsunabhängiges Arbeiten spezialisiert haben.

Die folgenden Zeilen geben dir ein paar Ideen an die Hand, wie du ortsunabhängig mit diesem Beruf Geld verdienst. Der Abschnitt ist bewusst kurzgehalten, da viele der Ideen bereits in Kapitel 3 angesprochen wurden. Solltest du an der ein oder anderen Stelle den Wunsch nach mehr Inhalt verspüren, blättere einfach nochmal zum Anfang zurück. Nähere Informationen, wie du Themen für Bücher und Online-Kurse findest, erhältst du in Kapitel 5. Schau außerdem gerne auf unserem Blog vorbei, für alle genannten Tools und Ressourcen im Überblick: https://new-work-life.com/portfolio/social-media-marketing-experte.

Übe deine Kerntätigkeit aus
Du kannst deine Kerntätigkeit als Social-Media Marketing Experte ohne Probleme ortsunabhängig ausüben, denn dein Berufsbild ist virtueller Natur. Vermarkte deine Leistungen über eine eigene Website und/oder über Online-Marktplätze wie z. B. LinkedIn, Upwork.com, Freelancer.com, Twago.de und ggf. Fiverr.com. Eine weitere Möglichkeit zur Vermarktung sind Offline-Events bzw. -Meetups im Bereich Online-Marketing und Social-Media. Hier triffst du gezielt auf potenzielle Kunden und kannst deine Social-Media Expertise unter Beweis stellen.

Biete Online-Seminare an
Mögliche Themen für Online-Seminare sind z. B.: „Social-Media Bootcamp – Alles, was erfolgreiche Social-Media Marketer wissen müssen", „Bildbearbeitung für Social-Media" oder „Werde zum Influencer mit Social-Media".

Werde Agent
Bring suchende Unternehmen mit qualifizierten Social-Media Marketing Experten (aus deinem Netzwerk) zusammen. Verlange dafür eine Provision vom suchenden Unternehmen und/oder dem vermittelten Social-Media Marketing Experten. Die digitale Welt ist für viele Unternehmen (gerade

Mittelständler) immer noch neu. Dementsprechend fehlt diesen Unternehmen das Netzwerk an Branchenexperten. Der Beruf Social-Media Marketing Experte ist nicht geschützt, daher kannst du als vermittelnder Agent sicherstellen, dass ein suchendes Unternehmen an einen qualifizierten Experten gelangt.

Entwirf standardisierte Social-Media Strategien
Stell deine Strategien online gegen Gebühr zum Download zur Verfügung. Formuliere deine Strategien so, dass sie auf die wichtigsten KPIs einer Branche einzahlen (z. B. Gewinnmarge steigern, Marktanteile gewinnen, etc.) und für eine Vielzahl von Unternehmen anwendbar sind. Vermarkte deine Strategien über eine eigene Website und/oder über Online-Marktplätze wie z. B. Fiverr.com und Digistore24.com. Zusätzlich zu standardisierten Social-Media Strategien kannst du maßgeschneiderte Social-Media Strategien im Rahmen deines klassischen Leistungsportfolios anbieten.

Entwickle und verkaufe Online-Kurse
Wie wäre es z. B. mit einem Kurs zum Thema Social-Media für kleine Unternehmen („Der Social-Media Crashkurs für kleine Unternehmen und Solopreneure") oder einem Kurs zum Thema ortsunabhängige Selbständigkeit für Socia Media Marketing Experten („Lerne, wie du dir ein ortsunabhängiges Business als Social-Media Freelancer aufbaust")?

STARTER TOOLKIT – DAS BRAUCHST DU, UM LOSZULEGEN

Notebook, Smartphone

SOFTWARE:
- Office: z. B. Microsoft Office oder Google Docs
- Kommunikation: z. B. Skype, WhatsApp, Slack, Gmail
- Website / Webshop: z. B. WordPress oder Shopify
- Social-Media Account Management: z. B. Buffer, Planoly, Later, Iconosquare
- Bildbearbeitung: z. B. Adobe Photoshop, Gimp, Lightroom oder Snapseed App
- Analyse: z. B. Google Analytics und Buzzsumo

BÜCHER UND TUTORIALS:
- Buch: „Der Social-Media Marketer: Das Handbuch für Ausbildung und Beruf", von Vivian Pein

- Buch: „Follow me!: Erfolgreiches Social-Media Marketing mit Facebook, Twitter und Co.", von Anne Grabs, Karim-Patrick Bannour und Elisabeth Vogl
- Buch: „Social-Media: Das Handbuch für Social-Media Marketing auf Facebook, YouTube und Instagram für Einsteiger und Unternehmen", von Mike Kaulitz
- Tutorial: „Social-Media Management - The Complete 2018 Manager Bootcamp. Become a freelance Social-Media Marketer | Start a management business | Work from anywhere | Achieve financial freedom", von Rob Mayzes und Lottie Mosley, auf Udemy

Detaillierte Informationen zu Tools und Ressourcen, die dir helfen können, ein ortsunabhängiges Einkommen aufzubauen, findest du auf unserem Blog unter: https://new-work-life.com/portfolio/social-media-marketing-experte.

HIER FINDEST DU WEITERE INFORMATIONEN

Bundesverband digitale Wirtschaft: https://www.bvdw.org
Bundesverband Community Management e.V. für digitale Kommunikation & Social-Media: https://www.bvcm.org

4.30 SPRACHLEHRER

Als Sprachlehrer unterrichtest du Erwachsene und Kinder in Fremdsprachen. Du vermittelst ihnen die grammatikalischen Strukturen der zu erlernenden Sprache und bringst ihnen die notwendigen Vokabeln bei. Du schulst neben ihren Sprechfähigkeiten auch ihr Hörverständnis und lehrst sie in der neuen Sprache lesen und schreiben. Als Deutscher Muttersprachler kannst du z. B. englischsprechenden Menschen Deutsch als Fremdsprache beibringen.

WAS SIND MÖGLICHE AUFGABEN?
- Unterricht planen
- Übungsinhalte entwickeln
- Lernfortschritt verfolgen
- Tests durchführen (sprechen, hören und lesen, Vokabeln, Grammatik)

WELCHE AUSBILDUNG BENÖTIGST DU?

Um als Sprachlehrer dein Geld zu verdienen benötigst du nicht zwingend eine klassische Ausbildung. Wichtig ist, dass du die Unterrichtssprache in Wort und Schrift fließend beherrschst. Zudem benötigst du die pädagogischen Fähigkeiten, um deinen Schülern die Lerninhalte zu vermitteln.

WELCHE FÄHIGKEITEN SOLLTEST DU MITBRINGEN?

- Kulturelle Sensibilität, Toleranz und Geduld
- Motivieren können
- Pädagogische Fähigkeiten
- Kommunikationsstärke
- Kreativität
- Durchsetzungsstärke
- Strukturiertheit

UNSER ROLEMODEL FÜR DEN BERUF DES SPRACHLEHRERS

Name: Marta Rechul
Unternehmen: Tutor Compass
Homepage: https://www.tutorcompass.de
Kontakt: marta@tutorcompass.de

Marta ist selbständig. Sie managt aktuell zwei Online-Projekte, ist Autorin mehrerer Bücher und Community Managerin im *Citizen Circle*, einer Community für ortsunabhängige Querdenker. Ihr Weg zur erfolgreichen Online-Unternehmerin ist alles andere als gewöhnlich. Nach ihrem Realschulabschluss hat Marta zunächst eine Ausbildung zur Rechtsanwalts- und Notarfachangestellten absolviert und sich dann in Zeitarbeitsprojekte verliebt. Da diese Arbeit sie jedoch nicht auslastete, arbeitete sie nebenher knappe drei Jahre im Versicherungsaußendienst. Sie bezeichnet sich selbst in diesem Kontext auch gern als „selbst gewählten Workaholic". Irgendwann entschied Marta, nach Polen auszuwandern. Sie traf diese Entscheidung ohne so recht zu wissen, was sie in Polen beruflich machen wollte. Durch Zufall kam sie zum Unterrichten ihrer Muttersprache Deutsch. Der Unterricht fand zunächst ortsgebunden in Person statt. Marta suchte jedoch schon bald nach Möglichkeiten, um ortsunabhängig unterrichten zu können. Sie wusste sich zu helfen und es dauerte nicht lange bis sie ihren Unterricht virtuell über das Internet anbot. Irgendwann kamen immer mehr Deutsche, die in Polen wohnten, auf Marta zu, und fragten sie, wie sie es geschafft habe, ein so erfolgreiches Business als Deutschlehrerin aufzubauen. Marta, ganz Geschäftsfrau, sah den Bedarf und gründete ihr Business *Tutor Compass*, mit dem sie (angehenden) Sprachlehrern zeigt, wie sie ortsunabhängig in ihrem Beruf arbeiten können.

Auf die Frage, wie Freunde und Familie Marta als Person bezeichnen, zitiert Marta mehrere Personen. Ihr Vater sagt, sie sei clever und schlau und kriege alles hin. Ihre Mutter sei bisweilen besorgt und sähe Marta gerne in einem sicheren Job. Ihre beste Freundin Jenny empfindet Marta als smart und tiefgründig, während andere Freunde sagen, Marta sei eine Unternehmerin, die anderen gut etwas beibringen könne und die Ruhe weg habe.

Unsere Interview Fragen beantwortet Marta im portugiesischen Porto.

INTERVIEW MIT MARTA RECHUL VON TUTOR COMPASS

Wie verdienst du dein Geld als Remote Worker?

Mittlerweile verdiene ich mein Geld fast ausschließlich durch Bücher und Onlinekurse sowie die Betreuung zweier Communities (Tutor Compass und Citizen Circle). Aktuell kommt noch ein Dienstleistungsgewerbe hinzu, wobei das momentan eher eine Investition ist, als dass ich damit Geld verdiene.

Wie bist du auf die Ideen für deine Produkte gekommen? Hast du eine bestimmte Methodik verfolgt?

Ich habe bereits sehr früh angefangen, Umfragen durchzuführen. Immer wenn sich jemand in meinen Newsletter eingetragen hat, musste er drei Fragen beantworten. Einen Link zur Umfrage gab es u. a. auch in meinem ersten Buch und in der kostenlosen Leseprobe dazu. Weiterhin habe ich Fragen als Zutrittsvoraussetzung für meine Facebook-Gruppe gestellt. Jeder, der in meine Gruppe wollte, musste zunächst meine Fragen beantworten. Die Antworten aus meiner Facebook-Gruppe sind mein wertvollstes Gut. Die zugehörigen Fragen lauten:
- A. Wer bist du? Stell dich kurz vor (Bist du schon Sprachlehrer, eher Quereinsteiger, welche Sprache unterrichtest du, in welchem Land ...?)
- B. Welche Themen interessieren dich ganz besonders? (Auswahl an relevanten Themen)
- C. Was möchtest du dieses Jahr erreichen?

Dank der Antworten weiß ich immer, was sich die Besucher wünschen und kann darauf reagieren. Viele Einsteiger denken, sie wüssten, was ihre

Zielgruppe will. Dies stimmt jedoch in den meisten Fällen nicht. Oft sind die Kundenwünsche völlig andere – entweder viel breitflächiger oder aber wesentlich konkreter, als man selbst annimmt. Den größten Gefallen tut man sich und seiner Zielgruppe, wenn man nach den Bedürfnissen direkt fragt.

Wie lange hat es gedauert, bis du deine ersten 1.000 Euro an monatlichem Einkommen durch deine ortsunabhängige Arbeit generiert hast?

Das ging sehr schnell. Als Online-Lehrerin hat es ca. zwei Monate gedauert. Das kam dadurch, dass ich meine bestehenden Offline-Kunden in Online-Kunden umwandeln konnte. Mit dem Online-Business „Tutor Compass" hat es wesentlich länger gedauert. Das ist erst so richtig durchgestartet, als ich meine Plattform ein wenig auf SEO optimiert und einen Online-Kurs erstellt habe, der auf die häufigsten Probleme meiner Leser eingeht.

Wie findest du neue Kunden?

Ich lerne aktuell sehr viel darüber, wie man Netzwerke als Vertriebskanäle nutzen kann. Dies möchte ich in Zukunft stärker für mich einsetzen. Im Marketing betreibe ich intensive Suchmaschinenoptimierung (SEO), damit Kunden auf mich zukommen und ich nicht auf sie zugehen muss bzw. nicht davon abhängig bin. Darüber hinaus entwickele ich derzeit eine Social Media Strategie für mein Business. Ich analysiere relevante Kanäle und überlege mir, mit welchen Storys ich sie jeweils bespielen kann. Zu guter Letzt betreibe ich Facebook- und Adwords-Werbung. Das Volumen hält sich jedoch in Grenzen, denn ich schalte hier nur gelegentlich Anzeigen.

Was war deine Motivation, ortsunabhängig zu arbeiten?

Dieser Wunsch wurde mir in die Wiege gelegt. Seit ich mich erinnern kann, wollte ich immer schon wissen, was es da draußen zu entdecken gibt. Ich war Neuem immer viel offener gegenüber als es viele meiner Freunde und meine Familie sind. Sowohl meine Eltern als auch fast alle anderen Teile meiner Familie sind oder waren selbständig. Daher war die selbständigkeit nichts Neues für mich und ich hatte keine Angst davor.
Mein Wunsch nach einem Remote-Lifestyle kam dadurch zustande, dass ich es irgendwann nicht mehr aushielt, von einem Gebäude und von Uhrzeiten abhängig zu sein. Die Vorstellung, meine Schüler online zu unterrichten, verband ich mit der Freiheit, dort sein zu können, wo ich wollte. Ich konnte mich anziehen, wie ich wollte. Ich konnte Unterrichten, wann ich es wollte und ich brauchte keine Unterlagen und Bücher an einen bestimmten Ort zu schleppen. Ich brauchte dem Bus nicht mehr

hinterrennen, um dann verschwitzt beim Kunden anzukommen, nie wieder durch Pfützen, Schnee oder Regen hetzen ... Das war eine sehr romantische Vorstellung, zugleich hat sie sich sehr umsetzbar angefühlt.

Mein Dank gilt an dieser Stelle zwei Menschen. Danke Mr. Timothy Ferriss, da du mit deinem Buch „4-Stunden-Woche" meinen Horizont erweitert und mich für das Thema sensibilisiert hast, auch wenn damals noch nicht alles einen Sinn ergeben hat. (Naja, eigentlich müsste ich mich auch bei meinem guten Freund Arthur bedanken, der mir damals das Hörbuch geschenkt hat.) Und danke Agnieszka Drummer, dass du meine Online-Mentorin warst und zur Muse meines gesamten Business geworden bist. Agnieszka war damals eine der ersten Online-Lehrerinnen, die ich kennenlernte, die einen Productized Service für das Unterrichten angeboten hat.

Wie hast du deine Remote-Karriere begonnen? Gab es irgendwelche Tools, die dir dabei geholfen haben, ortsunabhängig zu arbeiten?

Um Online-Unterricht geben zu können, musste ich vorab folgende Fragen für mich klären:
1. Welches Tool kann ich für den Unterricht nutzen?
2. Welche cloudbasierte Lösung kann ich für Dokumente verwenden?
3. Wie kann ich sicherstellen, dass Schüler mich für den Unterricht bezahlen (beim persönlichen Unterricht brachten Schüler das Geld in bar mit)?

Die Lösung zu Nr. 1 hieß zunächst Skype. Jedoch war hier die Verbindung oft schlecht, so dass ich eine Alternative finden musste. Ich schaute mich um und fand ein Videokonferenz-Tool von Google namens Google Hangouts. Mit diesem Tool ist die Verbindung stabiler, so dass ich irgendwann anfing, Google Hangouts zu nutzen. Später entdeckte ich ebenfalls YouTube Live-Streaming. Dieses Tool verwende ich heute oft für Aufzeichnungen, alternativ nutze ich dafür auch Zoom.

Die Lösung zur Frage Nr. 2 heißt Google Drive. Die cloudbasierte Datenspeicherung mit Google Drive ist wesentlich übersichtlicher und effizienter als das ständige Verschicken von E-Mails. Am Ende spielt man doch nur E-Mail Ping Pong, was nur zu Chaos führt. Die Lösung zur Frage Nr. 3 hieß anfangs Vorauszahlung für vier Wochen Unterricht per Banküberweisung. Heute empfehle ich (angehenden) Sprachlehrern, ihren Unterricht entweder als sog. Productized Service (d. h. Unterrichtsstunden als Paket á z. B. 10 Stunden) bei https://www.digistore24.com anzulegen oder eine Zahlung mittels PayPal einzurichten und anzubieten.

Als ich mit meinem Blog „Tutor Compass" in den Startlöchern war, wusste ich, dass ich unbedingt bloggen lernen musste. Ich dachte, Bloggen wäre die Lösung für all das, was ich vorhatte. Ich suchte also nach dem Begriff „Bloggen lernen" im Internet und die Suchergebnisse spuckten die „Blogging University" von Ben Paul aus, die damals ihre ersten Studenten aufnahm. Das Programm war grandios, professionell und aufschlussreich. Ich habe alle Informationen geradezu verschlungen und viele Dinge nachgemacht. Durch die Blogging University habe ich die Grundlagen des Bloggens gelernt, was mir für meinen Blog Tutor Compass sehr weitergeholfen hat.

Nachdem ich gelernt hatte, wie man bloggt, musste ich mir den Umgang mit dem Content Management System WordPress beibringen. Hierfür hatte mir Ben von der Blogging University das Bloggo Theme von WordPress empfohlen. Das Bloggo Theme eignete sich perfekt für Anfänger. Ich bekam alles, was ich auf meinem Blog schreiben wollte, mühelos unter und musste nur noch das Handling des Themes lernen. Speziell hierfür gab es einen Bloggo Kurs, den ich belegte. Dieser zeigte mir, wie ich mit dem Theme richtig umgehe und was ich tun musste, um die Standard-Einstellungen zu ändern. Heutzutage ist es wesentlich einfacher, gute WordPress Themes zu finden. Viele Themes enthalten mittlerweile z. B. einen integrierten Landingpage-Builder, was in der Regel sehr hilfreich ist. Als ich anfing, war alles noch etwas unübersichtlicher.

Aufbauend auf meinen Erfahrungen mit dem Bloggo Theme kaufte ich mir anschließend einen WordPress Kurs von Sandra Messer. Sandra ist super als Lehrerin und erklärt in ihrem Kurs alles, was man im alltäglichen Umgang mit WordPress wissen muss. Selbst das letzte kleine Detail lässt sie nicht aus, ohne jedoch sich dabei in Unwichtigem zu verlieren.

Die letzte Station meiner Anfangszeit als Online Sprachlehrerin und Bloggerin ist durch meine Mitgliedschaft im Citizen Circle geprägt. Hier bekam ich persönliche Unterstützung in Form von Masterminds und Mentoring (u. a. vom Gründer der Community Tim Chimoy und einigen anderen erfolgreichen Unternehmern). Ich nahm an Workshops und lokalen Events teil und lernte jede Menge dazu. Dies war der Zeitpunkt, an dem aus meinem Blog ein Online-Business entstand.

Welche drei Dinge würdest du vermeiden, wenn du die Zeit zurückspulen könntest?
Viele denken, man müsse bloggen, weil man damit Geld verdient. Dies ist meiner Ansicht nach definitiv ein Irrtum und ein gewaltiger Denkfehler. Denn niemand zahlt dir Geld, nur weil du einen Artikel auf deinem Blog veröffentlichst. Dein Blog muss zuerst einige grundlegende Voraussetzungen erfüllen, bevor du Geld mit ihm verdienen kannst. Eine davon ist:

Biete deinem Gegenüber eine Gegenleistung. Dies kann eine Dienstleistung oder ein Produkt sein. Dies ist es, wofür Menschen Geld ausgeben. Wenn du ortsunabhängig arbeiten und leben möchtest, solltest du zu Beginn folgende Schritte gehen: Informiere dich über mögliche Online-Geschäftsmodelle, formuliere dein Angebot, bestimme deine Zielgruppe, stell dein Angebot online und schalte Werbung dafür. Bloggen ist meiner Ansicht nach ein Werbemittel, um auf sein Angebot aufmerksam zu machen und es anzupreisen. Erst wenn dein Bog eine hohe Reichweite im Netz hat, besteht die Chance, mit den eigenen Blog-Artikeln Geld zu verdienen. Geld verdienst du in diesem Fall mit Affiliate Marketing und durch Gelder von Kooperationspartnern, die in deinem Artikel Werbung für ihre Produkte machen.

Nochmal in Kurzfassung: Welche drei Dinge würde ich vermeiden, wenn ich die Zeit zurückstellen könnte?

- schneller Angebote und Produkte schaffen,
- mehr Bücher schreiben und auf Amazon veröffentlichen,
- mehr Fokus und weniger Träumerei und Zweifel. ;)

Was waren deine größten Herausforderungen, um ein Remote-Einkommen zu generieren und wie hast du diese bewältigt?

Unabhängigkeit von Freelance-Aufträgen: Zu Beginn meiner Online Karriere war ich neben meiner Tätigkeit als Online Sprachlehrerin ebenfalls als Freelancerin für Social Media Marketing tätig. Es hat einige Zeit gedauert, bis ich mich davon loslösen konnte. Genauer gesagt bis Mitte 2017. Ich habe es geschafft, meine Freelancing Karriere zu beenden, indem ich mehrere Online-Produkte erstellt habe, die sich gut verkaufen. Dadurch generiere ich ein ausreichend hohes passives Einkommen, um nicht mehr als Freelancerin arbeiten zu müssen.

Regelmäßige Einkünfte über 1.000 EUR: Ich habe mit „Tutor Compass" ca. drei Jahre gebraucht, bis ich es geschafft habe, Einkünfte über 1.000 Euro zu genieren. Meine größte Hürde war mein Unglaube, dass es wirklich funktionieren würde. Es hat mich drei Jahre gekostet, einen Online-Kurs zu entwickeln, obwohl ich dies eigentlich schon von Anfang an vorhatte. Bis sich der erste Teilnehmer für den Kurs einschrieb, hat es ganze drei Monate gedauert. Ich hatte meinen Kurs zwischenzeitlich sogar von meiner Website entfernt, weil ich solch starke Zweifel am Erfolg hatte. Aber dann kam jemand über einen Link, den ich vergessen hatte zu entfernen (in irgendeinem Blog-Artikel), in meinen Kurs und es folgten zwei weitere und so lief es schließlich an. Innerhalb der letzten 12 Monate habe ich mit meinem Onlinekurs 12.000 Euro verdient! Geht doch! :)

- Fokus behalten und alle Projekte unter einen Hut bringen: An diesem Punkt arbeite ich noch. Grundsätzlich hat man drei Möglichkeiten, damit dies funktioniert. Entweder man hat einen unglaublich starken Organisationswillen und schafft es, nur das Wichtigste zu tun und sich nicht ablenken zu lassen. Dies gilt für jedes Projekt einzeln. Oder man akzeptiert, dass alles etwas langsamer läuft und man nur langsam vorankommt. Die dritte Möglichkeit sieht so aus, dass man sich von einigen Projekten löst.
- Ständige Zweifel ausräumen und sich hochschaukeln: Ich glaube, egal, wie weit fortgeschritten man auch sein mag, es kommen immer Zweifel. Das beobachte ich selbst bei den erfolgreichsten Online-Unternehmern. Ich denke, es liegt daran, dass man nie fertig wird. Wir alle möchten wachsen und besser werden, aufsteigen, neue Grenzen überwinden, schauen, was noch möglich ist. Wachstum bedeutet, seine Komfortzone zu verlassen und das birgt das Risiko, dass Zweifel erwachen. Die Tatsache, dass ich sehe, dass es nicht nur mir, sondern den meisten Menschen so geht, beruhigt mich und lässt mich weitermachen.

Was sind die Vor- und Nachteile ortsunabhängiger Arbeit aus deiner Sicht?

Ich denke, die Vorteile und Nachteile sind sehr individuell, je nach eigener Persönlichkeit. Viele Menschen tun sich beispielsweise schwer, für sich selbst zu arbeiten, andere wiederum finden als Workaholics kein Ende. Vorteile: Selbstbestimmtheit, Leben nach dem individuellen körperlichen und geistigen Rhythmus. Es gab für mich nichts Schlimmeres im Büro, als dann Mittagessen zu müssen, wenn der Arbeitgeber gesagt hat: Jetzt ist Mittagspause. Nachteile: Einsamkeit, man ist irgendwie mit seinem Laptop verheiratet, man findet schwer einen Partner, der einen ähnlichen Lifestyle pflegt. Unter anderem deswegen habe ich mich entschieden, als Community Managerin aktiv zu werden. Ich fühle mich dadurch als Teil eines Teams und bin weniger allein. Ich kann anderen etwas geben und mich auch einmal fallen lassen, denn ich weiß, dass ich immer auf ein Netzwerk zurückgreifen kann.

WOMIT KANNST DU ORTSUNABHÄNGIG GELD VERDIENEN? – EINIGE IDEEN

Beschäftigungsformen: Du kannst entweder als Freelancer für verschiedene Auftraggeber arbeiten, Angestellter einer Firma sein, die es dir ermöglicht ortsunabhängig zu arbeiten, oder du wirst unternehmerisch tätig. In Kapitel 6 findest du verschiedene Jobportale, die sich auf ortsunabhängiges Arbeiten spezialisiert haben.

Die folgenden Zeilen geben dir ein paar Ideen an die Hand, wie du ortsunabhängig mit diesem Beruf Geld verdienst. Der Abschnitt ist bewusst kurzgehalten, da viele der Ideen bereits in Kapitel 3 angesprochen wurden. Solltest du an der ein oder anderen Stelle den Wunsch nach mehr Inhalt verspüren, blättere einfach nochmal zum Anfang zurück. Nähere Informationen, wie du Themen für Bücher und Online-Kurse findest, erhältst du in Kapitel 5. Schau außerdem gerne auf unserem Blog vorbei, für alle genannten Tools und Ressourcen im Überblick: https://new-work-life.com/portfolio/sprachlehrer.

Führe bestimmte Kernaufgaben ortsunabhängig aus

Sieh dir die typischen Aufgaben eines Sprachlehrers an und überlege dir, welche davon du ortsunabhängig ausüben kannst. Kannst du Schülern Online Sprachunterricht geben, indem du von virtuellen Klassenräumen, Web Whiteboards und Online-Lernplattformen wie z. B. Moodle.org, ProProfs.com, AWW App, LearnWorlds.com, Coggno.com und/oder Google Classroom Gebrauch machst? Kannst du ortsunabhängig neue Unterrichtsmaterialien und Unterrichtskonzepte entwickeln, die du für deinen Unterricht verwendest. Vermarkte deine Leistungen über eine eigene Website und über Online-Marktplätze wie z. B. Lingoda.com, Verbling.com, ErsteNachhilfe.de, Italki.com oder GermanOnlineInstitute.com.

Entwickle eine (Mobile) App

Hilf anderen mittels einer App Fremdsprachen zu erlernen. Du könntest z. B. eine App kreieren, die Sprachinteressierte und Schüler dabei unterstützt, schnell und effizient eine neue Sprache zu lernen bzw. neu erlernte Vokabeln im Gedächtnis zu behalten.

Entwickle und verkaufe Online-Kurse

Wie wäre es z. B. mit einem Kurs für Menschen ohne Vorkenntnis der Sprache, die du unterrichtest? Du könntest diesen Menschen z. B. die

Basics der Sprache für den Alltag oder für eine Reise in das betreffende Land vermitteln (z. B. „Survival Deutsch für Reisen und Urlaub"). Basisvokabular, einfache Sätze, Hörverstehen, etc. Oder du machst einen Kurs für Menschen mit dem Wunsch Sprachlehrer zu werden. Du könntest eine Schritt-für-Schritt Anleitung für diese als Kurs entwerfen. Die Anleitung gibt ihnen Informationen rund um Themen wie Pädagogik, Lernmittel, Kommunikation, Lehrinhalte, etc.

Entwickle Unterrichtsmaterial
Biete das Material anderen (Sprach-)Lehrern für ihren Unterricht an. Stell dein Unterrichtsmaterial online als Download gegen Gebühr zur Verfügung. Vermarkte es über eine eigene Website und/oder über Online-Marktplätze für Unterrichtsmaterialien wie z. B. Lehrermarktplatz.de und Lehrerheld.com. Mögliche Materialien könnten z. B. sein: Digitale Arbeitsbücher, Arbeitsblätter, Diktate, Bildkarten, Klassenarbeiten, Leitfäden, etc. zu Themen wie Wortschatz/Vokabular, Grammatik, Sprechen, Hören, Schreiben und Lesen.

Werde Online-Coach und biete virtuelle Coachingstunden an
Coache weniger erfahrene Sprachlehrer zu Themen wie z. B. Selbständigkeit als (Online-) Sprachlehrer, Erstellung von Unterrichtskonzepten und -materialien, Pädagogik, Online-Marketing, etc.

Leg ein Profil bei einer Crowdfunding-Plattform an
Lass dich von deinen Fans z. B. auf der Crowdfunding-Plattform Patreon.com finanziell unterstützen.

STARTER TOOLKIT – DAS BRAUCHST DU, UM LOSZULEGEN

Notebook, Smartphone, Kopfhörer, Mikrofon

SOFTWARE:
- Office: z. B. Microsoft Office oder Google Docs
- Kommunikation: z. B. Skype, WhatsApp, Slack, Gmail, Zoom, Google Hangouts
- Website / Webshop: z. B. WordPress oder Shopify
- Virtuelles Klassenzimmer: z. B. Google Classroom
- Virtuelles Whiteboard: z. B. AWW App
- eLearning: Moodle (kostenlos), Adobe Captivate, ProProfs oder LearnWorlds

BÜCHER UND TUTORIALS:
- Buch: „Sprachlehrer werden – leicht gemacht: Wie du in 10 einfachen Schritten erfolgreich als Sprachlehrer durchstartest", von Marta Rechul
- Buch: „Online & Blended Learning: Teaching Online (Volume 3)", von Susan Ko
- Tutorial: „Deutsch unterrichten lernen", von Marta Rechul, auf tutorcompass.de

Detaillierte Informationen zu Tools und Ressourcen, die dir helfen können, ein ortsunabhängiges Einkommen aufzubauen, findest du auf unserem Blog unter: https://new-work-life.com/portfolio/sprachlehrer.

HIER FINDEST DU WEITERE INFORMATIONEN

Gesamtverband Moderne Fremdsprachen e. V.: http://gmf.cc

4.31 STEUERBERATER

Als Steuerberater hilfst du Unternehmen und Privatpersonen bei ihren steuerlichen Angelegenheiten. Ebenso berätst du sie bei betriebswirtschaftlichen Fragen bzw. zur Steueroptimierung oder bei der Existenzgründung. Du vertrittst deine Mandanten vor Gericht und beim Finanzamt und kümmerst dich um Lohn und Gehaltsabrechnung, Buchführung und Finanzbuchhaltung, Steuererklärungen und vieles mehr.

WAS SIND MÖGLICHE AUFGABEN?
- Mit Mandanten kommunizieren und sie beraten
- Steuergesetze analysieren
- Steuererklärungen erstellen und beim Finanzamt einreichen
- Steuerprüfungen vorbereiten und begleiten
- Steuerstrategien erstellen und bei Mandanten umsetzen
- Finanzbuchhalterische Tätigkeiten wie z. B. Jahresabschlüsse erstellen
- Lohnbuchhaltung

WELCHE AUSBILDUNG BENÖTIGST DU?

Um als Steuerberater zu arbeiten, benötigst du entweder eine kaufmännische Berufsausbildung und zehn Jahre steuerrelevante Berufserfahrung, ein Studium der Wirtschafts- oder Rechtswissenschaften oder eine mindestens zweijährige vorbereitende praktische Tätigkeit auf dem Gebiet des Steuerrechts. Du darfst nur als Steuerberater arbeiten, wenn du die Steuerberaterprüfung der IHK bestanden hast.

WELCHE FÄHIGKEITEN SOLLTEST DU MITBRINGEN?
- Ausgezeichnete Rechenfähigkeiten
- Verhandlungsgeschick
- Analytische Fähigkeiten
- Kommunikation
- Detailgenauigkeit und Strukturiertheit

UNSER ROLEMODEL FÜR DEN BERUF DES STEUERBERATERS

Name: Mark Dissen
Unternehmen: Wayfare Accounting
Homepage: http://www.wayfareaccounting.com
Kontakt: accountants@wayfareaccounting.com

Mark ist gelernter Certified Public Accountant (CPA). Die CPA-Ausbildung ist eine US-amerikanische Ausbildung, mit der er in den USA als Steuerberater und Wirtschaftsprüfer arbeiten kann. Vor seiner CPA Ausbildung hat Mark einen Bachelor an der George Washington University in Washington DC gemacht und danach drei Jahre lang bei *KPMG*, einer der weltweit vier größten Wirtschaftsprüfungsgesellschaften der Welt gearbeitet. Aus konventioneller Sicht führte er ein erfolgreiches Leben, schließlich hat er Karriere gemacht und in einem vermeintlich interessanten Umfeld, nämlich der forensischen Buchhaltung (Betrugs- und Geldwäsche-Untersuchungen) gearbeitet.

Doch zwei Wochen nachdem Mark zum Senior Associate befördert worden war, kündigte er seinen Job und zog in die Welt hinaus. Mark hielt es einfach nicht mehr aus, tagein tagaus, in ein Großraumbüro mit Neonbeleuchtung zu gehen und dort seinen Dienst zu tun. Er hasste diese Vorstellung. Stattdessen hatte er eine Ahnung davon, dass das Leben mehr zu bieten hat und wollte dieser Vorstellung nachgehen.

Allerdings wusste Mark noch nicht so recht, wo ihn sein Weg hinführen würde, und damit er am Ende des Tages nicht als Nichtstuer dastand, gründete er seine eigene Firma, *Wayfare Accounting*, in der er als Steuerberater arbeitet. Bis dato ist er selbst der einzige feste Mitarbeiter, allerdings plant er ein Team aufzubauen, wenn sich sein Geschäft weiterhin so gut entwickelt.

Seine Freunde und Familie bezeichnen Mark als unbekümmert und mutig. Wobei man sagen muss, dass die Wahrnehmung seines Tuns sehr unterschiedlich ist. Ältere Familienmitglieder verstehen nicht wirklich, was er macht und fragen sich, warum er seine Karriere aufgegeben hat. Sie denken, er sei auf einem nicht enden wollenden Urlaub. Dabei sehen sie nicht, dass Mark bisweilen hundert Stunden in der Woche arbeitet, wenn er Hochkonjunktur hat. Seine Freunde und jüngeren Familienmitglieder sehen das genauso wenig, beneiden ihn aber um seinen Lebensstil und würden ihm gerne nacheifern.

Während unseres Gesprächs befand sich Mark in Medellín, Kolumbien.

INTERVIEW MIT MARK DISSEN VON WAYFARE ACCOUNTING

Wie verdienst du dein Geld als Remote Worker?

Derzeit biete ich Steuerberatung und virtuelle Beratung bei der Gründung einer LLC in den USA auf Stundenbasis und Buchhaltungsdienstleistungen an. Bezogen auf den Umsatzanteil sind es wahrscheinlich rund 60 Prozent, die aus Steuerberatungsdienstleistungen stammen, rund 15 Prozent meines Einkommens kommen aus der virtuellen Beratung und 15 Prozent aus der Buchhaltung. Und dann gibt es noch ein paar einmalige Aufgaben, für die die Leute mich engagieren, wie zum Beispiel ihre Bücher in Ordnung bringen oder die Recherche spezieller Sachverhalte. Das sind weitere 10 Prozent.

Wie bist du auf die Ideen für deinen Service gekommen? Hast du eine bestimmte Methodik verfolgt?

Ich habe meine Dienstleistungen nicht wirklich definiert. Am Anfang hatte ich Leute, die zu mir kamen und sagten, was sie brauchten und ich habe darauf basierend mein Geschäft aufgebaut. Ich sagte, dass ich Steuerberater sei und dann erzählten mir die Leute, was für Fragen und Probleme sie hatten und ich habe darauf basierende Serviceangebote entwickelt.

Das Gute daran ist, dass du keine Dienstleistungen anbietest, die niemand will. Die Leute haben mir gesagt, was sie brauchen, und ich habe es mir schnellstmöglich angeeignet. Am Anfang war es sehr unrentabel, denn wenn ich 50 US-Dollar eingenommen habe, dafür aber zehn Stunden lang gelernt habe, was ich tun musste, war das nicht wirtschaftlich. Aber jetzt habe ich mir das Wissen dadurch angeeignet und kann es anbieten und Geld damit verdienen.

Wie lange hat es gedauert, bis du deine ersten 1.000 Euro an monatlichem Einkommen durch deine ortsunabhängige Arbeit generiert hast?

Den Betrag hatte ich in meinem ersten Monat ziemlich schnell verdient. Ich weiß nicht, wie viele Wochen es gedauert hat, aber nicht lange. Es ging wirklich schnell, da ich einen hochwertigen Service anbiete. Ich verkaufe kein 20 US-Dollar-Produkt, ich nehme 150 US-Dollar für eine Stunde Beratung und 400 US-Dollar für die Steuervorbereitung.

Wie hast du deine ersten Kunden gefunden, mit denen du remote zusammengearbeitet hast?

Als ich anfing, traf ich buchstäblich nur Leute auf Partys und erzählte ihnen, dass ich Steuerberater war. Fast jeder brauchte einen.

Wie findest du neue Kunden?

Es war eine Evolution. Als ich angefangen habe, habe ich Leute auf Partys getroffen und ihnen erzählt, dass ich Steuerberater bin. Fast jeder brauchte einen. Ich habe eine sehr gute Nische gefunden: Wenn du dich als Steuerberater vorstellst, bekommst du keine Aufträge. Wenn du dich als Steuerberater für digitale Nomaden vorstellst, bekommst du Aufträge.

Es gibt zwar ein paar spezielle Regeln, die für digitale Nomaden gelten, aber es ist mehr Marketing zu sagen, dass man Experte in einem bestimmten Bereich ist. Das bezieht sich auf jede Branche, nicht nur auf Buchhaltung. Aber es ist wichtig, eine Nische zu haben. Ich habe früh eine gute gefunden und es war einfach, Kunden zu finden.

Wie auch immer, am Anfang war mir nicht klar, dass ich mein Geschäft ausbauen könnte. Ich dachte, ich mache einen Auftrag und verdiene ein paar Dollar und vielleicht bekomme ich nächsten Monat noch einen Auftrag. Ich habe eine Weile gebraucht, um zu erkennen, dass ich meinen Service bewerben, mit Leuten reden und mein Geschäft wachsen lassen konnte. So hat es sich entwickelt und es entwickelt sich immer noch weiter. Heute bekomme ich auch viele Empfehlungen und mache ein bisschen Marketing über Facebook und Reddit.

Was war deine Motivation, ortsunabhängig zu arbeiten?

Ich denke, dass viele Leute Antworten geben werden, die ein bisschen

romantischer sind als meine. Sie werden sagen, dass sie am Strand arbeiten wollten oder dass sie mehr Freiheit haben wollten.
Meine Beweggründe sind eher düsterer Natur. Ich hasste einfach alles am Büroleben und war frustriert, weil ich keine Alternative zu einem Bürojob sah. Alle erachten einen nine-to-five Job als eine Art erfolgreiche Karriere, obwohl man eigentlich von acht Uhr morgens bis acht Uhr abends arbeitet. Das hat mich absolut verstört und angewidert.

Klar gibt es andere Jobs, klassische Arbeiterjobs, doch die haben mich auch nicht angesprochen. Ich wollte etwas geistig Anspruchsvolles machen, mir viel jedoch nichts ein, was nicht mit einem Büro zu tun hatte. Da war nichts, was ich mir hätte selbst beibringen können, bei dem ich nicht wieder in einem Großraumbüro gesessen und sinnlose Gespräche über das Fußballspiel des Vorabends oder das Wetter hätte führen müssen. Und das so lange, bis ich in Rente gehen könnte. Der Gedanke daran hat mich völlig verrückt gemacht.

Viele Leute denken, dass die Art, wie ich gestartet bin, ohne wirklich irgendeinen Plan, völlig leichtsinnig war. Aber es war meine einzige Chance, etwas in meinem Leben zu finden, das interessant und lohnenswert war. Und wie ich schon sagte, ich wusste nicht, was ich tun würde, wenn ich meinen Job kündigte und ging. Aber ich war wirklich motiviert etwas zu finden und wollte alles machen, was interessant war, und so bin ich irgendwie hier gelandet.

Wie hast du deine Remote-Karriere begonnen? Gab es irgendwelche Tools, die dir dabei geholfen haben, ortsunabhängig zu arbeiten?
Ich hatte meinen CPA (Wirtschaftsprüfer), der eine sehr gute Basis für alle Arten von Buchhaltung einschließlich Steuern ist. Allerdings war ich kein Experte und definitiv kein Experte in internationalen Kontexten. Ich wusste wirklich nichts. In den ersten Monaten habe ich buchstäblich alles gelesen, was ich in die Finger bekam, habe viele Videos geschaut, und studiert, was Personen taten, die jetzt vermutlich Konkurrenten in der Branche sind.

Außerdem kamen öfter Leute zu mir und fragten mich, ob ich ihnen bei ihrer Buchhaltung oder ihren Steuern helfen könne. Meine Antwort war fast immer ja, obwohl ich keine Ahnung von der Thematik hatte. Danach bin ich nach Hause gegangen und habe die nächsten drei Stunden damit zugebracht zu googeln und herauszufinden, was ich da tun musste. Das kam in den ersten Monaten recht oft vor. Dafür weiß ich heute umso mehr und kann helfen.

Grundsätzlich habe ich viele nützliche Tools gefunden. Allerdings möchte ich hier ungern zu spezifisch für meine Branche werden. Am Anfang musste ich herausfinden, wie ich Dateien sicher zwischen meinen Klienten und mir transferiere. Dafür nutze ich ShareFile, was eine sehr sichere Plattform ist.

Calendly ist großartig, um alles zu planen und Zapier ist ein weiteres, sehr starkes Programm, das mir sehr geholfen hat. Zapier verbindet alle möglichen Programme. Man kann Calendly, HubSpot, Facebook, einfach alles damit verbinden und wenn etwas passiert, erhält man direkt eine Benachrichtigung. Wenn sich beispielsweise eine Person für eine 15-minütige Beratung auf meiner Website anmeldet, generiert Zapier automatisch eine E-Mail, sendet sie und fügt automatisch einen Eintrag zu meinem Kalender hinzu.

HubSpot ist ein CRM System (Customer Relationship Management System), das mir hilft, meine verschiedenen Kunden zu verwalten und meine E-Mails zu verfolgen. Es ist kostenlos. Ich weiß nicht, warum es kostenlos ist, denn es ist sehr nützlich.

Welche drei Dinge würdest du vermeiden, wenn du die Zeit zurückspulen könntest?
Am Anfang hatte ich eine schlechte Balance zwischen Reisen und Arbeiten. Ich dachte, okay, das ist ein vierstündiger Flug, dann kann ich den Rest des Tages arbeiten. In Wirklichkeit hast du einen vollen Reisetag und sogar am nächsten Tag bist du langsamer unterwegs, weil du dich akklimatisieren musst.

Wenn du von unterwegs aus arbeitest, musst du tatsächlich viel langsamer reisen. Es macht keinen Sinn, jede Woche die Stadt zu wechseln. Du wirst in dieser Zeit einfach nichts schaffen. Zudem hast du keine Chance, die Stadt überhaupt richtig kennenzulernen.

Das habe ich gelernt und meine Frequenz entsprechend angepasst. Heute bleibe ich für mindestens drei Wochen an einem Ort, bevor ich weiterziehe. Und das ist das Minimum. Hier in Medellín bleibe ich zum Beispiel drei bis vier Monate.

Dann noch eine Sache; es ist zwar nicht wirklich ein Fehler von mir gewesen, aber ich erachte es als wichtig, es zu benennen. Wenn man mit dem ortsunabhängigen Arbeiten anfängt, ist es oft sehr schwer und man hat noch nicht das nötige Selbstvertrauen. Gerade, wenn du selbständig bist, gibt es eine Menge Dinge, die du nicht weißt. Von daher empfehle ich jedem, sich mit Menschen auszutauschen, die in einer ähnlichen Situation sind. Gehe zu so vielen Meetups wie du kannst, schau auf Reddit oder in anderen Foren nach und rede mit den Leuten. Am Anfang erwartet einen das eine oder andere Hindernis und dann ist man besser nicht alleine, sondern weiß, wo man wen um Hilfe bitten oder eine Auskunft erfragen kann.

Mein vermutlich größter Anfängerfehler war, dass ich versucht habe, eine Fassade zu schaffen. Ich habe versucht, ein Bild von mir als einem ergrauten 45-jährigen Steuerberater mit jeder Menge Erfahrung zu schaffen. Am Anfang hatte ich nämlich Angst, dass meine Kunden wissen könnten, was ich eigentlich mache, und dass sie erkennen würden, dass ich ein junger Mann in meinen Zwanzigern war, der von einem Starbucks in Chile aus arbeitet. Ich hatte Angst, dass sie mir nicht vertrauen würden. Nun habe ich aber erkannt, dass das Teil des Reizes ist, warum Kunden zu mir kommen, dass ich in dieser einzigartigen Position bin.

Die Lektion, die ich gelernt habe, war, dass man versuchen kann, sich wie jemand anderes zu benehmen, aber am Ende wird es jemand herausfinden und dann steht man da. Es ist viel besser und zudem einfacher, wenn man von vornherein ehrlich und transparent mit seiner Situation umgeht. Das kann nämlich auch ein Vorteil sein.

Ich glaube, die Menschen suchen heutzutage eine ehrliche Persönlichkeit. Sie wollen nicht immer eine Person, die super ultra professionell ist, mit der sie sich aber nicht wirklich auf Augenhöhe sehen können. Sei wer du bist und versuche nicht wie jemand anders zu sein.

Was waren deine größten Herausforderungen, um ein Remote-Einkommen zu generieren und wie hast du diese bewältigt?

Ich wünschte, ich hätte meine Herausforderungen schon gemeistert. Am Anfang hatte ich echte Probleme mit der nicht vorhandenen Beständigkeit. Ich konnte einen wirklich guten Monat haben und im nächsten Monat habe ich gar kein Geld verdient. So kann man weder vernünftig arbeiten noch reisen. Als ich anfing, war es sehr schwierig zu wissen, wie viel ich verdienen würde und wie viel ich ausgeben und wovon ich leben konnte.

Das betrifft nicht nur den Umsatz, sondern auch die Anzahl der Kunden. Jetzt, da ich 100 Kunden habe, weiß ich, dass ich nächstes Jahr eine bestimmte Menge Geld verdienen kann. Ich muss mich nicht vermarkten, ich verbringe meine Zeit lieber damit, meine Arbeit zu erledigen.

Wie sieht ein normaler Arbeitstag in deinem Leben als Remote Worker aus? Hast du eine tägliche Routine?

Meine Branche ist sehr saisonal geprägt. Das bedeutet, dass ich beispielsweise von Februar bis Mitte April hundert Stunden pro Woche gearbeitet habe. Ich bin morgens in ein Büro gegangen und abends wieder rausgekommen. Ansonsten habe ich nicht viel gemacht.

Jetzt habe ich mehr Zeit und gehe nicht mehr ins Büro. Normalerweise arbeite ich in einem Café, wenn ich kann, oder wenn ich wichtige Anrufe bekomme, gehe ich woanders hin. Momentan habe ich morgens zwei Stunden Spanischunterricht und arbeite danach in etwa fünf bis sechs Stunden am Tag. Danach gehe ich zu Meetups oder treffe mich mit Freunden oder erkunde die Stadt, in der ich bin.

Grundsätzlich bin ich kein Freund von Routine. Routine ist das Schlimmste für mich. Ich wache nicht jeden Tag zur selben Zeit auf. Das ist überhaupt das Beste, ich wache auf, wenn ich aufwache. Ich glaube, ich habe im gesamten letzten Jahr kein einziges Mal einen Wecker benutzt. Es ist mir sehr wichtig, dass ich so viel Schlaf bekomme, wie ich brauche. Manchmal habe ich eine Routine, weil es die Planung erleichtert, aber im Allgemeinen versuche ich keine geregelten Abläufe aufzubauen, weil ich nicht möchte, dass mein Leben langweilig wird.

Eine Art Routine ist vielleicht, dass ich immer zu Starbucks gehe, allerdings gehe ich zu drei verschiedenen Starbucks. Außerdem arbeite ich oft von verschiedenen Cafés aus oder gehe hier zur Universität. Dort gibt es eine Bibliothek, in die ich gehen kann und ein Büro. Dort kann ich alleine arbeiten, was mir sehr gelegen kommt, da ich dann weder abgelenkt noch irgendwie eingeschränkt bin und effektiver arbeiten kann.

Was sind die Vor- und Nachteile ortsunabhängiger Arbeit aus deiner Sicht?

Der große Vorteil ist, dass ich jederzeit und überall dorthin gehen kann, wo ich hinwill. Deshalb habe ich angefangen ortsunabhängig zu arbeiten. Der wahrscheinlich größte Vorteil ist, dass mein Kundenstamm astronomisch größer ist, als wenn ich gerade die Geschäftsinhaber aus der Nachbarschaft angesprochen hätte. Ich habe Kunden buchstäblich auf der ganzen Welt.

Ein weiterer großer Vorteil ist, dass die Lebensqualität viel höher ist. Die Stunden, die ich beim Pendeln spare, wären es alleine wert. Selbst wenn ich nicht reisen würde, würde ich zwei Stunden am Tag in der U-Bahn sparen. Zudem sind meine Kosten deutlich niedriger. Ich weiß nicht, wie viel Geld ich für Anzüge, Freizeitkleidung und Transportmittel ausgegeben habe. Mein Leben ist jetzt viel günstiger und die Lebensqualität ist höher. Was Nachteile betrifft, muss ich zugeben, dass ich lange gebraucht habe, um die Logistik auf die Reihe zu bekommen: Wie bekomme ich Dateien von einer Person zu einer anderen, wie teile ich sicher Informationen? Wie führe ich Meetings, speziell unter Berücksichtigung verschiedener Zeitzonen, durch? Als ich in Asien war, musste ich mitten in der Nacht Anrufe entgegennehmen. Das war natürlich ätzend.

Als ich in Thailand war, habe ich einen halben Tag lang damit verbracht, herauszufinden, wohin ich gehen musste, um etwas zu drucken. Das sind Sachen, die würden normalerweise zwei Minuten dauern, aber wenn man unterwegs ist, kann einen das schnell einen halben Tag kosten. Mittlerweile habe ich gelernt, Prozesse rund um mein Geschäft aufzubauen und technologische Lösungen zu finden.

Manchmal kann es schwierig sein, ein professionelles Erscheinungsbild zu wahren. Das kann, je nach Job, sehr wichtig sein. Gleichzeitig kann es von Vorteil sein, die Vorstellungen von Professionalität zu hinterfragen und die Menschen ein wenig aus ihrem Konzept zu bringen.

Last but not least: Hast du noch weitere hilfreiche Tipps für unsere Leser?

Viele Menschen bleiben in der Planungsphase stecken. Du musst aber handeln. Was auch immer es ist, fang einfach an. Fange einfach an und dann wird es sich entwickeln und während du gehst, lernst du das Laufen. Ich habe eine Menge Leute getroffen, die eines Tages dies und das tun wollen, und sie planen und planen, ohne eine genaue Idee von dem zu haben, was sie machen wollen. Wenn man so anfängt, wird es nie etwas.

Man kann nicht ein Millionen-Dollar-Geschäft aufbauen, indem man von vornherein weiß, welche Schritte von A bis Z man gehen muss. Du weißt vielleicht, was Schritt A ist, wenn du Glück hast, aber geh einfach raus und tu etwas. Fang an! Vielleicht macht es Sinn, vorerst von zu Hause aus freiberuflich tätig zu werden, vielleicht reist du los und redest mit Leuten und findest heraus, was sie brauchen. Aber du musst handeln und nicht herumsitzen und nichts tun.

WOMIT KANNST DU ORTSUNABHÄNGIG GELD VERDIENEN? – EINIGE IDEEN

Beschäftigungsformen: Du kannst entweder als Freelancer für verschiedene Auftraggeber arbeiten, Angestellter einer Firma/Kanzlei sein, die es dir ermöglicht ortsunabhängig zu arbeiten, oder du wirst unternehmerisch tätig. In Kapitel 6 findest du verschiedene Jobportale, die sich auf ortsunabhängiges Arbeiten spezialisiert haben

Die folgenden Zeilen geben dir ein paar Ideen an die Hand, wie du ortsunabhängig mit diesem Beruf Geld verdienst. Der Abschnitt ist bewusst kurzgehalten, da viele der Ideen bereits in Kapitel 3 angesprochen wurden.

Solltest du an der ein oder anderen Stelle den Wunsch nach mehr Inhalt verspüren, blättere einfach nochmal zum Anfang zurück. Nähere Informationen, wie du Themen für Bücher und Online-Kurse findest, erhältst du in Kapitel 5. Schau außerdem gerne auf unserem Blog vorbei, für alle genannten Tools und Ressourcen im Überblick: https://new-work-life.com/portfolio/steuerberater.

Führe bestimmte Kernaufgaben ortsunabhängig aus
Sieh dir die typischen Aufgaben eines Steuerberaters an und überlege dir, welche davon du ortsunabhängig ausüben kannst. Kannst du mit Mandanten, Geschäftspartnern, Kollegen, etc. virtuell kommunizieren und sie beraten, indem du von Kommunikations- und Kollaborationsmedien wie Videotelefonie (z. B. Skype), Web-Konferenz (z. B. FreeConferenceCall), Desktop Sharing (z. B. Skype), Chat (z. B. Slack), E-Mail (z. B. Gmail) Gebrauch machst? Kannst du die Finanz- und Lohnbuchhaltung von Mandanten elektronisch mit entsprechender cloudbasierter Software abwickeln? Kannst du Steuererklärungen und offizielle Dokumente über das Internet beim Finanzamt einreichen? Vermarkte deine Leistungen über eine eigene Website und über Social Media.

Biete Online-Seminare an
Dein Online-Seminar kann sich z. B. an Privatpersonen, Unternehmer und/oder Steuerberater richten. Je nach Zielgruppe könntest du folgende Themenschwerpunkte setzen: Steuererklärung erstellen, Steuerrückzahlung maximieren, Steuern und Steuerplanung für Unternehmer, Vorbereitung auf Steuerprüfungen in Unternehmen, Vorbereitung auf das Steuerberaterexamen, Kundenakquise und Networking für Steuerberater, etc.

Entwickle und verkaufe Online-Kurse
Du könntest z. B. einen Kurs entwickeln, der Privatpersonen erklärt, wie man eine Steuererklärung erstellt und worauf es zu achten gilt. Du könntest aktuelle steuerrechtliche Sachverhalte in deinen Kurs mit einfließen lassen und Käufern deines Kurses Tipps an die Hand geben, wie sie ihre Steuerrückerstattung optimieren können. Oder du erstellst einen Kurs, der angehende Steuerberater auf die Steuerberaterprüfung vorbereitet.

Schreibe ein eBook
Finde ein Thema, das dich interessiert und für das Nachfrage besteht. Du könntest z. B. einen Ratgeber zu Steueroptimierungsstrategien für Unternehmer verfassen. Oder du schreibst ein Buch für Steuerberater, die eine virtuelle Steuerkanzlei eröffnen möchten. Ein entsprechender Titel für das

Buch könnte lauten: „Wie du dich als Steuerberater selbständig machst und deine eigene virtuelle Kanzlei eröffnest – eine Schritt-für-Schritt Anleitung". Wie genau du Themen findest, kannst du im Kapitel 5 nachlesen.

STARTER TOOLKIT – DAS BRAUCHST DU, UM LOSZULEGEN

Notebook, Smartphone

SOFTWARE:
- Office: z. B. Microsoft Office oder Google Docs
- Kommunikation: z. B. Skype, WhatsApp, Slack, Gmail
- Website / Webshop: z. B. WordPress oder Shopify
- Steuerberatersoftware: z. B. Addison Kanzlei Komplettlösung

BÜCHER UND TUTORIALS:
- Buch: „Gesetz: Steuergesetze: Abgabenordnung, Bewertungsgesetz, Einkommensteuer einschließlich Nebenbestimmungen sowie Einkommensteuer-Tabellen, Erbschaftsteuer, ... Umwandlungssteuer u. a.", von Beck Texte
- Buch: „Steuerrecht - leicht gemacht: Eine Einführung nicht nur für Studierende an Universitäten, Hochschulen und Berufsakademien", von Stephan Kudert

Detaillierte Informationen zu Tools und Ressourcen, die dir helfen können, ein ortsunabhängiges Einkommen aufzubauen, findest du auf unserem Blog unter: https://new-work-life.com/portfolio/steuerberater.

HIER FINDEST DU WEITERE INFORMATIONEN

Deutscher Steuerberaterverband e.V.: https://www.dstv.de

4.32 STYLIST

Als Stylist hilfst du anderen Menschen ihr optisches Erscheinungsbild zu optimieren und/oder ein gewisses Erscheinungsbild bzw. einen gewissen Look zu kreieren, z. B. für Modelshootings, Filmproduktionen, etc. Grundsätzlich stehen dir für deine Arbeit drei Bereiche zur Verfügung: Stilberatung (z. B. Schnitte, Farben, etc. von Kleidung, Accessoires, etc.), Haare (z. B. Frisuren) und Make-up. In der Regel spezialisierst du dich als Stylist auf einen oder zwei der Bereiche. Viele Stylisten entscheiden sich entweder für die Stilberatung oder den Bereich Make-up und/oder Haare.

WAS SIND MÖGLICHE AUFGABEN?
- Kundenwünsche erfragen bzw. Styling-Instruktionen von Auftraggebern entgegennehmen
- Moodboards zu Looks und Stylings erstellen
- Kunden und Auftraggeber bzgl. Kleidung, Make-up und/oder Haaren beraten
- Outfits für Kunden zusammenstellen unter Berücksichtigung von Funktion, Figurtyp, Farbtyp, etc.
- Make-up bei Kunden auftragen
- Haare von Kunden stylen und frisieren
- Modetrends verfolgen und mit seinem Modewissen up-to-date bleiben

WELCHE AUSBILDUNG BENÖTIGST DU?
Der Beruf Stylist ist nicht geschützt. Um als Stylist zu arbeiten, benötigst du keine spezielle Ausbildung. In der Regel erfolgt der Einstieg in den Stylisten-Beruf als Quereinstieg über Berufe wie Modedesigner, Kostümbildner, Visagist, Make-up Artist oder Friseur. Bei sehr guten fachlichen Kenntnissen und handwerklichem Geschick kannst du ggf. auch ohne Ausbildung Stylist werden. Weiterbildungsangebote zum Stylisten findest du u. a. bei der AMD Akademie Mode & Design GmbH (https://www.amdnet.de) oder der Fashion Style Academy von Astrid Rudolph (http://fashion-style-academy.de).

WELCHE FÄHIGKEITEN SOLLTEST DU MITBRINGEN?
- Interesse an Mode- und Designtrends
- Gespür für Ästhetik
- Kreativität
- Empathie und Spaß am Umgang mit Menschen
- Detailgenauigkeit

UNSER ROLEMODEL FÜR DEN BERUF DES STYLISTEN

Name: Tia Stankova
Unternehmen: Dressed by Tia
Homepage: https://dressedbytia.com
Kontakt: tia@dressedbytia.com

Tia ist virtuelle Stylistin und führt ihr eigenes Unternehmen *Dressed by Tia*. Sie ist seit 17 Jahren in der Modebranche tätig und hat Erfahrungen im Bereich Design und Maßarbeit gesammelt. Zuvor hat Tia am New Yorker Institute of Art and Design mit Schwerpunkt Styling studiert. Neben diesem Abschluss hat sie ein Diplom in Design und einen Masterabschluss in Internationale Wirtschaftsbeziehungen. Als virtuelle Stylistin arbeitet sie seit dem Jahr 2015. Auf die Frage, wie nahestehende Menschen Tia als Person beschreiben würden, führt sie folgende Zitate ihrer Freunde und Familie an:

„Tia ist die kommunikativste Person, die ich kenne. In nur wenigen Minuten bringt Tia dich dazu, soviel Nähe zu ihr aufzubauen, dass du das Gefühl bekommst, sie schon ewig zu kennen, obwohl du sie vielleicht erst vor 30 Minuten kennengelernt hast. Sie ist positiv, sie lacht oft und ist voller Enthusiasmus."

„Tias Sinn für Stil und ihre künstlerischen Ideen gehen über die Erwartungen, die man an sie hat, deutlich hinaus. Ich denke, das ist der Grund, warum sie so gut in dem ist, was sie tut."

„In all den Jahren, in denen ich Tia kennengelernt habe, folgte sie immer ihrer Intuition und ihrem analytischen Verstand."

„Tia ist eine sehr ehrgeizige, fleißige und responsive Person und sie gibt niemals auf, auch wenn es schwierig wird."

INTERVIEW MIT TIA STANKOVA VON DRESSED BY TIA

Was war deine Motivation, ortsunabhängig zu arbeiten?
Ich ging mit meinem Partner Kevin den Venezianischen Korridor im gleichnamigen Hotel in Las Vegas entlang, als er zu mir sagte: „Natürlich ist das deine Welt. Du bist einfach nur besorgt, weil du es noch nie ausprobiert hast." Ich sah ihn an und merkte, dass er mir mehr zutraute als ich mir selbst. Die Monate davor waren ziemlich hart für mich gewesen. Ich kämpfte damit, in eine unbekannte Zukunft zu blicken. Ich hatte

noch immer mein eigenes kleines Studio für maßgeschneiderte Kleidung in Sofia, Bulgarien, jedoch war ich mir nicht sicher, ob dies das Leben war, das ich die nächsten 15 Jahre leben wollte. Ich erinnere mich noch genau an meine Gedanken in diesen Tagen. Es waren Gedanken geprägt von Unsicherheit, Selbstzweifeln und Verwirrung. Bevor ich mein eigenes Studio eröffnet hatte, habe ich in einer Bank als Managerin im Firmenkundengeschäft gearbeitet. Es war ein Job, der mich nicht mit Leidenschaft erfüllte, aber mir jeden Monat ein sicheres Einkommen gab. Die Bank zugunsten eines eigenen Studios zu verlassen war ein großer Schritt in meinem Leben. Ich habe mich dafür entschieden, um mehr Unabhängigkeit zu erlangen und das machen zu können, wofür ich brenne: Frauen durch die richtige Kleidung besser aussehen zu lassen. Als ich die Bank verließ, besaß so ziemlich jede Kollegin von mir mindestens ein Kleidungsstück, das ich für sie entworfen hatte. All meine Kollegen schätzten meine Arbeit als Designerin. Dies gab mir die nötige Portion Hoffnung, den neuen Weg zu beschreiten. Aus meiner heutigen Sicht kann ich sagen, dass von etwas zu träumen nicht dasselbe ist wie es tatsächlich zu tun. Irgendwann merkst du, dass die Realität von deinen initialen Vorstellungen abweicht. Mein intensivstes Schlüsselerlebnis in dieser Hinsicht hatte ich in Mailand, Italien, nachdem ich mein eigenes Studio eröffnet hatte. Ich spazierte mit meinem Freund Kevin durch die kleinen Gassen von Mailand auf der Suche nach neuen Stoffen. Plötzlich fiel mir ein Studio auf, das genauso aussah wie meins daheim. Die Studiobesitzerin arbeitete gerade an einer neuen Bestellung. Sie wirkte ausgelaugt und gestresst. Ich schaute auf die Umgebung des Studios, nahm die Atmosphäre rings um mich herum wahr und fühlte, wie mich plötzlich etwas traf. Es fühlte sich an, als könnte ich meine Zukunft vor meinem inneren Auge sehen. Ich sah mich in zehn Jahren in meinem Studio stehen, ähnlich wie die Frau, auf die ich blickte. Ich spürte, wie sich eine Art Widerwille in mir aufbaute, der mir sagte, dass dies nicht das Leben war, für das ich gemacht bin. Zurück in Sofia fing ich an zu grübeln. Ich begann darüber nachzudenken, welche Optionen ich hatte, um nicht den gleichen Weg gehen zu müssen, wie die Frau, die ich in Mailand gesehen hatte. Eine Sache, die für mich von Anfang an feststand, war, dass ich in jedem Fall weiter mit Kleidung arbeiten wollte und Frauen dabei helfen wollte, besser auszusehen. Was ich auf keinen Fall wollte, war, mein ganzes Leben in einem kleinen Studio zu verbringen und dort für andere Leute Kleidung zu schneidern. Diese Art von Leben war mir zu klein. Ich wollte mehr. Ich wollte, dass meine Welt größer ist, als die, die ich Mailand gesehen hatte. Nicht etwa, weil ich Millionärin werden wollte, sondern weil ich mehr Menschen mit meiner Arbeit erreichen wollte und nicht im Klein-Klein hinter einem Ladentisch versinken wollte. Dies waren zwei Erkenntnisse, die ich unmittelbar gewonnen hatte. Weitere Erkenntnisse ließen jedoch vorerst auf sich warten. Mit der Zeit habe ich gelernt, dass Antworten auf drängende Fragen nicht immer sofort präsent sind. Manchmal muss man zunächst eine Transformationsphase durchlaufen, bevor man Antworten erhält. Ich selbst habe massive mentale und emotionale Veränderungen durchmachen müssen, bis ich letztlich zur wegweisenden Erkenntnis gelangt bin. Es gab viele Momente, in denen ich meinte, aufgeben zu müssen. Ich habe oft geweint, weil ich den Weg nicht sah. Die Transformation war eine harte Zeit für mich. Gott sei Dank habe ich sie unbeschadet überstanden und bin an ihr gewachsen. Nachdem ich den Transformationsprozess hinter mir gelassen und Erkenntnis über meinen künftigen Weg erlangt hatte, fühlte ich mich so gut wie lange nicht mehr. Heute bin ich Modestylistin und liebe meine Arbeit. Ich helfe Frauen, sich durch die richtige Wahl ihrer Kleidung besser zu fühlen. Meine Kundinnen sitzen in Europa, Kanada, den USA und manche sogar in Asien. Neben meiner Beratungstätigkeit als Stylistin habe ich mittlerweile zwei Kindle eBooks herausgebracht, bin des Öfteren als Speakerin auf Firmenevents aufgetreten, war Gast im TV und habe über Modetrends und Styling-Insights diskutiert und arbeite derzeit an meinem nächsten großen Projekt, das ebenfalls mit Mode, Schönheit und Stil zu tun hat.

Mein größtes Learning aus der Zeit vor und während der Transformation ist: Hab Selbstvertrauen in dich und vertraue den Menschen in deiner Nähe, wenn sie dir sagen, dass du etwas Besonderes und Einzigartiges auf die Beine stellen kannst. Wenn du es schaffst dies zu tun, wirst du in der Lage sein, etwas zu erreichen, das wirklich zählt.

**

Von Anfang an hatte ich den Wunsch, virtuelle Stylistin zu werden. Virtuell deswegen, da ich des Öfteren zwischen Europa und den Vereinigten Staaten pendelte und es schwierig fand, mich für einen Ort zu entscheiden. Virtuelles Styling war damals ein ziemlich neues Geschäftsmodell und noch recht unbekannt am Markt. Dies war auf der einen Seite von Vorteil, weil ich etwas anbieten konnte, dass es so noch nicht gab und es entsprechend wenig Konkurrenz gab. Auf der anderen Seite hatte es aber auch den Nachteil, dass ich etwas verkaufen musste, das noch recht unbekannt war.

Neben meinem Auge für Mode habe ich eine stark ausgeprägte visuelle Wahrnehmung. Wenn ich unterwegs bin, schaue ich mir immerzu die Kleidung der Leute an, denen ich begegne. Dies kann irgendwo in einem Laden sein oder wenn ich die Straße entlanggehe. Während ich mir die Kleidung anschaue, denke ich darüber nach, welche Dinge ich an einem

Outfit verändern würde, um die Person darin noch besser aussehen zu lassen. Meine ausgeprägte visuelle Wahrnehmung ist vermutlich meine größte Stärke. Sie hat mir geholfen, schnell als virtuelle Stylistin durchzustarten. Wenn mir eine Kundin z. B. ein Foto von sich schickt, muss ich nicht lange hinschauen oder hin und her überlegen. Ich weiß sofort, was ich am Outfit verändern würde, um den Look meiner Kundin zu optimieren. Meine Fähigkeit, Stoffarten schnell zu erkennen und Körpertypen auf den ersten Blick analysieren zu können, hat mir gerade zu Anfang meiner Tätigkeit als Stylistin sehr geholfen.

Meine ersten Kunden waren Freunde und Verwandte. Ich bot ihnen meinen Styling-Service kostenlos an und sie sagten zu. Meine Motivation hierfür war, erste Erfahrungen zu sammeln und Selbstvertrauen aufzubauen, bevor ich an zahlende Kundschaft herantrat. Auf Basis des Feedbacks meiner Freunde und Verwandten konnte ich mein Angebot verfeinern und Arbeitsprozesse entwickeln. Dies ist im Übrigen etwas, was ich jedem ans Herz legen würde, der Ähnliches vorhat. Diese Art Testballon hat mir unglaublich viel gebracht und war vermutlich mit der wichtigste Schritt zu Beginn meiner Tätigkeit.

Nachdem ich mein Business gelauncht hatte, dauerte es nur ungefähr 1 Monat, bis mein Name im Internet gesucht wurde und ich erste Kunden akquirierte. Schon bald darauf wurde mir bewusst, dass die Arbeit als Stylistin u. a. viel mit Psychologie zu tun hat. Ich erkannte, dass hinter der Wahl von Kleidung oder der Vermeidung bestimmter Kleidungsstücke tief in unserer Seele verborgene Erfahrungen aus der Vergangenheit liegen können. Wenn wir als Kinder z. B. bzgl. bestimmter Kleidung negative Kommentare zu hören bekamen, sind wir geneigt, diese Art von Kleidung auch im Erwachsenenalter noch immer zu meiden. Manchmal kann unser Stil sogar erste Anzeichen einer Depression erkennen lassen. Ich begann, mich mit dem psychologischen Teil meiner Arbeit zu beschäftigen. Ich fing an, Bücher zum Thema zu lesen und mich zu informieren. Dadurch habe ich mich selbst in die Lage versetzt, die Emotionen meiner Kunden besser verstehen zu können und meinen Service für sie entsprechend verbessern zu können.

Für mein virtuelles Styling nutze ich ein digitales System, das ich im Laufe der Zeit aufgebaut habe. Mein System ermöglicht es mir, online mit meinen Kunden zu arbeiten, ohne dass wir am selben Ort sein müssen. Ich kann über das System alles tun, was notwendig ist, um meine Tätigkeit als Stylistin auszuüben. Ich bin der Meinung, dass virtuelle Stilberatung genauso gut funktioniert wie klassische vor Ort Stilberatung. Ich würde sogar soweit gehen und sagen, dass virtuelle Stilberatung ein paar große Vorteile gegenüber klassischer vor Ort Stilberatung besitzt.

Meine Kunden müssen z. B. nicht erst ihr Haus verlassen, um eine Stilberatung bei mir wahrnehmen zu können. Weiterhin stehen meinen Kunden die Ergebnisse ihrer persönlichen Stilanalyse dauerhaft online zur Verfügung und können bei Bedarf jederzeit abgerufen werden. Ein dritter Vorteil ist, dass meine Kundschaft, die von mir für sie ausgewählte Kleidung Schritt für Schritt online kaufen kann anstatt alles auf einmal im Laden kaufen und dann auf einen Schlag bezahlen zu müssen. Wenn ich mit meinem Business noch einmal von vorne anfangen müsste, würde ich vermutlich nicht wirklich viele Dinge ändern. Das, was ich ändern bzw. beachten würde, liste ich unten auf:

- Ideen schützen: Wenn ich nochmal von Vorne anfangen würde, wäre ich vermutlich besser auf Leute vorbereitet, die mir nicht wohlgesonnen sind. Es ist interessant zu sehen, wie rosarot deine Welt aussehen kann, wenn du deine Leidenschaft gefunden hast und in dem Beruf arbeitest, den du liebst. Du schottest automatisch alles Negative vor dir ab und siehst es nicht. Zumindest war es bei mir so. Vielleicht, weil meine Arbeit künstlerischer Natur ist und ich daher ohnehin schon vertrauensvoller bin als nötig. Mit der Zeit habe ich jedoch gelernt, dass ich meine Ideen und meine Arbeit besser vor Menschen mit schlechten Absichten schützen muss.

- Neugierig in Bezug auf Technologie sein: Um online Produkte und Dienstleistungen zu verkaufen, bist du auf Technologie angewiesen. Es ist daher gut, frühzeitig eine gewisse Neugier für neue Technologien zu entwickeln. Du solltest ein Interesse besitzen, neue Tools, Online-Plattformen und Softwarelösungen auszuprobieren und mit ihnen experimentieren zu wollen. Ich kann von mir selbst sagen, dass ich heute nicht dort stünde wo ich bin, wenn ich kein Interesse an Technologie gehabt hätte. So richtig wird mir die große Wertschätzung, die ich verspüre, in diesem Moment bewusst, da ich diese Sätze von mir gebe.

- Mehr Geduld haben: Vielleicht klingt dieser Punkt einfach und trivial, aber Geduld ist eines der wichtigsten Eigenschaften, die ich als unbezahlbar im Geschäftsleben ansehe. In der schnelllebigen Welt von heute möchten wir alle sofort das Ergebnis unserer Bemühungen sehen, unmittelbar von unseren Kunden bezahlt werden und Anerkennung für das erhalten, was wir tun. Frage: Was würden wir tun, wenn der Erfolg, den wir uns wünschen, in einem Atemzug auf einmal käme? Wärst du in der Lage, dieses Übermaß an Erfolg zu meistern? Ich glaube nicht. Wenn ich nochmal von vorn starten müsste, würde ich mich in Geduld üben und mir die folgende Philosophie zu eigen machen: Geduld bei der Arbeit und Erfolg in überschaubaren Portionen.

- Wissen, dass es keine Verfahrensanleitung für Erfolg gibt: Während meiner Zeit in der Corporate Welt habe erfahren, dass für jeden

Arbeitsgang eine Verfahrensanleitung erstellt wurde, die es neuen Mitarbeitern ermöglicht, neue Abläufe zu erlernen und Aufgaben so zu erledigen, wie beschrieben. Verfahrensanleitungen sind sehr praktisch, besonders in großen Unternehmen. Wenn du allerdings selbständig und dabei bist, ein eigenes Unternehmen aufzubauen, gibt es diese Art von Konsistenz nicht und auch keine goldene Formel, mit der sich Erfolg „auf Knopfdruck" einstellt. Es gibt zwar zahlreiche Bücher zum Thema Unternehmensgründung mit Ideen und Empfehlungen, jedoch ist jeder von uns einzigartig in seiner Natur und hat eine andere Sichtweise auf die Welt. Unser Weg ist gleichzeitig ähnlich und anders zugleich. Wir sollten uns daher nicht mit anderen vergleichen, sondern nur mit unserem Selbst von gestern.

- Wissen vertiefen: Dies ist etwas extrem Wichtiges! Man sollte nie aufhören dazu zu lernen und sein Wissen aktuell zu halten und zu vertiefen, auch nicht dann, wenn man bereits Expertenstatus auf einem Gebiet besitzt. Nur durch lebenslanges Lernen kannst du sicherstellen, stets auf dem neuesten Stand zu sein und als Experte langfristig geschätzt zu werden. Fang daher am besten frühzeitig an, Artikel und Bücher in deinem Fachgebiet zu lesen und Seminare zu besuchen, die dir helfen, deine Fähigkeiten als Spezialist auszubauen. Dies gilt insbesondere für den Online-Bereich, da dieser extrem schnelllebig ist.

Was waren deine größten Herausforderungen, um ein Remote-Einkommen zu generieren und wie hast du diese bewältigt?

Ich denke, meine größte Herausforderung bestand darin, mehr sein zu müssen als nur eine Stylistin. Ich würde sogar soweit gehen zu sagen, dass Stylingberatung am Anfang die Tätigkeit war, mit der ich am wenigsten Zeit verbracht habe. Um als virtuelle Stylistin eine erfolgreiche Selbständigkeit aufzubauen, musst du neben deiner Kerntätigkeit als Stylingexpertin in vielen unterschiedlichen Bereichen kompetent sein. Du begegnest gerade zu Anfang jeden Tag neuen Herausforderungen, die einer schnellen Entscheidungsfindung bedürfen. Ich selbst musste innerhalb kürzester Zeit lernen, wie man Marketing für sich betreibt, eine eigene Website aufbaut und betreut, Blog-Artikel verfasst, Interviews gibt, Werbung macht, Fotosessions macht, Videos aufzeichnet, Speaker wird, Autor wird, Verhandlungen führt, u. v. m. Ich habe für mein Business sogar eine spezielle Styling-Software angeschafft und sie mir angeeignet, um meinen Kunden einen noch größeren Mehrwert liefern zu können und mein Geschäft auf professionelle Füße zu stellen. Auch heute lerne ich weiterhin stetig dazu. Ich weiß, dass dieser Lernprozess nie abgeschlossen sein wird. Ich versuche ihn positiv zu betrachten, denn ich bin mir sicher, dass anhaltendes Lernen mich stärker macht und mir hilft, mich weiter zu entwickeln. Über die Zeit habe ich gemerkt, dass man nicht alles selbst machen muss und auch nicht kann. Daher source ich heute bestimmte Tätigkeiten aus und greife auf die Hilfe von Experten zurück.

Wie sieht ein normaler Arbeitstag in deinem Leben als Remote Worker aus? Hast du eine tägliche Routine?

Wenn man mich beim Arbeiten sieht, würde man wahrscheinlich denken, dass mein Arbeitstag ziemlich langweilig ist, da ich meistens vor dem Computer sitze und für mich allein bin. Mein persönliches Empfinden ist jedoch, viel Spaß bei der Arbeit zu haben. Ich genieße meine Arbeit sehr und finde alles, was ich mache, sehr interessant. Dies fängt beim ersten Skype-Meeting mit einem Kunden an, führt über digitale Analysen, die ich für meine Kunden erstelle, um Körperform und Farbschemata zu bestimmen bis hin zum kreativen Prozess, in dem ich eine virtuelle Garderobe für meine Kunden zusammenstelle. Für mich ist jeder Kunde Neuland, das ich betrete und kennenlernen möchte.

Meine Arbeitszeiten sind flexibel und nicht an einen festen Zeitrahmen gebunden. Dieses hohe Maß an Selbstbestimmtheit und Freiheit waren für mich anfangs große Herausforderungen, an die ich mich erst gewöhnen musste. Zu Beginn meiner Tätigkeit als virtuelle Stylistin dachte ich, dass gerade die Freiheit und Selbstbestimmtheit das sind, was ich am meisten mögen würde. Es stellte sich jedoch heraus, dass es in Wahrheit die größten Herausforderungen für mich waren. Ich habe gelernt, dass Freiheit und Selbstbestimmtheit eine viel größere Verantwortung mit sich bringen, als ich es mir jemals vorgestellt habe. Wenn du keinen festen Arbeitgeber hast, der Arbeitszeiten vorgibt und Fristen für Aufgaben festlegt, erfordert dies viel Disziplin und Hingabe von deiner Seite, um dich nicht von anderen Dingen ablenken zu lassen. Kleine Hilfsmittel in diesem Kontext sind Arbeitsergebnisse und der Rückblick auf die eigene Leistung. Du siehst, was du erreicht hast und erhältst wertvolle Impulse für deine weitere Entwicklung. Im Laufe der Zeit habe ich mich selbst sehr gut kennengelernt. Ich habe erkannt, dass es Zeiten am Tag gibt, an denen ich sehr produktiv bin und effizient arbeiten kann und dass es Zeiten gibt, an denen ich mich nur schwer konzentrieren kann. Morgens z. B. bevorzuge ich es zu trainieren und Erledigungen außerhalb des Hauses zu machen. Meine Kunden-Meetings versuche ich daher auf den Nachmittag zu legen. Diese Routine hilft mir sehr. Sie lässt mich zum einen meine produktiven Zeiten optimal nutzen und zugleich kommt sie zeitlich gesehen meinen Kunden entgegen, die zum Großteil in Europa und den USA sitzen.

In der Regel beginnt mein Arbeitstag morgens um 9 Uhr und endet gegen

10 Uhr abends. Es gibt aber auch Tage, an denen ich um 12 Uhr mittags anfange und dann mindestens bis 11 oder 12 Uhr nachts arbeite. Meine Freizeit hält sich in Grenzen und kommt in der Regel zu kurz. Der Grund dafür ist, dass immer etwas zu tun ist und ich es nicht schaffe die anfallende Arbeit in kürzerer Zeit zu erledigen. Wenn ich mal Freizeit habe, dann verbringe ich sie in der Regel aktiv, d. h. ich mache z. B. Reisen oder gehe einer anderen Art von Aktivität nach.

Zum Thema Arbeitsplatz kann ich sagen, dass auch dieser flexibel bei mir ist. Je nachdem, wo ich gerade bin, arbeite ich von zu Hause, von einem nahe gelegenen Café, von einem Park oder von einem Hotel aus (z. B. wenn ich reise). Ich liebe z. B. das Café neben meinem Zuhause. Auch wenn es offiziell kein Coworking Space ist, treffe ich dort jeden Tag viele Leute, die wie ich online arbeiten. Ein anderer Ort, von dem aus ich gern arbeite, sind Flughäfen. Ich weiß, es klingt seltsam, aber aus irgendeinem Grund liebe ich die Atmosphäre auf Flughäfen und das damit verbundene Gefühl. Eine Randbemerkung in diesem Kontext: In der Theorie klingt die Freiheit, dort arbeiten zu können, wo man möchte, sehr gut. Fakt ist jedoch, dass man manchmal mit technischen Schwierigkeiten zu kämpfen hat, z. B. wenn die Internetverbindung während eines Meetings auf einmal weg ist. Dies muss man wissen und sich darauf einstellen, um sich im Ernstfall nicht zu sehr stressen zu lassen.

Was sind die Vor- und Nachteile ortsunabhängiger Arbeit aus deiner Sicht?
Wie jeder andere Beruf hat auch die Arbeit als virtuelle Stylistin seine Vor- und Nachteile. Definitiv von Vorteil ist die Chance, Leute aus der ganzen Welt kennenzulernen und mit ihnen interessante Gedanken austauschen zu können. Ich lerne auf diese Art und Weise verschiedene Menschen und Kulturen kennen. Dies gibt mir Energie und bereichert mein Leben.

Ein weiterer Vorteil ist die Möglichkeit, nach seinem eigenen Rhythmus arbeiten zu können. Wenn du z. B. mittags deinen Hund Gassi führen musst, ist das mit einer Online-Tätigkeit kein Problem. Gleiches gilt für den Fall, dass du ein Kind hast, auf das du aufpassen musst. Zu den Nachteilen. Diese betrachte ich aus der Perspektive einer selbständigen Online-Unternehmerin. Ganz klar auf der Hand liegt die Gefahr vor Einsamkeit. Als jemand der online von Zuhause aus für sich selbst arbeitet, bist du den ganzen Tag allein. Du hast keine Arbeitskollegen, die neben dir sitzen und mit denen du dich austauschen kannst. Ich selbst bin die meiste Zeit so beschäftigt, dass es mir fast gar nicht auffällt. Für den ein oder anderen mag dies aber eine gewisse Herausforderung sein.
Ein zweiter Nachteil betrifft das Thema Freizeit. Insbesondere, wenn

man im Online-Beratungsgeschäft arbeitet, kann ein ausreichendes Maß an Freizeit zur Mangelware werden. Die meisten Menschen sind an feste Arbeitszeiten und eine feste Urlaubsregelung gewöhnt. Man hat X Tage Urlaub im Jahr und zwei Tage Wochenende pro Woche. Wenn du jedoch Unternehmer bist, ist dies nur selten so umsetzbar. Zumindest meine eigene Erfahrung zeigt, dass die Einhaltung fester Zeiten und Regelungen nur schwer möglich sind, gerade wenn man online von Zuhause aus arbeitet. Aufgrund der Besonderheit meiner Tätigkeit, Menschen bzgl. ihres Stylings zu beraten, bin ich darüber hinaus hauptsächlich am Wochenende beschäftigt. Hier haben meine Kunden frei und können ein wenig Zeit in sich und ihr Aussehen investieren. Ich als Stylistin muss zurückstecken und habe kein Wochenende. Darüber solltest du dir bewusst sein, wenn du in Erwägung ziehst, als virtueller Stylist zu arbeiten.

Last but not least: Hast du noch weitere hilfreiche Tipps für unsere Leser?

Viele Menschen glauben, dass ein Online-Business kaum Kapital erfordert und schnell Einnahmen abwirft. Das ist jedoch weit entfernt von der Wahrheit. Mein wichtigster Ratschlag wäre daher, keine falschen Erwartungen zu haben und keine schnellen Einnahmen zu erwarten. Aus meiner Erfahrung kann ich sagen, dass das Generieren von Umsatz eine gewisse Zeit braucht. Bei mir hat es ca. 9 Monate gedauert, bis sich meine (ersten) Anstrengungen ausgezahlt haben. Es ist eine Illusion zu denken, dass eine Website und eine Facebook-Seite auf der Stelle eine Vielzahl an Kunden zu dir führen, ohne dass du etwas dafür tun musst. Um erfolgreich zu sein, braucht es Werbung, ein Netzwerk an professionellen Kontakten, eine Gemeinschaft an Followern und wertvollen Content.

Wie bei jedem anderen Unternehmen braucht auch ein Online Unternehmen eine gewisse Vorlaufzeit, um Einnahmen zu generieren. Daher ist es ratsam, das Business aus einer Festanstellung heraus aufzubauen und nicht nachdem du bereits gekündigt hast. Den Vollzeitjob kannst du immer noch aufgeben, wenn dein Business anfängt profitabel zu werden. Indem ich dies sage, möchte ich niemanden entmutigen. Ganz im Gegenteil! Ich glaube, jeder von uns besitzt ein Talent, für das andere Menschen bereit sind etwas zu bezahlen. Ich möchte daher jeden ermutigen, es zu versuchen, auch wenn du vielleicht denkst, noch nicht bereit dafür zu sein. Solange du mit Hingabe arbeitest und liebst, was du tust, ist alles möglich.

WOMIT KANNST DU ORTSUNABHÄNGIG GELD VERDIENEN? – EINIGE IDEEN

Beschäftigungsformen: Du kannst entweder als Freelancer für verschiedene Auftraggeber arbeiten, Angestellter einer Firma sein, die es dir ermöglicht ortsunabhängig zu arbeiten, oder du wirst unternehmerisch tätig. Mögliche Arbeit- / Auftraggeber sind z. B. Werbeagenturen, Beauty- und Modemagazine, TV- und Film-Produktionsfirmen, Theater, Designer, Mode- und Modellagenturen, etc. In Kapitel 6 findest du verschiedene Jobportale, die sich auf ortsunabhängiges Arbeiten spezialisiert haben.

Die folgenden Zeilen geben dir ein paar Ideen an die Hand, wie du ortsunabhängig mit diesem Beruf Geld verdienst. Der Abschnitt ist bewusst kurzgehalten, da viele der Ideen bereits in Kapitel 3 angesprochen wurden. Solltest du an der ein oder anderen Stelle den Wunsch nach mehr Inhalt verspüren, blättere einfach nochmal zum Anfang zurück. Nähere Informationen, wie du Themen für Bücher und Online-Kurse findest, erhältst du in Kapitel 5. Schau außerdem gerne auf unserem Blog vorbei, für alle genannten Tools und Ressourcen im Überblick: https://new-work-life.com/portfolio/stylist.

Führe bestimmte Kernaufgaben ortsunabhängig aus
Sieh dir die typischen Aufgaben eines Stylisten an und überlege dir, welche davon du ortsunabhängig ausüben kannst. Kannst du Kunden (z. B. Privatpersonen) über das Internet in Sachen Styling beraten, indem du dir Fotos der Kunden zuschicken lässt und Kommunikationsmedien wie Videotelefonie (z. B. Skype), Web-Konferenz (z. B. FreeConferenceCall), Chat (z. B. Slack), E-Mail (z. B. Gmail) nutzt? Kannst du ortsungebunden Outfits für deine Kunden zusammenstellen, einkaufen und ihnen zur Verfügung stellen, indem du die Outfits online recherchierst, shoppst und an deine Kunden liefern lässt? Kannst du deine Kunden schminken und frisieren ohne dafür vor Ort sein zu müssen, indem du sie entweder an geschätzte Kollegen vor Ort (Friseur und Make-up Artist) weitervermittelst (und eine Provision dafür von deinen Kollegen kassierst) oder ihnen Do-it-yourself Tutorials per Video zukommen lässt? Alternativ könntest du sie auch live anleiten z. B. über Skype Videotelefonie. Vermarkte deine Leistungen über eine eigene Website, über Social Media und über Online-Marktplätze wie z. B. Zalon.de.

Werde kreativ und biete „out of the box" Styling-Angebote an
Schau dich am Markt um und biete etwas an, was es noch nicht (so häufig) gibt. Achte darauf, dass du deine Leistung ortsunabhängig erbringen kannst. Wie wäre es z. B. mit einem Angebot, bei dem du zusammen mit deinem Kunden, ihren oder seinen Kleiderschrank entschlackst und wieder mit neuen Outfits aufbaust. Du könntest dir per Videoübertragung zeigen lassen, was dein Kunde im Kleiderschrank hat, ihn oder sie die Kleidung anprobieren lassen und dann entscheiden, was „ausgemistet" wird und was bleibt. Vorschläge für neue Outfits kannst du deinem Kunden z. B. per E-Mail zukommen lassen und mit ihm oder ihr abstimmen. Hat sich dein Kunde für bestimmte Outfits entschieden, kannst du diese per Online-Shopping einkaufen und an die Adresse deines Kunden schicken lassen. Eine weitere Vermarktungsidee besteht darin, Angebote zu kreieren, die deine Kunden auf spezielle Anlässe vorbereiten wie z. B. auf Bewerbungsgespräche, Geschäftsreisen, Dates, Disco/Feiern, Hochzeiten, etc. Bei einem solchen Angebot lässt du dich von deinem Kunden zum Anlass briefen und wählst darauf basierend ein passendes Outfit und Styling aus. Du kannst dir dabei per Videoübertragung zeigen lassen, welche Kleidungsstücke und Stylingprodukte dein Kunde bereits besitzt und bestellst bei Bedarf neue per Online-Shopping hinzu.

Entwickle und verkaufe Online-Kurse
Wie wäre es z. B. mit einem Kurs, in dem du Frauen oder Männern erklärst, wie sie sich stylisch kleiden. Alternativ kannst du auch einen Kurs zum Thema Make-up oder Haare kreieren, der Interessierten zeigt, wie sie bestimmte Make-up Effekte erzielen oder bestimmte Frisuren selbst machen können. Eine weitere Option besteht darin einen Kurs für angehende Stylisten zu entwerfen. In einem solchen Kurs könntest du erläutern, wie man sein eigenes (virtuelles) Stylisten-Studio eröffnet und Kunden gewinnt.

Biete ein Online-Programm an
Unterstütze Privatpersonen beim Styling (Kleidung, Make-up, Haare, etc.). Du könntest z. B. ein Programm entwickeln, das Teilnehmern des Programmes jeden Tag über einen Zeitraum von X Tagen/Wochen/Monaten ein (individuelles) Outfit oder Styling zusammenstellt. Alternativ könntest du ein Programm entwerfen, das Teilnehmer Schritt für Schritt in Sachen Styling schult, so dass sie am Ende des Programmes selbstbestimmt stylische Outfits für sich zusammenstellen können. Die Programmteilnehmer können sich während des Programmes untereinander in Online-Gruppen über ihre Fortschritte, etc. austauschen sowie Fragen stellen (an dich und

untereinander). Das Programm läuft für eine von dir bestimmte Dauer (z. B. für zwei Monate).

Entwickle eine (Mobile) App

Du könntest z. B. eine App kreieren, die als Online-Marktplatz für Beauty und Styling fungiert (ähnlich der amerikanischen App „Glam App"). Stylisten inserieren über die App ihr Angebot (z. B. Stilberatung, Make-up, etc.) und Styling-Interessierte buchen über die App Termine bei den Stylisten. Die in der App gelisteten Stylisten erhöhen über die App ihre Sichtbarkeit. Dafür kannst du eine Provision bei erfolgreicher Vermittlung verlangen. Styling-Interessierte profitieren dahingehend, dass sie einen besseren Überblick über verfügbare Stylisten haben, durch ein Bewertungssystem wissen, welcher Stylist gut in seinem Fach ist und dadurch, dass sie das Styling ganz bequem bei sich zuhause vornehmen lassen können.

Biete an deinem aktuellen Aufenthaltsort „Erlebnisse" an

Dies kann z. B. eine Stylingberatung auf Basis aktueller Trends des jeweiligen Ortes sein.

Setz einen Livestream auf, der dich bei der Produktion neuer Stylings zeigt

Über den Livestream können dir Interessierte wie z. B. Hobby-Podcaster oder andere Professionals bei deiner Arbeit über die Schulter schauen und mit dir chatten. Du kannst ihnen zeigen, wie du Styles für Kunden kreierst, wo du deine Inspiration hernimmst, wo du Kleidung und Accessoires shoppst, wie du Tutorial-Videos für Hairstylings und Make-up aufnimmst, etc.

Leg ein Profil bei einer Crowdfunding-Plattform an

Lass dich von deinen Fans z. B. auf der Crowdfunding-Plattform Patreon.com finanziell unterstützen.

STARTER TOOLKIT – DAS BRAUCHST DU, UM LOSZULEGEN

Notebook, Smartphone

SOFTWARE:
- Office: z. B. Microsoft Office oder Google Docs
- Kommunikation: z. B. Skype, WhatsApp, Slack, Gmail
- Website / Webshop: z. B. WordPress oder Shopify
- Cloudbasierte Datenspeicherung: z. B. Dropbox oder Google Drive

BÜCHER UND TUTORIALS:
- Buch: „Das Kleiderschrank-Projekt: Systematisch zum eigenen Stil und zu bewusstem Modekonsum", von Anuschka Rees
- Buch: „Dress Your Best: The Complete Guide to Finding the Style That's Right for Your Body: Complete Guide to Finding the Style That Is Right for Your Body", von Clinton Kelly und Stacy London
- Buch: „How to be a personal stylist", von Kelly Lundberg
- Buch: „The Makeup Artist Handbook: Techniques for Film, Television, Photography, and Theatre", von Gretchen Davis und Mindy Hall
- Tutorial: „Professional Hair and Makeup Artistry. Wedding, fashion and everyday hair & makeup styling", von Fiona Chambers-Clark und Louise Croft, auf Udemy

Detaillierte Informationen zu Tools und Ressourcen, die dir helfen können, ein ortsunabhängiges Einkommen aufzubauen, findest du auf unserem Blog unter: https://new-work-life.com/portfolio/stylist.

4.33 TRAINER FÜR SOFTWAREANWENDUNGEN (IT-TRAINER)

Als IT-Trainer konzipierst und erstellst du Trainingsmaterial und Trainingsprogramme für Informations- und Kommunikationstechnologien. Deine Trainingsprogramme richten sich an Anwender dieser Technologien, zumeist an Mitarbeiter in Unternehmen oder Privatpersonen. Deine Aufgabe ist es, den Anwendern die entsprechende Soft- und/oder Hardware näherzubringen und sie im Umgang damit zu schulen. Zusätzlich zu deinen Fähigkeiten als Trainer solltest du Experte in einem weiteren Bereich mit IT-Bezug wie z. B. Prozessmanagement, Projektmanagement oder in einer IT-Spezialisierung wie SAP sein.

WAS SIND MÖGLICHE AUFGABEN?
- Trainingsbedarfsanalysen durchführen
- Leistungsbewertungen erstellen, um Qualifikationslücken zu identifizieren
- Ausbildungsprogramme entwickeln
- Kurs- und Begleitmaterialien konzipieren und erstellen
- Trainingsprogramme und Lernergebnisse bewerten

WELCHE AUSBILDUNG BENÖTIGST DU?

Um als IT-Trainer zu arbeiten, benötigst du keine vorgegebene Ausbildung. Du kannst den Einstieg hier über viele verschiedene Bereiche, wie z. B. IT, BWL oder auch Geisteswissenschaften schaffen. Empfehlenswert ist eine 6-monatige Weiterbildung zum IT-Trainer. Diese erfolgt in Form eines Selbststudiums und schließt mit einer Zertifizierung ab.

WELCHE FÄHIGKEITEN SOLLTEST DU MITBRINGEN?
- Kommunikationsstärke (verbal wie schriftlich)
- Wissbegierde und Bereitschaft zu lernen
- Methodik und Strukturiertheit
- Geduld
- Gute Präsentationsfähigkeiten

UNSER ROLEMODEL FÜR DEN BERUF DES IT-TRAINERS

Name: Tobi Lijsen
Unternehmen: blenderHilfe.de
Homepage: http://blenderhilfe.de

Tobi ist selbständiger IT Trainer und bietet über seine Website http://blenderhilfe.de Trainings und Tutorials für den Umgang mit der 3D-Grafiksuite „Blender" an. Als Spezialist in Sachen 3D, Gamedesign, Film, VFX und Motion Design verfügt Tobi über mehr als zehn Jahre Berufserfahrung. Er ist zertifizierter Software-Trainer und beherrscht neben Blender eine Vielzahl anderer IT-Programme wie Adobe Photoshop, Gimp, Flash, Illustrator, Inkscape, etc. Tobi verdient Geld online, indem er über seine Website http://blenderhilfe.de Online-Kurse für die Software Blender zum Download und als DVD anbietet. Zudem offeriert er persönlichen 1:1 Support und Training via Videotelefonie. Bei letzterem schult er Blendernutzer im Umgang mit der Software, leistet Hilfestellung bei spezifischen Problemen und beantwortet nutzerspezifische Fragen. Wenn Tobi nicht gerade als IT-Trainer arbeitet, liebt er es, Musik zu machen.[45]

---

[45] Quelle: http://blenderhilfe.de/?page_id=2, abgerufen am 29.08.2018.

WOMIT KANNST DU ORTSUNABHÄNGIG GELD VERDIENEN? – EINIGE IDEEN

Beschäftigungsformen: Du kannst entweder als Freelancer für verschiedene Auftraggeber arbeiten, Angestellter einer Firma sein, die es dir ermöglicht ortsunabhängig zu arbeiten, oder du wirst unternehmerisch tätig. In Kapitel 6 findest du verschiedene Jobportale, die sich auf ortsunabhängiges Arbeiten spezialisiert haben.

Die folgenden Zeilen geben dir ein paar Ideen an die Hand, wie du ortsunabhängig mit diesem Beruf Geld verdienst. Der Abschnitt ist bewusst kurzgehalten, da viele der Ideen bereits in Kapitel 3 angesprochen wurden. Solltest du an der ein oder anderen Stelle den Wunsch nach mehr Inhalt verspüren, blättere einfach nochmal zum Anfang zurück. Nähere Informationen, wie du Themen für Bücher und Online-Kurse findest, erhältst du in Kapitel 5. Schau außerdem gerne auf unserem Blog vorbei, für alle genannten Tools und Ressourcen im Überblick: https://new-work-life.com/portfolio/it-trainer.

Führe bestimmte Kernaufgaben ortsunabhängig aus
Sieh dir die typischen Aufgaben eines IT-Trainers an und überlege dir, welche davon du ortsunabhängig ausüben kannst. Kannst du Kunden virtuell schulen, indem du von virtuellen Klassenräumen und Online-Lernplattformen wie z. B. Moodle.org, ProProfs.com, LearnWorlds.com, Coggno.com und/oder Google Classroom Gebrauch machst? Kannst du ortsunabhängig Lernkonzepte, Lernmaterialien und -systeme entwickeln? Kannst du ortsungebunden Feedback zu deinen Lerninhalten abfragen (z. B. auf Basis von webbasierten Umfragen) und deine Inhalte darauf basierend verbessern? Vermarkte deine Leistungen über eine eigene Website und über Online-Marktplätze wie z. B. Coachfox.com, Coachimo.de, Upwork.com, Freelance.de und Twago.de.

Werde Online-Coach und biete virtuelle Coachingstunden an
Coache andere IT-Trainer zu Themen wie z. B. Selbständigkeit, Bewerbung für eine Festanstellung, Kundenakquise, (online) Vermarktung, virtuelle Trainingsmöglichkeiten, etc.

Werde virtueller Berater
Berate Hersteller von Software zu ihren Produkten. Als IT-Trainer kennst du die Produkte der Hersteller wie „deine eigene Westentasche". Du kennst

die Vor-, aber auch die Nachteile der Produkte. Du weißt, wo Schwachstellen liegen und wie man diese, zumindest aus Nutzersicht, beheben kann. Zudem kennst du die Anwender der Produkte und kannst Herstellern wertvolle Informationen zu den Käufern ihrer Produkte liefern. Mit dieser Art von Erfahrungsfundus kannst du Hersteller optimal zu ihren Produkten beraten.

Entwickle Trainingsmaterial und Trainingsprogramme

Mögliche Materialien könnten z. B. sein: Bedienungsanleitungen, Schritt-für-Schritt Guides, Quickstart Anleitungen, Erste Hilfe Guides, Helpcenter, FAQ Dokumente, Quizze und Spiele, allgemeine und spezifische Tutorial-Videos, etc. zur Installation und zum Umgang mit bestimmter Software oder anderen Technologien, auf die du dich spezialisiert hast.

Entwickle und verkaufe Online-Kurse

Du könntest z. B. einen Kurs zur Schulung bestimmter Softwareprogramme entwickeln. Wenn du dich auf Privatpersonen als Zielgruppe für deinen Kurs fokussierst, solltest du eine Software wählen, die häufig von Privatpersonen genutzt wird. Ziehe hier ggf. auch Freeware bzw. Open Source Software in Betracht, denn für diese Art Software gibt es kein professionelles Material von Herstellern. Wenn dein Kurs sich an Unternehmen bzw. Mitarbeiter von Unternehmen richtet, dann wähle Software aus, die überwiegend in Unternehmen im Einsatz ist, z. B. SAP. Alternativ könntest du einen Kurs kreieren, der sich an Trainer richtet. In diesem Kurs könntest du Trainingsgrundlagen, Trainingsmethoden, Pädagogik, etc. unterrichten.

STARTER TOOLKIT – DAS BRAUCHST DU, UM LOSZULEGEN

Notebook, Smartphone

SOFTWARE:
- Office: z. B. Microsoft Office oder Google Docs
- Kommunikation: z. B. Skype, WhatsApp, Slack, Gmail
- Website / Webshop: z. B. WordPress oder Shopify
- Organisation: z. B. Evernote
- Cloudbasierte Datenspeicherung: z. B. Dropbox oder Google Drive
- Virtuelles Klassenzimmer: z. B. Google Classroom
- eLearning: Moodle (kostenlos), Adobe Captivate, ProProfs oder LearnWorlds

BÜCHER UND TUTORIALS:
- Buch: „Design for How People Learn", von Julie Dirksen
- Buch: „150 kreative Webinar-Methoden. Kreative und lebendige Tools und Tipps für Ihre Live-Online-Trainings", von Zamyat M. Klein
- Buch: „101 e-Learning Seminarmethoden. Methoden und Strategien für die Online- und Blended-Learning-Seminarpraxis", von Hartmut Häfele und Kornelia-Maier-Häfele
- Templates: Faster Course: https://fastercourse.com
- Templates: E-Learning (kostenlos): https://elearning.net/free-elearning-templates

Detaillierte Informationen zu Tools und Ressourcen, die dir helfen können, ein ortsunabhängiges Einkommen aufzubauen, findest du auf unserem Blog unter: https://new-work-life.com/portfolio/it-trainer.

HIER FINDEST DU WEITERE INFORMATIONEN

Deutscher Verband für Coaching und Training e.V. - dvct e.V.: https://www.dvct.de

4.34 VERSICHERUNGSMAKLER

Als Versicherungsmakler vermittelst du Versicherungsprodukte zwischen deinen Kunden und Versicherungsgesellschaften. Dabei setzt du dein Wissen ein, um Kunden die bestmöglichen Lösungen für ihre Wünsche und Bedürfnisse zu präsentieren. Als unabhängiger Versicherungsmakler kannst du deinen Kunden Produkte (unterschiedlicher) Versicherungsgesellschaften anbieten, während du als Versicherungsvertreter (= Vertreter einer bestimmten Versicherung) ausschließlich die Produkte deines Auftraggebers vertreibst.

WAS SIND MÖGLICHE AUFGABEN?
- Informationen von Kunden einholen, um Versicherungsbedürfnis zu evaluieren
- Risikoprofile von Kunden bewerten
- Kunden beraten
- Konditionen mit Versicherungsgesellschaften verhandeln
- Angebote kalkulieren

WELCHE AUSBILDUNG BENÖTIGST DU?

Um als Versicherungsmakler zu arbeiten musst du entweder eine duale Ausbildung zum Kaufmann für Versicherung, ein (duales) Studium im Bereich Versicherung, eine Weiterbildung zum Fachwirt für Versicherung oder eine Sachkundeprüfung bei der IHK absolvieren.

WELCHE FÄHIGKEITEN SOLLTEST DU MITBRINGEN?

- Kommunikationsstärke (verbal und schriftlich)
- Empathie
- starke Problemlösungs- und analytische Fähigkeiten
- Strukturiertheit
- Präsentationsgeschick

UNSER ROLEMODEL FÜR DEN BERUF DES VERSICHERUNGSMAKLERS

Name: Kate Yanov
Unternehmen: Property Protect
Homepage: https://www.mypropertyprotect.com

Kate ist selbständig in der Versicherungsbranche mit ihrer Firma *Property Protect*. Ihre Firma ist ein sog. InsurTech-Unternehmen, das automatisierte Versicherungspolicen für Vermieter von Ferienwohnungen und Airbnbs anbietet. Bevor Kate ihre Firma gegründet hat, absolvierte sie ein Marketingstudium und arbeitete als Marketing Direktor für verschiedene Unternehmen in den USA. Seit 2013 (bis einschließlich heute) hat sie ihre Homebase auf Hawaii, ist jedoch viel unterwegs. Man findet Kate in Coworking Spaces rund um den Globus.

Auf die Frage, wie Freunde und Familie sie als Person beschreiben würden, antwortet Kate: „Sie würden sagen, dass ich eine Visionärin bin, die neue Geschäftsideen aufgreift und sie in laufendes Business verwandelt, dass ich voller positiver Energie, Enthusiasmus und ein großer Befürworter von Unternehmenskultur bin und dass ich ohne Schokoladen-Donuts und Redbull nicht arbeiten kann."

Zum Zeitpunkt des Interviews ist sie gerade in Singapur.

INTERVIEW MIT KATE YANOV VON PROPERTY PROTECT

Wie bist du auf die Ideen für dein Produkt gekommen? Hast du eine bestimmte Methodik verfolgt?
Während meiner Zeit auf Hawaii habe ich genug Geld angespart, um mir eine Renditeimmobilie auf der Insel kaufen zu können. Von Beginn an hatte ich den Plan, diese über Airbnb zu vermieten. In der Vergangenheit hatte ich bereits Erfahrung als Airbnb Gastgeberin gesammelt und war so bestens aufgestellt. Mit den Jahren habe ich so manches Horrorszenario miterlebt. Beschädigung durch Gäste – ungewollt und absichtlich. Ich suchte nach einer Möglichkeit, wie ich mich schützen könnte und realisierte, dass es am Markt keine erschwingliche Versicherungslösung für Gastgeber gab. Infolgedessen stellte ich umfangreiche Recherchen an und durchforstete die gesamte Versicherungsbranche auf der Suche nach potenziellen Lösungen. Nichts! Kurzentschlossen schloss ich mich mit ein paar Freunden zusammen (Experten in der Versicherungsbranche) und gründete Property Protect: eine automatisierte digitale Versicherungslösung, mit der Hosts ihr Eigentum für 4 US-Dollar pro Nacht vor Schaden schützen können. Das Unternehmen wächst und gedeiht seit seiner Gründung jeden Tag mehr und mehr. Künftig wollen wir unser Versicherungsprodukt-Portfolio ausbauen und in weitere Märkte vordringen.

Wie hast du deine ersten Kunden gefunden, mit denen du remote zusammengearbeitet hast?
Ich habe angefangen, Online-Kanälen und -Gruppen zu folgen, von denen ich wusste, dass sich dort meine Kunden tummeln. Viele Airbnb-Gastgeber und Eigentümer sind Mitglieder bestimmter Facebook-Gruppen und posten in diesen regelmäßig ihre Erfahrungen und Sorgen mit der Kurzzeitvermietung von Immobilien. Nachdem ich ebenfalls Mitglied dieser Gruppen geworden war, begann ich, mich an den Konversationen zu beteiligen und hier und da mein Produkt als Hilfestellung beiläufig zu erwähnen, jedoch nicht nach der typischen Verkäuferart, sondern subtiler.

Was war deine Motivation, ortsunabhängig zu arbeiten?
Ich saß in meinem Büro im Silicon Valley und arbeitete für eine wirklich coole Firma. Aus irgendeinem Grund war das allerdings nicht genug für mich. Ich verdiente zwar mehr Geld als je zuvor, hatte ein etabliertes Team, das ich selbst eingestellt hatte, dennoch wusste ich, dass, wenn ich diesen Job weitere fünf Jahre mache, würde ich irgendwann realisieren, dass mein Leben nicht erfüllt ist. Also flog ich zusammen mit meiner Schwester über

Weihnachten nach Hawaii. Ich verliebte mich in die Insel und entschied dorthin umzusiedeln (mit oder ohne meinen Job) und anzufangen, einen neuen Lebensplan zu entwerfen. Bevor ich meinem Chef von meinen Umzugsplänen erzählte, schaute ich mich auf der Plattform Craiglist nach einem Online-Job um, den ich von Hawaii aus machen könnte und der meine Rechnungen zahlen würde. Ich fand einen Online-Marketing Job auf Teilzeitbasis. Mit diesem Job in der Tasche, ging ich zu meinem Chef und erzählte von meinen Plänen. Zu meiner Überraschung hatte mein Chef nichts gegen meinen Umzug einzuwenden (ich hatte einen wirklich coolen Chef) und erlaubte mir, remote von Hawaii aus für die Firma zu arbeiten. Dies habe ich für 2,5 Jahre getan und dann entschieden, mich als remote Marketingberaterin selbständig zu machen. Ab und an nehme ich auch heute noch Beratungsmandate entgegen und blicke auf zufriedene Kunden. Meine Kunden wissen, dass ich mich oft in verschiedenen Zeitzonen aufhalte, wenn wir sprechen, und hatten noch nie ein Problem mit der Tatsache, dass ich nicht vor Ort bin. Die Zusammenarbeit zwischen uns funktioniert reibungslos!

Was waren deine größten Herausforderungen, um ein Remote-Einkommen zu generieren und wie hast du diese bewältigt?
Neben der Herausforderung, meine Kunden dazu zu bringen, ihre Rechnungen (pünktlich) zu zahlen, besteht meine größte Herausforderung im Umgang mit Online-Bezahldiensten und Banking. Leider gibt es heutzutage noch keine globalen Bankkonten für digitale Nomaden wie mich. Banking ist daher oft schwierig. Glücklicherweise wird der Anbieter Transferwise.com diese Lücke bald schließen und ein globales Bankkonto auf den Markt bringen. Es lohnt sich, diesbezüglich auf dem Laufenden zu bleiben.

Wie sieht ein normaler Arbeitstag in deinem Leben als Remote Worker aus? Hast du eine tägliche Routine?
Bei mir geht es zuweilen ziemlich chaotisch zu. Ich bin Frühaufsteher und fange gleich nach dem Aufstehen um 4:30 oder 5:00 Uhr an, meine geschäftlichen E-Mails zu beantworten, die mich aus verschiedenen Teilen der Welt erreichen. Mein Terminkalender folgt keiner Routine, sondern ist sehr flexibel. Ich springe zwischen Gesprächen mit meinem Development Team in Übersee, Airbnb-Gästekommunikation und virtuellen Kundenmeetings hin und her. Meine Tage sind nie gleich und mein Terminkalender grenzt an Chaos. Für einige mag dies ein Graus sein, ich persönlich liebe dieses ordentlich Unordentliche. Vor kurzem habe ich eine virtuelle Assistentin eingestellt, die mir dabei hilft, meinen Zeitplan einzuhalten

und Dinge vorwärts zu bringen. Ihr Name ist Kristine und sie arbeitet ebenfalls remote – von den Philippinen aus.

Was meinen Arbeitsort anbelangt, so arbeite ich gerne von Coworking Spaces aus oder von meiner Homebase in Hawaii.

Was sind die Vor- und Nachteile ortsunabhängiger Arbeit aus deiner Sicht?

Die Möglichkeit nach seinem eigenen Rhythmus arbeiten zu können, ist einer der größten Vorteile von Remote-Arbeit. Wer auch immer die Arbeitszeit von 9 Uhr morgens bis 17 Uhr abends erfunden hat, sollte vielleicht dieses Konzept nochmal überdenken. Ich persönlich habe am (frühen) Morgen (5:00 – 10:00 Uhr) und am späten Abend bzw. nachts (21:00 – 0:00 Uhr) meine kreativen Phasen und kann dann am besten arbeiten. In meinem alten Bürojob war ich in der Zeit von 14:00 bis 17:00 Uhr regelmäßig ziemlich unbrauchbar – sorry frühere Arbeitgeber! Ich kann nichts dafür, so funktioniert mein Körper nun einmal.

Der für mich größte Vorteil von Remote-Arbeit ist jedoch die Standortunabhängigkeit. Ich war noch nie ein Fan des „Facetime"-Konzepts, bei dem man präsent sein muss, um produktiv zu sein. Ich habe sogar einen Instagram-Account mit dem Benutzernamen @iworkwhiwant (ich arbeite, wo ich will) eröffnet als kleinen rebellischen Akt, um zu beweisen, dass man genauso produktiv (oder sogar produktiver) in einem Coworking Space auf Bali sein kann wie in einem klassischen Büro.

Ein weiterer Vorteil ortsunabhängiger Arbeit ist, mit Teammitgliedern und Menschen auf der ganzen Welt zusammenzuarbeiten, statt nur mit Menschen in der eigenen Zeitzone. Moderne Technik macht es möglich.

Zu den Nachteilen: Zeitzonen sind definitiv eine Herausforderung. Wer hat sie nur erfunden? Man muss wirklich eine ordentliche Portion Motivation mitbringen, um aus verschiedenen Zeitzonen heraus remote zu arbeiten. Es kann z. B. sein, dass du morgens in der Früh um 2 Uhr aufstehen musst, weil du einen Anruf entgegennehmen musst. Remote-Arbeit erfordert Motivation und Hingabe. Es mag sein, dass man an manchen Tagen länger schläft und den ganzen Tag in Pyjamas arbeitet. Die Frage ist jedoch: Bekommst du dann all die Dinge, die zu erledigen sind, gebacken? Es ist nicht immer einfach, morgens aufzustehen und in den täglichen Arbeitsmodus zu finden und manchmal sogar am Wochenende oder spät in der Nacht arbeiten zu müssen, wenn die Zeitzone ungünstig ist. Aus diesem Grund sollte man darauf achten, etwas zu tun, das man wirklich liebt. Ist dies nicht der Fall, wirst du diesen Lifestyle nicht lange durchhalten.

Last but not least: Hast du noch weitere hilfreiche Tipps für unsere Leser?
Mein Tipp lautet ganz klar: REISEN! Geh raus und schau dir die Welt an, jetzt! Sieh dir an, wie andere Leute arbeiten und lerne von ihnen. Guck (anderen) Unternehmern über die Schulter, während sie Neues erschaffen und Innovationen auf den Markt bringen. Starte z. B. in Südostasien. Hier ist es günstig und du kommst mit wenig Geld aus. Wenn du aus irgendeinem Grund mit deiner Idee scheitern solltest, bleibt genug Zeit, um von vorne anzufangen. Das ist das Tolle am digitalen Zeitalter, in dem wir leben.

WOMIT KANNST DU ORTSUNABHÄNGIG GELD VERDIENEN? – EINIGE IDEEN

Beschäftigungsformen: Du kannst als Freelancer für verschiedene Auftraggeber arbeiten oder du wirst unternehmerisch tätig. Bist du bei einem Versicherungsunternehmen angestellt, bist du Versicherungsvertreter, denn du vertreibst ausschließlich die Produkte deines Arbeitgebers. In Kapitel 6 findest du verschiedene Jobportale, die sich auf ortsunabhängiges Arbeiten spezialisiert haben.

Die folgenden Zeilen geben dir ein paar Ideen an die Hand, wie du ortsunabhängig mit diesem Beruf Geld verdienst. Der Abschnitt ist bewusst kurzgehalten, da viele der Ideen bereits in Kapitel 3 angesprochen wurden. Solltest du an der ein oder anderen Stelle den Wunsch nach mehr Inhalt verspüren, blättere einfach nochmal zum Anfang zurück. Nähere Informationen, wie du Themen für Bücher und Online-Kurse findest, erhältst du in Kapitel 5. Schau außerdem gerne auf unserem Blog vorbei, für alle genannten Tools und Ressourcen im Überblick: https://new-work-life.com/portfolio/versicherungsmakler.

Führe bestimmte Kernaufgaben ortsunabhängig aus
Sieh dir die typischen Aufgaben eines Versicherungsmaklers an und überlege dir, welche davon du ortsunabhängig ausüben kannst. Kannst du Kunden virtuell beraten, indem du von Kommunikations- und Kollaborationsmedien wie Videotelefonie (z. B. Skype), Web-Konferenz (z. B. FreeConferenceCall), Desktop Sharing (z. B. Skype), Chat (z. B. Slack), E-Mail (z. B. Gmail) Gebrauch machst? Kannst du ortsunabhängig Angebote für deine Kunden kalkulieren und ihnen diese digital (z. B. per

E-Mail) zukommen lassen? Um dein Angebot von der Konkurrenz abzugrenzen, könntest du dich z. B. auf digitale Nomaden bzw. ortsunabhängig lebende Menschen als Zielgruppe fokussieren. Vermarkte deine Leistungen über eine eigene Website und über Social Media.

Bau eine webbasierte Plattform

Darüber können Versicherte und Versicherungsinteressierte eigenständig ihre bestehenden Versicherungsverträge prüfen und bei Bedarf neue Verträge abschließen. Um dies zu ermöglichen, musst du auf der Plattform entsprechende Versicherungsrechner und Antragsformulare zur Verfügung stellen und im Hintergrund Versicherungsdaten unterschiedlicher Versicherungsunternehmen beziehen. Wenn Versicherte und Versicherungsinteressierte auf deine Online-Plattform kommen, werden sie automatisch durch die unterschiedlichen Vergleichs- und Antragsprozesse durchgeführt und erhalten entsprechende Informationen zu ihrem Vorhaben. Monetarisieren könntest du die Plattform, indem du den angebundenen Versicherungsunternehmen bei Abschluss einer neuen Versicherung eine Vermittlungsgebühr in Rechnung stellst. Für mehr Inspiration zum Thema schau dir die Plattform vom Unternehmen Moneymeets.com an. Entwickler zur technischen Umsetzung der Plattform findest du z. B. auf Upwork.com, Freelancer.com oder Twago.de.

Entwickle und verkaufe Online-Kurse

Wie wäre es z. B. mit einem Kurs, der die Excel-Skills von Versicherungsmaklern schult („Excel für Versicherungsmakler")? Oder du erstellst einen Kurs, der Versicherungsmakler in Sachen Social Media-Marketing fit macht („Facebook-Marketing für Versicherungsmakler – So erreichst du deine Zielgruppe und schließt neue Versicherungen ab"). Alternativ könntest du auch einen Kurs machen, der Privatpersonen dabei hilft, die für sie richtigen Versicherungsverträge abzuschließen („Die richtige XY-Versicherung finden – Erfahre, worauf du im Versicherungsvertrag achten musst und wie du ihn richtig liest").

Schreibe ein eBook

Finde ein Thema, das dich interessiert und für das Nachfrage besteht. Schreibe z. B. ein Buch, in dem du anderen Versicherungsmaklern erklärst, wie sie ihre Versicherungen mithilfe digitaler Medien ortsunabhängig verkaufen können. Oder du machst dir über neue Geschäftsmodelle im Versicherungsbereich Gedanken und schreibst darüber ein Buch („Die Versicherungsbranche im 21. Jahrhundert – Technologien, Trends und neue Geschäftsmodelle"). Wie genau du Themen findest, kannst du im Kapitel 5 nachlesen.

STARTER TOOLKIT – DAS BRAUCHST DU, UM LOSZULEGEN

Notebook, Smartphone

SOFTWARE:
- Office: z. B. Microsoft Office oder Google Docs
- Kommunikation: z. B. Skype, WhatsApp, Slack, Gmail
- Website / Webshop: z. B. WordPress oder Shopify

BÜCHER UND TUTORIALS:
- Buch: The Digital Life Insurance Agent: How to Market Life Insurance Online and Sell Over the Phone von Jeff Root

Detaillierte Informationen zu Tools und Ressourcen, die dir helfen können, ein ortsunabhängiges Einkommen aufzubauen, findest du auf unserem Blog unter: https://new-work-life.com/portfolio/versicherungsmakler.

HIER FINDEST DU WEITERE INFORMATIONEN

Verband Deutscher Versicherungsmakler: https://vdvm.de
BVVB Bundesverband der Versicherungsberater e.V., http://www.bvvb.de

4.35 VIRTUELLE ASSISTENZ

Als virtuelle Assistenz kümmerst du dich um administrative, technische und/oder kreative Tätigkeiten, die dir von einem Auftraggeber (z. B. Unternehmen und Freiberufler) übertragen werden. Bedingung der Zusammenarbeit ist, dass die übertragenen Tätigkeiten ortsunabhängig ausgeübt werden können. Mögliche Aufgaben können z. B. sein: Korrespondenz, Terminorganisation und Reiseplanung, aber auch Grafikarbeiten, Bildbearbeitung und Websitepflege. Das Aufgabenspektrum ist breit gefächert.

WAS SIND MÖGLICHE AUFGABEN?
- Recherchearbeiten
- Termine planen
- Reisen und Events organisieren
- Audioinhalte transkribieren

- Schriftsätzen übersetzen und/oder lektorieren
- Korrespondenz mit Kunden und Geschäftspartnern
- Präsentationen, Dokumente, Drucksachen, etc. formatieren
- Dokumente erstellen
- Websiteinhalte managen
- Datenerfassung und -pflege
- FiBu-Vorbereitung
- Grafikarbeiten und Bildbearbeitung

WELCHE AUSBILDUNG BENÖTIGST DU?

Die Berufsbezeichnung virtuelle Assistenz ist nicht geschützt. Um virtuelle Assistenz zu werden, benötigst du keine spezielle Ausbildung. Von Vorteil sind sicherlich Erfahrungen im klassischen Assistenz- bzw. Sekretariatsbereich und im Digitalmarketing.

WELCHE FÄHIGKEITEN SOLLTEST DU MITBRINGEN?

- Organisationstalent und gutes Zeitmanagement
- Fähigkeit, unter Druck und mit Zeitvorgabe zu arbeiten
- Strukturiertheit und Zuverlässigkeit
- Hervorragendes Kommunikationsvermögen, sowohl schriftlich als auch mündlich
- Schnelle Auffassungsgabe

UNSER ROLEMODEL FÜR DEN BERUF DER VIRTUELLEN ASSISTENTENZ

Name: Vera Ruttkowski
Unternehmen: VERAVA | Fernarbeit.net
Homepage: https://verava.de | https://fernarbeit.net

Vera ist selbständig und arbeitet als Virtuelle Assistentin für verschiedene Kunden. Zusätzlich betreibt sie das VA-Jobportal *Fernarbeit. net* und bietet einen Online-Kurs für den Start in die Virtuelle Assistenz an. Vor ihrer Tätigkeit als Virtuelle Assistentin hat Vera in einer Werbeagentur gearbeitet und parallel dazu ein Abendstudium zur Kommunikationswirtin gemacht, das sie 2002 abgeschlossen hat. Nach ihrer Ausbildung war sie in verschiedenen Werbeagenturen und in einem Unternehmen in der Unternehmenskommunikation beschäftigt, bevor sie im Jahr 2014 eine Auszeit eingelegt und sich kurz darauf selbständig gemacht hat.

Auf die Frage wie Freunde und Familie sie als Person beschreiben würden, sagt Vera: „Ich habe einen Freund gefragt und dieser sagte spontan: ‚Vera ist eine der wenigen Personen, der ich ohne zu Zögern Codes und Zugangsdaten für alle Bereiche meines Lebens anvertrauen würde.' Zusätzlich würden sie mich wohl als introvertiert und humorvoll beschreiben."

Zum Zeitpunkt des Interviews befindet sie sich in Santa Cruz auf der Insel Teneriffa, wo sie ihre neue Heimat gefunden hat.

INTERVIEW MIT VERA RUTTKOWSKI VON VERAVA UND FERNARBEIT.NET

Wie verdienst du dein Geld als Remote Worker?

Ich arbeite als Virtuelle Assistentin und habe ein Jobportal für Virtuelle Assistenten, sowie einen Online-Kurs. Für meine Kunden übernehme ich das Social Media Management, Recherchen, schreibe Texte, beantworte E-Mails und vieles vieles mehr.

Wie bist du auf die Ideen für deine Services gekommen? Hast du dabei eine bestimmte Methodik verfolgt?

Nachdem ich zu Beginn meiner Karriere mit einer Agentur für Virtuelle Assistenten zusammengearbeitet hatte, hatte ich irgendwann das Bedürfnis, eine Online-Plattform zu schaffen, auf der sich Auftraggeber und Assistenten finden können. Auf die Idee für den Online-Kurs bin ich gekommen, weil mich immer mehr Leute gefragt haben, wie man Virtuelle Assistenz wird. So habe ich den Kurs erstellt, um darüber meine Erfahrungen zu teilen.

Wie lange hat es gedauert, bis du deine ersten 1.000 Euro an monatlichem Einkommen durch deine ortsunabhängige Arbeit generiert hast?

Das hat bei mir ein gutes Jahr gedauert. Ich habe in dieser Zeit nebenher Nachhilfe gegeben und Deutsch unterrichtet und mir so mein Leben finanziert. Auch habe ich sehr sparsam gelebt und dadurch langsam aber sicher meine Einnahmen gesteigert.

Wie hast du deine ersten Kunden gefunden, mit denen du remote zusammengearbeitet hast?

Zu Anfang meiner Karriere habe ich mit einer Agentur für Virtuelle Assistenten zusammengearbeitet. Meine ersten eigenen Kunden habe ich dann später auf Veranstaltungen gefunden. Mir haben vor allem Netzwerke und Empfehlungen geholfen, um neue Kunden zu gewinnen.

Wie findest du neue Kunden?

Neue Kunden habe ich bisher fast ausschließlich über Empfehlungen und Networking gefunden. Ich habe gerade am Anfang viele Veranstaltungen besucht und jedem erzählt, was ich anbiete.

Was war deine Motivation, ortsunabhängig zu arbeiten?

Meine Selbständigkeit und der Remote Job kamen eher ungeplant. Ich hatte mir eine sechsmonatige Auszeit genommen und diese auf Teneriffa mit einem Praktikum in einer Sprachschule verbracht. Nachdem die sechs Monate um waren, wollte ich nicht wieder weg von der Insel. So habe ich mit ein paar Umwegen letztlich zur Virtuellen Assistenz gefunden und mich recht spontan, ohne große Vorbereitung, damit selbständig gemacht. Nach einer Weile habe ich angefangen den Vorteil, von überall aus arbeiten zu können, zu nutzen und bin auf Reisen gegangen. Jedoch erst als ich schon recht stabile Einkünfte hatte. Mittlerweile habe ich einige Angebote für Festanstellungen erhalten – aber meine Freiheit möchte ich nicht mehr hergeben.

Wie hast du deine Remote-Karriere begonnen? Gab es irgendwelche Tools; die dir geholfen haben, ortsunabhängig zu arbeiten?

Ich habe meine Karriere als VA über eine Agentur für Virtuelle Assistenten begonnen und mir darüber nach und nach einen eigenen Kundenstamm aufgebaut. Gleichzeitig habe ich viel über ortsunabhängiges Arbeiten gelesen. Vor allem die Bücher von Tim Chimoy fand ich sehr inspirierend und hilfreich.

Welche drei Dinge würdest du vermeiden, wenn du die Zeit zurückspulen könntest?

Was ich anders machen würde, wäre wohl, das Ganze etwas geplanter und strategischer anzugehen. Ich habe alles sehr spontan und ohne große Vorkenntnisse angefangen, habe aber während der Arbeit sehr viel dazugelernt. Das ist einer der großen Vorteile als Virtuelle Assistenz. Je nach Branche der Auftraggeber kann man selbst wahnsinnig viel dazulernen. Zu Beginn meiner Tätigkeit hatte ich von den meisten Tools und Softwareprogrammen keine Ahnung. Mein heutiges Wissen habe ich mir „on the job" und über Tutorials angeeignet.

Was waren deine größten Herausforderungen, um ein Remote-Einkommen zu generieren und wie hast du diese bewältigt?

Als Freelancer ist stets die Herausforderung ein stabiles Einkommen zu generieren. Ich habe mit sehr niedrigen Stundensätzen angefangen und musste so sehr viel arbeiten, um davon leben zu können. Mittlerweile sind meine Stundensätze höher, dennoch habe ich schwankende Einnahmen, da die Auftragslage nicht immer gleich ist. Wichtig ist also immer, Reserven zu haben, um so Auftragstiefs abfangen zu können.

Wie sieht ein normaler Arbeitstag in deinem Leben als Remote Worker aus? Hast du eine tägliche Routine?

Mein Büro ist bei mir zu Hause. Ich arbeite am liebsten von zu Hause aus und nur selten in Coworking Spaces. Auf Reisen natürlich deutlich mehr – auf der Suche nach gutem Internet. Ich bin vormittags am produktivsten und teile mir meinen Tag nach Kunden ein. Ich arbeite also immer fokussiert für einen Kunden und wende mich dann dem nächsten zu. Insgesamt halte ich aber meine Tage gerne flexibel, um auch private Termine wahrnehmen zu können und meinen Arbeitsrhythmus der Tagesform anpassen zu können. Ich schreibe täglich meine ToDo Liste und verschaffe mir morgens und abends einen Überblick über alles, was noch ansteht.

Was sind die Vor- und Nachteile ortsunabhängiger Arbeit aus deiner Sicht?

Ein Vorteil ist in jedem Fall die persönliche Freiheit, seinen Aufenthaltsort frei aussuchen zu können. Zudem kann man meist auch seine Arbeitszeiten relativ frei bestimmen und muss nicht jeden Tag in ein Büro. Nachteil ist die oft schwierige Bürokratie. Gerade für Vielreisende ohne festen Wohnsitz ist es immer noch aufwändig eine gute Lösung zu finden. Ich persönlich arbeite gerne im Home-Office und alleine, kenne aber viele Remote-Arbeiter, denen der soziale Kontakt zu Kollegen fehlt. Das muss man für sich selbst ausprobieren und entsprechende Lösungen finden.

WOMIT KANNST DU ORTSUNABHÄNGIG GELD VERDIENEN? – EINIGE IDEEN

Beschäftigungsformendu kannst entweder als Freelancer für verschiedene Auftraggeber arbeiten, Angestellter einer Firma sein, die es dir ermöglicht ortsunabhängig zu arbeiten, oder du wirst unternehmerisch tätig. In Kapitel 6 findest du verschiedene Jobportale, die sich auf ortsunabhängiges Arbeiten spezialisiert haben.

Die folgenden Zeilen geben dir ein paar Ideen an die Hand, wie du ortsunabhängig mit diesem Beruf Geld verdienst. Der Abschnitt ist bewusst kurzgehalten, da viele der Ideen bereits in Kapitel 3 angesprochen wurden. Solltest du an der ein oder anderen Stelle den Wunsch nach mehr Inhalt verspüren, blättere einfach nochmal zum Anfang zurück. Nähere Informationen, wie du Themen für Bücher und Online-Kurse findest, erhältst du in Kapitel 5. Schau außerdem gerne auf unserem Blog vorbei, für alle genannten Tools und Ressourcen im Überblick: https://new-work-life.com/portfolio/virtuelle-assistenz.

Übe deine Kerntätigkeit aus
Du kannst deine Kerntätigkeit als Virtuelle Assistenz ohne Probleme ortsunabhängig ausüben, denn dein Berufsbild ist (zumindest in Teilen) virtueller Natur. Vermarkte deine Leistungen über eine eigene Website und/oder über Online-Marktplätze, wie z. B. Fernarbeit.net, My-Vpa, Upwork.com oder Freelancer.com.

Werde Online-Coach und biete virtuelle Coachingstunden an
Coache Berufsanfänger und/oder Berufserfahrene zu Themen wie z. B. Selbständigkeit, Home-Office, Selbstorganisation, Zeitmanagement, Kundenakquise, Umgang mit schwierigen Kunden, (Online-)Vermarktung, Geschäftsexpansion, etc.

Schreibe ein eBook
Finde ein Thema, das dich interessiert und für das Nachfrage besteht. Wie wäre es z. B. mit einem Roman über das (Arbeits-)Leben einer virtuellen Assistentin („Backstage – Aus dem Leben einer Assistentin")? In solch einem Roman könntest du die Beziehung zwischen Assistenz und Chef thematisieren, technische Herausforderungen/Pannen zum Besten geben und Jobs mit skurriler Note offenlegen. Alternativ kannst du auch einen Ratgeber schreiben, der z. B. das Thema Organisation und Zeitmanagement im Job behandelt („Als virtuelle Assistentin den Überblick behalten – 100 Tools und Ressourcen für bessere Organisation und optimales

Zeitmanagement"). Wie genau du Themen findest, kannst du im Kapitel 5 nachlesen.

STARTER TOOLKIT – DAS BRAUCHST DU, UM LOSZULEGEN

Notebook und Smartphone

SOFTWARE:
- Office: z. B. Microsoft Office oder Google Docs
- Kommunikation: z. B. Skype, WhatsApp, Slack, Gmail
- Website / Webshop: z. B. WordPress oder Shopify
- Organisation: z. B. Evernote
- Projektmanagement: z. B. Trello
- Dokumentenablage und -übertragung: z. B. Dropbox oder Google Drive

BÜCHER UND TUTORIALS:
- Buch: „Virtuelle Assistenz: Mit virtuellen Jobs von zu Hause oder unterwegs Geld verdienen", von Doris Hinsberger
- Buch: „So wirst du Virtuelle Assistentin: Jetzt erfolgreich durchstarten!", von Andrea Drexl
- Tutorial: „Als Virtueller Assistent von überall arbeiten", von Vera Ruttkowski, unter https://fernarbeit.net/kurs-als-virtueller-assistent-von-ueberall-arbeiten

Detaillierte Informationen zu Tools und Ressourcen, die dir helfen können, ein ortsunabhängiges Einkommen aufzubauen, findest du auf unserem Blog unter: https://new-work-life.com/portfolio/virtuelle-assistenz.

HIER FINDEST DU WEITERE INFORMATIONEN

Bundesverband Sekretariat und Büromanagement e. V.: http://bsboffice.de

4.36 VLOGGER

Als Vlogger bist du Herausgeber eines Video-Blogs. Ein Video-Blog, auch Vlog oder V-Log genannt, ist ein Blog, der auf Videos basiert und entweder über eine Website oder ein Portal wie z. B. YouTube ausgesteuert wird. Ein Video-Blog lebt von regelmäßig neu veröffentlichten Inhalten. Diese können u. a. Themen wie Food, Reise, Fashion, Musik, Fotografie, etc behandeln. In der Regel präsentierst du deine Inhalte auf dem Vlog in einem persönlichen und informellen Stil, der Zuschauer zur Interaktion mit dir animiert.

WAS SIND MÖGLICHE AUFGABEN?

- Ideen für neue Videos generieren
- Inhalte der Videos recherchieren und ausarbeiten
- Inhalte planen und Redaktionspläne erstellen
- Video-Skripte schreiben
- Keywordanalysen durchführen und passende Keywords für Google SEO herausfiltern
- Videos aufnehmen
- Videos bearbeiten und schneiden
- Videos auf deiner Vlog-Website oder bei Plattformen wie z. B. YouTube einstellen und veröffentlichen
- Vlog publik machen und z. B. über Social Media Plattformen, Werbung, E-Mail Marketing, etc. promoten und vermarkten
- Netzwerken mit anderen Vloggern, Interviewpartnern, Presse etc.
- Vlog-Zuschauer zur Interaktion mit dem Vlog motivieren und auf Kommentare der Leser antworten

WELCHE AUSBILDUNG BENÖTIGST DU?

Die Berufsbezeichnung Vlogger ist nicht geschützt. Um Vlogger zu werden, benötigst du keine spezielle Ausbildung. Von Vorteil sind Erfahrungen im Bereich Videoproduktion und -bearbeitung, Online-Marketing und Social Media Management.

WELCHE FÄHIGKEITEN SOLLTEST DU MITBRINGEN?

- Sehr gute Ausstrahlung und kommunikatives Wesen
- Fähigkeit, andere für sich zu gewinnen
- Strukturierte Denkweise und Organisation
- Selbstdisziplin und Durchhaltevermögen
- Guter Netzwerker

UNSER ROLEMODEL FÜR DEN BERUF DES VLOGGERS

Name: Felix von der Laden
Unternehmen: 25MATE GmbH
YouTube Kanäle: DnerMC | spielkindgaming

Felix, der als YouTube Star auch unter den Namen *Spielkind* und *Dner* bekannt ist, ist ein deutscher Vlogger mit eigener Firma *25MATE*. Er ist seit 2011 aktiv und besitzt zwei YouTube-Kanäle, die in Summe mehr als vier Millionen Abonnenten haben. Auf seinem Kanal *DnerMC* berichtet Felix aus seinem Leben. Es geht um Autos, Racing, Technik und ums Reisen. Auf seinem Kanal *Spielkind Gaming* geht es um Videospiele. Felix und die Co-YouTuberin „Kati Karenina" zeigen sich hier regelmäßig dabei, wie sie Videospiele wie z. B. Minecraft spielen und ihr Spiel währenddessen aufzeichnen und kommentieren. Diese Art von Videos läuft auch unter dem Namen „Let's Play Videos" auf YouTube.

Vor seiner YouTube Karriere hat Felix in Lübeck Abitur gemacht und 2013 in Köln ein Studium im Bereich Medienwirtschaft begonnen. Dieses brach er allerdings nach nicht einmal einem Semester ab, um sich gänzlich auf seine YouTube-Kanäle zu konzentrieren.

Geld verdient Felix durch Werbeeinnahmen aus seinen Vlogs und Let´s Play Videos. Zudem erzielt er Einnahmen aus Sponsored Videos, die er im Auftrag für Kooperationspartner dreht (z. B. für Unternehmen), über Affiliate-Links, die er unterhalb seiner Videos platziert und über sein eigenes Kleidungslabel. Für sein Label hat Felix einen eigenen Onlineshop aufgebaut, über den er T-Shirts, Pullis, Handyhüllen und Turnbeutel vertreibt.[46]

WOMIT KANNST DU ORTSUNABHÄNGIG GELD VERDIENEN? – EINIGE IDEEN

Beschäftigungsformen: Du kannst entweder als Freelancer für verschiedene Auftraggeber arbeiten, Angestellter einer Firma sein, die es dir ermöglicht ortsunabhängig zu arbeiten, oder du wirst unternehmerisch tätig. In Kapitel 6 findest du verschiedene Jobportale, die sich auf ortsunabhängiges Arbeiten spezialisiert haben.

---

[46] Quellen: https://www.YouTube.com/user/DnerMC/about, https://www.YouTube.com/channel/UCbuKwxnPVgjkWhYGtTeFPaw/about und https://de.wikipedia.org/wiki/Felix_von_der_Laden, abgerufen am 29.08.2018.

Die folgenden Zeilen geben dir ein paar Ideen an die Hand, wie du ortsunabhängig mit diesem Beruf Geld verdienst. Der Abschnitt ist bewusst kurzgehalten, da viele der Ideen bereits in Kapitel 3 angesprochen wurden. Solltest du an der ein oder anderen Stelle den Wunsch nach mehr Inhalt verspüren, blättere einfach nochmal zum Anfang zurück. Nähere Informationen, wie du Themen für Bücher und Online-Kurse findest, erhältst du in Kapitel 5. Schau außerdem gerne auf unserem Blog vorbei, für alle genannten Tools und Ressourcen im Überblick: https://new-work-life.com/portfolio/vlogger.

Suche Sponsoren und produziere gesponsorte Videos

Gesponsorte Videos zeichnen sich dadurch aus, dass sie Werbung deines Sponsors bzw. deiner Sponsoren enthalten. Du solltest darauf achten, dass die Produkte und Services deines Sponsors zum Profil deines Podcast passen. Sponsoren können z. B. Hersteller von Produkten wie Kleidung, Elektronik, Anbieter von Software etc. sein. Du kannst entweder selbst nach Sponsoren suchen oder du beauftragst eine Sponsorship Agentur. Wenn du selbst nach einem Sponsor schaust, kannst du folgendermaßen vorgehen, um geeignete Sponsoren zu finden: 1. Schau nach, welche Produkte du für deinen Vlog verwendest und sprich die Hersteller dieser Produkte bzgl. einer Sponsorentätigkeit an. 2. Forsche nach werbenden Unternehmen in deiner Nische. Sprich diese Unternehmen bzgl. einer Sponsorentätigkeit an. 3. Kauf dir Print-Magazine in deiner Nische und schau nach, welche Unternehmen in den Magazinen werben. Sprich diese Unternehmen bzgl. einer Sponsorentätigkeit an.

Arbeite mit Affiliate-Links für deinen Video-Content

Affiliate-Links sind externe Verlinkungen zu bestimmten Produkten oder Services. Überleg dir, welche Produkte und Services du in deinen Videos nennst (weil du sie z. B. gut findest) und platziere unterhalb deiner Videos (im Beschreibungstext) einen Affiliate-Link zum jeweiligen Produkt und/oder Service. Über den Affiliate-Link haben Besucher deines Vlogs die Möglichkeit, das Produkt oder den Service zu kaufen. Dadurch, dass es ein Affiliate-Link ist, verdienst du bei jedem Kauf eine Provision. Achtung: Achte darauf, dass deine Affiliate-Links zum Inhalt deines Videos passen und du Produkte bzw. Services auswählst, von denen du zu hundert Prozent überzeugt bist und die du ohne Vorbehalte empfehlen kannst.

Verkaufe Merchandising-Produkte über einen eigenen Webshop

Du kannst z. B. Hoodies, T-Shirts, Mützen, Caps, Taschen, Rucksäcke,

Kaffeebecher, Handyhüllen, etc. verkaufen. Damit der Verkauf physischer Produkte dich standortmäßig nicht bindet, solltest du den Produktions-, Lagerhaltungs- und Versandprozess auslagern an externe Dienstleister. Es gibt im Internet sogenannte Social-Commerce-Unternehmen wie z. B. Spreadshirt, Shirtee und Merch by Amazon, die dir für bestimmte Produktkategorien alle oben genannten Prozesse abnehmen, so dass du dich ausschließlich um das Design deiner Produkte kümmern musst. Solltest du deine Produkte selbst herstellen lassen wollen (z. B. in Asien) und daher nur einen Dienstleister für Lagerhaltung und Versand benötigen, kannst du von Amazon's Service FBA Gebrauch machen. Für mehr Informationen zu Amazon FBA schau dir das Berufsbild „Amazon FBA Händler" an, das du in Band 3 der Go Remote! Bücherserie findest (Go Remote! für Technik, Zahlen und Organisationstalente).

Biete deine Leistungen externen Auftraggebern an
Unterstütze andere z. B. bei der Postproduktion von Videos, bei der Erstellung von Videoskripten oder beim Online-Marketing. Vermarkte deine Leistungen über eine eigene Website, über deinen Vlog und/oder über Online-Marktplätze wie z. B. Upwork.com, Freelancer.com, Twago.de und ggf. Fiverr.com.

Drehe Videos von Dingen, die aktuell angesagt sind
Prüfe, wofür ein Markt besteht (Landschaften, Menschen, Objekte, etc.) und verkaufe die Aufnahmen sowie das jeweilige Rohmaterial (Footage) online über eine eigene Website und/oder über Stockplattformen wie z. B. Alamy, Adobe Stock, iStock, Pond5 oder Shutterstock. Stockplattformen sind Online-Marktplätze, auf denen verschiedene Anbieter Produkte wie Fotos, Bilder, Vektoren, Videos, Audiodateien, Computercode, etc. anbieten. Die erbrachten Produkte werden dabei „auf Lager" produziert, d. h. sie entstehen ohne Beauftragung. Die Produkte auf Stockplattformen können vom Käufer gegen Zahlung einer Lizenzgebühr für vielseitige Zwecke, z. B. für den Einsatz in Film, TV, Radio, etc. eingesetzt werden.

Entwickle und verkaufe Online-Kurse
Du könntest z. B. einen Kurs für Vlogging-Anfänger entwickeln, der erklärt, wie Vlogging funktioniert. In solch einem Kurs könntest du grundlegende Kenntnisse vermitteln und Tipps (für z. B. bessere Videoqualität, mehr Sichtbarkeit, Aufbau einer Followerschaft, etc.) an die Hand geben. Alternativ könntest du auch einen Kurs zu bestimmter Vlogging-Software machen. Hier könntest du die Software in einem ersten Schritt erklären und in einem zweiten Schritt anhand von Praxisbeispielen und -übungen schulen.

Leg ein Profil bei einer Crowdfunding-Plattform an
Lass dich von deinen Fans z. B. auf der Crowdfunding-Plattform Patreon.com finanziell unterstützen.

Werde YouTube Partner
Binde Werbeanzeigen in deine Videos ein. Dafür musst du dich für das YouTube Partnerprogramm bewerben. Wirst du aufgenommen, kannst du Werbeanzeigen vor, in und nach deinen Videoclips schalten und damit Geld verdienen. Viele YouTuber entscheiden sich in diesem Kontext für Anzeigenclips, die nach kurzer Dauer vom Nutzer übersprungen werden können. Aber auch andere Werbeformate sind möglich wie z. B. Overlay Anzeigen oder gesponserte Infokarten. Um YouTube Partner werden zu können, musst du bestimmte Voraussetzungen erfüllen: Erstens musst du mindestens 1.000 Abonnenten für deinen Kanal und zweitens mindestens 4.000 Stunden Videomaterial pro Jahr vorweisen können. Gerade zu Beginn deiner Karriere dürfte dies schwerfallen. Die Werbeeinnahmen bei YouTube richten sich nach der Anzahl an Videoaufrufen und fallen proportional betrachtet sehr gering aus, d. h. du brauchst sehr (!) viele Videoaufrufe, um auch nur ansatzweise 100 Euro zu verdienen. Aus diesen Gründen solltest du dich zu Beginn deiner Karriere als Vlogger auf andere Einnahmequellen als auf Werbung konzentrieren.

STARTER TOOLKIT – DAS BRAUCHST DU, UM LOSZULEGEN

Notebook, Smartphone mit sehr guter Kamera (z. B. iPhone), Selfie-Stick, Stativ, Mikrofon, Belichtungsequipment

SOFTWARE:
- Office: z. B. Microsoft Office oder Google Docs
- Kommunikation: z. B. Skype, WhatsApp, Slack, Gmail
- Website / Webshop: z. B. WordPress oder Shopify
- Cloudbasierte Datenspeicherung: z. B. Dropbox oder Google Drive
- Videobearbeitung: z. B. Shotcut, iMovie, Final Cut Pro, Adobe Premiere Pro
- Content planen und managen: z. B. Hootsuite oder Buffer

BÜCHER UND TUTORIALS:
- Buch: „Play!: Das Handbuch für YouTuber. Alles für Deinen perfekten YouTube-Kanal: Channels planen, Videos drehen, Reichweite bekommen, Geld verdienen", von Christine Henning

- Tutorial: „Video-Blogging: Bei YouTube & Co. mit Bloggen Geld verdienen", von Thor Alexander, auf Udemy
- Tutorial: „Professionelle Video-Produktion mit Smartphone und Kamera - Meine Tricks für einfache Video und Kurs-Erstellung für Udemy, YouTube & Co. Ohne Kamera ohne Erfahrung", von Felix Lemloh, auf Zudem

Detaillierte Informationen zu Tools und Ressourcen, die dir helfen können, ein ortsunabhängiges Einkommen aufzubauen, findest du auf unserem Blog unter: https://new-work-life.com/portfolio/vlogger.

HIER FINDEST DU WEITERE INFORMATIONEN

Der Bloggerclub e.V.: https://www.bloggerclub.de

4.37 YOGALEHRER

Als Yogalehrer unterrichtest du Yoga. Yoga ist eine indische philosophische Lehre, die sowohl geistige als auch körperliche Praktiken umfasst. Es gibt zahlreiche Ausrichtungen der Lehre, die das Ziel vereint, Bewusstsein und Köper Eins werden zu lassen. Als Yogalehrer bist du also nicht nur reiner Übungsleiter, sondern spiritueller Lehrer deiner Schüler.

WAS SIND MÖGLICHE AUFGABEN?
- Yoga-Kurse entwerfen
- Yoga-Kurse geben
- Mit Kursteilnehmern kommunizieren und Kurse entsprechend ihrer Bedürfnisse anpassen
- Yoga-Retreats veranstalten
- Regelmäßiges Yoga-Training
- Weiterbildungen im Bereich Yoga besuchen
- Selbstvermarktung und Networking

WELCHE AUSBILDUNG BENÖTIGST DU?

Um als Yogalehrer dein Geld zu verdienen solltest du dir eine seriöse Yoga-Ausbildungsstätte suchen und dich dort zum Trainer ausbilden lassen. Die Angebote hierzu variieren sehr stark hinsichtlich ihrer Länge. Es gibt

Schulen, die dich in 200 Stunden zum Lehrer ausbilden und viele, die bedeutend länger dauern. Ein guter Mittelwert ist eine Ausbildungsdauer von 500 Stunden. Du benötigst keine andere Ausbildung bzw. besondere Vorbildung als Yogalehrer. Vorher selbst Yoga praktiziert zu haben, macht natürlich Sinn und auch jegliche Form von medizinischer Ausbildung, sei es ein Medizin-Studium oder die Ausbildung zum Physiotherapeuten oder zur Pflegekraft, ist hilfreich. Je mehr du über den menschlichen Körper und seine Psyche und das Zusammenspiel weißt, umso besser.

WELCHE FÄHIGKEITEN SOLLTEST DU MITBRINGEN?

- Empathie
- Motivieren können
- Körperliche Fitness und Flexibilität
- Kommunikationsstärke

UNSER ROLEMODEL FÜR DEN BERUF DES YOGALEHRERS

Name: Kayla Kurin
Unternehmen: Aroga Yoga
Homepage: http://arogayoga.com

Kayla arbeitet von London aus als selbständige virtuelle Yogalehrerin. Bevor Kayla sich voll und ganz der indischen Lehre, die sowohl geistige als auch körperliche Übungen umfasst, verschrieben hat, hat sie einen Bachelor in Psychologie und Classics gemacht und im Bereich Kommunikation gearbeitet. Das war 2011. Im Jahr 2013 hat sie begonnen, sich eine ortsunabhängige Karriere im Marketing-Bereich aufzubauen.
Ein Jahr später, 2014, hat sie ihre 200-Stunden-Vinyasa Flow Yoga-Qualifikation absolviert und im Anschluss daran angefangen, ein Online-Yoga-Business zu entwickeln.
Freunde und Familie bezeichnen Kayla als Abenteurerin. Viele würden sie zudem als Einsiedlerin bezeichnen, die unabhängig davon ein sehr freundliches Wesen habe.

INTERVIEW MIT KAYLA KURIN VON AROGA YOGA

Wie bist du auf die Ideen für deine Produkte gekommen? Hast du eine bestimmte Methodik verfolgt?

Ich habe lange darüber nachgedacht bevor ich ein Online-Geschäft begonnen habe. Ich habe ein Jahr lang damit verbracht, die Welt zu bereisen, um mich über die Arbeit auszutauschen und mehr über mich selbst und die Dinge zu lernen, die ich gerne mache und in denen ich gut bin. Ich habe schon immer Yoga geliebt. Zumal Yoga mir sehr dabei geholfen hat, meine chronischen Krankheiten zu überwinden. Deshalb hatte ich mich irgendwann dazu entschlossen, dass ich Yogalehrerin werden wollte. Es hat mir auch gefallen, dass es ein Job ist, den ich überall in die Welt mitnehmen kann. Ich habe angefangen Online-Kurse zu geben, weil ich so mehr Menschen erreichen kann. Außerdem müssen kranke Menschen sich nicht auf den Weg zu mir machen, sondern können von zu Hause aus am Unterricht teilnehmen. Auch, wenn wir in derselben Stadt sind.

Wie lange hat es gedauert, bis du deine ersten 1.000 Euro an monatlichem Einkommen durch deine ortsunabhängige Arbeit generiert hast?

Das hat ungefähr drei Monate gedauert.

Was war deine Motivation, ortsunabhängig zu arbeiten?

Im Jahr 2013 war ich auf einer Weltreise und habe gemerkt, dass ich nicht bereit bin, mit dem Reisen aufzuhören. Ich wusste auch, dass ich die Freiheit und Flexibilität haben wollte, von zu Hause aus zu arbeiten.

Wie sieht ein normaler Arbeitstag in deinem Leben aus? Hast du eine tägliche Routine?

Ich bin an einem Punkt angelangt, an dem ich überall arbeiten kann. Je nachdem, wo ich hingehe und wie lange ich bleibe, arbeite ich von meiner Wohnung, einem Airbnb, einem Hostel, einem Café oder einem Coworking Space aus. Normalerweise fange ich um 9 Uhr morgens an und beginne mit einer Yoga- oder Meditationspraxis. Ansonsten habe ich keinen geregelten Tagesablauf, da sich meine Tage ständig ändern. Die Gestaltung hängt davon ab, mit welchen Kunden und mit welchen Studenten ich arbeite.

Was sind die Vor- und Nachteile einer Remote-Arbeit aus deiner Sicht?

Die Vorteile sind die Freiheit und Flexibilität, die mit ortsunabhängigem

Arbeiten verbunden sind. Das ist wichtig für mich, um reisen zu können, aber auch, um meinen gesundheitlichen Bedürfnissen gerecht zu werden oder Freunde und Familie zu besonderen Anlässen wie Geburtstage und Feiertage zu sehen.
Der Nachteil kann der Mangel an Stabilität sein. Es kann schwierig sein, einen guten Platz mit WLAN zu finden, wenn du immer umziehst. Zudem weiß ich natürlich nie, wie viel ich in einem Monat verdiene, da sich das von Monat zu Monat ändert.

WOMIT KANNST DU ORTSUNABHÄNGIG GELD VERDIENEN? – EINIGE IDEEN

Beschäftigungsformen: Du kannst entweder als Freelancer für verschiedene Auftraggeber arbeiten, Angestellter einer Firma sein, die es dir ermöglicht ortsunabhängig zu arbeiten, oder du wirst unternehmerisch tätig. In Kapitel 6 findest du verschiedene Jobportale, die sich auf ortsunabhängiges Arbeiten spezialisiert haben.

Die folgenden Zeilen geben dir ein paar Ideen an die Hand, wie du ortsunabhängig mit diesem Beruf Geld verdienst. Der Abschnitt ist bewusst kurzgehalten, da viele der Ideen bereits in Kapitel 3 angesprochen wurden. Solltest du an der ein oder anderen Stelle den Wunsch nach mehr Inhalt verspüren, blättere einfach nochmal zum Anfang zurück. Nähere Informationen, wie du Themen für Bücher und Online-Kurse findest, erhältst du in Kapitel 5. Schau außerdem gerne auf unserem Blog vorbei, für alle genannten Tools und Ressourcen im Überblick: https://new-work-life.com/portfolio/yogalehrer.

Führe bestimmte Kernaufgaben ortsunabhängig aus
Sieh dir die typischen Aufgaben eines Yogalehrers an und überlege dir, welche davon du ortsunabhängig ausüben kannst. Kannst du Schülern virtuellen Yogaunterricht geben, indem du von Kommunikations- und Kollaborationsmedien wie Videotelefonie (z. B. Skype), Web-Konferenz (z. B. FreeConferenceCall), Chat (z. B. Slack) und E-Mail (z. B. Gmail) Gebrauch machst? Kannst du ortsunabhängig neue Yogaübungen und -kurse entwickeln? Du könntest dich mit deinem Unterricht z. B. auf bestimmte Altersgruppen (Kinder, Jugendliche, Erwachsene, Senioren) oder auf ein Geschlecht spezialisieren. Oder du bietest pauschal Einsteiger-, Intermediate- und Fortgeschrittenenkurse an. Vermarkte deine Leistungen über eine eigene Website und über Social Media.

Biete ein Online-Programm an
Führe Menschen in die Yogalehre ein und bringe ihnen Yoga bei. Du erklärst Teilnehmern des Programmes die Ursprünge von Yoga, informierst über Wirkungsweise und Nutzen, lehrst unterschiedliche Yogapraktiken und -übungen und weist Teilnehmer Schritt für Schritt in die Yogalehre ein. Eine weitere Möglichkeit wäre ein Programm in Form einer Yoga-Challenge. Bei einer Yoga-Challenge gibst du für einen Zeitraum von X Tagen/Wochen bestimmte Yogaübungen vor, die von den Teilnehmern des Programms absolviert werden müssen. Die Übungen bauen aufeinander auf. Die Challenge besteht darin, fortlaufend über den gesamten Zeitraum durchzuhalten und nach Abschluss des Programms z. B. mehr Beweglichkeit erlangt zu haben. Die Programmteilnehmer können sich während des Programmes untereinander in Online-Gruppen über ihre Fortschritte, etc. austauschen sowie Fragen stellen (an dich und untereinander). Das Programm läuft für eine von dir bestimmte Dauer (z. B. für zwei Monate).

Biete Online-Seminare an
Dein Online-Seminar kann sich an Yogaschüler und/oder Yogalehrer richten. Je nach Zielgruppe könntest du folgende Themenschwerpunkte setzen: Yoga für Beginner, Yoga für Fortgeschrittene, Yoga für Büroangestellte, Yoga für Ärzte, Yoga zur Selbstheilung, Yoga für chronisch Kranke, selbständig machen mit Yoga, Yoga-Nische finden, Yoga-Website bauen, etc.

Veranstalte eine virtuelle Konferenz zum Thema Yoga(lehre)
Deine virtuelle Konferenz kann sich z. B. an Yogaschüler und/oder Yogalehrer richten. Lade Experten aus verschiedenen Yogabereichen als Speaker für deine Konferenz ein.

Verkaufe Yogaprodukte über einen eigenen Webshop
Dies können selbst erstellte Produkte (z. B. MP3s und CDs mit Yogamusik, Videos und MP3s mit Yogaübungen, etc.) oder Produkte von Drittanbietern sein (z. B. Yogabekleidung, Yogamatten, etc.). Wähle in jedem Fall Produkte aus, von denen du zu hundert Prozent überzeugt bist und die du ohne Vorbehalte empfehlen kannst.

Entwickle eine (Mobile) App für Yogainteressierte
Du könntest z. B. eine App mit Yogaübungen für Beginner, Fortgeschrittene, Profis erstellen. Die Übungen könnten einzeln abrufbar oder als Programm über mehrere Tage/Wochen aufeinander aufbauend sein. Alternativ könntest du eine App entwickeln, die Yogalehrer beim Entwurf von

Yogakursen unterstützt (z. B. Yogabausteine, die individuell als Übungen und Kurselemente verkettet werden können). Oder du spezialisierst dich auf Yoga in Unternehmen und entwickelst eine App für Mitarbeiter-Yoga.

Biete an deinem aktuellen Aufenthaltsort „Erlebnisse" an
Dies kann z. B. eine Yogastunde unter freiem Himmel im Park sein.

Leg ein Profil bei einer Crowdfunding-Plattform an
Lass dich von deinen Fans z. B. auf der Crowdfunding-Plattform Patreon.com finanziell unterstützen.

STARTER TOOLKIT – DAS BRAUCHST DU, UM LOSZULEGEN

Notebook, Smartphone, Yoga Zubehör (z. B. Matte, Blöcke)

SOFTWARE:
- Office: z. B. Microsoft Office oder Google Docs
- Kommunikation: z. B. Skype, WhatsApp, Slack, Gmail
- Website / Webshop: z. B. WordPress oder Shopify
- Erstellung von Yogakursen: z. B. Sequenched oder Tummee.com

BÜCHER UND TUTORIALS:
- Buch: „Teaching Yoga: Essential Foundations and Techniques", von Mark Stephens
- Buch: „Yoga-Bibel: Der Weltbestseller mit über 100 Übungen", von Christina Brown
- Buch: „Yoga: Das große Praxisbuch für Einsteiger & Fortgeschrittene", von Inge Schöps
- Tutorial: „Rockstar Teacher Training. This is a Priceless At-Home Certification with Sadie Nardini, E-RYT, Founder of Core Strength Vinyasa Yoga von Sadie Nardini
- Tutorial: „Yoga Medicine's Guide to Therapeutic Yoga. Empower your yoga practice with key insights from anatomy, physiology, & mental health for improved well-being", von Tiffany Cruikshank, auf Udemy
- Tutorial: „Yoga: Schritt für Schritt zu mehr Beweglichkeit und Energie. Lerne Schritt für Schritt Bali Flow Yoga für spürbar mehr Kraft, Energie, Flexibilität und Balance", von Anna Kalhammer, auf Udemy

Detaillierte Informationen zu Tools und Ressourcen, die dir helfen können, ein ortsunabhängiges Einkommen aufzubauen, findest du auf unserem Blog unter: https://new-work-life.com/portfolio/yogalehrer.

HIER FINDEST DU WEITERE INFORMATIONEN

Berufsverband der Yogalehrenden in Deutschland (BDY): https://www.yoga.de
Berufsverband Unabhängiger Gesundheitswissenschaftlicher Yogalehrender (BUGY): http://www.yoga-berufsverband.de

5. PRODUKTIDEEN ENTWICKELN

„Alles auf der Welt kommt auf einen gescheiten Einfall und auf einen festen Entschluss an." – Johann Wolfgang von Goethe

Grundsätzlich ist das Entwickeln von Produkt- und Dienstleistungsideen keine „Rocket Science". Es ist zumeist eine Sache von Kreativität und Einfallsreichtum, kann aber auch sehr strukturiert vonstattengehen. Im Rahmen unserer Arbeit an diesem Buch und im Austausch mit unseren Rolemodels haben wir festgestellt, dass es bestimmte Herangehensweisen für die Entwicklung von Produkt- und Dienstleistungsformaten gibt. In diesem Kapitel wollen wir dir zeigen, wie du vorgehen kannst, um unterschiedliche Formate zu entwickeln, mit denen du ortsunabhängig Geld verdienen kannst.

Ein gutes Mittel, um ortsunabhängig Geld zu verdienen ist der Verkauf von Wissen (wie bereits in Kapitel 3 veranschaulicht). Deines Wissens. Das funktioniert unter anderem sehr gut mithilfe von Büchern und Online-Kursen. Diese Produkte sind beliebig skalierbar und stellen gleichzeitig ein passives Einkommen dar. Passives Einkommen ist als Gegenteil von aktivem Einkommen zu betrachten. Während man aktives Einkommen verdient, indem man Arbeitszeit eins zu eins gegen Geld eintauscht, ist passives Einkommen von der eingesetzten Arbeitszeit entkoppelt. Du investierst eine bestimmte Zeit in die Erstellung eines Produktes und verdienst dann zeitunabhängig am Verkauf des Produktes. Während der Verkaufsphase musst du entweder gar keine Zeit mehr investieren oder nur verhältnismäßig wenig. Das Zeitinvest ist per se unabhängig davon, wie viele Einheiten des Produktes du verkaufst. Egal, ob du 10 oder 100 oder aber 1.000 Einheiten verkaufst, die Zeit, die du investierst, bleibt die gleiche.

Schauen wir es uns an einem konkreten Beispiel an. Nehmen wir an, du bist passionierter Angler. Du weißt, zu welcher Jahres- und Tageszeit der Fisch am besten beißt, welche Köder am besten funktionieren und so weiter. Du entscheidest aufgrund deiner Kenntnisse, einen Angelkurs anzubieten. Andere Menschen sollen von deiner Expertise lernen können. Der Kurs soll vor Ort an deinem „Heimat-Weiher" stattfinden, wo du immer angelst. Du setzt einen Termin für den Kurs fest, kaufst Ausrüstung für fünf Teilnehmer und erstellst ein paar Lernmaterialien. Zum angesetzten Termin triffst du dich mit den Teilnehmern des Kurses an deinem

„Heimat-Weiher" und gibst im Rahmen des Kurses einen Tag lang – von früh bis abends – dein Wissen an die Teilnehmer weiter. Das ist eine super Sache. Du lernst neue Menschen kennen und hast viel Spaß mit ihnen. Einziges Manko: Du kannst den Kurs nicht skalieren und kein passives Einkommen aus ihm generieren. Die maximale Anzahl an Teilnehmern liegt bei fünf Personen. Dieses Kontingent hast du voll ausgeschöpft. Willst du mehr Teilnehmer bedienen, musst du einen zweiten Kurs ansetzen, folglich mehr Zeit investieren. Ein zweiter Kurs würde dir ermöglichen, insgesamt zehn Teilnehmer auszubilden. Was aber, wenn du 50 oder 100 Menschen beibringen willst, wie man angelt? Das wären 10 bzw. 20 Kurse, die du veranstalten müsstest. Du stellst fest, dass du dazu gar nicht die Zeit hast.

Wie wäre es vor diesem Hintergrund, einen Online-Kurs zu erstellen, der Menschen beibringt, wie man angelt und Fische fängt? Das hätte den Vorteil, dass du einmal Zeit investierst und dann zeitunabhängig Geld mit deinem Kurs verdienst. Die Teilnehmeranzahl für deinen Kurs ist unbeschränkt und du kannst ihn so vielen Interessenten anbieten, wie du möchtest, ohne dass es dich mehr Zeit kosten würde.

Um einen Online-Kurs zu erstellen, machst du fast alles so, wie du es auch für den vor-Ort-Kurs an deinem „Heimat-Weiher" gemacht hast. Du erstellst Unterrichtsmaterialien und gehst mit deiner Ausrüstung zum Weiher. Während du für den vor-Ort-Kurs Ausrüstung für alle Teilnehmer besorgen musstest, benötigst du für den Online-Kurs nur deine eigene. Bist du am Weiher angekommen, nimmst du jeden deiner Schritte, die du durchläufst, um Fische zu fangen, auf Video auf und erklärst deine Vorgehensweise so, als wenn du zu Teilnehmern vor Ort sprechen würdest. Danach lädst du deinen Online-Kurs auf eine Online-Lernplattform wie z. B. Udemy hoch und stellst ihn dort zum Verkauf zur Verfügung. Über Plattformen wie Udemy können Millionen von Interessenten auf deinen Kurs zugreifen und ihn kostenpflichtig erwerben. Du erstellst den Kurs ein einziges Mal und kannst ihn ohne zusätzlichen Zusatzaufwand unendlich oft verkaufen.

Das ist nur ein Beispiel dafür, wie du passives Einkommen aufbauen kannst. Ähnlich verhält es sich mit Büchern. Einmal geschrieben, kannst du dein Buch auf einer eigenen Website oder auf Online-Marktplätzen (z. B. Amazon) veröffentlichen und es verkaufen. Ein Buch lässt sich wie ein Online-Kurs beliebig skalieren.

Online-Kurse und Bücher eignen sich folglich sehr gut, um passives Einkommen aufzubauen. Wie aber findest du passende Themen für einen Online-Kurs oder ein Buch? Themen, die dich interessieren und für die eine Nachfrage am Markt besteht? Grundsätzlich gilt: Überlege dir, welche Interessen und Hobbies du hast und worin du gut bist bzw. wo du Stärken besitzt. Schau dann, wie du anderen mit deinen Fähigkeiten weiterhelfen kannst:

- Welches Problem kannst du für andere lösen?
- Was kannst du anderen geben, was ihnen Mehrwert bietet?

Vielleicht sind in der Vergangenheit schon einmal Menschen auf dich zugekommen und haben bei dir Rat gesucht? Ist das der Fall, ist es ein guter Indikator dafür, dass andere Menschen dich in einer bestimmten Sache als Experten wahrnehmen. Das könnte ein Ansatzpunkt für mögliche Themen für ein Buch oder einen Online-Kurs sein.

Solltest du über kein spezielles Hobby verfügen und keine Ahnung haben, worin du gut bist oder wie du anderen Menschen mit deinem Wissen einen Mehrwert bieten kannst, besteht eine weitere Möglichkeit darin, auf spezielle Tools zurückzugreifen. Nachfolgend findest du eine Auswahl möglicher Tools, die du nutzen kannst, um Themen für deine Produkte zu finden.

5.1 AMAZON BESTSELLER-LISTEN

Zu finden unter: https://www.amazon.de/gp/bestsellers

Amazon ist einer der weltweit führenden Online-Marktplätze und Millionen Menschen besuchen ihn tagtäglich, um einzukaufen. Die Produktpalette von Amazon reicht von Accessoires über Kleidung und Kosmetik bis zu Tierbedarf, Elektronik und Büchern. Aufgrund der Vielzahl an Menschen, die täglich dort einkaufen, ist Amazon ein guter Spiegel für Markttrends. Amazon weiß, welche Produkte sich gut verkaufen und was am Markt angesagt ist. Dieses Wissen gibt die Plattform unter anderem in seinen Bestseller-Listen preis. Eine Bestseller-Liste ist eine produktkategorie-basierte Auflistung der Produkte, die am häufigsten über Amazon verkauft wurden. Sie zeigen die hundert am häufigsten verkauften Produkte in einer Produktkategorie im aktuellen Zeitraum.

Nicht nur, aber vor allem wenn du gerne schreibst, ist es für dich sinnvoll, die aktuellen Amazon Bestseller-Listen zu durchsuchen und dort aktuelle Thementrends ausfindig zu machen. Besonders interessant wird dieses Vorgehen, wenn du den Blick über den nationalen Tellerrand hinaus wagst und schaust, was zum Beispiel in den USA gerade angesagt ist. Behalte also nicht nur die deutschen, sondern auch die internationalen Bestseller-Listen im Auge. Die Bestseller-Listen von Amazon.com findest du unter: https://www.amazon.com/gp/bestsellers.

Eine weitere Möglichkeit, Amazons Bestseller-Listen für dich zu nutzen, besteht darin, die gelisteten Bestseller in ein anderes Produktformat zu übertragen, z. B. in einen Online-Kurs. Gerade im Sachbuchbereich ist das eine sehr gute Option, da nicht alle Menschen gerne ein Buch lesen, sondern vielleicht das Videoformat bevorzugen und sich darüber einem Thema nähern möchten.

5.2 AMAZON-SUCHE

Zu finden unter: https://www.amazon.de

Eine weitere Möglichkeit, die du nutzen kannst, um Themen für ein Buch oder einen Online-Kurs zu finden, besteht darin, Suchbegriffe in die Amazon-Suchleiste einzugeben. Amazon schlägt dir auf Basis deiner Eingaben automatisch Suchphrasen vor (über das sich öffnende Dropdown-Menü), die von Amazon Besuchern häufig in die Suchmaske eingegeben werden. Nutze diese Informationen, um mögliche Themen für ein Produkt abzuleiten. Damit du maximalen Mehrwert aus dieser Methode ziehst, hier ein paar Dinge, die du dabei beachten solltest:

1. Melde dich zuerst von deinem Amazon-Konto ab, solltest du eingeloggt sein.
2. Lösche dann deine Browser-Cookies, damit Amazon dich nicht erkennt. Denn jedes Mal, wenn du die Seite von Amazon besuchst, merkt sich die Plattform deine Anwesenheit und deine Suchanfragen.
3. Wenn du die Cookies gelöscht hast, rufe die Amazon-Seite auf und wähle in der Suchleiste links eine Kategorie aus, in diesem Fall „Bücher".

Als nächstes fängst du ganz langsam an, Wörter in die Suchmaske einzugeben. Ganz wichtig: Buchstabe für Buchstabe, ein Wort nach dem anderen.

Die Amazon-Suche funktioniert so, dass sie auf Buchstabenbasis jeweils andere Suchphrasen vorschlägt. Im Folgenden ein konkretes Beispiel: Wir geben in das leere Feld der Suchmaske als erstes Wort das Wort „Hunde" (natürlich ohne Anführungszeichen) ein, weil wir uns für Hunde interessieren. Sobald wir „Hunde" eingegeben haben, erscheint im Dropdown-Menü die automatisch durch Amazon generierte Suchphrase „Hundeerziehung Bücher". Das klingt doch schon recht interessant. Also klicken wir diese Suchphrase an und lassen uns die Ergebnisse anzeigen. Ein kurzer Blick zeigt uns, dass es insgesamt 72 Suchergebnisseiten auf Amazon zu dieser Suchphrase gibt. Das ist nicht gerade überschaubar und dementsprechend keine Nische, die vielversprechend ist. Das Thema „Hundeerziehung" ist jedoch grundsätzlich interessant. Deshalb geben wir als nächstes „Hundeerziehung" in die Suchmaske ein und erhalten „Hundeerziehung für Kinder" als automatisch vorgeschlagene Suchphrase. Hier gibt es nur noch elf Seiten mit Ergebnissen und ein erster Blick zeigt, dass hier nicht alle Ergebnisse der Kategorie richtig zugeordnet sind. Bereits das an zweiter Position in den Suchergebnissen gelistete Buch hat nichts mehr mit Kindern zu tun. Von den insgesamt 16 Treffern, passen sieben nicht zur Suchanfrage. Auf den nachfolgenden Seiten sieht es noch schlechter aus. Das liegt allerdings nicht daran, dass die Amazon-Suche die falschen Bücher „herausgesucht" hat, sondern vielmehr daran, dass das Angebot zur Suchphrase „Hundeerziehung für Kinder" sehr überschaubar ist. Demnach gibt es hier ggf. eine Marktnische, die noch das eine oder andere Produkt vertragen könnte. Das heißt jetzt nicht, dass du sofort anfangen sollst, ein Buch zum Thema „Hundeerziehung für Kinder" zu schreiben. Wir wollten anhand dieses Beispiels vielmehr die Vorgehensweise erläutern, wie du mithilfe der Amazon-Suche Themen generierst.

5.3 UDEMY

Zu finden unter: https://www.udemy.com

Udemy ist eine Internetplattform für Online-Kurse. Du kannst über die Plattform Online-Kurse zu verschiedenen Themen und Themengebieten kaufen sowie Kurse zum Verkauf anbieten. Udemy ist mit ca. 65.000 Kursen und 15 Mio. Kursteilnehmern eine der führenden Online-Lernplattform weltweit.

Die Website von Udemy verfügt wie die von Amazon über eine Suchleiste. Wie bei Amazon gibst du einzelne Suchbegriffe langsam in die

Maske ein und Udemy schlägt dir auf Basis deiner Eingaben automatisch die häufigsten Suchanfragen dazu vor. So findest du im Handumdrehen heraus, was häufig auf der Plattform gesucht wird und wo Potenzial liegt. Zuvor loggst du dich, wie bei Amazon auch, aus deinem Udemy Account (solltest du einen haben) aus und löschst deinen Cookie-Cache, um keine „verfälschten" Ergebnisse zu bekommen.

Wenden wir uns nun noch einmal dem Beispiel mit der „Hundeerziehung" zu. Unsere Suche auf Amazon hat ergeben, dass dieser Begriff alleinstehend zu viele relevante Suchergebnisse liefert, um interessant zu sein. Wie verhält es sich jedoch auf Udemy? Gibt es hier ebenso viele „Treffer" oder hat das Thema „Hundeerziehung" möglicherweise Potenzial für einen Online-Kurs? Wir geben den Begriff „Hundeerziehung" in die Udemy-Suche ein und finden heraus, dass es in deutscher Sprache nur einen einzigen Kurs zu dem Thema gibt (Stand Juni 2018). Geben wir den Begriff auf Englisch ein („dog training"), stellen wir fest, dass es zahlreiche Kursangebote mit zum Teil tausenden von Abonnenten und Rezensionen gibt. Das könnte ein Hinweis darauf sein, dass hier eine Marktlücke besteht, die du mit einem weiteren deutschsprachigen Kurs bedienen könntest.

Mach dir anderssprachige Märkte (z. B. den englischsprachigen Markt) zunutze; schau, was dort funktioniert und überleg dir, wie du daraus ein Angebot für den deutschsprachigen Markt schaffen könntest. Durchstöbere das Udemy-Kursangebot und lass dir dabei ausschließlich englischsprachige Kurse anzeigen. Wenn du dabei ein interessantes Kursangebot findest (Stichwort: Viele Kursabonnenten und viele positive Bewertungen), dann vergleiche es mit den Angeboten in deutscher Sprache. Möglicherweise gibt es hier entweder noch keins oder aber nur sehr wenig Angebot.

Solltest du der Meinung sein, dass deutschsprachige Kurse überflüssig sind, weil heutzutage jeder Englisch spricht, überlege dir Folgendes: Wenn dir zu einem Thema, in dem du dich nicht auskennst und das womöglich mit der Verwendung von Fachbegriffen einhergeht, ein Kurs auf Englisch und ein Kurs auf Deutsch zur Verfügung steht, für welchen entscheidest du dich? Hand aufs Herz, die meisten von uns würden wohl den deutschsprachigen Kurs wählen, weil sie wüssten, dass sie hier in jedem Fall alles verstehen würden.

5.4 GOOGLE SUGGEST

Zu finden unter: https://www.google.de

Google Suggest funktioniert über die Suchleiste bei Google. Das Prinzip ist ähnlich wie bei Amazon und Udemy, nur dass sich Google Suggest auf die globale Google-Suche bezieht.

Du tippst einen Suchbegriff bzw. verschiedene Suchwörter langsam in die Google Suchleiste ein und Google schlägt dir automatisch in einem Dropdown-Menü die am häufigsten zu deinen eingegebenen Wörtern gesuchten Suchphrasen vor. Der Terminus „suggest" heißt nämlich nichts anderes als „vorschlagen".

Bevor du loslegst, loggst du dich aus deinem Google Konto aus und löschst deinen Browserverlauf, damit Google bei der Ausgabe der Suchphrasen nicht auf dein historisches Suchverhalten Bezug nehmen kann.

5.5 GOOGLE KEYWORD PLANNER

Zu finden unter: https://adwords.google.com/um/signin?hl=de_DE -> Tools -> Keyword Planner

Der Google Keyword-Planner ist ein hilfreiches Tool, weil er unter anderem die durchschnittlichen monatlichen Suchanfragen für definierte Suchbegriffe anzeigen kann. Du gibst bestimmte Suchbegriffe (einzelne Wörter oder Suchphrasen) in das Tool ein und erhältst innerhalb kurzer Zeit Informationen zur Anzahl der Suchanfragen für den Suchbegriff, nebst einer Auflistung ähnlicher Suchbegriffe. Zudem werden dir Wettbewerbsdaten für einen Suchbegriff zur Verfügung gestellt. Anhand dieser kannst du erkennen, wie begehrt ein Suchbegriff oder eine Suchphrase für Werbezwecke auf Google ist.

    Grundsätzlich kannst du den Keyword Planner auf verschiedene Art und Weise für deine Zwecke konfigurieren. Du kannst dir z. B. eine Auswertung der Suchanfragen auf Länderbasis anzeigen lassen (z. B. wie häufig wurde der Begriff „Hundeerziehung" in Deutschland gesucht?) oder für einzelne Gebiete oder Orte (z. B. wie häufig wurde der Begriff „Hundeerziehung" in Berlin gesucht?). Weiterhin kannst du den Zeitraum festlegen, innerhalb dessen gesucht werden soll, z. B. im letzten Jahr, im letzten Monat oder in der letzten Woche.

Was die Auswertung der Suchanfragen angeht, bekommst du in der Regel keine exakten Angaben. Vielmehr erhältst du Bandbreitenwerte von 100 bis 1.000, 1.000 bis 10.000, 100.000 bis 1 Million, usw. Da du zunächst nur ein erstes Gespür für die Relevanz deiner Idee bekommen möchtest, reicht das aus. Erweitere deine Suchphrase um weitere relevante Suchbegriffe, um spezifischer zu werden und mehr in eine Nische zu gehen. Das Suchvolumen mag vielleicht kleiner ausfallen, jedoch ist häufig der Wettbewerb nicht so stark. Verwende z. B. die Suchphrase „Ratgeber Hundeerziehung und Kinder". Oder noch besser „Ratgeber Hundeerziehung und Kinder kaufen". Wenn du feststellst, dass diese Suchphrase zum Beispiel 10.000 bis 100.000 Mal pro Monat gesucht wird, kannst du daraus ableiten, wie gut sich ein Buch oder ein Online-Kurs zu diesem Thema verkaufen ließe.

5.6 GOOGLE TRENDS

Zu finden unter: https://trends.google.de/trends

Um allgemeine Entwicklungen abzufragen, bietet dir Google Trends eine sehr gute und übersichtliche Möglichkeit. Du kannst mit dem Tool die Popularität bestimmter Suchbegriffe im Zeitverlauf analysieren. Damit deine Analyse möglichst aussagekräftig ist, kannst du verschiedene Parameter festsetzen. Du kannst z. B. das Land definieren, auf das sich die Analyse beziehen soll („Wie haben sich die Suchanfragen zum Suchbegriff „Hundeerziehung" in Deutschland entwickelt?"), den Zeitraum für die Analyse bestimmen („Wie haben sich die Suchanfragen zum Suchbegriff „Hundeerziehung" in den letzten 4 Jahren/ in den letzten 12 Monaten/ im letzten Quartal entwickelt?") oder das Suchspektrum vorgeben („Wie haben sich die Suchanfragen zum Suchbegriff „Hundeerziehung" auf Google Shopping/ in der Google Bildersuche/ in der YouTube-Suche entwickelt?").

Zum besseren Verständnis findest du im Folgenden einen Screenshot der Analyse für den Suchbegriff „Hundeerziehung", die wir durchgeführt haben (Stand März 2018). Als Parameter haben wir „Suchanfragen weltweit", „letzte 12 Monate" und „Suche im gesamten Web" definiert. Im Ergebnis zeigt sich ein volatiles Interesse an der Thematik auf recht hohem Niveau, mit positivem Trend.

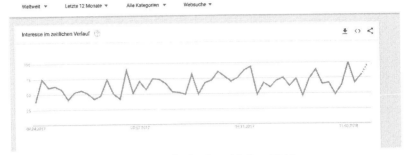

Quelle: https://trends.google.de, Stand März 2018

Wenn du weiter unten im Ergebnis schaust, informiert dich Google Trends über ähnliche Suchanfragen im Kontext „Hundeerziehung": Hundeerziehung online, Hundeerziehung leicht gemacht, Hundeerziehung Tipps und YouTube Hundeerziehung.

Ähnliche Suchanfragen	Zunehmend
1 hundeerziehung online	+300%
2 hundeerziehung leicht gemacht	+70%
3 hundeerziehung tipps	+60%
4 youtube hundeerziehung	+60%

Quelle: https://trends.google.de, Stand März 2018

5.7 GOOGLE CORRELATE

Zu finden unter: https://www.google.com/trends/correlate

Ein weiteres Google Tool, das du nutzen kannst, um Themen für Bücher und Online-Kurse zu finden, ist Google Correlate. Während Google Trends das Suchvolumen und den Suchtrend für Suchbegriffe und Suchphrasen innerhalb einer bestimmten Zeit ausweist, nennt Google Correlate Suchbegriffe, die im Zeitablauf vom Suchvolumen her miteinander korrelieren.

Schauen wir uns das Ganze des besseren Verständnisses wegen anhand eines konkreten Beispiels an. Wir nehmen wieder unseren Suchbegriff „Hundeerziehung" und geben diesen in Google Correlate ein. Als Suchparameter geben wir an, dass sich die Abfrage auf „Deutschland" beziehen soll. Als Darstellungsart wählen wir „weekly time series". Nun suchen wir nach Korrelationen.

Quelle: https://www.google.com/trends/correlate/search?e=hundeerziehung&t=weekly&p=de, Stand 21.08.2018

Als Resultat unserer Abfrage erhalten wir die Begrifflichkeiten „Partnersuche", „Irfanview", „Freeware", „Productions", usw. als korrelierende Suchbegriffe. Die resultierenden Begriffe scheinen in keinem inhaltlichen Zusammenhang mit dem von uns eingegebenen Suchbegriff „Hundeerziehung" zu stehen. Allen Begrifflichkeiten ist jeweils ein Korrelationskoeffizient mit einem Wert zwischen 0,93 und 0,95 vorangestellt. Der Korrelationskoeffizient spiegelt die Stärke einer Korrelation wider. Je höher er ist (maximal kann er 1,0 betragen), desto größer ist der Zusammenhang. Der Zusammenhang bezieht sich dabei nicht auf die Verwandtschaft der Begrifflichkeiten untereinander, sondern auf das Suchvolumen zweier Begriffe im Zeitverlauf. Liegt ein hoher Korrelationskoeffizient vor, heißt das, dass der eingegebene Suchbegriff, in unserem Fall „Hundeerziehung", im Zeitverlauf ähnlich häufig gesucht wurde wie die Begriffe „Partnersuche", „Irfanview", „Freeware", „Productions", usw. Je stärker die Korrelation, desto ähnlicher das Suchvolumen zweier Begriffe in einem bestimmten Zeitraum.

Wie kannst du die Ergebnisse, die dir Google Correlate liefert, nun für die Themenfindung für dein Buch oder deinen Online-Kurs nutzen? Google Correlate hilft dir weiter, wenn es dein primäres Ziel ist, ein Produkt zu schaffen, dass sich, unabhängig von einem bestimmten Thema, gut verkauft. Du bist breit aufgestellt, was die Wahl deines Themas anbelangt und vielseitig interessiert? Gut. Dann kannst du Google Correlate dazu nutzen, häufig im Netz gesuchte Wörter zu finden, um diese als Inspiration für ein potenzielles Thema zu verwenden. Starte damit, einen ersten Begriff zu finden, der häufig online gesucht wird. Dafür kannst du z. B. Google Suggest und den Google Keyword Planner nutzen. Hast du einen häufig gesuchten Begriff identifiziert, gibst du diesen in Google Correlate ein und findest darauf basierend weitere Begriffe, die ein ähnlich hohes Suchvolumen in einem bestimmten Zeitraum aufweisen und somit ggf. Potenzial als Thema für dein Buch oder deinen Online-Kurs haben. Im Unterschied zum oben genannten Google Keyword Planner gibt Google Correlate nicht nur Suchbegriffe aus, die mit deinem Suchbegriff ähnlich sind, sondern auch Suchbegriffe, die in keinem inhaltlichen Zusammenhang mit ihm stehen, also vollkommen entkoppelt sind. Die Nutzung von Google Correlate zur Themenfindung ist insbesondere dann sinnvoll, wenn dein initialer Suchbegriff bereits häufig für Produkte verwendet wurde und du nach Alternativen suchst, ohne dabei auf einen bestimmten thematischen Bereich festgelegt zu sein.

5.8 ANSWER THE PUBLIC

Zu finden unter: https://answerthepublic.com

Eine weitere interessante Alternative zur Themenfindung ist die Plattform „Answer the Public". Hier bekommst du nicht nur einzelne Wortvorschläge, sondern auch Fragen, die von Suchenden in die Suchmaschinen Google und Bing eingegeben wurden. Dabei handelt es sich immer um die klassischen W-Fragen und weitere Kombinationen. Zum besseren Verständnis im Folgenden ein paar Fragen, die erscheinen, wenn du das

Suchwort „Hundeerziehung" eingibst (vgl. auch Abbildung unten): „Wann fängt Hundeerziehung an?", „Warum ist Hundeerziehung wichtig?", „Welche Hundeerziehung ist die beste?" und so weiter.

Neben Fragestellungen erhältst du über „Answer the Public" Vergleiche und Präpositionen, die Suchmaschinennutzer im Zusammenhang mit deinem Suchwort in die Suche eingegeben haben. Für das Beispiel „Hundeerziehung" sind das unter anderem die Vergleiche: „Hundeerziehung **gleich** Kindererziehung", „Hundeerziehung Rüde **oder** Hündin" oder „Hundeerziehung mit Halsband **oder** Geschirr". Unter Präpositionen finden sich unter anderem die Suchphrasen: „Hundeerziehung **nach** Biss", „Hundeerziehung **mit** System" und „Hundeerziehung **ohne** Worte".

Leider liefert das Tool keine Zahlen zum Suchvolumen der Wortkombinationen und Suchphrasen. Daher kannst du keine unmittelbaren Schlüsse auf die Relevanz der Begrifflichkeiten ziehen. Das ist jedoch kein Problem, denn du kannst die bereits bekannten Optionen, z. B. den Google Keyword Planner, dafür nutzen und dich so einem potenziell interessanten Thema Schritt für Schritt annähern.

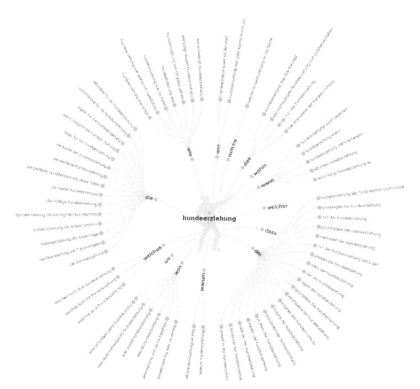

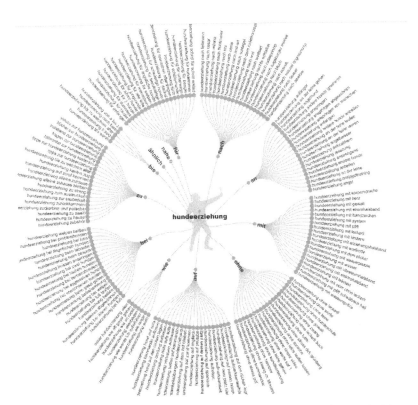

Quelle: https://answerthepublic.com/reports/67db1594-07ce-4004-bb9b-1bbe859c80ae, Stand 21.08.2018

6. ARBEIT FINDEN

„Dem Geist sind keine Grenzen gesetzt außer denen, die wir als solche anerkennen." – Napoleon Hill

6.1 JOBBÖRSEN FÜR FREELANCER UND AUFTRAGSARBEIT

In diesem Kapitel möchten wir dir ein paar Jobbörsen an die Hand geben, die explizit für Freelancer und Auftragsarbeit entwickelt wurden (auch wenn wir bemüht sind, ein umfangreiches Portfolio anzubieten, erheben wir keinen Anspruch auf Vollständigkeit).

Als Freelancer kannst du die Börsen nutzen, um Kunden zu akquirieren. Du kannst in den Börsen nach geeigneten Projekten suchen oder dich von Unternehmen über dein Profil finden lassen. Auch hier gilt: nicht jede Börse ist für jeden geeignet, sondern die Entscheidung für eine Börse muss immer in Abhängigkeit von der eigenen Marketingstrategie und Zielgruppe erfolgen.

Weiterhin listet nicht jede Börse die gleiche Art von Tätigkeiten und Projekten. So hat eine Börse z. B. ein enges Spektrum an angebotenen Tätigkeiten (z. B. nur Entwickler-, Designer- und Finance-Jobs) und eine andere Börse ein sehr breites Angebot. Gleiches gilt für das Thema Ortsunabhängigkeit. Einige Börsen listen ausschließlich Remote-Arbeit (z. B. Fiverr), andere sowohl Remote-Arbeit als auch vor-Ort-Projekte (z. B. Upwork).

UPWORK
https://www.upwork.com
Jobkategorien:
- IT Programmierung
- Design
- Texten
- Admin Support
- Marketing
- Buchhaltung
- Beratung
- Customer Service
- Data Science und Analytics
- Ingenieurwesen und Architektur
- Recht

und viele mehr

FREELANCER MAP
https://www.freelancermap.de
Jobkategorien:
- IT Programmierung
- Grafik
- Content und Medien
- IT Infrastruktur
- Beratung und Management
- SAP
- Ingenieurwesen

TWAGO
https://www.twago.de
Jobkategorien:
- IT Entwicklung
- Design und Medien
- Vertrieb und Marketing
- Unternehmenservices
- Übersetzung
- Texten

und viele mehr

FREELANCER.COM
https://www.Freelancer.com
Jobkategorien:
- Design, Kunst, Medien
- Finanzen, Versicherung, Recht
- IT und Entwicklung
- Management, Unternehmen, Strategie
- Technik, Ingenieurwesen
- Einkauf, Handel, Logistik
- Forschung, Wissenschaft, Bildung
- Marketing, Vertrieb, Kommunikation
- Sprachen, Dienstleistung, Soziales

DNX JOBS
https://www.dnxjobs.de
Jobkategorien:
- General Management
- Audio und Videoproduktion
- Community Management

- Content
- Customer Service
- Design
- Event Management
- Finanzen und Accounting
- HR
- IT und Programmierung
- Online-Marketing
- Produktmanagement
- Verkauf
- Social Media
- Übersetzung
- Virtuelle Assistenz

PROJEKTWERK
https://www.projektwerk.com/de
Jobkategorien:
- Architektur
- Engineering
- Fashion
- Consulting
- IT
- Medien
- Gesundheitswesen

FREELANCER-OESTERREICH.AT
https://www.freelancer-oesterreich.at
Jobkategorien:
- Consulting
- Coaching
- Datenanalyse
- Event Management
- Finanzen
- Video/Foto
- Grafikdesign
- Ingenieurwesen
- Architektur
- IT
- Kommunikationsdesign
- PR/Kommunikation
- Texter

- Trainer
- Webdesign

und vieles mehr

XING PROJEKTE
https://projectsinfo.xing.com
Jobkategorien:
- IT und Softwareentwicklung
- Ingenieurwesen und Technik
- Marketing und Werbung
- Beratung / Consulting
- Vertrieb und Handel
- Finanzen, Rechnungswesen und Controlling
- Forschung, Lehre und Entwicklung
- Projektmanagement
- Gesundheit, Medizin und Soziales
- Produktion und Handwerk
- Prozessplanung und Qualitätssicherung
- Grafik, Design und Architektur
- Personalwesen und HR
- Administration, Sachbearbeitung und Verwaltung
- Einkauf, Materialwirtschaft und Logistik
- Management und Unternehmensentwicklung
- PR, Öffentlichkeitsarbeit und Journalismus
- Recht
- Customer Service und Kundenbetreuung

FREELANCE- MARKET.DE
https://www.freelance-market.de
Jobkategorien:
- Architektur
- Beratung
- Coaching
- Eventmanagement
- Entwicklungshilfe
- Finanzen
- Fotografie
- Grafikdesign
- Immobilien
- Ingenieurwesen
- IT

- Marketing
- Produktdesign
- Psychologie
- Recht
- Sprache
- Texter
- Video und viele mehr

SIMPLY HIRED
https://www.simplyhired.com
Jobkategorien:
- Accounting
- Medizin
- Vertrieb
- Customer Care
- Marketing
- Administration
- IT Entwicklung
- Projektmanagement
- Finanzen
- Recht
- Design
- Architektur
- Ingenieurwesen

und viele mehr

WE WORK REMOTELY
https://weworkremotely.com
Jobkategorien:
- Design
- IT Entwicklung
- Customer Support
- Texte
- Marketing
- Management

und einige mehr

DIGITALNOMAD-JOBFINDER.COM
http://digitalnomad-jobfinder.com
Jobkategorien:
- Design

- IT Entwicklung
- Customer Support
- Texte
- Marketing
- Management

und einige mehr

FACEBOOK-GRUPPE: Digital Nomad Jobs: Remote Job Opportunities
https://www.facebook.com/groups/remotejobsfordigitalnomads
Jobkategorien:
- es handelt sich hierbei um eine Facebook-Gruppe
- es sind unterschiedliche Job-Kategorien verfügbar
- Job-Kategorien sind nicht filterbar. Jobangebote erscheinen im üblichen Facebook Stream einer Gruppe

FACEBOOK-GRUPPE: Remote Work & Jobs for Digital Nomads
https://www.facebook.com/groups/remotework.digitalnomads
Jobkategorien:
- es handelt sich hierbei um eine Facebook-Gruppe
- es sind unterschiedliche Job-Kategorien verfügbar
- Job-Kategorien sind nicht filterbar. Jobangebote erscheinen im üblichen Facebook Stream

FACEBOOK-GRUPPE: Remote & Travel Jobs
https://www.facebook.com/groups/RemoteTravelJobs
Jobkategorien:
- es handelt sich hierbei um eine Facebook-Gruppe
- es sind unterschiedliche Job-Kategorien verfügbar
- Job-Kategorien sind nicht filterbar. Jobangebote erscheinen im üblichen Facebook Stream
- die Facebook-Gruppe ist mit der Jobbörse https://pangian.com verknüpft

6.2 GELD VERDIENEN ALS ANGESTELLTER – SO FINDEST DU ARBEITGEBER

Remote arbeiten zu wollen, heißt nicht zwingend selbständig sein zu müssen. Mittlerweile gibt es zahlreiche Firmen, sowohl im Start-up als auch im etablierten Bereich, die auf ortsunabhängiges Arbeiten setzen. Da ist zum Beispiel *Automattic*, für die unsere Rolemodels Yanir and Simon arbeiten. *Automattic* ist die Firma hinter WordPress und wurde im August 2005 von Matthew Mullenweg als Webentwicklungsunternehmen gegründet.

In fünf Finanzierungsrunden sammelte die Firma 317,3 Millionen US-Dollar an Venture Capital ein. In der letzten Finanzierungsrunde, im Mai 2014, wurde das Unternehmen auf einen Wert von 1,16 Milliarden US-Dollar geschätzt. Zum Zeitpunkt der Entstehung dieses Buches hat das Unternehmen weltweit 717 Mitarbeiter.

Ein weiteres Beispiel für ein etabliertes Remote-Unternehmen ist die Firma *Inpsyde GmbH*. Inpsyde ist die größte WordPress Agentur auf dem deutschen Markt und wurde im Jahr 2006 von Alexander Frison (heutiger COO der Firma) und Heinz Rohé (heutiger CEO der Firma) gegründet. Im Fokus steht die Entwicklung von Lösungen im Zusammenhang mit dem Open Source Content Management System WordPress, d. h. Plugins, Websites, Themes, Templates, etc. *Inpsyde* beschäftigt heute um die 32 Mitarbeiter (Stand Januar 2018), die alle zu hundert Prozent remote arbeiten. Den Grund dafür beschreibt Mitgründer und COO Alexander Frison wie folgt:

> „... We're able to hire people all around the world, not only within a certain area. (...) we as the founders already live in different places and have the possibility to find the best WordPress developer all over Germany or worldwide. Location shouldn't be a boundary to work at Inpsyde."[47]

(Übersetzung Zitat: *„Wir sind in der Lage, Leute von überall auf der Welt einzustellen, nicht nur aus einer bestimmten Gegend. (...) wir als Gründer leben schon an verschiedenen Orten und haben [durch Remote Work] die Möglichkeit, die besten WordPress Entwickler in ganz Deutschland und weltweit zu finden. Der Standort sollte keine Hemmschwelle sein, um bei Inpsyde zu arbeiten."*)

---

[47] Alexander Frison von Inpsyde im Interview mit Remote.co: https://remote.co/company/inpsyde-gmbh, abgerufen am 04.07.2018.

Um den Zusammenhalt der Mitarbeiter innerhalb der Firma zu stärken, findet mindestens einmal im Jahr ein persönliches Team-Meeting ohne Internet oder Computer statt. Hierbei wird Wert auf eine gute Zeit miteinander gelegt. Es stehen weniger die Arbeit, als vielmehr Geselligkeit und Spaß im Vordergrund. Neben regelmäßigen Team-Meetings treffen sich Mitarbeiter von *Inpsyde* zudem häufiger auf sog. WordCamps in Europa und Deutschland. WordCamps sind informelle Konferenzen zum Thema WordPress, die von der WordPress Community organisiert werden.

Die Firma *komoot GmbH* aus Deutschland setzt ebenfalls auf ein ortsunabhängiges Arbeitsmodell. Als Anbieter einer Outdoor-Navigations App für Wanderer und Biker wurde das Unternehmen im Jahr 2010 von Markus Hallermann (heutiger CEO), Jonas Spengler (heutiger CTO) und vier weiteren Gründern ins Leben gerufen. Mittlerweile zählt die Firma rund 30 Mitarbeiter (Stand November 2017) und arbeitet seit Anfang 2017 komplett remote. Die komoot App gehört mit ca. vier Millionen Nutzern zu den beliebtesten Outdoor Apps am Markt und wurde mehrfach von Apple und Google als eine der besten Apps des Jahres prämiert. Sie richtet sich speziell an Outdoorliebhaber und hilft diesen, ihre Routen zu planen. Mitgründer Jonas Spengler begründet die Umstellung des Unternehmens auf Remote Work im Interview mit Xing wie folgt:

„Ein Büro ist kein Garant für effizientes und zufriedenes Arbeiten. (...) Dass alle Mitarbeiter in einem Büro sitzen müssen, sehen wir nicht mehr als so zeitgemäß an. (...) Für uns als Firma ergeben sich die Vorteile, dass wir die Mitarbeiter überall anwerben können, d. h. wir sind nicht beschränkt auf Leute, die in Berlin wohnen oder in Berlin wohnen wollen. Wir haben quasi einen globalen Talentpool, aus dem wir schöpfen können. Und das schlägt sich von Recruiting-Seite so nieder, dass wir wahnsinnige Nachfrage nach unseren Stellen haben und natürlich jetzt viel bessere Leute sourcen können. Der zweite Vorteil des Unternehmens ist so eine Retention-Geschichte. Das bedeutet, dass Mitarbeiter, deren Lebenssituation sich verändert, das Unternehmen nicht verlassen, um beispielsweise mit der Frau nach München zu ziehen, (...) sondern einfach im Unternehmen bleiben. Und dann bleibt auch das Wissen im Unternehmen und man hat keine Fluktuation von Key-Knowledge Personen, die man normalerweise hat, wenn man sagt, jeder muss immer vor Ort sein." [48]

---

[48] Jonas Spengler im Interview mit Xing Talk unterwegs: https://www.xing.com/news/articles/arbeiten-ohne-buro-warum-wir-auf-feste-arbeitsplatze-verzichten-1067159, abgerufen am 04.07.2018.

Ein Beispiel für ein weiteres Remote-Unternehmen ist die Firma *Buffer*. *Buffer* wurde im Jahr 2010 von Joel Gascoigne und zwei weiteren Personen gegründet und besitzt heute mehr als 80 Mitarbeiter (Stand Mai 2017), die remote über die Welt verteilt arbeiten. Geld verdient das Unternehmen mit der gleichnamigen Software, die Nutzer beim Social Media Account Management und bei der Terminierung von Social Media Beiträgen unterstützt. Mit mehr als 60.000 Kunden verdiente das Unternehmen im Jahr 2017 mehr als 15 Millionen US-Dollar. *Buffer* ist seit seiner Gründung im Jahr 2010 ortsunabhängig aufgestellt und Remote Work formt einen wichtigen Bestandteil der Unternehmenskultur. Public Relations Manager Hailley Griffis nennt folgende Gründe für die Wahl des ortsunabhängigen Arbeitsmodells:

„We want our team to be free to choose the place on earth where they feel happiest and most productive. We have teammates that stay at home with their kids, or who travel and work from a RV (Recreational Vehicle). This freedom to choose where to live and work has both brought us incredible teammates from around the world, and given us a naturally self-motivated team. Another huge benefit to remote work for Buffer is the ability to have our customer advocacy team and our engineering team in various time zones. From Vancouver to Sri Lanka, we nearly always have someone online for when a customer might need help. The main reason this is important for us is that it's a part of our vision at Buffer to set the bar for high quality customer service and being able to respond to people quickly has been a major advantage there."[49]

(Übersetzung Zitat: „Wir wollen, dass unsere Teammitglieder denjenigen Ort auf der Welt wählen können, an dem sie sich am glücklichsten und produktivsten fühlen. Wir haben Kollegen, die zu Hause bei ihren Kindern bleiben oder mit einem Wohnmobil reisen und darin arbeiten. Die Freiheit zu wählen, wo man leben und arbeiten möchte, hat unglaubliche Teammitglieder aus der ganzen Welt zu uns geführt und hat ein auf natürliche Weise selbstmotiviertes Team geschaffen. Ein weiterer großer Vorteil von Remote-Arbeit ist die Möglichkeit, unser Kundenberatungsteam und unser Entwicklungsteam in verschiedenen Zeitzonen zu haben. Von Vancouver bis Sri Lanka ist fast immer jemand online, wenn ein Kunde Hilfe braucht. Der Hauptgrund, warum dies für uns wichtig ist, besteht darin, dass es Teil unserer Vision bei Buffer ist, den Maßstab für qualitativ hochwertigen Kundenservice zu setzen, und die Möglichkeit zu haben, schnell auf Leute reagieren zu können, war dabei ein großer Vorteil.")

---

[49] Hailley Griffis gegenüber der London School of Economics: http://blogs.lse.ac.uk/businessreview/2017/08/30/buffer-why-we-abolished-the-office-and-became-a-fully-remote-team, abgerufen am 04.07.2018.

Zur Stärkung des Team-Zusammenhaltes und zum persönlichen Kennenlernen der Kollegen veranstaltet Buffer jährliche Retreats an unterschiedlichen Orten rund um den Globus.

Vorreiter im Bereich Remote Work ist die USA. Dementsprechend hoch ist auch die Dichte an Unternehmen, die auf ortsunabhängiges Arbeiten setzen. Die Firma *Automattic*, wie oben beschrieben, ist eine davon. Zwei weitere prominente Beispiele sind die Unternehmen *FlexJobs* und *Trello*. *FlexJobs* wurde im Jahr 2007 von Sara Sutton Full (heutige CEO) gegründet und ist eine Internet-Jobbörse, die sich auf flexible Jobs spezialisiert hat. Die Börse hilft Jobsuchenden dabei, Remote Work und Freelance Jobs zu finden, indem sie entsprechende Jobs vorselektiert und für Jobsuchende auf der Plattform bereitstellt. *FlexJobs*, das heute um die 94 Mitarbeiter (Stand Juli 2018) beschäftigt und zu hundert Prozent remote arbeitet, entstand aus der Not der Gründerin heraus. Sara Sutton Full war damals schwanger mit ihrem ersten Sohn und auf der Suche nach einem Job, der es ihr ermöglichte, flexibel von zuhause aus zu arbeiten. Schnell stellte sie fest, dass das kein leichtes Unterfangen war und gründete daraufhin *FlexJobs*. Auf die Frage, warum ihr Unternehmen seit jeher remote aufgestellt ist, antwortet sie wie folgt:

> „I think our model of providing a flexible workforce for employees is much more sustainable than traditional work models in many ways. (...) Everyone on our team works remotely from home offices, and almost all positions have schedule flexibility. There are only a few positions, like client services, which have set hours to make sure the phones are covered. We all have lives outside of work, and I don't make them choose between their lives or their work. You have more loyalty from employees if you work that way. It's really a win-win."[50]

(Übersetzung Zitat: „Ich denke, das Modell Mitarbeiter als flexible Arbeitskräfte einzusetzen ist in vielerlei Hinsicht viel nachhaltiger als traditionelle Arbeitsmodelle. (...) Jeder in unserem Team arbeitet remote vom Home-Office aus, und fast alle Positionen haben flexible Arbeitszeiten. Es gibt nur wenige Stellen, wie z. B. den Kundenservice, die feste Arbeitszeiten haben, um sicherzustellen, dass das Telefon bedient wird. Wir alle haben ein Leben außerhalb der Arbeit, und ich lasse Mitarbeiter nicht zwischen ihrem Leben oder ihrer

---

[50] Sara Sutton Fell im Interview mit LearnVest auf themuse: https://www.themuse.com/advice/sara-sutton-fell-why-i-founded-flexjobs , abgerufen am 04.07.2018.

Arbeit wählen. Du erfährst mehr Loyalität von Mitarbeitern, wenn du auf diese Weise arbeitest. Es ist wirklich eine Win-Win-Situation.")

Trello, das 2011 von Joel Spolsky und Michael Pryor (heutiger CEO) ins Leben gerufen wurde und die gleichnamige Projektmanagement-Software Trello vertreibt, ist sowohl remote als auch office-basiert: ca. 40 Prozent der heute rund 100 Mitarbeiter des Unternehmens (Stand Januar 2018) arbeiten aus dem New Yorker Büro der Firma und ca. 60 Prozent ortsunabhängig. Generell steht es jedem Mitarbeiter frei, seinen Arbeitsplatz zu wählen, sei es das New Yorker Büro, ein Coworking Space oder das Home-Office. Die Software Trello ist ein web-basiertes Kollaborationstool für Teams, das aus Karten, Listen und Boards besteht. Konzipiert ist die Software als Freemium-Angebot, d. h. sie ist in der Basisversion für Nutzer gratis und wird mit steigendem Funktionsumfang kostenpflichtig. Das Kollaborationstool ist am Markt sehr beliebt und besitzt mittlerweile über 19 Millionen Nutzer (Stand Januar 2017) und einen Firmenwert in Höhe von 425 Millionen US-Dollar (Stand März 2017). Die Gründe, warum *Trello* auf Remote Work setzt, erklärt Stella Garber, Product Marketing Lead bei *Trello*, wie folgt:

> „Allowing remote work is an essential element of our ability to hire the very best people, regardless of where they happen to live, in order to build the best possible product. Having a remote workforce gives us the ability to have the most talented workers, and also the ability to focus on productivity. Being in an office means being surrounded by distractions, whereas remote teams can focus on getting projects done. It also empowers people to get work done at times when they are the most productive – not necessarily a 9-5 schedule for a lot of people."[51]

(*Übersetzung Zitat: „Remote-Arbeit zu ermöglichen, ist ein wesentliches Element, wenn es darum geht, die besten Leute einzustellen, unabhängig davon, wo sie gerade wohnen, um darauf basierend das bestmögliche Produkt zu bauen. Durch unsere remote Ausrichtung können wir die talentiertesten Mitarbeiter für uns gewinnen und unser Handeln auf Produktivität ausrichten. In einem Büro zu sein, bedeutet von Ablenkungen umgeben zu sein, wogegen Remote Teams sich darauf konzentrieren können, Projekte fertigzustellen. Zudem gibt es Menschen die Chance, ihre Arbeit zu den Zeiten zu erledigen, in denen sie am produktivsten sind – das entspricht für Viele nicht unbedingt einem 9-5 Uhr Job."*)

---

[51] Stella Garber im Interview mit Remote.co: https://remote.co/company/trello, aufgerufen am 04.07.2018.

Einmal im Jahr veranstaltet *Trello* ein firmenweites Unternehmens-Retreat, bei dem die Belegschaft der Firma in Persona an einem Ort zusammenkommt, um zu brainstormen, zu relaxen und zu socializen. Das jährliche Retreat soll Mitarbeitern des Unternehmens die Möglichkeit geben, ihre Kollegen persönlich kennenzulernen und darüber Kollaboration und Produktivität im Unternehmen steigern.

Das sind nur einige Beispiele von Remote-Unternehmen. Neben den genannten Firmen gibt es zahlreiche weitere Arbeitgeber, die das Modell des ortsunabhängigen Arbeitens verfolgen, Tendenz steigend. Das können sowohl Firmen sein, die zu hundert Prozent remote aufgestellt sind, als auch Unternehmen, die in Teilen remote arbeiten (wie z. B. *Trello*).

Um Remote-Arbeitgeber zu finden, kannst du von spezialisierten Online-Stellenbörsen bzw. Jobportalen Gebrauch machen. Davon gibt es im Internet mittlerweile eine ganze Reihe. Sie sind zumeist für den englischsprachigen Markt entwickelt worden (Voraussetzung ist daher, dass du Englisch sprichst), aber es gibt auch einige deutschsprachige Börsen. Im Folgenden findest du eine Auflistung von Stellenbörsen, die für dich interessant sein könnten (Achtung: Die Liste ist nicht abschließend).

Jobbörsen für Remote Work im Anstellungsverhältnis

REMOTE.CO
https://remote.co
Jobkategorien:
- Accounting
- Customer Service
- Design
- IT Entwicklung
- HR
- Gesundheitswesen
- Marketing
- Texten
- Projektmanagement
- Qualitätssicherung
- Vertrieb
- Lehrer
- Transkription
- Virtuelle Assistenz
- Redaktion, und einige mehr

REMOTE OK
https://remoteok.io
Jobkategorien:
- IT Entwicklung
- Design
- Customer Support
- Marketing
- Non-Tech
- Unterrichten

FLEXJOBS
https://www.flexjobs.com
Jobkategorien:
- Accounting
- Finanzen
- Administration
- Kunst
- Business Development
- Customer Care
- Kommunikation
- IT
- Beratung
- Redaktion
- Erziehung und Training
- Ingenieurwesen
- Entertainment
- Event Management
- Grafikdesign
- HR
- Recht
- Versicherung

und viele mehr

WE WORK REMOTELY
https://weworkremotely.com
Jobkategorien:
- Design
- IT Entwicklung
- Customer Support
- Texte
- Marketing

- Management

und einige mehr

REMOTIVE
https://remotive.io
Jobkategorien:
- IT
- Lehre
- HR
- Support
- Vertrieb
- Produkt Management
- Marketing
- Ingenieurwesen

VIRTUAL VOCATIONS
https://www.virtualvocations.com
Jobkategorien:
- Account Management
- Accounting
- Administration
- Beratung
- Redaktion
- Lehre
- Ingenieurwesen
- Fundraising
- Finanzen
- Gesundheitswesen
- IT Entwicklung
- Design
- Recht
- Versicherung

und vieles mehr

WORKING NOMADS
https://www.workingnomads.co
Jobkategorien:
- IT Entwicklung
- Management
- Marketing
- System Administration

- Design
- Vertrieb
- Customer Service
- Texten
- Beratung
- Finanzen
- HR
- Administration
- Lehre
- Gesundheitswesen
- Recht

OUTSOURCELY
https://www.outsourcely.com
Jobkategorien:
- Design und Multimedia
- IT Entwicklung
- Mobile Applications
- Content
- Administration
- Customer Service
- Vertrieb und Marketing
- Business Services

DNX JOBS
https://www.dnxjobs.de
Jobkategorien:
- General Management
- Audio und Videoproduktion
- Community Management
- Content
- Customer Service
- Design
- Event Management
- Finanzen und Accounting
- HR
- IT und Programmierung
- Online-Marketing
- Produktmanagement
- Verkauf
- Social Media

- Übersetzung
- Virtuelle Assistenz

SKIP THE DRIVE
https://www.skipthedrive.com
Jobkategorien:
- Buchhaltung und Steuern
- Account Management
- Business Development
- Customer Care
- Dateneingabe
- Ingenieurwesen
- Finanzen
- HR und Recruiting
- Informatik und IT
- Versicherungswesen
- Marketing
- Projektmanagement
- Qualitätssicherung
- Vertrieb

und viele mehr

FACEBOOK-GRUPPE: Digital Nomad Jobs: Remote Job Opportunities
https://www.facebook.com/groups/remotejobsfordigitalnomads
Jobkategorien:
- es handelt sich hierbei um eine Facebook-Gruppe
- es sind unterschiedliche Job-Kategorien verfügbar
- Job-Kategorien sind nicht filterbar. Jobangebote erscheinen im üblichen Facebook Stream

FACEBOOK-GRUPPE: Remote Work & Jobs for Digital Nomads
https://www.facebook.com/groups/remotework.digitalnomads
Jobkategorien:
- es handelt sich hierbei um eine Facebook-Gruppe
- es sind unterschiedliche Job-Kategorien verfügbar
- Job-Kategorien sind nicht filterbar. Jobangebote erscheinen im üblichen Facebook Stream

FACEBOOK-GRUPPE: Remote & Travel Jobs
https://www.facebook.com/groups/RemoteTravelJobs
Jobkategorien:
- es handelt sich hierbei um eine Facebook-Gruppe
- es sind unterschiedliche Job-Kategorien verfügbar
- Job-Kategorien sind nicht filterbar. Jobangebote erscheinen im üblichen Facebook Stream
- die Facebook-Gruppe ist mit der Jobbörse https://pangian.com verknüpft

HILFREICHE ÜBERSICHT REMOTE-FREUNDLICHER UNTERNEHMEN
https://remoteintech.company
Jobkategorien:
- es handelt sich um eine filterbare Microsite mit einer Liste an internationalen (Tech-) Unternehmen, die entweder hundert Prozent oder zumindest in Teilen remote arbeiten.
- alle Unternehmen in der Liste sind mit ihrer Website verlinkt, so dass du direkt auf den Seiten der Unternehmen nach Jobvakanzen suchen bzw. dich initiativ bewerben kannst.

DANKE

„Keine Schuld ist dringender, als die, Dank zu sagen." – Marcus Tullius Cicero

Als wir angefangen haben, dieses Buch zu schreiben, wussten wir nicht, wo uns dieses Vorhaben hinführen würde. Wir hatten keine Ahnung, wie viel Aufwand, Zeit, Schweiß und Tränen wir investieren würden. Auch der Umfang war uns gänzlich unbekannt. Wir hatten einfach die Idee, ein Buch zu schreiben – nun sind es drei geworden – in dem man nicht nur die üblichen Jobs findet, mit denen man ortsunabhängig Geld verdienen kann, sondern auch Berufe, von denen man es nicht unbedingt erwartet hätte. Ein großer Dank geht daher an all unsere Rolemodels, die uns allein durch ihr Dasein inspiriert haben und die uns darüber hinaus noch die Tür zu ihrem Leben einen Spalt weit geöffnet und uns damit einmalige Einsichten gewährt haben. Danke William, Angelique, Michelle, Johanna, Sanne, Sam, Ronald, Hélène, Carole Ann, Inga, Jacques, Annika, Daniel, Anna-Lena, Vangile, Mark, Tia, Kate, Vera, Amy, Walter, Jack, Laura, Lisa, Verena, Jocelyn, Matt, Sonia, Gordon, Mike, Marta, Kayla und Caroline!

Ohne euch wäre unsere Arbeit nur halb so viel wert.

Außerdem danken wir allen, die uns bei der Entstehung unseres Buches geholfen und uns in unterschiedlicher Weise unterstützt haben, sei es mit Ideen und Kommentaren, mit Obdach, aufmunternden oder kritischen Worten. In aller erster Linie wollen wir natürlich unseren Eltern danken, die uns zeitweise bei sich haben wohnen lassen und immer an uns geglaubt haben. Danke!

Auch unseren Freunden, die uns immer wieder Denkanstöße gegeben haben oder uns einfach mal durch eine nette Ablenkung aus unserer Arbeitsblase befreit haben sind wir zu Dank verpflichtet und kommen diesem gerne nach. Danke Bella, Christopher, Franzi B., Franzi G., Jan, Jenny, Kai, Linda, Marcel und Martin, dass ihr mit uns gefiebert und uns unterstützt habt.

Last but not least gebührt ein ganz großer Dank unserer Lektorin Ramona. Sie ist der heimliche Star unseres Buches und hat uns die Augen geöffnet, warum ein Buch unbedingt lektoriert werden muss. Ohne sie hätten wir nie diese Buchserie so herausgebracht, wie sie nun vorliegt. Ramona hat genau die richtige Mischung an Kritik und Aufmunterung gefunden, um uns immer neu anzuspornen und das Beste aus uns herauszuholen. Gemeinsam mit Ramona danken wir auch ihrem Lebensgefährten Uli, der gegen Ende ebenfalls mit an Bord des Projektes war und uns mit seinem Wissen unterstützt hat. Jeder für sich alleine ist toll und gemeinsam sind sie grandios. Wir danken ihnen und wünschen ihnen für den Aufbau ihres Verlages *Wenn nicht jetzt* alles Gute und viel Erfolg und hoffen, dass wir auch zukünftig wieder zusammenarbeiten.

Durch Ramona sind wir auf unsere Grafikdesignerin Marie aufmerksam geworden, der wir für die Gestaltung eines wunderbaren Covers und den Satz dieses Buches danken. Ohne sie wäre unser Werk nur halb so hübsch anzuschauen.

Trotz noch so gründlicher Überlegung, mag es sein, dass wir den ein oder anderen in unserer Aufzählung vergessen haben. Das ist alles andere als böse Absicht. Wir danken natürlich auch unseren Gastgebern, die uns rund um die halbe Welt in ihren Häusern und Wohnungen aufgenommen haben und uns einen Platz zum Arbeiten gegeben haben. Hier denken wir insbesondere an sehr produktive und gleichzeitig tolle Zeiten bei Kate in Melborune, Karli und Stefano in Sydney und Gideon in Kapstadt zurück.

Vor euch allen verneigen wir uns in Demut, wohl wissend, dass ohne euch unsere Arbeit nicht möglich gewesen wäre. Wir danken euch von Herzen.

LITERATUR UND LINKS

„Zwar weiß ich viel, doch möcht' ich alles wissen." – Johann Wolfgang von Goethe

AUTOREN

Alexander Frison von Inpsyde im Interview mit Remote.co: https://remote.co/company/inpsyde-gmbh, abgerufen am 04.07.2018.

Alexander Mas und Amanda Pallais: Valuing Alternative Work Arrangements, in American Economic Review 2017, 107(12): https://pubs.aeaweb.org/doi/pdfplus/10.1257/aer.20161500, abgerufen am 16.08.2018.

Amber Keefer: What Percentage of Expenses Should Payroll Be?, auf Chron.com: https://smallbusiness.chron.com/percentage-expenses-should-payroll-be-30772.html, abgerufen am 16.08.2018.

Anna Hart: Living and working in paradise: the rise of the 'digital nomad', in The Telegraph am 17.05.2015: https://www.telegraph.co.uk/news/features/11597145/Living-and-working-in-paradise-the-rise-of-the-digital-nomad.html?curator=NODESK, abgerufen am 13.03.2018.

Barry Kim: Top 27 Productivity Hacks of 2018, auf Inc.com am 30.11.2017: https://www.inc.com/larry-kim/these-24-productivity-tips-will-help-you-start-off-2018-right.html, abgerufen am 07.04.2018.

Benjamin Dürr: Neues Gesetz in den Niederlanden: Ich will Heimarbeit - du darfst, auf Spiegel Online am 14.04.2015: http://www.spiegel.de/karriere/home-office-niederlande-garantieren-heimarbeit-per-gesetz-a-1028521.html, abgerufen am 29.03.2018.

Bettina Levecke: Sieben Tricks für mehr Elan bei der Arbeit, auf Welt.de am 18.05.2015: https://www.welt.de/gesundheit/psychologie/article141062193/Sieben-Tricks-fuer-mehr-Elan-bei-der-Arbeit.html, abgerufen am 06.04.2018.

Dyfed Loesche: Wenige Deutsche arbeiten im Homeoffice, auf Statista.de am 26.01.2018: https://de.statista.com/infografik/12699wenige-deutsche-arbeiten-im-homeoffice, abgerufen am 22.08.2018.

Eugen Epp in: Generation Y und Arbeit: Geld und Karriere? Wir wollen Zeit!, vom 02.08.2017 unter: https://www.stern.de/neon/generation-y--wir-wollen-nicht-geld-und-karriere--wir-wollen-zeit--7562658.html, abgerufen am 20.08.2018.

Hailley Griffis gegenüber der London School of Economics: http://blogs.lse.ac.uk/businessreview/2017/08/30/buffer-why-we-abolished-the-office-and-became-a-fully-remote-team, abgerufen am 04.07.2018.

Heather Boushey unnd Sarah Jane Glynn: There Are Significant Business Costs to Replacing Employees, Center for American Progress am 16.11.2012: https://www.americanprogress.org/wp-content/uploads/2012/11/CostofTurnover.pdf, abgerufen am 16.08.2018.

Isabell Prophet: Homeoffice: 8 Tipps für mehr Produktivität, auf t3n.de am 26.05.2017: https://t3n.de/news/homeoffice-8-tipps-produktivitaet-824442, abgerufen am 07.04.2018.

Jonas Spengler im Interview mit Xing Talk unterwegs: https://www.xing.com/news/articles/arbeiten-ohne-buro-warum-wir-auf-feste-arbeitsplatze-verzichten-1067159, abgerufen am 04.07.2018.

Juliane Petrich und Bastian Pauly in: Jedes dritte Unternehmen bietet Arbeit im Homeoffice an, vom 02.02.2017 unter: https://www.bitkom.org/Presse/Presseinformation/Jedes-dritte-Untershynehmen-bietet-Arbeit-im-Homeshyoffice-an.html, abgerufen am 20.08.2018.

Kim Rixecker: Digitale Nomaden: Die 5 Top-Berufe für ortsunabhängiges Arbeiten, auf t3n am 14.08.2017: https://t3n.de/news/digitale-nomaden-5-top-berufe-847120, abgerufen am 13.03.2018.

Liane von Billerbeck im Interview mit Andreas Matzarakis auf Deutschlandfunk Kultur: http://www.deutschlandfunkkultur.de/wetter-was-ist-die-optimale-temperatur.1008.de.html?dram:article_id=361398, abgerufen am 10.04.2018.

Louisa Lagé: Telearbeit - Das Home-Office macht nicht nur produktiv, auf Wirtschafts Woche Online am 16.05.2017, unter: https://www.wiwo.de/erfolg/telearbeit-das-home-office-macht-nicht-nur-produktiv/19808462.html, abgerufen am 20.08.2018.

Mandy Kaur, Kaleb Oney, Joseph Chadbourne, Kayli Bookman und Benjamin Beckman: An Analysis of the Factors which Effectively Attract College Graduates, The University of Akron, Frühjahr 2018: http://ideaexchange.uakron.edu/cgi/viewcontent.cgi?article=1581&context=honors_research_projects, abgerufen am 16.08.2018.

Mascha Will-Zocholl: Die Verlockung des Virtuellen. Reorganisation von Arbeit unter Bedingungen der Informatisierung, Digitalisierung und Virtualisierung, in Arbeits- und Industriesoziologische Studien, Jahrgang 9, Heft 1, April 2016, S. 25-42: https://www.researchgate.net/profile/Mascha_Will-Zocholl/publication/301681920_Die_Verlockung_des_Virtuellen_Reorganisation_von_Arbeit_unter_Bedingungen_der_Informatisierung_Digitalisierung_und_Virtualisierung/links/5721b99e08aea92aff8b323a/Die-Verlockung-des-Virtuellen-Reorganisation-von-Arbeit-unter-Bedingungen-der-Informatisierung-Digitalisierung-und-Virtualisierung.pdf, abgerufen am 13.03.2018.

Melanie Pinola: Save the Environment by Working from Home, auf Lifewire.com am 25.05.2018: https://www.lifewire.com/how-telecommuting-is-good-for-the-environment-2378101, abgerufen am 16.08.2018.

Nicholas Bloom: To Raise Productivity, Let More Employees Work from Home, in Havard Business Review (Januar-Februar Ausgabe 2014): https://stayinthegame.net/wp-content/uploads/2018/04/HBR-To-Raise-Productivity-Let-More-Employees-Work-from-Home.pdf, abgerufen am 16.08.2018.

Olli Seppänen, William J Fisk, David Faulkner: Cost Benefit Analysis of the Night - Time Ventilative Cooling in Office Building, Lawrence Berkeley National Laboratory, Juni 2003: https://indoor.lbl.gov/sites/default/files/lbnl-53191.pdf, abgerufen am 06.08.2018.

Ricky Ribeiro: Fathers of Technology: 10 Men Who Invented and Innovated in Tech, 14.06.2012: https://biztechmagazine.com/article/2012/06/fathers-technology-10-men-who-invented-and-innovated-tech, abgerufen am 18.08.2018.

Sara Sutton Fell im Interview mit LearnVest auf themuse: https://www.themuse.com/advice/sara-sutton-fell-why-i-founded-flexjobs, abgerufen am 04.07.2018.

Sebastian Kühn: Was Geo-Arbitrage ist und wie du es für dich nutzen kannst, auf Wirelesslife.de am 23.12.2016: https://wirelesslife.de/geo-arbitrage, abgerufen am 28.04.2018.

Stella Garber im Interview mit Remote.co: https://remote.co/company/trello, aufgerufen am 04.07.2018.

Steve Crabtree: Well-Being Lower Among Workers With Long Commutes - Back pain, fatigue, worry all increase with time spent commuting, am 30.08.2010 auf Gallup.com: https://news.gallup.com/poll/142142/wellbeing-lower-among-workers-long-commutes.aspx, abgerufen am 16.08.2018.

Timothy Ferriss: Die 4-Stunden-Woche: Mehr Zeit, mehr Geld, mehr Leben, 2008: https://www.amazon.de/Die-4-Stunden-Woche-Mehr-Zeit-Leben/dp/3548375960

Tina Groll: DGB fordert Recht auf Arbeit von zu Hause, auf Zeit Online am 30.04.2018: https://www.zeit.de/wirtschaft/2018-04/homeoffice-arbeitnehmer-recht-dgb-annelie-buntenbach, abgerufen am 17.08.2018.

Tobias Chmura: Schadstoffe vermeiden - Homeoffice statt Pendeln, in Bayerischer Rundfunk am 26.02.2018: https://www.br.de/nachrichten/schadstoffe-vermeiden-homeoffice-statt-pendeln-100.html, abgerufen am 23.03.2018.

Tsugio Makimoto und David Manners: Digital Nomad, 1997: https://www.amazon.de/Digital-Nomad-Tsugio-Makimoto/dp/0471974994

WEITERE LINKS

Artikel: Is Remote Working Healthier? auf der Seite Remote: https://remote.com/learn/is-remote-working-healthier, abgerufen am 16.08.2018.

Artikel: Von wegen Schlafmangel - Warum Sie in ein Mittagstief fallen und was Sie dagegen tun können, auf Focus Online am 04.08.2017: https://www.focus.de/gesundheit/videos/von-wegen-schlafmangel-warum-sie-in-ein-mittagstief-fallen-und-was-sie-dagegen-tun-koennen_id_7436385.html, abgerufen am 23.08.2018.

Biografie von Jack Nilles auf: https://www.jala.com/jnmbio.php, abgerufen am 18.08.2018.

Definition Digitaler Nomade auf Wikipedia: https://de.wikipedia.org/wiki/Digitaler_Nomade, abgerufen am 23.08.2018.

Definition Parkinsonsche Gesetze auf Wikipedia: https://de.wikipedia.org/wiki/Parkinsonsche_Gesetze, abgerufen am 04.04.2018.

Definition Eisenhower-Prinzip auf Wikipedia: https://de.wikipedia.org/wiki/Eisenhower-Prinzip, abgerufen am 21.08.2018.

Definition Prokrastination auf Wikipedia: https://de.wikipedia.org/wiki/Prokrastination, abgerufen am 07.04.2018.

Evaluierung der persönlichen Leistungskurve, bei Universität Duisburg-Essen: https://www.uni-due.de/edit/selbstmanagement/uebungen/ue3_6.html, abgerufen am 04.04.2018.

Evaluierung der persönlichen Leistungskurve, bei Onmeda: (https://www.onmeda.de/selbsttests/eule_oder_lerche.html, abgerufen am 04.04.2018.

Gallup Studie: State of the American Workplace, aus dem Jahr 2017 unter: https://news.gallup.com/reports/199961/7.aspx, S. 150, abgerufen am 19.08.2018.

Gallup-Studie: State of the American Workplace - Employee Engagement Insights For U.S. Business Leaders: http://www.gallup.com/file/services/176708/State_of_the_American_Workplace_20Report_202013.pdf, abgerufen am 16.08.2018.

Umfrage „CoSo Cloud survey" von Committee of Sponsoring Organizations of the Treadway Commission (CoSo): https://www.cosocloud.com/press-release/connectsolutions-survey-shows-working-remotely-benefits-employers-and-employees, abgerufen am 16.08.2018.

United Nations Development Programme: Human Development Reports: http://hdr.undp.org/en/countries/profiles/AUS, abgerufen am 12.04.2018.

ZUM GUTEN SCHLUSS

Wir hoffen, dass wir dir mit diesem Buch geholfen haben. Im Bestfall hast du einen Beruf für dich gefunden, der dich interessiert und den du ortsunabhängig ausüben kannst.
Alternativ hast du dich inspirieren lassen und erfahren, wie du in deinem jetzigen Beruf remote arbeiten kannst.

Da wir nicht nur ans ortsunabhängige Arbeiten, sondern auch an ein gegenseitiges Unterstützen und Helfen glauben, haben wir eine exklusive Facebook-Gruppe erstellt, die nur über diesen Link und nur für Leser unserer Bücher erreichbar ist: https://www.facebook.com/groups/409001326302676. In der Gruppe beantworten wir deine Fragen rund ums Thema Remote-Work, Berufsfindung und Geld verdienen. Zudem planen wir eine Interviewserie mit weiteren inspirierenden Remote-Arbeitern. Also: Tritt ein und sei gespannt!

Wenn du darüber hinaus noch mehr Input zum Thema ortsunabhängiges Arbeiten haben möchtest, schau gerne auf unserem Blog https://new-work-life.com vorbei. Wir werden hier regelmäßig frische Inhalte für dich posten.

Hat dir unser Buch gefallen und du hast Freunde, Verwandte oder Arbeitskollegen, die sich ebenfalls für Remote-Work interessieren, dann freuen wir uns über eine Weiterempfehlung. Sollte in diesem Band kein interessanter Job für sie dabei sein, werden sie vielleicht in einem der anderen Bücher unserer Buchreihe fündig, die da wären: „GO REMOTE! für Kreative und Texter" und „GO REMOTE! für Technik, Zahlen und Organisationstalente".

Du bist kreativ und liebst es Dinge zu entwerfen? Formen, Farben und Ästhetik genießen in deiner Welt höchsten Stellenwert? Oder sind Texte deine Passion und du kannst gar nicht genug vom Schreiben, Lektorieren oder Übersetzen bekommen? – Dann ist dieses Buch für dich!

„GO REMOTE! für Kreative und Texter" ist Band 1 der dreiteiligen „GO REMOTE!"-Serie, die dir zeigt, wie du deinen Traum von der beruflichen Ortsunabhängigkeit erfolgreich in die Tat umsetzt und endlich ein selbstbestimmtes Leben beginnst. Der vorliegende Band richtet sich speziell an Menschen, die eine kreative Ader oder eine Leidenschaft für das geschriebene Wort haben. Wähle aus über 35 Kreativ- und Texter-Berufen deinen Traumjob aus und lerne, wie du damit ortsunabhängig Geld verdienst. Lass dich von Menschen inspirieren, die bereits den Remote-Lifestyle leben und hol dir wertvolle Tipps und Insights aus erster Hand. In über 25 exklusiven Interviews erfährst du, wie diese Menschen angefangen haben, womit sie ihr Geld verdienen und wie lange sie gebraucht haben, um ihre ersten ortsunabhängigen 1.000 Euro einzunehmen. Das nötige Rüstzeug um direkt in deinem Wahlberuf loszulegen, bekommst du in Form eines Starter-Toolkits an die Hand. Dieses enthält sorgfältig selektierte Tools, Ressourcen und Tutorials für deinen Berufseinstieg in die Ortsunabhängigkeit.

**Erhältlich bei Amazon als Ebook und Print
sowie auf www.wnj-verlag.de**

Zahlen und Technik sind deine Welt? Programmiersprachen und Big Data die Realität, in der du lebst? Oder bist du eher der kaufmännische Typ, der nichts mehr liebt, als zu rechnen, zu analysieren und zu organisieren? Ganz egal, wo deine Stärken liegen – dieses Buch ist für dich!

„GO REMOTE! für Technik, Zahlen und Organisationstalente" ist Band 3 der dreiteiligen „GO REMOTE!"-Serie, die dir zeigt, wie du deinen Traum von der beruflichen Ortsunabhängigkeit erfolgreich in die Tat umsetzt und endlich ein selbstbestimmtes Leben beginnst. Der vorliegende Band richtet sich speziell an Menschen, die technisch versiert oder kaufmännisch orientiert sind. Wähle aus über 35 Berufen deinen Traumjob aus und lerne, wie du damit ortsunabhängig Geld verdienst. Lass dich von Menschen inspirieren, die bereits den Remote-Lifestyle leben und hol dir wertvolle Tipps und Insights aus erster Hand. In 25 exklusiven Interviews erfährst du, wie diese Menschen angefangen haben, womit sie ihr Geld verdienen und wie lange sie gebraucht haben, um ihre ersten ortsunabhängigen 1.000 Euro einzunehmen. Das nötige Rüstzeug um direkt in deinem Wahlberuf loszulegen, bekommst du in Form eines Starter-Toolkits an die Hand. Dieses enthält sorgfältig selektierte Tools, Ressourcen und Tutorials für deinen Berufseinstieg in die Ortsunabhängigkeit.

**Erhältlich bei Amazon als Ebook und Print
sowie auf www.wnj-verlag.de**

Weitere Bücher aus dem Wenn Nicht Jetzt-Verlag

»Auszeit Storys – 11 inspirierende Geschichten über den Aufbruch zu einer längeren Reise«

»So eine Reise war ja auch schon immer mein Traum, aber ich könnte das ja nicht, weil ...« Diesen Satz haben Ramona und Uli sehr oft gehört, als sie von ihren Plänen, ein Jahr lang mit dem Wohnmobil durch Europa zu reisen, erzählten. Was bringt Menschen dazu, dann doch den Mut aufzubringen, ihre Komfortzone zu verlassen und sich eine längere Auszeit zu gönnen, um sich auf das große Abenteuer Reisen einzulassen? Dieser Frage wollten die beiden auf den Grund gehen und haben einige Langzeitreisende interviewt.

Herausgekommen sind elf wunderschöne, sehr persönliche und offene Erfahrungsberichte, die zeigen, dass es aus den unterschiedlichsten Situationen heraus machbar ist, eine solche Reise zu unternehmen. Das Buch soll ewigen Haderern konkrete Fragen beantworten und dadurch anspornen, den Schritt endlich zu wagen. Grenzen gibt es nur in unseren Köpfen – alles ist möglich!

>>Bestellbar als Taschenbuch
und eBook unter www.auszeit-storys.de <<

Auszeit Storys, 132 Seiten, ISBN 978-1973513308

»Holy Bearshit – Eine Abenteuerreise auf der Suche nach den letzten Bären Europas«

Der Lebenskünstler Sirius träumt davon, einmal einem Bären zu begegnen. Er streicht seinen Camper grün an, tauft ihn Bearhunter und macht sich mit seinem Kumpel Mohammad zu einem abenteuerlichen Roadtrip auf, um in Europas Wäldern nach Bären zu suchen. Der Zufall wird zum unfehlbaren Navigationssystem auf ihrer kuriosen Reise voller verrückter Situationen, skurriler Begegnungen und wilder Naturerfahrungen. Eine unglaubliche Verkettung der Ereignisse nimmt ihren Lauf …
Witzig und leichtfüßig geschrieben, unterhält »Holy Bearshit« und bringt die Leser zum Schmunzeln. Gleichzeitig zeichnet sich die Geschichte jedoch durch subtile Tiefgründigkeit aus und regt zum Nachdenken über unseren bedenklichen Umgang mit der Natur an – ohne dabei den moralischen Zeigefinder zu erheben.

Texthäppchen aus Holy Bearshit

Nachdem Wolfi und Dana sich wieder beruhigt hatten, spazierten wir durch den Wald. Bald kamen wir zu einem vom Wind zusammengewürfelten Riesenmikadohaufen aus Fichten. Dort setzten wir uns auf einen mit Moospolster überzogenen Stamm. Auf dem Waldsofa drehte ich eine feierliche Zigarette, die wir brüderlich rauchten. Als die Stimmung besinnlich und bedeutungsschwanger genug war, leitete ich meinen Expeditionsrekrutierungsantrag ein.

»Mo, hast du eigentlich schon mal einen Bären gesehen, der nicht im Fernsehen oder im Zoo war?«

»Nein, nur mal einen Fuchs.«

»Nicht schlecht. Aber so ein Bär, das wär doch schon mal was anderes als ein Fuchs, oder?«

»Das wär ein bisschen größer, seltener und aufregender als ein Fuchs, definitiv.«
»Jetzt stell dir mal vor: Du, ich, Dana und Wolfgang alone into the wild. Mit meinem Bus on the road to somewhere far away. The smell of a great adventure in unseren ungepflegten Bärten. Lonesome travelers auf Bärensuche ...«
»Hmm, hört sich really like a good time an.«
Kurzes Schweigen im Walde. Ein Habicht tauchte aus dem Nichts auf und flog lautlos über unsere Köpfe. Wir konnten den Luftzug in den Haarspitzen spüren.
»Und wo gibt's die Bären?«, fragte Mo, dem Habicht nachblickend.
»Keine Ahnung. Wir fahren einfach immer unseren Riesenkünstlernasen nach und setzen darauf, dass wir im rechten Moment den richtigen Riecher haben.«
»Wann soll's losgehen?«
»In ein paar Wochen.«
»Hört sich echt verdammt gut an.«
»Dann denk mal drüber nach.
»Ich werde drüber nachdenken.«
»Beeil dich bitte mit dem Denken und sag mir Bescheid, sobald du es weißt.«
Wie in Zeitlupe drückte er die Zigarette auf der Borke aus.
»Okay. Ich bin dabei!«
Wir schlugen ein und klopften uns auf die Oberarme.
»Aller hopp!«, wie der Pfälzer so schön sagt.
»Aller hopp!«, sprach auch der Muselmann.

»Mehr Infos unter www.holy-bearshit.de«

ISBN: 9783947824038, 215 Seiten,
erschienen im Wenn Nicht Jetzt-Verlag

Printed in Great Britain
by Amazon